프로그래밍 언어론

권 기 태 저

홍릉과학출판사

머리말

국내외에서 출판된 서적들을 중심으로 저자가 오랫동안 프로그래밍 언어론 강의를 해 본 결과 교육적인 목적을 효과적으로 달성하기에 다소 무리가 있다는 것을 발견하였다. 프로그래밍 언어론이 몇 가지 언어들을 중심으로 한 프로그래밍 개론 과목이 아니라, 프로그래밍 언어들의 기본적인 개념을 주제별로 살펴보는 것이 바람직하다는 혁신적인 관점을 가진 Ellis Horowitz의 서적이 1980년대 초기에 출간된 이후 현재까지 대부분의 프로그래밍 언어론 서적들은 이러한 체제를 따르고 있다. 그러나 해외에서 발간된 원서의 경우에는 대부분 그 내용이 너무 방대하고 산만하게 구성된 관계로 학생들이 쉽게 이 과목의 흥미를 잃어버리거나, 내용 파악에 어려움을 겪는 것을 목격하였다. 국내에서도 그동안 프로그래밍 언어론에 관한 훌륭한 서적이 다수 출판되었으나, 대부분 외국 서적의 번역서인 관계로 원저가 가지는 문제점을 반복하거나, 심지어 번역상의 오류로 인해 그 의미 전달이 제대로 되지 않아 교육 효과가 반감되는 경우도 있음을 안타깝게 생각하였다. 따라서 저자는 그간의 강의에서 저자 나름대로 별도의 강의 자료를 구성해야만 되었고, 그 자료가 이 책을 쓰는데 기초가 되었다.

저자가 이 책을 쓰는 동안 가장 고심했던 부분 중의 하나는 어떤 언어들을 중심으로 과연 어느 정도까지 상세하게 설명하는 가였다. 1960년대와 1970년대를 돌이켜 보면 그 당시에 새로 개발되는 프로그래밍 언어의 수가 급증하여 통제가 어려울 지경이었으나, 한편으로 1970년대는 Pascal, C, Smalltalk 등이 개발되고 개선되는 프로그래밍 언어 분야의 생산적인 시기였다. 오늘날 언어의 급증 문제는 상당히 가라앉아서 주로 이용되는 언어는 C, C++, Java, C# 등이다.

Pascal은 원래 프로그래밍 교육을 위해 설계되었으나, 언어 자체의 구조가 말끔하였고 훌륭하게 구현됨으로써 컴퓨터 관련 학과에서 필수적으로 다루어야 하는 언어가 되었다. Smalltalk은 주로 Xerox에서 생산된 기종에 국한되어 운용되는 것에 머물렀고, 비록 대중적인 인기를 얻지는 못했으나 특히 그 뒤에 객체 지향 프로그래밍의 개념에 큰 영향을 끼쳤다. C 언어는 UNIX와 밀접한 관련이 있었으나, 오늘날 우리는 C 언어가 개인용 컴퓨터, 모바일 기기 그리고 심지어 메인프레임에 이르기까지 가장 중요한 언어가 되었음을 알 수 있다. 물론 제한된 분야에서 LISP, PROLOG, Smalltalk 등이 이용되고 있고, 현재 Visual Basic을 비롯한 비주얼 언어들의 중요성은 커지고 있다. 가장 최근에 개발된 언어 중에서 많은 관심을 끌고 있는 언어로는 Java와 C#이 있고, 그 외에도 아이폰 및 애플 앱 스토어의 발전과 함께 주목할 언어로 Objective-C가 있다. 매력적인 특성을 많이 가지고 있는 이 언어들의 발전 방향을 지켜보는 것도 의미있는 작업이 될 것이다.

이 책에서는 주로 명령형 언어와 객체 지향 언어의 관점에서 Pascal, C, C++, Java, C#을 중심으로 설명하고 있으며, 필요한 경우에 FORTRAN, ALGOL, Ada, PL/I, Visual Basic 등의 언어를 소개하고 있다. LISP와 PROLOG로 대표되는 함수 언어와 논리 언어는 별도의 장에서 다루고 있다.

이 책은 프로그래밍 언어의 발전 과정에 맞추어 계속적으로 수정 보완될 것이다. 즉, 이 책의 집필 및 개정은 현재 진행형인 프로젝트가 될 것이다. 책은 필연적으로 저자의 의견과 편견을 포함하기 마련이다. 어떤 독자는 저자의 의견과 자료의 선택에 동의하지 않을 수도 있다. 그러한 의견은 학문의 다양성을 위한 건전한 의견이며 발전에 필수적이다. 그럼에도 불구하고 프로그래밍 언어론에 관심을 가진 독자들이 이 책에서 흥미로운 것을 발견할 수 있기를 바란다.

끝으로 이 책을 완성하는데 도움을 주신 홍릉과학출판사 관계자 여러분에게 감사드린다.

2010. 1. 권기태

목 차

C·H·A·P·T·E·R· 1 프로그래밍 언어론의 기초

1.1 프로그래밍 언어란 무엇인가? ······ 2
1.2 프로그래밍 언어론을 공부하는 이유 ······ 3
1.3 프로그래밍 언어의 선택과 평가 ······ 5
1.4 언어 평가의 일반적인 기준 ······ 7
1.5 언어 처리 ······ 13

C·H·A·P·T·E·R· 2 프로그래밍 언어의 역사 ······ 21

2.1 고급 언어의 등장 ······ 21
2.2 대표적인 언어들의 역사 ······ 24
2.3 프로그래밍 언어의 분류 ······ 44

C·H·A·P·T·E·R· 3 구 문 ······ 51

3.1 ASCII 문자 집합 ······ 51
3.2 예약어 ······ 53
3.3 문법 구조의 표현 ······ 55
3.4 BNF를 이용한 문법 구조의 표현 ······ 57
3.5 구문 차트 ······ 68
3.6 파싱 ······ 70
3.7 파싱을 위한 문법 ······ 73
3.8 Lex와 YACC을 이용한 파싱 ······ 75
3.9 구문과 프로그램의 신뢰성 ······ 81

C·H·A·P·T·E·R· 4 변수, 영역, 수명 ····· 89

4.1 변수란 무엇인가? ····· 89
4.2 바인딩 시간 ····· 92
4.3 영역 ····· 94
4.4 기억 장소 할당과 수명 ····· 107
4.5 변수와 상수 ····· 115

C·H·A·P·T·E·R· 5 타입 ····· 123

5.1 기본 데이터 타입 ····· 124
5.2 배열 데이터 타입 ····· 132
5.3 문자열 ····· 141
5.4 레코드(구조체) ····· 142
5.5 공용체 ····· 144
5.6 포인터 타입 ····· 147
5.7 집합 타입 ····· 160
5.8 타입 시스템 ····· 161

C·H·A·P·T·E·R· 6 식 ····· 173

6.1 식의 형식 ····· 174
6.2 연산자의 우선순위 ····· 175
6.3 연산자의 결합 규칙 ····· 180
6.4 부작용 ····· 181
6.5 단축과 조건부 평가 ····· 184

C·H·A·P·T·E·R· 7 문 장 ····· 187

7.1 구조적 제어문 ····· 187

7.2 배정문 ······ 188
7.3 조건문 ······ 191
7.4 반복문 ······ 202
7.5 GOTO 문 ······ 211
7.6 비결정적 문 ······ 217

C·H·A·P·T·E·R· 8 함수와 프로시저 ······ 221

8.1 함수 ······ 222
8.2 프로시저 ······ 224
8.3 형식 매개변수의 전달 ······ 229
8.4 함수의 중복정의 ······ 240
8.5 포괄 프로시저 ······ 243
8.6 프로시저의 구현 ······ 248

C·H·A·P·T·E·R· 9 객체 지향 프로그래밍 ······ 255

9.1 객체 지향 개념 ······ 256
9.2 객체 모델링 ······ 258
9.3 객체 지향 언어 C++ ······ 268
9.4 객체 지향 언어 Java ······ 275
9.5 객체 지향 언어 C# ······ 282
9.6 객체 지향 언어 CLOS ······ 288
9.7 객체 지향 언어 Smalltalk ······ 292

C·H·A·P·T·E·R· 10 예외 처리 ······ 301

10.1 설계 주제 ······ 302
10.2 PL/I의 예외 처리 ······ 305
10.3 Ada의 예외 처리 ······ 308
10.4 C++의 예외 처리 ······ 311
10.5 Java의 예외 처리 ······ 316

10.6 C의 예외 처리 ······ 322

C·H·A·P·T·E·R· 11 병행성 ······ 329

11.1 병행성의 필요성 ······ 329
11.2 병행성의 정의 ······ 331
11.3 구현 방법 ······ 333
11.4 Dijkstra의 가드 명령문 ······ 345
11.5 Java와 스레드 ······ 347
11.6 C#과 스레드 ······ 352

C·H·A·P·T·E·R· 12 함수 프로그래밍 ······ 357

12.1 람다 수식 ······ 358
12.2 LISP ······ 360
12.3 ML ······ 363
12.4 Scheme ······ 367

C·H·A·P·T·E·R· 13 논리 프로그래밍 ······ 373

13.1 논리 프로그래밍의 역사 ······ 374
13.2 PROLOG의 구조 ······ 375
13.3 재귀와 데이터 구조 ······ 380
13.4 되돌림(Backtracking)과 절단(Cut) ······ 384

참고문헌 / 389
찾아보기 / 393

chapter 1 프로그래밍 언어론의 기초

[학습목표]

- 프로그래밍 언어의 정의에 대해 알아본다.
- 프로그래밍 언어론을 공부하는 이유에 대해 간략하게 알아본다.
- 프로그래밍 언어의 선택 기준과 평가 방안에 대해 알아본다.
- 프로그래밍 언어 평가의 일반적인 기준에 대해 알아본다.
- 컴파일러와 인터프리터를 중심으로 프로그래밍 언어의 처리 방식에 대해 알아본다.

우리들이 일상생활에서 쓰는 자연어의 경우, 영어에 유창하다고 해서 불어와 독어를 이해하는 능력이 자동적으로 생기는 것은 아니다. 그러나 이 세 가지 언어는 모두 공통적으로 인도-유럽 어족에 기원을 두기 때문에 매우 유사한 특성을 가지고 있다. 영어는 매우 관용적인 문법을 가지고 있기 때문에, 영어보다 더욱 엄격한 문법을 가지는 언어를 모국어로 하는 사람들은 영어를 배우고 사용하는데 어려움을 겪기도 한다. 그 이유는 영어에서는 대수롭지 않게 사용되는 문법적인 개념이 다른 언어에서는 중요하므로 반드시 이해해야 하기 때문이다. 예를 들어, 가정법이 영어에 존재하기는 하나, 가정법의 사용이 빠르게 사라지고 있어 영어를 말하는 대부분이 의식하고 있지 못한다고 한다. 그러나 가정법이 불어에서는 매우 중요한 자리를 차지하고 있으므로 불어를 마스터하기 전에 반드시 이해해야 한다. 또한 영어와 불어에 있어서 공통적으로 문법의 기초가 되는 것을 이해하는 것이 두 언어를 모두 공부하는 학생에게 분명히 도움이 된다. 두 언어 모두 동일한 기본 개념이 서로 통하기 때문이다.

이러한 상황은 외부적인 형태와 기능의 범위가 다르더라도, 기본 개념이 같은 그룹에 속하는 프로그래밍 언어에서도 매우 유사하다. 프로그래밍 언어는 프로그래머의 중요한 소프트웨어 도구이므로 적절하게 사용하기 위해서는 사전에 충분히 이해해야 한다.

1.1 프로그래밍 언어란 무엇인가?

국어사전에 의하면 **언어**란 "음성 또는 문자를 수단으로 하여 사람의 감정, 사상을 표현하여 전달하는 활동 혹은 방법"이라고 정의 되어 있다. 또한 American Heritage Dictionary에 의하면 **Language**란 "Any method of communication ideas, as by a system of signs, symbols gestures, or the like"이라고 정의되었다. 이러한 정의를 이용하면 우리는 **프로그래밍 언어**를 컴퓨터에게 데이터와 명령을 전달하기 위해 사용하는 부호라고 정의할 수 있다.

그러나 Kenneth Louden은 이러한 정의를 부적절한 것으로 지적하였다. 그 이유는 1940년대 이전의 컴퓨터에서 프로그램은 우리가 지금 생각하는 개념이 아니었기 때문이다. 즉, 그 당시에는 프로그래머가 컴퓨터의 내부 배선을 연결하는 스위치를 설정하는 것으로 프로그램을 구성하였기 때문에, 이처럼 스위치를 설정하는 작업을 프로그래밍 언어라고 부를 수는 없다는 것이다. 우리가 원하는 어떤 일을 컴퓨터를 통해 수행하기 위해서는 컴퓨터의 배선을 직접 연결하는 것이 아니라, 데이터로서 저장된 일련의 코드가 중앙처리장치가 취할 동작을 결정하도록 한다는 것이다.

컴퓨터는 애초에 복잡하고 시간이 많이 걸리는 계산을 빠르게 수행할 목적으로 고안되었다. 그럼에도 불구하고, 현재 대부분의 응용 프로그램에서 산술연산을 수행하는 능력보다는 다량의 데이터를 저장하고 액세스할 수 있다는 것이 더욱 중요하다. 이러한 데이터들은 실세계의 일부를 추상화한 것이다.

직원들의 급여를 계산하는 프로그램에 이용되는 마스터 파일의 예를 들어보자. 각 직원들은 급여 계산 기능에 필요한 데이터로 표현된다. 이 데이터에는 직원의 이름, 주민등록번호, 봉급 등과 같은 항목들이 포함될 것이다. 신장, 몸무게, 취미 등과 같은 항목들은 여기에 포함되지 않을 것이다. 이러한 항목들이 직원들을 완전하게 설명하기 위해 매우 중요한 부분인 반면에, 급여 계산에는 관계가 없기 때문에 급여 계산 마스터 파일에서 직원을 표현한 추상화 부분에 포함되지 않는다.

따라서 컴퓨터에 저장된 데이터는 실세계의 객체들을 표현한 것이다. 이 객체에 포함된 것은 해당 객체를 다른 객체로 변환하는 일련의 연산들이다. 컴퓨터가 수행하는 계산이란 초기의 객체 집합인 입력 데이터에 이러한 연산들을 적용하여 계산 결과를 나타내는 새로운 객체로 변환하는 것으로 구성된다.

우리는 알고리즘을 초기의 객체 집합을 대상으로 실행되는 일련의 연산들로 정의한다. 알고리즘은 컴퓨터와 프로그래머 양자 간의 의사소통이 가능한 형식으로 표현되어야 한다. 프로그래밍 언어는 알고리즘을 전달하기 위한 일련의 규약이다. 프로그래밍 언어로 표현된 알고리즘을 프로그램이라고 한다. 즉, **프로그램**이란 컴퓨터가 수행하는 계산의 명세서(specification)

이다. 결국 **프로그래밍 언어**란 프로그램을 작성하기 위한 표기법이라고 정의할 수 있다. 다시 말하면 사람과 컴퓨터 사이의 대화를 가능하게 해주는 것으로서 계산 과정(데이터 구조, 알고리즘)을 서술하기 위한 임의의 기호이다.

한 가지 방식으로만 프로그램을 정의할 수 있으면 쉽고 간단하겠지만, 목적과 필요에 따라서 다양한 표기법들이 가능하며 이들 각각은 하나의 프로그래밍 언어로서 서로 구별된다. 프로그래밍 언어론은 이러한 다양한 표기법과 표현 방법 중에서 어떤 것이 특정 상황과 목적에 더욱 적합한가, 어느 것이 쓰기 편한가, 어느 것의 표현력이 더 우수한가, 어떻게 표현해야 오류가 적고 올바른 프로그램의 작성이 쉬운가 등을 연구하는 프로그래밍 언어에 대한 일반적인 학문으로 정의된다.

1.2 프로그래밍 언어론을 공부하는 이유

프로그래밍의 모든 측면 중에서 언어의 설계는 고도의 기술과 신중한 판단을 필요로 한다. 언어학자인 Benjamin Whorf는 사람의 언어가 생각하는 방식에 큰 영향을 끼친다고 가정했다. 언어 설계자의 역할은 프로그래밍을 넘어 계산을 표현하기 위해 사용하는 기호 체계 자체에 관심을 가지는 것이다. 따라서 만일 Whorf의 가정이 옳다면, 프로그래밍 언어 설계자의 기술은 프로그래밍 언어를 이용하여 해결하려고 하는 문제 자체에 커다란 영향을 끼칠 것이다. 설계자는 언어에 포함할 수 있는 다양한 특징들을 분석하고 잘 조화될 수 있는 강력한 기능들을 선택하여야 한다. 프로그래밍 언어 설계자의 목적은 최소한의 복잡성으로 충분한 기능을 가지도록 하는 것이다.

물론 대부분의 프로그래머와 컴퓨터 과학자들은 프로그래밍 언어의 설계자가 될 필요는 없다. 어떤 의미에서 인간과 프로그램, 프로그램과 프로그램, 혹은 프로그램과 컴퓨터 사이의 모든 프로그래밍 인터페이스는 프로그래밍 언어의 영역이다. 프로그래밍 언어의 적절한 이해가 이러한 인터페이스의 설계, 즉 프로그램의 설계에 도움을 주고 설계를 더욱 쉽게 할 것이다.

Pratt와 Zelkowitz는 프로그래밍 언어론을 공부해야 하는 이유를 다음과 같이 요약하였다.

- **효과적인 알고리즘을 개발할 수 있는 능력을 향상시켜 준다.** 많은 언어들이 그 특징을 적절하게 사용하면 프로그래머에게 이익을 줄 수 있지만, 잘못 사용하면 컴퓨터의 시간을 낭비하거나 논리적인 오류를 범하게 된다. 심지어 한 프로그래머가 수년 동안 하나의 프로그래밍 언어를 사용하였다 할지라도 해당 언어의 모든 특성을 이해하지 못하는 경우가 종종 있다. 그 대표적인 예가 바로 재귀(recursion)이다. 재귀를 적절하게 사용하면 근사하고 효

율적인 알고리즘을 바로 구현할 수 있지만, 부적절하게 사용하면 프로그램의 실행 시간이 기하급수적으로 늘어나게 된다. 프로그래머는 언어 설계의 기본 원칙과 구현 기술에 대한 지식을 갖게 됨으로써 재귀에 수반되는 비용을 이해하여, 특정 상황에서 과연 재귀를 사용하는 것이 적절한지 판단할 수 있다.

- **현재 이용하고 있는 프로그래밍 언어의 이용을 증진시킨다.** 우리가 이용하고 있는 언어의 특성들이 구현된 방식을 이해하면 효율적인 프로그래밍 능력이 생긴다. 예를 들어, 배열, 스트링, 리스트, 레코드와 같은 구조가 해당 언어 내에서 어떻게 생성되고 처리되는지, 혹은 재귀가 어떻게 구현되고, 객체 클래스가 어떻게 생성되는지를 이해한다면, 이러한 요소들을 포함하는 프로그램을 작성할 때 더욱 효율적인 프로그램을 만들 수 있다. 물론, 효율성만을 위해서 프로그램 구조를 복잡하게 하거나, 프로그램의 가독성을 저해해서는 안 된다.

- **유용한 프로그래밍 요소들에 대한 어휘력이 향상된다.** 앞에서 기술한 것처럼, 언어는 사고하는데 도움을 주거나 아니면 사고를 제한하는 역할을 한다. 사람들은 자신의 생각을 표현하는데 언어를 사용한다. 그러나 언어는 직접 표현할 수 있는 방법이 없을 때에는 생각이 나지 않지만, 표현 수단이 있을 경우 사람의 생각을 구조화하는데 도움을 줄 정도로 사람의 사고에 큰 영향을 준다. 하나의 프로그래밍 언어에 익숙할 경우에도 이와 비슷한 효과를 낸다. 프로그래머는 문제 해결을 위해서 자신이 친숙한 언어에서 바로 표현 가능한 구조를 찾으려는 경향이 있다. 여러 언어에서 제공하는 기능과 그 구현 방안을 익힘으로써 프로그래머의 어휘력이 향상된다.

- **적합한 프로그래밍 언어를 선택할 수 있다.** 여러 가지 언어들의 장점과 단점을 배움으로써 적절한 시기에 적합한 언어를 선택할 수 있게 한다. 예를 들어, 과학 및 수치 계산이 필요한 응용 프로그램은 C, FORTRAN, Ada 등의 언어를 선택할 수 있고, 인공지능 응용 프로그램을 작성한다면 LISP, ML, PROLOG 등의 언어를 선택할 수 있다. 필요에 따라서 여러 가지 언어를 알아두면 특정 목적에 맞는 적절한 언어를 선택함으로써 개발 시간을 줄일 수 있다.

- **새로운 언어를 쉽게 배울 수 있다.** 초보자들보다 언어학자들이 새로운 언어를 쉽게 배울 수 있다. 그 이유는 언어학자들은 언어 구조에 관한 전문지식을 가지고 있기 때문이다. 이와 마찬가지로 여러 프로그래밍 언어의 기능과 구현 기술을 알고 있으면, 새로운 언어들의 습득이 용이해 진다.

- **새로운 언어를 쉽게 개발할 수 있다.** 모든 프로그래머가 새로운 언어의 개발자가 될 필요는 없다. 그러나 대부분의 프로그램은 프로그래밍 언어의 형태와 유사한 사용자 인터페이스를 가진다. 대형 프로그램에 대한 사용자 인터페이스 개발의 문제점은 일반 프로그래밍 언어 개발의 문제점과 유사하다. 따라서 프로그래밍 언어의 각종 구성 요소와 구현 방법을 잘 아는 프로그래머는 프로그램 개발의 이러한 측면들을 쉽게 해결할 수 있다.

1.3 프로그래밍 언어의 선택과 평가

1.3.1 선택 기준

소프트웨어 개발 프로젝트에서 공통적으로 제기되는 질문 중의 하나는 "어떤 프로그래밍 언어를 선택할 것인가?"이다. 이 질문에 대한 답은 다음 질문의 답에 기초한다.

- 우리의 컴퓨터에서 활용 가능한가?
- 컴퓨터 센터나 제작자에 의해 지원 받을 수 있는가?
- 문서화가 되어 있는가?
- 그래픽 라이브러리나 API와 같은 라이브러리에 대한 접근이 가능한가?
- 프로그래머가 익숙한가?
- 문제를 해결하는데 필요한 기능을 포함하는가?
- 디버거와 같은 지원 도구가 있는가?
- 효율적인 코드를 생성하는가?

1.3.2 평가 방법

여기에서 우리가 만나게 되는 질문은 "주어진 언어의 설계 목적을 얼마나 잘 달성했는가?"이다. 이 질문에 대한 답을 구하는데 도움을 주기 위한 두 가지 방법이 있다.

- 방법 1: 각각의 특징을 살펴보고 다른 특징과의 일관성을 검토한 후에, 해당 언어의 경제성과 효율성을 판단한다.
- 방법 2: 프로그램을 설계, 개발, 테스트, 그리고 디버깅하는 것이 얼마나 어려운가를 살펴본다.

우리는 주로 방법 1에 초점을 맞추지만, 편의를 위해서 혹은 특정 예를 들기 위해서 필요할 때마다 방법 2를 사용할 것이다. 모든 범용 언어는 모든 계산을 기술하는데 있어 적합하다는 의미에서 계산적으로 완전하다는 것을 발견할 수 있다.

Horowitz는 성공적인 언어 설계를 위한 10단계 방법을 제시했다. 그 내용을 잘 살펴보고 성공적으로 사용되어 온 언어들의 경우와 비교해 보자. 또한 실패한 언어들의 경우와 비교하여 이 중에서 어떤 점이 부족하였는가를 비교하는 것도 상당히 흥미 있고 가치 있는 일일 것이다.

1. 명백하게 정의된 응용 분야를 선택한다.
2. 설계 위원회의 규모는 가능한 한 줄인다.
3. 간략한 설계 목적을 선택한다.
4. 첫 번째 버전은 관심이 있는 소수에게 발표한다.
5. 언어 정의를 갱신한다.
6. 컴파일러를 만들려고 시도하고, 동시에 공식적인 의미 정의를 제공한다.
7. 언어 정의를 다시 갱신한다.
8. 명백하고 간략한 언어 매뉴얼을 만든다.
9. 양질의 컴파일러를 제공한다.
10. 분명한 지침서를 작성한다.

1.3.3 참조 매뉴얼의 일반적인 구성

일반적으로 프로그래밍 언어의 서술은 표준 형태를 갖는다. Pascal, C, Ada, LISP 등의 프로그래밍 언어의 참조 매뉴얼 목차는 다음의 구성과 유사하다. 물론 모든 프로그래밍 언어의 구성이 동일하다는 것은 아니고 경우에 따라 특정한 측면을 나머지보다 더 강조하기도 한다. 이 책에서도 이 구성을 따르고 있으므로 이를 검토하는 것은 가치 있는 일이 될 것이다.

1. 서론
   1.1 목적: 언어의 역사와 목적은 무엇이고, 누구를 위해 개발되었는가?
   1.2 관계자, 언어 정의 문서, 컴파일러
2. 구문
   문법 구조의 완전한 기술(일반적으로 부록에 위치한다)
   문자 집합, 상수, 리터럴, 예약어, 식
3. 타입
   3.1 내장 데이터 타입과 연산
   3.2 사용자 정의 타입과 연산
4. 타입 시스템
   4.1 타입의 속성
   4.2 미리 정의된 속성
   4.3 타입 일치성
5. 연산자, 식, 배정문
   5.1 내장 데이터 타입에 관한 내장 연산자
   5.2 연산자 우선순위 규칙
6. 문장과 제어 구조
   6.1 변수의 선언과 사용
   6.2 선택과 반복
   6.3 예외 처리
7. 프로시저, 함수, 영역, 수명

8. 데이터 추상화
9. 병행성
10. 입력과 출력
11. 그 밖의 특징
    11.1 매크로
    11.2 조건부 컴파일
    11.3 분할 컴파일
    11.4 하드웨어와의 인터페이스
    11.5 다른 언어로 작성된 프로그램과의 통합
    11.6 프로그래밍 도구, 디버거, 에디터 등의 개발 환경

1.4 언어 평가의 일반적인 기준

1.4.1 구 문

(1) 문법 구조의 일관성

상이한 문맥에서 서로 다른 것들에 대해 동일한 기호를 사용하는 것은 위험하다. 예를 들면 || 기호를 이용하여 논리 OR을 표시하기도 하고, 두 개의 병렬 프로세스도 이 기호를 이용하여 P||Q와 같이 나타내는 것은 문법 구조의 일관성이 결여된 것이다.

(2) 임의의 제한

어떤 곳에서는 허용되는 식이 다른 곳에서는 문법상 틀린 경우에 해당한다. 예를 들면, 배열 첨자로는 오직 상수나 간단한 변수만 허용되지만 식은 배열의 첨자로 허용되지 않는 경우이다.

(3) 잘 정의된 문법과 의미 표현

문법 구조는 BNF 혹은 이로부터 파생된 표기법으로 기술할 수 있어야 한다. 만일 LALR(1) BNF가 유도될 수 있으면, 파서를 쉽게 생성할 수 있다.

(4) 프로그램의 구조

프로그램의 **구조**는 직접적으로 자신의 **실행과 일치**해야 한다. 유사하게 실행되는 것은 비슷하게 보여야 한다는 것이다.

(5) 식별자(identifier)의 표현력

식별자는 충분한 표현력을 가지도록 길어야 한다. 초창기의 프로그래밍 언어는 식별자가 하나의 문자를 갖는 이름을 사용했다. 초기의 FORTRAN은 6개의 문자가 IBM 704의 단일 워드에 해당하므로 식별자로 6개의 문자까지만 허용하였다. 따라서 표현력이 좋지 못하다. FORTRAN 90은 31개의 문자까지 허용하고, COBOL은 30개의 문자까지 허용하였다. C89는 길이 제한은 없지만 컴파일러가 최소한 31개의 문자까지 식별자 이름을 구분한다. C99는 63개의 문자까지 구분한다. Java, C#, Ada는 길이 제한이 없고, 모든 문자를 이용하여 식별자 구분을 한다. C의 식별자 이름은 대소문자의 구분이 있다. Modula-2도 마찬가지이다. FORTRAN 77은 대문자만 사용하도록 했다.

또한 가독성을 높이기 위해 식별자에 **밑줄 문자**가 허용되어야 한다. 예를 들면 A_Meaningful_Identifier와 같은 경우이다. 밑줄 문자는 긴 이름을 읽기 좋게 만드는 유용한 문자이다. C, COBOL, Ada, FORTRAN 90 등은 밑줄 문자를 허용하는 반면에 표준 Pascal, Modula-3, FORTRAN 77은 밑줄 문자를 허용하지 않는다.

(6) 예약어(reserved word)

키워드(keyword)는 FORTRAN에서 IF나 DO처럼 문장에서 고정된 부분에 사용되는 식별자이다. 만일 프로그래머가 식별자로 사용할 수 없는 키워드는 예약어이다. 현재 대부분의 언어는 가독성을 향상시키고 파싱을 돕기 위해 예약어를 사용한다.

예를 들면, FORTRAN에서 DO와 IF는 예약어가 아니므로 변수 이름으로 정당하게 사용될 수 있다. 그러므로 DO나 IF로 시작하는 문장이 실제로 반복문이나 조건문이 아닐 수도 있으므로 파싱이 어려워진다. 그러나 너무 많은 식별자들을 예약해 놓은 COBOL 프로그래머의 경우, 이 예약어들을 기억하기 어렵다. 또한 확장 시에 새로운 예약어를 추가하면 이 이름의 식별자를 사용한 프로그램에 문제가 발생한다.

1.4.2 의미론

의미론(semantics)은 프로그래밍 언어로 작성된 식, 문장, 그리고 프로그램의 의미를 정의한다. 그러나 프로그래밍 언어의 의미론을 정의하는 것은 매우 어려운 문제로 인식되어 왔다. Backus는 대부분의 프로그래밍 언어가 의미상 혼란스럽기 때문에 프로그래밍 언어의 의미론을 기술하는 좋은 방법을 결코 발견하지 못했다고 말했다. 의미론은 완벽하게 정의되어 모호함이 없어야만 한다. 의미론은 다음을 이용하여 정의된다.

- 영어와 같은 자연 언어
- 언어의 특성을 직접적으로 수학적으로 표현
- 기계 모델

그 밖에 다음의 세 가지 방법이 이용되기도 한다.

- **연산 의미론(Operational semantics)**은 가상 기계에 미치는 효과를 기술하여 프로그램의 의미를 정의하려고 시도한다. 가상 기계는 의미하는 바가 무엇인가에 대한 혼란이 없도록 간단해야 한다. Vienna Definition Language(VDL)가 PL/I의 연산 의미론을 제공하기 위해 가상 기계로서 사용되었다.
- **표기 의미론(Denotational sematics)**은 각 언어 요소에 대해서 숫자, 함수, 그리고 진리 값과 같은 수학적인 개체를 이용하여 프로그램을 정의한다. 프로그램을 상태 변화를 초래하는 수학 함수로 정의하는 방법으로, 모든 상태에 대해서 어떤 결과를 주는지 수학 함수로 정의하여 프로그램에 의미를 부여한다.
- **공리 의미론(Axiomatic semantics)**은 프로그램의 실행 효과에 관한 형식문을 이용하여 프로그램의 의미론을 규정한다. 프로그램이 무엇을 하려는지 엄밀한 명세가 주어지면 체계적이고 논리적인 방법을 사용하여 프로그램에 대한 증명을 할 수 있다.

1.4.3 가독성

가독성(readability)은 프로그램을 읽기 쉽게 해주는 능력이다. COBOL은 프로그램을 영어 문장처럼 보이게 하도록 하였다. 그러나 오히려 이러한 시도가 프로그램을 길고 장황하게 보이게 함으로써 프로그램을 읽거나 작성하기 어렵게 만들었다.

가독성에는 주석을 붙인 코드 그 자체가 포함된다. 어셈블리어 프로그램은 다음과 같이 주석을 붙일 수 있다.

```
shr     ax, 1
add     Scores, ax              ; 글자의 아스키 코드를 점수에
mov     ax, Scores              ; 더한다.
mov     cx, 4                   ; 5 자리수
mov     di, ScoresOffset        ; 새로운 점수 출력
call    Bin2Ascii
```

ALGOL 60의 주석은 "comment"라는 단어로 시작하고 세미콜론으로 끝난다. 이 방식의 문제점은 다음과 같다.

1. "comment"라는 단어가 길어서 짧은 주석의 경우에는 붙이기를 망설이게 된다.
2. 주석은 BEGIN이나 세미콜론 다음에만 나올 수 있다.
3. 만일 세미콜론을 부주의로 빠뜨리면, 컴파일러는 그 다음의 문들을 주석으로 간주하여 경고 메시지 없이 무시하게 된다.
4. 주석 내에 세미콜론을 포함할 수 없는 것처럼 주석 내에 프로그램 텍스트가 올 수 없다.

C는 주석이 /*으로 시작하여 */으로 끝나므로 */이 올 때까지 여러 줄로 확장될 수도 있다. //을 사용한 한 줄짜리 주석이 허용되기도 한다.

파일의 맨 앞부분의 주석은 파일 안의 프로그램이나 서브루틴이 하는 일을 간단히 설명해야 하고 외부적으로 접근 가능한 서브루틴이나 전역 변수를 나타낸다. 서브루틴의 앞에도 역시 그것이 어떤 일을 하며, 그것의 인자가 하는 일이 무엇인지, 또 어떻게 그런 일을 하는지를 간단히 설명하는 주석을 붙인다. 지역 변수의 역할도 간단히 설명한다.

C의 주석의 예를 다음과 같이 들어보았다.

```
void foo(a, b)
int a;          /* a의 역할을 여기에 적는다. */
int b;          /* b의 역할을 여기에 적는다. */
{
    /* foo( )가 하는 일이 무엇이고,
    * 어떤 식으로 일을 하는지를
    * 여기에 적는다.
    */
int local1;     // local1의 역할을 여기에 적는다.
char *local2;   // local2의 역할을 여기에 적는다.
// 여기에서부터 코드가 시작된다.
//
```

ANSI C에서 주석은 여백으로 간주되어 프리 프로세싱이나 어휘 분석 이전에 컴파일러에 의해 제거된다. 비록 어떤 컴파일러는 공백을 삽입하지 않는다 해도 주석은 하나의 공백으로 대치된다. 일반적으로 중첩된 /* ... */ 형식의 주석은 허용되지 않는다. 만일 C 컴파일러가 프로그램의 부분 중 무시하기를 원하는 곳이 있다면, 그 부분을 /* */으로 묶게 되면 실행되지 않을 것이다. C++과 C99의 경우 /* ... */ 주석은 중첩할 수 없지만 /* ... */ 주석에는 // 주석이 중첩될 수 있고, // 주석에는 /* ... */ 주석이 중첩될 수 있다.

1.4.4 단순성

단순성(simplicity)은 프로그램이 쉽게 작성되고, 이해되고, 읽힐 수 있도록 간결하게 표현하는 특성이다. 다른 방식으로 말하자면, 프로그래머는 무언가를 오직 한 번만 언급해야 한다는 것이다. 중복되는 작업을 피할 수 있도록 최소한의 개념만이 있어야 한다는 것으로 Pascal에서 강조된 개념이다. 그 이전의 ALGOL 68과 PL/I과 같은 복잡성을 피하려 했기 때문이다. 그러나 Pascal의 지나친 단순성은 문자열 처리, 분할 컴파일, 다양한 입출력 기능 등이 결여되게 만들었고, 함수 반환을 위해서 배정문을 사용하게 만들었다. 지나친 단순성은 오히려 언어를 사용하기 불편하게 하였고 표현력을 떨어뜨렸으며, 심한 제약을 가하게 하였다.

C에서 정수 변수 i를 증가시키는 몇 가지 방법이 있다. 예를 들면 다음과 같다. 그러나 이 문장들, 특히 마지막 두 문장의 경우 미세한 차이가 있다.

```
i = i + 1;
i += 1 는 i = i + 1와 동등
++i     전위 증가 연산자, i를 증가시킨 후 그 값을 리턴
i++     후위 증가 연산자, i를 리턴한 후에 i를 증가시킴
```

다음의 두 COBOL문은 동일하다.

```
COMPUTE TOTAL_PAY = REGULAR_PAY + OVERTIME_PAY
ADD OVERTIME_PAY TO REGULAR_PAY GIVING TOTAL_PAY
```

1.4.5 직교성

단순한 설계의 중요한 부분은 언어에서 임의의 행동을 표현하는 두 가지 이상의 표현 방식이 존재하지 않아야 한다는 것이다. 즉, 언어의 한 구성 요소가 다른 구성 요소와 독립적이어야 한다. 이러한 설계를 직교적(orthogonal)이라고 한다. 진정한 직교적인 설계에서는 소수의 개별적이고 기본적인 구조가 존재하며, 이것들이 임의의 제한 없이 체계적인 규칙에 따라 결합된다.

직교성(orthogonality)이란 말은 두 직선이 직각으로 만나는 것을 나타내는 그리스어에서 유래한 것으로, 무작위 변수들이 상호 독립적일 때 직교적이라고 한다. 언어의 기능들이 직교적이라는 것도 그 기능들이 상호 독립적임을 나타내는 것이다. 언어의 각 구성 요소가

상호 독립적이라 함은 어떤 환경에서도 그 구성 요소가 같은 의미로 사용된다는 뜻이다. 직교성을 갖는 언어는 언어의 구성 요소가 결합되는 것이 가능하고 그 결과를 예측할 수 있는 것이다. 구성 요소의 사용은 일관성이 있어야 한다.

데이터 타입과 함수를 예로 들어 보자. 데이터 타입은 데이터 항목의 구조를 나타내며 함수는 유한개의 매개변수를 전달받아 하나의 값을 리턴하는 프로시져이다. 직교성이 높은 언어에서는 데이터 타입과 함수는 상호 독립적이므로 함수에 전달되는 매개변수와 리턴되는 값의 데이터 타입에 관하여는 아무런 제약이 없다. 다시 말하면, 두 가지 직교적인 개념인 데이터 타입과 함수의 적절한 결합이 함수가 매개변수로서 허용되는 임의의 데이터 타입의 결과를 리턴하도록 한다. 따라서 함수를 매개변수로 전달하고 리턴 값으로 함수를 받을 수도 있다. LISP에서는 이런 기능을 포함하고 있다. 그러나 이것은 이해하고 다루기가 어렵다는 문제점도 가지고 있다. 그러나 하나의 제한은 매개변수를 구조체와 배열과 같은 구조화 데이터 타입으로 허용하지만 오직 스칼라 타입의 결과만을 허용한다. 이러한 유형의 제한은 FORTRAN, ALGOL 60, PL/I의 일부 버전에서 볼 수 있다.

ALGOL 68은 완전한 직교성을 갖춘 언어로 만들기 위하여 설계되었다. 언어가 제공하는 극소수의 구조만을 결합하여 프로그래머가 원하는 것을 만들 수 있게 하였다. 그러나 이 언어는 너무 직교적이므로 미국에서는 별로 사용되지 않았다. 프로그래머는 직교적인 기능을 결합하기보다는 예측한 대로 작용하는 내장된 특수한 기능을 원하는 경우가 많다.

다음 배정문을 생각해 보자.

```
A = B + C;
```

B와 C는 다양한 수치 타입이고 덧셈 연산자는 덧셈을 적절하게 처리할 것이다. 정수 덧셈이나 실수 덧셈, 또는 정수와 실수의 덧셈을 위한 별도의 덧셈 연산자가 필요 없다.

그러나 비직교성은 오류가 발생하기 쉽다. Pascal은 일관성이 없는 많은 규칙들을 가지고 있다. Pascal에서 프로시져의 매개변수를 생각해 보자. 프로시져는 만약 매개변수로 전달되지 않으면, var과 const 타입의 매개변수를 가질 수 있다. 함수는 레코드를 리턴할 수 없고 오직 스칼라 타입이나 포인터만을 리턴할 수 있다. 형식 매개변수는 반드시 이름이 있어야 하고 타입 정의에 의해 기술될 수 없다. 따라서 초보 프로그래머들에게는 함수가 레코드를 리턴하지 못하며 파일은 반드시 var 매개변수로 전달되어야 한다는 비직교성은 매우 혼란스러울 것이다.

C의 경우에도 비직교성이 존재한다. 구조체는 함수로부터 리턴될 수 있지만 배열은 리턴될 수 없다. 배열이 매개변수로 전달될 때에는 참조 호출(call-by-reference) 방식으로 전달되지만, 배열이 아닌 경우에는 값 호출(call-by-value) 방식으로 전달된다.

1.4.6 그 밖의 요인들

앞에서 언급한 것들 이외의 요인들을 살펴보자.

- **중복성(Redundancy)이 제거**되어야 한다. 따라서 무언가를 서술하는 방식은 일반적으로 한 가지만 허용된다.
- 시스템이 제공하는 내장 기능의 풍부한 집합을 가지는 **Built-in power**가 있어야 한다.
- 언어를 확장해서 새로운 개념을 정의하는 능력인 **표현 능력이 풍부**해야 한다.
- **공통적으로 이용되는 표기법과 일치**해야 한다.
- **추상화 기능**은 데이터 구조와 연산을 결합하고 상세한 것을 외부로부터 숨기는데 이용된다.
- 언어가 쉽게 구현될 수 있는 **구현의 용이성**도 중요한 요인이다.
- 컴파일러나 인터프리터가 프로그램을 효율적인 방식으로 실행 가능한 문장으로 번역할 수 있도록 하는 **번역 시간의 효율성**이 있다.
- 사용자가 실행에 드는 비용을 예측할 수 있는 번역된 코드의 **실행 시간 효율성**이 있다.
- **오류 감지와 수정**으로 오류는 가능한 한 조기에, 가능하다면 컴파일 시간에 발견되어야 한다.
- **기계 독립성** 또는 **호환성**을 가져 상이한 컴퓨터상에서 운용 가능해야 한다. 기계 종속적인 특성은 명백히 인식되어야 한다.
- **공식적인 표준 정의**가 있어야 한다.

1.5 언어 처리

번역기(translator)는 소스 언어로 작성된 프로그램을 입력으로 가지는 소프트웨어 시스템이다. 번역기는 목적 언어로 작성된 프로그램과 동등한 기능을 갖는 프로그램을 생성한다.

1.5.1 컴파일러

컴파일러는 이러한 관점에서 볼 때, [그림 1-1]과 같이 고급 언어로 작성된 소스 프로그램을 어셈블리어나 기계어인 동일한 기능의 목적 프로그램으로 변환하는 번역기이다. 컴파일러 자체가 다른 고급 언어를 컴파일해서 얻어진 기계어 프로그램일 수도 있다.

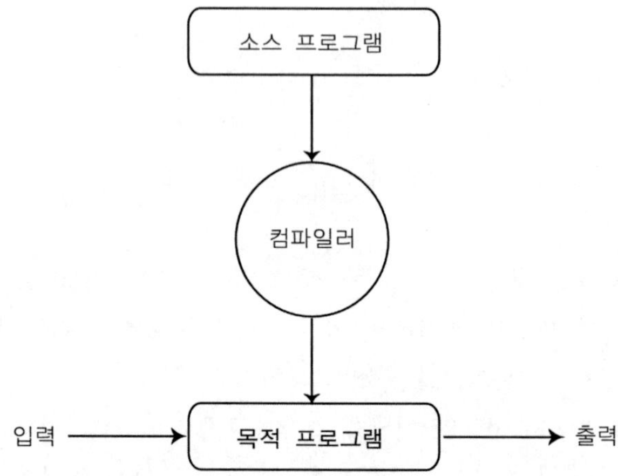

[그림 1-1] 컴파일러

컴파일 과정은 일반적으로 서로 다른 몇 단계의 번역 과정들로 구성된다. 각 번역 과정은 주어진 입력을 대상으로 미리 정해진 일련의 변환 작업을 통해 생성된 결과를 다음 과정에 전달한다. 컴파일의 각 단계는 다음과 같다.

(1) 어휘 분석 단계

주어진 소스 프로그램을 프로그래밍 언어의 가장 작은 구성 요소인 **토큰**들의 나열로 바꾸는 과정이다. 이 과정에서 프로그램의 실행과는 무관한 주석이나 각종 공백 문자들을 제거한다. 미리 정해지지 않은 토큰에 대해서는 오류를 발생한다. 미리 정해진 토큰들은 예약어, 식별자, 상수, 연산자, 특수 기호 등이다.

(2) 구문 분석 단계

어휘 분석 단계에서 전달 받은 토큰들의 순서가 원래 언어의 문법에 맞게 작성되었는지 검사하는 과정이다. 이 과정을 다른 말로 **파싱**이라고 하고, 프로그램의 문법 구조를 나타내는 **추상 구문 트리(abstract syntax tree)** 혹은 **파스 트리**를 생성한다.

(3) 의미 분석 단계

구문 분석 단계에서 생성된 파스 트리를 이용하여 현재 분석 중인 문장의 의미를 파악한다. 이 과정에서 파스 트리는 실제 의미를 가진 토큰들의 **의미 트리(semantic tree)**로 변환된다.

(4) 중간 코드 생성 단계

의미 분석 단계에서 생성한 의미 트리를 기반으로 최종적인 어셈블리 코드 생성에 필요한 **중간 코드**를 생성한다. 어느 기계에도 의존적이지 않으면서 어셈블리어에 가까운 중간 코드로 된 프로그램을 생성한다.

(5) 코드 최적화 단계

중간 코드에서 불필요한 코드를 제거하거나 더 효율적인 코드로 개선하여 최소의 시간과 최소의 공간을 사용하여 작업을 마칠 수 있도록 한다. 최적화 작업의 결과로 프로그램 실행 성능이 개선될 수 있다.

(6) 코드 생성 단계

최종적으로 목표가 되는 어셈블리 코드를 생성하는 과정이다. 이 단계를 거쳐 생성된 코드가 즉각적으로 실행되는 것은 아니고 다시 기계어로 변환된 후에 다른 기계어 프로그램과의 연결 과정 후에 직접 실행이 가능한 프로그램이 된다.

[그림 1-2]는 하나의 간단한 문장을 대상으로 앞에서 설명한 컴파일 과정의 각 단계를 나타낸 것이다.

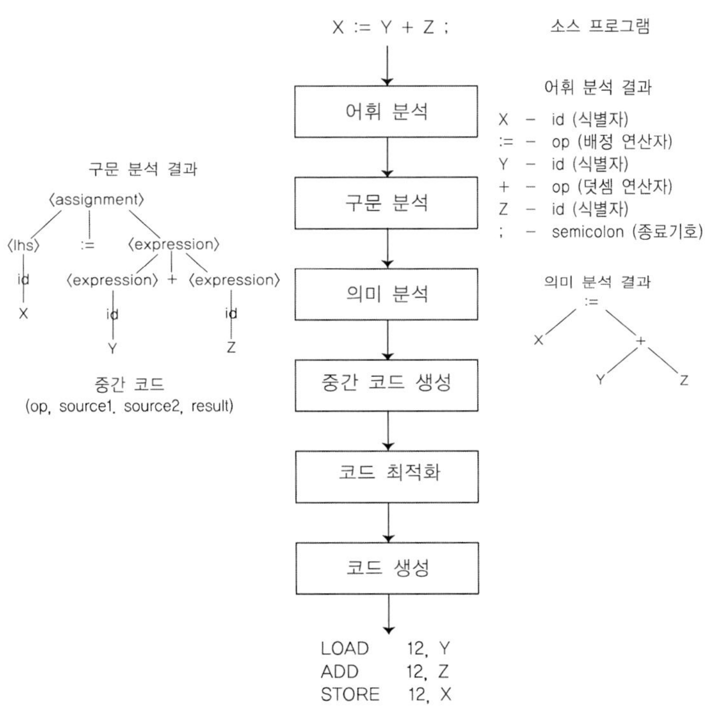

[그림 1-2] 컴파일 과정의 각 단계

어셈블러는 기계어와 유사한 연상 코드(mnemonic code)로 기술된 언어를 받아들여 기계어를 생성하는 번역기이다.

링커는 재배치 가능한(relocatable) 기계어 프로그램의 집합을 받아들여 하나의 재배치 가능한 기계어 프로그램을 생성하는 번역기이다. 로더는 재배치 가능한 기계어 프로그램을 받아들여 절대 주소를 갖는 동등한 프로그램을 생성한다.

디버깅을 향상시키기 위해 진단(diagnostic) 컴파일러가 고안되었고, 목적 프로그램의 효율성을 높이기 위해 최적화 컴파일러가 고안되었다. 또한 컴파일 시간을 줄이기 위해 분할 컴파일이 고안되었다.

1.5.2 인터프리터

인터프리터는 [그림 1-3]과 같이 소스 프로그램의 각 문장을 차례로 실행시킨다. 초기 번역 단계에서 기계어가 아닌 형태로 인터프리터를 위해 간단한 형태로 변환된다. 인터프리터는 대화식 환경을 만들어 편집-컴파일-실행 사이클 대신에 편집-실행 사이클을 이용한다.

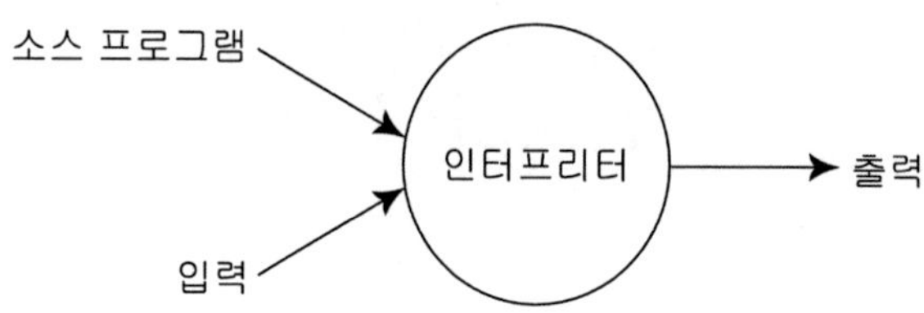

[그림 1-3] 인터프리터

일반적으로 해석(interpretation)은 컴파일보다 융통성이 크고 더 나은 오류 메시지를 보여준다. 인터프리터는 소스 코드가 바로 실행되므로 소스 수준의 디버거를 포함할 수 있고, 프로그램의 기본적 특징이 입력 데이터에 따라 변할 수 있는 언어도 잘 다룰 수 있다. 반면에 컴파일 방식은 상대적으로 더 나은 성능을 보일 수 있다.

1.5.3 혼합 방식

컴파일러와 인터프리터가 개념상으로는 분명한 차이를 가지지만 많은 언어 구현이 이 두 가지 방식의 혼합된 형태를 취한다. 혼합된 방식의 전형적인 모습은 [그림 1-4]와 같다.

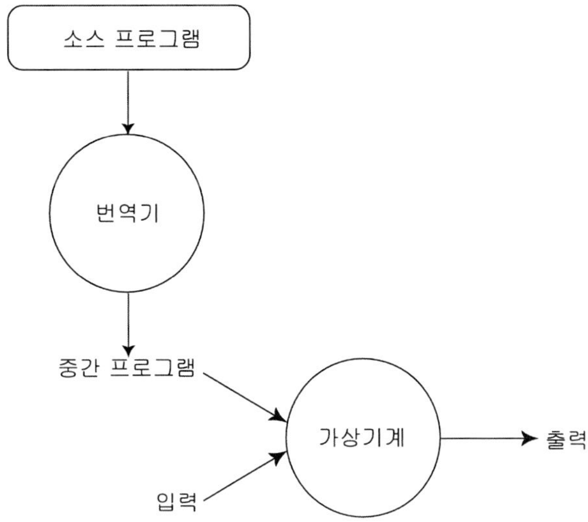

[그림 1-4] 혼합 방식

일반적으로 초기 번역이 간단한 경우에는 언어가 해석된다고 하고, 번역기가 복잡한 경우에는 컴파일 된다고 한다. 여기에서 간단 혹은 복잡이라는 표현은 주관적인 개념이고, 복잡한 번역기인 컴파일러가 코드를 생성한 후에 가상 기계인 인터프리터가 실행할 수도 있기 때문에 이러한 구분은 모호하다. 기본적으로 Java가 이런 방식을 따른다. 실세로는 내우 다양한 구현 방법이 존재한다.

Java는 초기에 바이트 코드 인터프리터 방식으로 구현되었지만, 그 후에는 실행 속도를 고려하여 프로그램 실행 전에 즉시 바이트 코드를 기계어로 변환하는 즉시 컴파일러(just-in-time compiler)를 이용하여 구현되었다. C#도 이와 유사한 방식을 이용한다. C# 컴파일러는 .NET 공통 중간 언어(CIL: Common Intermediate Language)를 생성하며 이 .NET 공통 중간 언어가 실행 직전에 기계어로 변환된다.

컴파일러와 인터프리터는 각각 별도로 존재할 수 없다. 프로그래머는 앞에서 살펴 본 어셈블러, 디버거, 링커 등의 도구들을 함께 이용한다. 최근의 프로그래밍 환경은 더욱 통합된 소프트웨어 도구를 지원한다. 다양한 언어와 시스템을 위한 통합 환경이 존재하는데, Smalltalk의 통합 환경, MS의 Visual Studio, Apple의 Project Builder 등이 여기에 속한다.

1.5.4 컴파일 언어와 해석 언어

인터프리터에 의해 구현된 코드는 대개 컴파일된 코드보다 느리게 실행된다. 언어 구현 시 문제는 실행 중인 프로그램의 표현이 실행되는 컴퓨터의 기계어인가 하는 점이므로, 언어 구현을 두 가지 관점에서 생각할 수 있다.

- **컴파일 언어**: C, C++, FORTRAN, Pascal, Ada 등은 컴파일 언어이다. 컴파일 언어의 번역기는 크고 복잡하므로 번역 시 가능하면 프로그램이 효율적으로 실행되는 것에 중점을 둔다.

- **해석 언어**: LISP, ML, PROLOG, Smalltalk 등은 인터프리터에 의해 실행된다. 번역기는 컴퓨터의 기계어 코드가 아닌 효과적으로 실행될 수 있는 중간어 형태의 프로그램을 만들어 사용한다. 실행 과정은 상대적으로 느리다.

학습정리

- 프로그래밍 언어는 사람과 컴퓨터 사이의 대화를 가능하게 해주는 것으로서 계산 과정(데이터 구조, 알고리즘)을 서술하기 위한 임의의 기호이다. 목적과 필요에 따라서 다양한 표기법들이 가능하며 이들 각각은 하나의 프로그래밍 언어로서 서로 구별된다.
- 프로그래밍 언어론을 공부하는 이유로는 알고리즘 개발 능력의 향상, 프로그래밍 언어의 이용 증진, 어휘력의 향상, 적절한 언어의 선택, 용이한 습득, 새로운 언어의 개발 능력 향상 등을 들 수 있다.
- 언어 평가의 일반적 기준은 구문, 의미론, 가독성, 단순성, 직교성 등을 들 수 있다.
- 컴파일러는 소스 언어가 고급 프로그래밍 언어이고 목적 언어가 어셈블리어나 기계어인 번역기이다. 컴파일 과정은 어휘 분석 단계, 구문 분석 단계, 의미 분석 단계, 중간 코드 생성 단계, 코드 최적화 단계, 코드 생성 단계로 구성된다. 반면에, 인터프리터는 컴파일 과정 없이 소스 프로그램의 각 문장을 차례로 실행한다.
- 컴파일 언어는 프로그램이 효율적으로 실행되는 것에 중점을 두는 반면, 인터프리터에 기반을 두는 해석 언어는 실행의 효율성보다는 융통성에 중점을 둔다.

연습문제

1. 성공한 언어 중 대표적인 몇 가지를 중심으로 다음에 대해 잘 생각해 보자.

   - 왜 C가 대단한 인기를 끌었을까?
   - FORTRAN은 언젠가 사라질 것인가?
   - 왜 LISP가 인공지능 연구자에게 관심을 끌게 되었을까?
   - 매우 많은 COBOL프로그래머가 존재하지만 왜 컴퓨터 과학자의 관심을 끌지 못하는 것일까?

2. 프로그래밍 언어론을 공부하는 이유를 다른 전공 과목과 비교하라.

3. 자신이 주로 사용하는 언어를 언어의 평가 기준에 따라 분석하라.

4. 자신이 선택한 프로그래밍 언어에서 삭제해야 할 기능을 들고, 그 이유를 기술하라. 그 결과로 발생하는 문제는 무엇인가?

5. 자신이 선택한 프로그래밍 언어에서 추가해야 할 기능을 들고, 그 이유를 기술하라. 그 결과 기존의 다른 기능과의 상호 작용에 대해 설명하라.

6. 프로그램의 주석에 관해서는 다음과 같은 두 가지 상반된 견해가 있다.

> - 프로그램은 항상 판독과 유지보수가 용이하도록 자세한 주석을 붙여야 한다.
> - 프로그램은 자체 문서화되어야 하고, 설명을 반드시 해야 하는 곳에만 주석을 붙인다.

이 두 가지 관점을 언어 설계의 관점에서 논하라.

7. 다음과 같은 문장이 주어졌다고 가정하고, 컴파일 과정의 각 단계를 설명하라.

```
A := 3 + (B - 2);
```

8. C#을 언어 처리 관점에서 설명하라.

chapter 2 프로그래밍 언어의 역사

[학습목표]

- 고급 프로그래밍 언어의 등장 배경에 대해 알아본다.
- 대표적인 프로그래밍 언어들에 대해 각각 알아본다.
- 프로그래밍 언어를 계산 모델과 용도, 두 개의 관점에서 분류한다.

프로그래밍 언어는 좋은 프로그램을 작성하는데 도움이 되어야 한다. 여기에서 좋은 프로그램이 가져야 할 조건은 ① 프로그램을 읽고 이해하기 쉬워야 하고 ② 프로그램이 효율적으로 번역되어야 하고 ③ 프로그램이 효율적으로 실행되어야 하고 ④ 프로그램의 수정이 쉬워야 한다.

다음으로 프로그래밍 언어와 관련된 중요한 두 가지 용어를 살펴보자. **구문(syntax)**이란 언어의 기호가 어떻게 결합될 수 있는가를 기술하는 규칙의 집합이다. **의미론(semantics)**이란 문법적으로 옳은 각 문장이 어떻게 해석되어야 하는가를 정의하는 것이다.

프로그래밍 언어는 크게 기계어, 어셈블리어, 고급 언어로 구분될 수 있다. 그러나 우리는 앞으로 주어진 컴퓨터에서 실행되기 위해 컴파일러나 인터프리터가 필요한 프로그래밍 언어인 고급 언어를 중심으로 살펴본다.

2.1 고급 언어의 등장

수학적인 표기법은 이미 수천 년 전 고도로 발달되었음에도 불구하고, 그리스의 한 학자가 기술한 최대 공약수를 계산하는 알고리즘을 제외하고는, 알고리즘을 기술하는 문장은 거의 존재하지 않았다. 알고리즘을 기술하기 위한 표기법은 근래에 와서야 개발되었다.

2.1.1 초기의 프로그래밍 언어

1834년경에 Charles Babbage가 개발한 해석 엔진은 계산 과정을 기술하는 표기법을 포함했다. 이 표기법에는 단일 산술 연산을 포함하는 배정문이 필수적인 문장이었다. Babbage의 공동 연구자였던 Augusta Ada는 이를 이용한 최초의 프로그래머였다. 1936년부터 1945년 사이에 Konrad Zuse는 알고리즘 작성을 위한 표기법인 Plankalkul을 개발하였고 Plankalkul은 불리안 데이터, 정수, 실수 그리고 심지어 배열의 개념까지 포함되었다. 그러나 이 표기법을 이용한 언어는 실제적으로 구현된 적이 없으므로 초기의 언어 설계자에게는 아무런 영향을 주지 못하였다.

1940년대 후반에 Eckert와 Mauchly는 UNIVAC I을 개발하였고, John Mauchly는 프로그램을 위한 Short Code를 개발하였다. 1954년경에 John Backus는 IBM 701을 위한 Speedcoding 시스템을 개발하였다. 이 시스템은 해당 컴퓨터 상에서 에뮬레이트되는 의사명령어 집합으로 정의되었다. 1951년부터 1953년 사이에 Murray Hopper는 UNIVAC을 위한 A-0, A-1, A-2를 개발하였는데, 이 시스템들은 프로그램을 기계어로 변환하는 번역기에 의존하는 시스템이라는 점에서 주목할 만 하였다.

2.1.2 고급 언어의 등장

1954년 이전에는 거의 모든 프로그래밍이 기계어로 이루어졌다. 컴퓨터를 이용하여 문제를 풀기 위해서는 2진수나 8진수 형태로 상세하게 부호화된 길고 긴 일련의 명령어들이 필요했다. 세계 최초의 내장형 컴퓨터로 간주되는 영국 Manchester 대학의 Mark I 컴퓨터를 위한 명령어들은 다섯 개의 비트씩 묶여진 2진수로 작성되고 타자기의 코드로 번역된 후에 컴퓨터로 입력되었다. 그 결과의 명령어들은 다음과 같은 형태를 가졌다.

```
E @ H O
X E / :
V E / :
@ @ H B
I @ T /
I @ ? C
@ @ / N
T C T A
```

그러나 이러한 방식으로는 복잡한 계산을 수행하는 프로그램을 작성하는 것이 불가능했다. 따라서 그 후에 2진수 연산 코드 대신 문자를 이용하는 **연상 코드**가 개발되었다. 예를 들면, 곱셈 연산에 해당하는 021 대신 MPY와 같은 연상 코드를 이용하는 방식이다. 이러한 방식은 뒤에 연산 코드뿐만 아니라 값을 참조하기 위한 수치 주소를 대신하여 기호 이름을 사용하는 방식으로 확장되었다. 이러한 형태로 작성된 프로그램은 어셈블러를 이용하여 기계어로 번역되었다. 즉 어셈블리어를 이용하여 프로그램을 작성하게 된 것이다. 다음의 예와 같이 어셈블리어를 이용하여 작성된 프로그램이 앞의 예보다는 더욱 이해하기 쉽다.

```
        LDY   #0
        LDA   $60
CHBIT   BPL   CHKZ
        INY
CHKZ    ASL   A
        BNE   CHBIT
        BRK
```

이러한 형태의 작업은 프로그래밍이라기보다는 코딩이라고 부르는 것이 더 적절한 용어가 될 것이다. 프로그래밍이란 알고리즘을 설계하는 더욱 복잡한 작업을 포함하기 때문이다. 어셈블리어를 이용하여 알고리즘을 표현하는데 따르는 문제들은 다음과 같다.

- 어셈블리어로 작성된 프로그램은 오류를 찾는데 도움을 주는 문장 형태를 가지고 있지 못하고, 오직 문자들의 조합에 의해서만 실행된다. 따라서 소스 코드에서 오류를 찾기가 어렵고 시간이 많이 소요되었다.
- 프로그램은 활용 가능한 컴퓨터의 특성에 따라 많은 영향을 받게 되었다. 예를 들면, 인덱스 레지스터의 부재, 내장된 부동 소수점 연산의 결여, 그리고 제한된 명령어 집합과 같은 컴퓨터의 구조 상의 문제를 해결하는데 많은 노력을 기울여야 했다.
- 프로그램과 특정 컴퓨터 구조와의 밀접한 관련 때문에 프로그램 작성 방식이 컴퓨터의 성능을 최대로 발휘하게 할 목적으로 편법을 이용하게 되었다. 따라서 이런 방식으로 작성된 프로그램의 정확성 증명은 매우 어렵고, 다른 사람들이 작성한 프로그램 뒤에 숨어있는 알고리즘을 찾기란 거의 불가능한 일이었다.
- 새로운 컴퓨터가 기존의 것을 대치했을 때, 프로그램 작성을 위한 이러한 노력들은 무위로 돌아가므로, 과거의 프로그램들은 버려지게 되었고 또 다시 새로운 라이브러리를 만들기 위한 과정이 시작되었다.

이러한 문제점들은 소위 자동 프로그래밍 시스템의 개발로 귀결되었다. 이 시스템은 일반적으로 피연산자와 함께 부동 소수점 연산과 삼각함수와 같은 연산을 제공한다. 자동 프로그래밍 시스템은 프로그래머에게 실제 컴퓨터의 명령어와 전혀 다른 형식의 명령어 집합을 가진 가상 기계를 제공하게 되었다. 일반적으로 가상 기계는 부동 소수점 연산, 인덱스 레지스터, 그리고 향상된 입출력 명령을 가지므로 실제의 컴퓨터보다 프로그램을 작성하는 것이 매우 쉬운 일이었다.

프로그래머는 부동 소수점 덧셈과 같은 연산을 하드웨어에서 수행되는 상세한 방식을 무시하고 연산 그 자체로만 생각할 수 있게 되었다. 가상 기계는 하드웨어로는 존재하지 않는 컴퓨터의 시뮬레이션이라는 의미에서, 추상 기계라고 할 수 있다. 추상이라는 말의 의미는 프로그래머에 의해 직접적으로 제어되어야 하는 상세한 것들을 축소시킴으로써 복잡한 연산을 간략하게 하였다는 것이다. 다시 말하면 추상이라는 말은 언어 기능이 어느 특정 컴퓨터 구조의 세부 사항과 분리된 정도를 말한다. 기계에 대한 독립성과 프로그래밍의 용이성이라는 상호보완적인 목표가 고급 언어의 초기 개발을 유도했다. 추상화를 통해 언어와 하드웨어를 분리함으로써 다양한 기계에서 실행되는 프로그램 작성이 가능하고 프로그램 이해가 용이하게 되었다.

초기의 자동 프로그래밍 시스템은 실제의 컴퓨터를 이용하는 것보다 다섯 배 이상의 시간이 소요되므로 비용이 많이 들었다. 이렇게 소비되는 시간의 대부분은 부동 소수점 서브루틴에서 차지하였다. 부동 소수점 계산 속도가 열배 이상 빠른 컴퓨터의 등장으로 공통적인 비효율성의 원인이 제거되었다. 이러한 상황에서 1954년에 John Backus는 FORTRAN 컴파일러를 만들기 위한 그룹을 조직하였다. 이들의 목표는 자동으로 수학식을 기계어로 변환하는 것이었다. 즉, 고급 프로그래밍 언어를 개발하기 위한 것이었다.

2.2 대표적인 언어들의 역사

프로그래밍 언어의 설계와 구현 방법은 1950년대 고급 언어의 출현 이후 컴퓨터의 발전과 깊은 연관을 가지며 발전해 왔다. 그리 오래되지 않은 기간 동안 수많은 언어가 개발되어 온 것은 주목할 만한 일이다. 앞으로 나올 몇 개의 절에서 이러한 언어 중에서 대표적인 언어들의 발전 과정을 살펴본다. 만일 프로그래밍 언어들을 주의 깊게 검토하면 우리들에게 보이는 외부적인 형태 이상으로 서로가 유사함을 발견할 수 있다. 프로그래밍 언어들은 다수의 기본 개념들을 기초로 구축되고, 이 책의 목적이 이러한 개념들을 공부하여 이 언어들을 더 잘 이해할 수 있게 하는 것이다. 비록 장황한 감은 있으나 프로그래밍 언어의 연구에 있어서 기존의 대표적인 언어들의 발전 과정을 살펴보는 것은 매우 뜻 깊은 일이 될 것이다.

2.2.1 FORTRAN

컴파일되는 최초의 고급 프로그래밍 언어를 누가 개발했는가에 대해서는 논란이 존재한다. 일반적으로 FORTRAN을 최초의 고급 언어로 간주하고 있지만, Knuth와 Padro는 1952년에 Manchester I을 위한 Autocode 컴파일러를 만든 Alick E. Glennie를 고급 언어를 개발한 최초의 사람으로 꼽고 있다. 그러나 Backus는 1953년에 MIT의 Laning과 Zierler가 MIT Whirlwind 컴퓨터를 위한 대수 번역기를 만든 것이 최초라고 믿고 있다.

1954년에 IBM의 John Backus 그룹은 FORmula TRANslation system 즉, FORTRAN 0를 개발하기 시작하였다. 당시의 컴퓨터는 느리고 신뢰성이 낮았고 이 때까지의 모든 프로그래밍은 기계어나 어셈블리어로 이루어졌다. 이 작업은 1957년에 완결되었고 그 결과 FORTRAN I이 탄생되었다. Backus 그룹은 FORTRAN을 이용하면 기계어만큼이나 세밀한 프로그램을 효율적으로 작성하는 것이 가능하다고 주장하였다. FORTRAN은 이 언어가 최초로 실행된 컴퓨터인 IBM 704에 관련된 많은 특징들을 가지고 있다.

이어서 1958년에 FORTRAN II가 개발되었다. 여기에는 서브루틴을 분리해서 컴파일하는 것이 포함되었다. FORTRAN III는 오래가지 못하였고, 1962년에 FORTRAN IV가 그 다음으로 개발되었다. 이 언어는 1977년에 ANSI FORTRAN이 개발될 때까지 표준으로 남았었다. 그 후 개발된 것은 FORTRAN 90이고 ANSI X.3 198-1992에 요약되어 있다. 수십 년 동안 FORTRAN은 컴퓨터 프로그래머들에게는 사실상의 공통적인 표준으로 사용되어 왔다.

FORTRAN의 생존 원인을 살펴보면, 부분적으로 컴파일러가 생성하는 목적 코드는 현존하는 언어들 중에서 가장 효율적인 것들 중의 하나라는 사실에 기인한다. 이것은 초기 설계 방침의 하나였다. 그 당시에는 일반적으로, 번역기가 비효율적인 코드를 생성하는 고급 언어는 거의 사용되지 못할 것이라는 생각이 지배적이었다. 그러나 FORTRAN은 컴파일러가 생성한 코드가 수작업으로 만든 코드보다는 다소 비효율적이나 고급 언어를 작성하므로 얻어지는 효율성은 그 비효율성을 훨씬 능가함을 입증하였다.

2.2.2 ALGOL

역설적으로 "사공이 많으면 배가 산으로 간다"는 속담처럼 좋은 결과가 많은 사람으로 구성된 위원회에서 오히려 나오기 힘들다는 일반적인 통념이 있다. 즉, 사람들이 각자 요구하는 너무 많은 것들을 포함시켜야 하므로 절충이 불가피해지고 개인이 혼자 수행한 결과보다 좋지 못할 수 있다. 피상적으로 ALGOL의 역사를 살펴보면 이런 관점이 옳다고도 할 수 있다.

1957년경에 Laning과 Zierler의 대수 시스템이 활용 가능했고 FORTRAN이 널리 이용되기 시작하였으며 특정 컴퓨터를 중심으로 많은 언어들이 개발되었다. 이 시기는 프로그래밍의 혁신적 발전이 진행 중에 있던 시절로 도처에서 새로운 언어들이 출현하였던 것이다. 따라서, 많은 사용자 그룹에서는 언어의 범람에 따른 상황을 인식하기 시작하였다. 프로그래머가 직장을 옮기게 되면 거의 대부분 불가피하게 새로운 언어를 배워야 했으므로 시간과 경비의 소비가 심했다.

이에 따라 많은 사람들이 기계에 종속되지 않는 프로그래밍 언어의 필요성을 느끼기 시작하여 이러한 언어를 만들기 위한 미국과 유럽의 공동 위원회가 1958년 4월에 결성되었다. Zurich의 회의에서 International Algorithmic Language(IAL)를 개발하기로 의견이 모아졌고, 후에 이 언어는 ALGOL이라는 이름으로 바뀌게 되었다. ALGOL 58에 도입된 것은 다음과 같다.

- 데이터 타입
- 변수의 명시적인 선언
- 복문
- 식별자의 일반적인 길이
- 임의의 배열 차원
- 배열의 임의의 정수 하한
- 중첩된 if 문

입력 매개변수와 출력 매개변수를 구분하는 프로시져의 기본 형태는 다음과 같다.

```
프로시져 이름(입력 매개변수) =: (출력 매개변수)
```

대입문은 최초에 다음과 같은 형태였으나 후에 변경되었다.

```
식 =: 변수
```

ALGOL 58 문서가 나오고 나서는 많은 사람들이 번역기를 만들기 위한 작업을 시도하였고, 그 결과로 만들어진 번역기로는 Michigan 대학의 MAD, 미국 해군 전자공학 그룹의 NELIAC, 그리고 SDC의 JOVIAL이 있다. 그러나 FORTRAN에 대한 IBM의 투자가 성과를 거두자 이들의 ALGOL에 대한 관심은 멀어져 갔다. FORTRAN은 그 당시 완벽하고 오류가 없는 반면에 ALGOL은 아직 초안의 형태였으므로 프로그래머들은 최종안에 대하여 많은 제안을 하였다. 따라서 1960년에 위원회는 ALGOL 언어를 대치하기 위한 많은 제안에 대한 토론을 목적으로 모임을 가지게 되었다. 덴마크의 Peter Naur가 그룹에 참여하였고, 그는 언어의 문법 구조를 기술하기 위해 Backus-Naur Form(BNF)이라고 부르는 표기법을 이용하였다. ALGOL 60은 컴퓨터 과학에 중요한 획을 그었다고 볼 수 있다. ALGOL 60의 중요한 기여는 다음과 같다.

- begin으로 시작하고 end로 끝나는 블록 구조
- 지역 변수들에 대한 영역 규칙
- 정적 변수에 반대되는 동적 변수
- 값 호출(call-by-value)과 이름 호출(call-by-name)의 두 가지 중요한 매개변수 전달 방법
- 재귀 프로시져
- 실행 시간에 설정되는 동적인 배열 크기
- BNF를 이용하여 정의된 최초의 언어

ALGOL 60은 실패와 성공이라는 양면성을 가지고 있다. 미국에서 광범위하게 사용되지 못하였고 그 결과 세계적으로 널리 이용되는 언어가 되지 못했다는 측면과 입·출력문을 갖고 있지 못하였다는 측면에서는 실패하였다고 볼 수 있으나, 성공이라는 측면에서는 1960년대에 가장 영향력이 큰 언어가 되었다는 점이다. 즉, 컴퓨터 과학의 역사상 중요한 개념적 이정표를 설정하였다. 따라서 ALGOL은 상업적인 실패에도 불구하고 과학적인 성공을 거두었다고 볼 수 있다.

많은 사람들이 ALGOL 류의 언어를 개발하였으나 대부분의 언어들이 원래의 ALGOL 60을 능가하지 못했다. ALGOL 60이 자유 형식의 for 문을 가지고 있으며, 부수적으로 ALGOL 60을 설명하는 문서의 출판이 ALGOL 60을 선호하는 원인이 되게 하였다.

ALGOL 60의 주된 결점 중의 하나인 입·출력 문장의 부재 원인은 언어를 만든 사람들이 ALGOL을 기계 독립적으로 만들고자 한데서 기인한다. 입·출력 문장 대신에 각각의 구현에 맞도록 입출력 라이브러리를 제공하고자 하였다. 언어의 명세로부터 입·출력을 분리시키는 개념은 Ada에까지 이어졌지만 Ada는 표준 라이브러리를 포함한다는 점이 차이가 있다. 결국 이런 입·출력에 대한 문제점이 ALGOL 68에서는 해결되었지만, 이 때는 시기적으로 너무 늦었다. 또한 ALGOL 68의 설계자들은 최대한의 일반성과 융통성을 가지도록 하였지만, 이에 따라 이런 구조들은 너무 복잡하여 일반 프로그래머가 배우기 어렵다는 문제점을 야기한 것이다. 그 결과 ALGOL 68은 거의 사장되었다. 미국에서는 거의 사용되지 않았고 유럽에서도 극소수의 사람만이 이용하였다. 그러나 ALGOL 68의 후속 언어인 Pascal, Modula-2, Ada, C 등은 과학적으로나 상업적으로 성공을 거두었다.

2.2.3 COBOL

1957년에 상업적 응용을 위한 FLOWMATIC이라고 하는 언어가 설계되고 UNIVAC을 위해 개발되었다. 1959년에 미 국방성은 COmmon Business Oriented Language(COBOL)

를 정의하기 위한 모임을 후원하였고, 프로그램을 작성하기 위해서는 가능한 한 영어와 유사한 형태를 가져야 한다는 믿음을 갖게 되었다. 1960년 4월에 COBOL에 관한 명세서가 출간되었으며 1961년과 1962년에 갱신된 버전이 나왔고, 1968년에 표준화가 이루어졌다. 그리고 1974년부터 1985년까지 ANSI 표준이 설정되었다. COBOL은 다음과 같은 새로운 특징을 포함한다.

- 레코드와 같은 계층적인 데이터 구조
- 파일과 파일 조작의 표현
- 데이터 디비젼에 변수의 선언
- 자연 영어와 유사한 명령어 표현

초기의 버전은 프로시져와 함수를 포함하고 있지 않았다. COBOL 설계 위원회는 BNF를 사용하지 않고 자신의 메타 언어를 도입하였다. 비록 그 당시에는 메타 언어가 비웃음을 받았지만 그 후 다른 언어의 설계자들에게 채택되었다.

COBOL은 오늘날 매우 많은 프로그램들에서 작성되고 운용되고 아마도 가장 널리 이용되는 프로그래밍 언어 중의 하나이지만, 컴퓨터 과학의 분야에서는 거의 무시되어 왔다. 이러한 현상은 부분적으로는 영어 단어를 매우 많이 사용하기 때문이다. 따라서 프로그래머가 아닌 사람들이 프로그램을 읽고 이해하는 것이 가능하게 되었으나, 진정한 의미에서의 가독성은 떨어지고, 문법 구조가 복잡하게 되었다. 복잡한 알고리즘은 COBOL로 프로그래밍하기 대단히 어렵다.

2.2.4 APL

APL은 "A Programming Language"의 약자로서 "하나의 프로그래밍 언어"라는 단순한 이름을 가지고 있지만 이름이 뜻하는 것처럼 간단한 언어는 아니다. 이 언어의 코드는 아주 복잡하고 근본적으로 이해가 어렵다고 하는 것이 다수의 견해이다. APL은 IBM의 Kenneth Iverson에 의해 설계되었고 이 언어는 1960년경에 탄생되었다.

1950년대 말에 Iverson은 하버드 대학교 응용 수학과 조교수였다. 그는 **자동 데이터 처리**라는 새로 개설된 교육 과정을 위해 새로운 형태의 표기법이 필요하다는 것을 알았다. 이와 같은 표기법이 APL 언어로 발전하게 된 것이다. 따라서 이런 배경을 가진 APL은 처음부터 수학에 많은 기초를 두고 있었다. 1960년도에 Iverson은 IBM으로 직장을 옮겨 Falkoff와 함께 연구를 계속하였다. APL은 처음에는 프로그래밍 언어가 아닌 표기 시스템으로 개발함에 따라 APL을 특정 기계에 적합하도록 만들 필요가 없었다. 1962년 Iverson은 "*A Programming Language*"라는 책을 발간하였다. 이 언어의 이름이 APL인 것은 이 책의 제목에서 따온 것이다.

1964년에 APL은 프로그래밍 언어로서 구현되어 사용하기 시작할 수 있을 만큼 충분히 잘 정의되었다. 원래의 의도는 알고리즘을 기술하기 위한 표기법이었고, 따라서 다양한 부호들이 이 언어에 포함되었다. 그러나 이 언어의 구현에는 APL 문자 집합에 대하여 적지 않은 문제점을 가지고 있었다. APL에는 Iverson이 만든 특수 문자들과 일부 공통적인 수학 기호들이 포함되어 있었다. APL은 데이터 집합에 대한 복잡한 연산을 하나의 기호를 사용하여 수행할 수 있다는 장점을 가지고 있다. 예를 들어 3ϕ'HIKLMNO'는 LMNOHIK라는 결과를 생성한다. 여기서 3과 HIKLMNO는 회전 함수 ϕ의 매개변수이다. 첫 번째 2는 끝으로 회전할 문자의 수이다. APL의 한 라인은 다른 언어로 작성된 프로그램의 20 내지 30 줄에 해당한다.

Iverson과 Falkoff는 APL에서의 수학이 실세계와 같기를 원했다. 이것은 실제로 매우 어려운 일이다. 예를 들어 Y=2/3이고 X=3×Y라고 할 때, 2=X와 같이 비교하면 그 결과는 컴퓨터의 한계에 기인한 반올림 오차가 발생하여 다른 결과가 나온다. 이 문제는 "fuzz"라는 비교의 오차 허용 범위를 두어 해결하였다. 다른 APL의 중요한 특징은 작업 공간의 개념이다. 이 개념은 데이터와 함수를 포함하고 있는 것으로 공책의 페이지와 유사한 개념이다. 작업은 작업공간의 라이브러리에 저장하거나 검색할 수 있다. APL은 수치 계산에 중점을 두는 대화형 언어이고 한 줄로 프로그램을 작성할 수 있는 것으로 유명하다.

APL을 사용하기 위해서는 특수 문자를 사용할 수 있는 키보드가 필요하다. APL 문자 중에는 한 문자를 치고, 첫 번째 문자 위에 다시 두 번째 문자를 쳐야 하는 경우가 많다. APL 키보드는 연산자를 단순화하기 위한 목적은 달성하였으나, 이것을 유용하게 사용하기 위해서는 많은 노력이 필요하다. APL을 이해하기 힘들게 생각하는 것은 이러한 이상한 문자 집합에 있다.

비록 APL이 특정 파일에 있는 모든 데이터를 정렬하거나 연산하는 작업을 쉽게 할 수 있지만 업무용으로 가장 널리 이용되는 COBOL의 경쟁 상대는 되지 못한다. 그러나 Falkoff는 APL의 사용이 계속 늘 것으로 믿었었다. 그 이유는 APL이 수학적 표기법과 프로그래밍을 조합한 언어이기 때문이다. 다른 언어들도 수학을 기반으로 하고 있지만 APL은 다른 어떤 언어보다도 수학에 더 가깝다.

2.2.5 SNOBOL

SNOBOL은 1962년에 Bell 연구소의 프로그래밍 연구 개발부에서 공식의 조작 방법에 관한 연구를 하는 세 개의 그룹 중의 한 그룹인 David Farber, Ralph Griswold, Ivan Polonsky에 의해 만들어졌다. 1963년에 이들은 자신들이 사용하는 언어가 작업을 위한 도구로서 사용하기 불편하고 따라서 새로운 언어를 개발하는 편이 낫다고 생각하여 개발하였다. 이 언어가 바로 SNOBOL이다. 그리고 자신들보다는 문서 처리와 그래프 조작같은 다른 응용분야를 위한 언어, 즉, 초보적인 프로그래머가 쉽게 사용할 수 있는 언어를 개발하려고 하였다.

SNOBOL의 설계자들은 기존의 프로그래밍 언어를 포함하여 많은 시스템들이 문자열로 표현될 수 있기 때문에, 기본적인 데이터 타입으로 문자열을 선택하였다. 즉, StriNg Oriented symBOlic Language라는 이름이 의미하듯이 문자열 처리를 주된 목적으로 하는 언어를 설계하였다. SNOBOL의 타입은 문자열, 정수, 실수, 패턴, 배열, 코드를 포함한다. 배열은 크기와 차원이 동적이다. 하나의 문장은 다음의 형태를 갖는다.

```
label   subject   pattern   =   object   goto
```

각 부분은 다음 여섯 단계의 절차로 평가된다.

1. subject가 평가된다. 만일 거짓이면, 문장이 거짓이 되고 goto가 처리된다.
2. pattern이 평가된다. 만일 거짓이면, 문장이 거짓이 되고 goto가 처리된다.
3. 패턴 매칭이 수행된다. 만일 거짓이면, 문장이 거짓이 되고 goto가 처리된다. 조건문은 실행되지 않는다. 즉각적인 값의 대입이 이루어진다.
4. object가 평가된다.
5. 배정이 수행된다.
6. goto가 처리된다.

다음은 문장을 읽고 각 문자가 나타난 횟수를 세는 SNOBOL 프로그램이다.

```
SNOBOL = 'ABCDEFGHIJKLMNOPQRSTUVWXYZ'
T = TABLE()
NEXTSTR STRING = INPUT                        :F(END)
 OUTPUT = STRING
NEXTCHAR STRING ANY(ALPHA).CHAR = '*'         :F(PRINT)
 T<CHAR> = t<CHAR>+1                          :(NEXTCHAR)
PRINT INDEXLIST = ALPHA
NEXTIND INDEXLIST LEN(1).INDEX =              :F(NEXTSTR)
 T<INDEX>LEN(1)                               :F(NEXTIND)
 OUTPUT = INDEX 'OCCURS' T<INDEX. 'TIMES.'
 T<INDEX> =                                   :(NEXTFINED)
END
```

이 언어는 최초의 문자열 처리 언어 중의 하나였고, 개정판인 SNOBOL4는 더욱 정교하고 강력한 패턴 매칭 기능을 제공하였다. SNOBOL은 구조적인 프로그래밍이나 프로그램 작성 전의 초안 등을 생각하는 데에는 그리 큰 효과를 주지 못하였다. 변수명은 미리 선언될 필요가 없고, 실행 중에 변수의 값을 어떤 타입으로든 다시 할당할 수 있다. 블록 구조와 이에 따른 변수와 다른 구조에 대한 영역 규칙은 제공하지 않지만, 프로그래밍에 있어서 독특한 패턴 매칭과 연관 프로그래밍 방법을 제시하였다.

2.2.6 BASIC

BASIC(Beginner's All-purpose Symbolic Instruction Code)은 1964년경에 Dartmouth 대학의 교수 John Kemeny와 Thomas Kurtz에 의해 만들어졌다. 이들은 자신들의 제자와 과학을 전공하지 않은 학생들도 컴퓨터를 잘 다룰 수 있기를 희망하였다. 따라서 기본적인 교육과정이 필요하게 되었으나, 그 당시 두 가지 문제가 있었다.

첫 번째, 컴퓨터에 접근하기가 힘들었다. 프로그램은 카드에 천공되어야 하고, 이렇게 천공된 카드를 가지고서 컴퓨터 오퍼레이터에게 전달하여 수행해야 하므로 매우 큰 불편이 따랐다. Kemeny와 Kurtz는 이 문제를 시분할 시스템을 사용하여 해결하였고, 학생들은 직접 컴퓨터를 다룰 수 있게 되었다. 두 번째 문제는 BASIC 언어 자체에 관한 것이다. 복잡한 언어보다 가능한 한 더 쉽게 배울 수 있도록 수학적으로 단순화된 언어가 필요하였다.

원래 Kemeny와 Kurtz는 DARSIMCO(DARtmouth SIMplified COde)라는 언어를 통하여 이 문제를 해결하려 하였다. 하지만 이 언어는 지나치게 수학적이었고, 뒤이어 나온 FORTRAN에 눌려 사장되었다. 그러나 FORTRAN이나 ALGOL의 단순화된 버전조차도 초보적인 학생들이 배우기는 어려웠다. 따라서 1963년 Kemeny는 효율성보다는 간결성에 초점을 맞추어 BASIC의 초기 작업을 시작하였고, 그 결과 Dartmouth 학생들은 1964년에 이 언어를 사용할 수 있게 되었다. Kemeny와 Kurtz는 BASIC이 컴퓨터를 배우고 사용하는데 도움을 주기만을 바라고, 개발 즉시 공개하였으므로 금전적인 이익을 얻지는 못했다.

BASIC은 기술적이나 수학적인 배경이 없는 학생들에게 성공적이었다. 다른 언어와는 달리, 문법 구조와 어휘는 단순하고, 효과적인 프로그래밍을 위해서 사용자는 다만 소수의 문장 형식만 익히면 되었다. 이러한 단순성이 BASIC을 교육기관에 널리 퍼지게 한 요인 중의 하나이다.

1976년에 Microsoft 사에서는 마이크로컴퓨터에서 수행되는 Microsoft BASIC을 개발하여 BASIC의 보급을 촉진시켰다. BASIC의 가장 혁신적인 특징은 시분할 방식으로 운영되는 컴퓨터 상에서 수행되고, 인터프리터 방식의 언어라는 점이다. 1978년에 ANSI BASIC이 등장하였다. 1970년대 후반과 1980년대 초반에 FORTRAN과 COBOL이 이용 가능한 마이크로컴퓨터의 메모리의 용량에 비해 너무 큰 언어인 반면, BASIC은 마이크로컴퓨터 상에서 운용이 가능하였으므로 그 인기가 매우 높았다.

BASIC에서 변수는 하나의 문자나 그 뒤에 숫자가 따라오는 형태였고 명시적인 선언은 허용되지 않았다. 변수는 수치 값이나 문자열을 가진다. 모든 문장은 다음과 같이 번호가 차례대로 매겨져야 한다.

```
10  REM A SAMPLE BASIC PROGRAM FOR SORTING
20  DIM A(100)
30  FOR I = 1 TO 100
40  INPUT A(I)
50  NEXT I
60  FOR I = 1 TO 100
70  J = I
80  FOR K = J+1 TO 100
90  IF A(K) < A(J) THEN 120
100  GO TO 120
110  J = K
120  NEXT K
130  T = A(I)
140  A(I) = A(J)
150  A(J) = T
160  NEXT I
170  STOP
180  END
```

BASIC의 인기로 인해 여러 다른 버전이 탄생하였으며, 서로 다른 버전 때문에 컴퓨터간의 BASIC 프로그램의 호환이 어려웠고, Dartmouth BASIC의 기본 설계 원칙을 위배하게 되는 결과를 초래하였다. 또한 BASIC은 구조적 프로그래밍의 지원 능력이 부족하다. PASCAL과는 달리 BASIC에서는 제한 없는 GOTO 문의 남용으로 매우 비구조적인 프로그램이 되었다. Dijkstra는 먼저 BASIC을 익힌 학생들에게 좋은 프로그래밍 기법을 가르치는 것이 실제로 불가능하다고 지적하였다.

Kemeny와 Kurtz는 자신들이 만든 언어의 좋은 취지가 오용되고 타락하는 것을 막기 위해 1985년에 새로운 버전인 True BASIC을 발표하였다. 이 언어는 완전한 호환성을 달성하도록 향상시킨 것이며, 수행되는 모든 컴퓨터상에서 표준화된 컴파일러를 사용할 수 있었다. 또한 매우 구조화되어 있고 대화식 그래픽을 지원하였다. True BASIC은 서로 다른 버전의 난립을 막기 위해 저작권을 등록하였다. 또한 True BASIC은 Pascal과 같은 언어처럼 많은 구조화된 데이터 타입을 선언할 수는 없지만, 그래픽과 문자열 처리 기능이 우수하다고 인식되었다.

2.2.7 Simula

1964년경에 노르웨이의 Kirsten Nygaard와 Ole-Johan Dahl이 Simula I을 개발하였

다. 이들은 시뮬레이션을 위한 언어를 개발하는데 관심이 있었다. Simula는 비록 널리 이용되지는 못했지만, 현재 프로그래밍에 필수적인 데이터 추상화의 개념을 최초로 소개하였다. 일반적으로 시스템은 서로 다른 종류의 두 가지 요소로 구성된다고 할 수 있다. 영원한 능동적 객체와 능동적 객체에 의하여 수동적으로 움직이는 수동적 객체가 그것이다. Simula I 이후의 연구들에서는 객체가 완전히 능동적이거나 수동적인 것 보다는 때로는 능동적이고, 때로는 수동적일 수 있는 것으로 생각하는 것이 더 나으며, 객체 간의 관계도 네트워크 관계가 아닌 상호 작용하는 프로세스 개념이 더욱 적합하다는 것을 제안하였다. Simula I은 각 프로세스들을 스택으로 구현한 ALGOL 60을 확장한 언어이다.

처음에는 Simula 코드가 ALGOL 코드로 번역되는 ALGOL 60의 전처리기로 개발되었다. 이 개념은 C의 확장인 C++에서도 사용되었다. Simula I의 후속 언어인 Simula 67은 객체들의 클래스를 기본 개념으로 가진다. Dahl과 Nygaard는 통행료 징수소, 트럭, 버스, 자동차들의 큐를 가지는 다리에 관한 시뮬레이션 작업을 하였다. 그들은 트럭에 대한 프로세스가 버스나 자동차들에 대하여 동일한 프로시져들을 많이 포함한다는 것을 발견하였다. 클래스는 ALGOL 60의 블록을 확장한 것이다. 클래스는 데이터 정의와 이 데이터를 처리하는 모든 프로시져를 포함한다. 클래스는 실행시간에 생성될 수 있는 객체라고 부르는 클래스 인스턴스의 템플릿이다.

2.2.8 PL/I

1960년대 중반에 IBM은 FORTRAN과 COBOL을 PL/I으로 대치하려고 시도하였고, 기존의 무수한 언어 중에서 가장 좋은 기능만을 결합하여 개발하였다. ALGOL 60의 중첩된 블록 구조와 반복, COBOL의 파일과 레코드 구조와 에러 처리, FORTRAN의 형식화된 입·출력 기능을 제공한다. 또한 LISP에서 볼 수 있는 것처럼 포인터 변수와 동적 기억 장소 할당을 제공한다. 그러나 가비지 수집(garbage collection)에 대한 기능이 없기 때문에 프로그래머 스스로 허상 참조(dangling reference)를 방지할 책임이 있다.

PL/I은 대중화 될 수 없었으며 처음부터 너무 방대한 것으로 인식되었다. 거대하고 매우 복잡하기 때문에 익히기가 어려웠다. 비록 PL/I에서 시도한 이러한 노력이 성공하지는 못했지만, 결과적으로 PL/I은 흥미로운 언어의 실험이 되었다. 고급 언어에서 최초로 등장한 PL/I의 중요한 두 가지 특징은 예외 처리와 병행성이다. 그 외에 포괄(generic) 서브루틴, 비트 문자열을 처리하는 기능도 특징적이다. 1976년에 ANSI 표준이 발표되었으나, 그 당시에 이미 이 언어는 쇠퇴기에 접어들고 있었다.

PL/I은 그 외에도 몇 가지 주목할 만한 특징을 가졌다. COBOL은 매우 많은 예약어를 가지고 있는데 반해, PL/I은 예약어를 전혀 가지고 있지 않았다. STRING은 내장된 데이터 타입으로 다양한 크기의 문자열을 지원하였다. LABEL은 실제로 데이터 타입으로 레이블 변수를 배정하는 것이 가능하고, 심지어 레이블 변수의 배열도 가능하였다. 선언은 프로그램의 어디에서나 이루어질 수 있고, 이것이 프로그램을 읽는데 혼란을 주는 원인이 되었다.

2.2.9 Pascal

1960년대 중반에서 후반에 걸쳐 ALGOL은 컴퓨터 프로그래밍 세계에 많은 관심을 끌었다. Niklaus Wirth도 이런 관심을 가지고 있던 한 사람으로서 자신의 실험실에서 ALGOL 60의 개선안을 만들기 위한 연구를 수행하고 있었다. ALGOL 후속 언어의 필요성은 개정 보고서를 배포한 후에 더욱 분명해졌다. ALGOL은 많은 우수한 개념들을 포함하고 있었지만 문자 변수와 입·출력과 같은 실용적인 기능들이 결여되었다. 1965년에 Niklaus Wirth와 C.A.R. Hoare는 ALGOL의 다음 언어를 만들기 위한 임무가 부여된 위원회에 자신들의 의견을 제출했다. 그러나 위원회는 이들의 제안을 기각하고 ALGOL 68을 만들었다.

Wirth와 Hoare가 제출한 수정안은 스탠포드 대학에서 ALGOL-W라는 이름으로 구현되었다. 이들의 의견에서 두 가지 중요한 점은 값-결과 호출(call-by-value-result)과 case 문이었다. 1971년에 Wirth는 ALGOL에 기반을 둔 새로운 언어의 정의를 내놓았고, 그는 이것을 프랑스의 수학자이며 과학자이고 종교 비평가인 Blaise Pascal의 이름을 따서 Pascal이라고 하였다.

Wirth는 Pascal을 다음의 두 가지 목적을 달성하기 위해 개발하였다.

- 일관성이 없는 불필요한 세부 사항들은 피하고 모든 언어에 공통적인 개념들을 나타내는 교육용 언어
- 어느 컴퓨터상에서도 저렴하고 쉽게 구현할 수 있는 진정한 표준 언어

이런 목적은 실현되었다. Pascal은 1970년대에 프로그래밍을 교육하는데 널리 이용되었다. Pascal이 구조적 언어라는 것과 교육용으로 인기를 얻은 것과는 밀접한 연관이 있다. Wirth는 프로그램은 전기 회로를 설계하는 것과 동일한 원리로 설계되어야 한다고 했다. 즉, 각 부품들로 명료하게 나누어져야 하며 각 부품 사이는 몇 개의 전선을 통하여만 연결되어야 한다는 것이다. 그는 학생들이 이와 같은 방식으로 프로그램을 짜며, 자신의 생각을 표현하도록 배운 언어가 생각이나 창의력에 매우 큰 영향을 미치기 때문에 특히 교육 초기에 이런 방식은 매우 중요하다고 생각하였다.

1980년대 초기에 마이크로컴퓨터에 구현이 가능하게 된 것이 계속적인 사용의 촉진제가 되었다. Kenneth Bowles에 의해 문서 편집기, 어셈블러, 링커를 포함하여 마이크로컴퓨터에서 사용되는 Pascal 컴파일러와 운영체제를 개발한 것이 Pascal의 역사상 획기적인 일이라 할 수 있다. 이 시스템이 UCSD Pascal로서 교육기관들과 산업체에 배포되었다. Pascal의 설계 시에 강조된 점은 간결성과 확장 가능한 데이터 타입의 사용이다. 컴파일 시간에 데

이터의 타입을 결정할 수 있는 강력한 타입 검사의 목표는 거의 달성되었다.

2.2.10 Modula-2

Wirth는 Pascal 개발 후에 병행 프로그래밍 분야로 관심을 돌렸다. FORTRAN, ALGOL, BASIC, Pascal과 같은 언어들은 순차 언어들이다. 순차 프로그램의 각 작업은 그 작업의 이전 작업이 완료된 후에 시작된다. 프로시져는 한 순간에 하나의 프로시져만이 실행된다. 이와는 달리 병행 프로그래밍은 동시에 하나 이상의 프로세스가 실행 가능하다.

Wirth가 프로그래밍에 관심을 가진 이유는 컴퓨터를 효율적으로 이용할 수 있을 뿐만 아니라 많은 것들이 동시에 일어나는 실세계를 정확하게 모델링할 수 있기 때문이다. 또한, 사건이 일어날 때마다 즉시 처리해야 하는 프로세스들은 실시간 프로그램으로 작성되어야 한다. 실시간 프로그래밍 언어는 매우 복잡한 상황을 컴퓨터가 제어할 수 있고, 실제 상황에 대처할 수 있도록 복잡하고 정교하며 신뢰성이 있어야 한다.

비록 Pascal이 언어를 교육하기 위한 기능은 좋다고 하더라도, 대규모 프로그램을 작성하기에는 적합하지 않다. 1970년대 중반에 Wirth는 효율적이면서, 개념적으로는 구조화가 잘 되어 있는 실시간 프로그래밍 언어를 설계하기 시작하였다. 그는 이런 특수 목적의 언어를 Modula라고 이름을 붙였다. Modula는 Wirth가 Pascal의 후신으로 만든 것으로 Pascal의 약점으로 지적된 것을 수정하였으며, 추상 데이터 타입을 지원하기 위한 모듈 개념을 추가하였다. 모듈은 큰 프로그램의 독립된 프로그램처럼 서로 간의 정보를 은폐할 수 있으며 분리 컴파일 할 수 있고 실행할 수 있다.

Wirth는 실시간 프로그래밍을 위한 완전한 컴퓨터 시스템을 만들기 위한 계획의 일환으로 Pascal과 Modula의 새로운 후속 언어인 Modula-2를 만들었다. 이 언어는 병행성을 위한 형식을 어느 정도 제공한다. Modula-2와 그 다음에 나온 Modula-3은 Pascal 만큼 널리 이용되지 못했다. Ada와 C++와 같은 그 밖의 다른 언어들이 Modula를 능가하는 추상 데이터 타입과 객체 지향 개념을 지원하고 있다.

2.2.11 C

C는 현재 가장 널리 이용되고 있는 언어 중의 하나이다. C는 고급 프로그래밍 언어이면서도 하위 수준의 언어이고, 특수 목적 언어이면서도 범용 언어인 양면성을 가진 언어로 유명하다. ALGOL을 개발한 사람들과는 달리 C를 개발한 Dennis Ritchie는 인기 있는 프로그래밍 언어를 만들려고 시도한 것이 아니라 좀 더 나은 운영 체제를 개발하려 하였다.

1960년대에 Ritchie가 입사한 Bell 연구소의 과학자들은 Multics라는 운영 체제에서 실험을 하고 있었다. 이 다중 사용자, 시분할 시스템은 이전까지 수고스럽게 작업하던 프로그래머에게는 급속도로 친한 친구처럼 되었다. 카드 뭉치를 오퍼레이터에게 건네고 출력된 결과를 받기 위해 서너 시간 기다리는 대신 Multics는 사용자가 키보드로 명령을 입력하고 즉각적인 응답을 받을 수 있게 된 것이다. 그러나 경비 문제로 Bell 연구소는 Multics의 사용을 포기하기로 하였다. 그러나 Thomson과 Ritchie는 자신들과 연구소의 프로그래머들을 위해 새로운 운영 체제인 UNIX를 개발하기로 하였다. 1971년에 UNIX 개발이 완료되었으나 UNIX는 어셈블리어로 작성되어 있었으므로 PDP-11 이외의 컴퓨터에서는 이식성이 없었다.

1960년대에는 두 가지 종류의 언어가 있었다. 하위 수준의 어셈블리어는 기억 장소 각각의 비트를 조작할 수 있기 때문에 특정한 컴퓨터를 프로그래머가 직접 제어할 수 있었다. 고급 언어는 보다 쉽게 사용할 수 있으며 다양한 하드웨어 상에 구현되어 있었다. 프로그래머는 많은 양의 상세한 세부 사항들에 신경 쓸 필요 없이 좋은 알고리즘 설계에만 집중할 수 있었다.

Cambridge 대학과 London 대학의 합동 위원회는 고급 언어이면서도 동시에 하위 수준인 언어를 개발하기로 결정하였다. 이 언어는 특정 컴퓨터에만 종속되지 않도록 고급 언어이면서도 특정한 비트를 조작할 수 있도록 하였다. 그 결과로 만들어진 언어가 CPL이다. CPL은 Cambridge Programming Language의 약자이다. 이 언어는 60년대 초기에 개발되었으나, 크고 어려운 언어이므로 인기가 없었고, Martin Richard가 1967년에 BCPL로 확장하였다.

BCPL은 UNIX 운영 체제를 만든 Bell 연구소의 연구진에 의해 연구된 후, 시스템 프로그래밍을 위한 B라는 언어로 계승되었다. 그러나 이 언어에는 명시적인 데이터 타입이 없기 때문에 부적합한 언어로 판명되었다. 1972년에 Dennis Ritche는 B에 원래의 CPL의 기능 중 다양한 데이터 타입과 같은 기능을 추가하여 C라는 언어를 개발하였고, UNIX를 C를 이용하여 다시 작성하였다. 1978년에 Ritchie와 Kernighan은 C에 관한 책을 출판하였고, 소위 K&R C를 설명하는 이 책은 그 후 10년 뒤에 ANSI C가 만들어지기까지 C를 설명하는 표준 문서가 되었다. C가 널리 이용된 중요한 원인 중의 하나는 UNIX의 많은 부분이 C로 기술되었다는 점이다. 그 결과로 UNIX의 이식성이 좋아져서 1980년대 중반에 UNIX는 운영 체제의 표준이 되다시피 했다.

C는 프로그래머를 위한, 프로그래머에 의한, 프로그래머의 언어로 알려져 있다. 이와 같은 사실은 보기 좋게 작성하기 보다는 간결하게 쓸 수 있는 C의 특성에서 명백해진다. Begin과 end 보다는 중괄호 { }를 사용한다. 이것은 빠른 프로그래밍을 가능하게 하지만 한편으로는 가독성을 떨어뜨리기도 한다. C가 경험이 많은 프로그래머 위주로 개발되었다는 또 다른 예는 오류 메시지가 명료하지 않다는 점이다. lint 프로그램이 제공되기는 하나 자신의 오류를 추적하는 것이 그리 쉬운 일이 아니다.

2.2.12 LISP

LISP는 MIT의 John McCarthy 그룹에 의해 1950년대 후반에 개발되었다. 초기의 작업은 Newell과 Simon에 의해 리스트를 다루는 것이 가능한 IPL이라고 하는 언어이다. McCarthy는 미분 문제를 풀기 위해서는 FORTRAN과 ALGOL에 결여된 재귀, 조건식, 그리고 리스트의 암시적인 삭제 기능이 필요하다고 믿었다. LISP 1.5는 초기의 버전이었고, 1960년대 초기에 여러 사람에 의해 구현되었다. 1965년 이전까지 이러한 구현들은 모두 본질적으로는 동일한 것이었다.

이 언어는 리스트 구조와 함수의 재귀적 적용을 기반으로 하였다. 이것은 S-식이라는 하나의 데이터 구조와 계산의 기본 개념으로 함수 적용에 기반을 두었다. 계산과 환경의 일반적인 개념, 그리고 기억장소를 관리하는 메커니즘으로 더 이상 사용하지 않는 기억장소를 자동적으로 반환하는 가비지 수집을 선구적으로 도입하였다. 이의 계산 원리는 보통의 폰 노이만 구조와 매우 달랐으므로 당시에 존재하는 컴퓨터 상에서 효율적으로 실행될 수 없었다.

1965년경에는 LISP가 크게 두 가지로 나뉘는데 하나는 MIT의 MacLISP이고 또 하나는 Beranek와 Newman(BBN)의 InterLISP이다. 1970년대에 MacLISP에는 임의의 정밀도를 갖는 정수 산술 연산을 포함하는 다양한 개선이 가해졌다. InterLISP에는 다른 프로그래밍 환경의 특징이었던 자동 오류 수정 기능이 포함되었다. 이러한 두 개의 버전이 1970년대에 가장 널리 이용된 것들이다.

LISP는 과거 30여년간 인공 지능 분야의 중심적인 언어였고, 아직도 다양한 방식으로 활발하게 이용되고 있다. LISP는 문제 해결에 실험적인 접근 방법을 할 수 있게 하는 융통성 있는 데이터 구조와 동적인 타입 시스템 때문에 모호한 문제 해결에 좋다.

물론 LISP가 모든 관점에서 좋은 것은 아니다. 초기의 시스템들은 컴파일되기 보다는 인터프리트되기 때문에 그 실행이 매우 느렸다. 오늘날 대부분의 LISP 시스템들에는 실행 속도를 개선하는 최적화 단계를 포함하는 컴파일러들을 제공하고 있지만 LISP는 아직도 여전히 실행 속도가 매우 느린 언어로 인식되고 있다. 또한 LISP는 재귀를 너무 많이 사용하기 때문에 많은 프로그래머가 이해하기 힘들다고 한다.

그러나 LISP 프로그램을 실행하기 위해 특별히 설계된 컴퓨터 구조가 개발되었고, 많은 실제적인 의사결정 시스템이 LISP로 작성되었다. 최근의 번역 기술의 발전과 실행 속도의 향상으로 함수 언어와 함수 프로그래밍 기법이 일반적인 프로그래밍을 위해 더욱 유용하게 사용될 수 있어, LISP의 영향은 증가하였다. 거의 대부분의 언어에 포함된 재귀 호출 기능은 LISP로부터 시작되었다.

2.2.13 Smalltalk

Alan Kay는 60년대 말 수천 페이지의 정보 저장 능력을 가지고 초당 수백만개의 명령어를 실행하는 공책 크기의 휴대용 컴퓨터를 개발하고자 하는 의욕을 가졌다. 그는 이런 컴퓨터가 개발되면 그 당시의 대부분의 언어와는 달리 비전문가들이 쉽게 이해하고 배울 수 있는 언어로 프로그래밍 할 것으로 전망하였다. 또한, 이 컴퓨터는 사용자에게 친숙한 그래픽을 가지며, 키보드와 겸용인 마우스를 가질 것으로 예상하였다. 60년대 당시의 컴퓨터 분야의 상황을 돌아보면 이런 예측이 매우 혁명적이었음을 인식할 수 있다. Kay는 이런 컴퓨터와 언어는 새로운 교육 방법의 도구로서 사용되어 학생들의 이해력과 창의력을 향상시킬 수 있는 획기적인 도구가 되리라 믿었다.

Alan Kay는 1970년대 초기에 Xerox Palo Alto 연구 센터에서 그룹을 조직하여 자신이 꿈꾸는 컴퓨터와 어린이도 숙달할 수 있는 프로그래밍 언어를 개발하기 위한 노력을 계속하였다. 이 컴퓨터는 동적인 정보 검색을 기반으로 하기 때문에 Dynabook이라고 하였고, 이 컴퓨터의 소프트웨어를 Smalltalk이라 불렀다. 최초의 버전은 1972년에 만들어졌고 6세에서 15세의 250명 이상의 어린이와 50명의 성인에게 실험되었다. 실험을 통한 경험을 바탕으로 후속 버전들이 1976년과 1980년에 만들어졌다.

Smalltalk-80이 이 언어의 표준이 되었고, 매우 다양한 컴퓨터 상에서 구현되었다. Smalltalk은 모든 사람을 위한 언어를 지향하였으나, 여기에는 문제가 있었다. 그것은 대부분의 다른 언어와는 개념적으로 큰 차이점이 있다는 것이다. 객체 지향 개념을 기반으로 한 언어를 배우는 것은, 이미 알고 있는 다른 언어와 상이한 특성을 가지므로 프로그래머에게는 그리 반가운 일이 아니라는 점이다.

Smalltalk은 통일된 강력한 개념을 제공한다. 즉 Smalltalk은 서로가 메시지를 보낼 수 있는 독립된 단위인 객체라는 개념을 소개했다. 객체 내에 프로시져와 데이터가 모여 있다는 것이다. 객체는 다른 객체에 메시지를 전송함으로써 대화를 하게 된다. 객체들은 자신과 관련된 메소드를 이용하여 메시지에 응답한다. Simula로부터 가져온 클래스는 객체를 정의하기 위해 사용되는 템플릿이다.

Smalltalk 언어 그 자체는 결코 대중적인 성공을 거두지는 못했으나, 다른 시스템에 많은 영향을 끼쳤다. Apple Macintosh의 아이콘과 윈도우 그리고 마우스 제어 시스템은 Smalltalk을 위해 Kay에 의해 최초로 만들어진 것이다. 그는 자신의 꿈을 이루기 위한 노력을 계속하고 있다.

2.2.14 C++

Bjarne Stroustrop은 C++의 개발자이다. 그는 1980년경에 사건 중심 시뮬레이션을 위한 목적으로 Simula 67을 이상 모델로 삼고 효율성을 고려하여 C with Classes를 개발하였다. Stroustrop은 자신의 작업을 단순히 C의 확장으로 보아 C with Classes라고 불렀다. 여기에는 연산자 중복, 참조 타입, 가상 함수 등의 특징이 없었다. 여기에 대한 여러 의견을 수렴하여 갱신이 이루어지고 1985년에 발표된 버전에 이어서 계속적으로 새로운 버전이 발표되고 있다.

C++라는 이름은 Rick Mascitti에 의해 지어졌는데 C++가 C의 문법 구조를 대부분 사용하고, C보다 향상되었으므로 C의 증가 연산자 ++를 이용하여 이름을 지었다고 한다. C++는 C의 대부분의 특징을 포함하고 있으므로 시스템 프로그래밍에 적당할 뿐만 아니라 클래스, 연산자 중복, 가상 함수 등과 같은 특징을 갖추고 있어 객체 지향 프로그래밍에 적합하다. 또한, C와 일치하는 부분이 C++를 널리 대중적인 언어가 되는데 도움을 주었다. C++는 C의 다음 세대 언어로서 크게 각광받을 것으로 기대되었다.

2.2.15 Ada

1970년대 중반에 미 국방성이 직면한 문제점은 컴퓨터 기반 시스템을 구축하는데 이용되는 프로그래밍 언어가 지나치게 많다는 것이었다. 이 때문에 컴퓨터 사이의 이식성이 제약받고, 프로그램의 재사용성이 제약을 받으며, 일반적으로 커다란 혼란을 야기하였다. 따라서 이러한 프로그래밍 언어를 표준화할 목적으로 High-Order Language Working Group (HOLWG)이라는 팀을 결성하였다.

HOLWG는 육, 해, 공군과 대학, 산업체로부터의 요구사항을 받아들여 이 언어에 대한 요구사항들을 만들고, 그 결과 Starwman, Woodenman, Tinman, 그리고 Ironman 보고서라는 일련의 보고서를 생성하였다. 각 보고서는 개선되어 미 국방성의 프로그래밍 언어 요구 명세서가 되었다. Ironman 보고서는 Ironman 요구 명세서를 만족하기 위한 언어 제안서를 작성하는데 이용되었다.

다음으로 Red, Blue, Yellow, Green 팀이라고 각각 부르는 계약자가 선정되어 언어의 정의를 시작하는 것이었다. 각 그룹에는 이름을 밝히지 않기 위하여 색으로 이름이 주어져서 공정한 평가를 받을 수 있게 하였다. 이들의 언어는 모두가 Pascal에 기반을 두었다.

1978년 6월에 Steelman 보고서라고 부르는 갱신된 Ironman 보고서가 완성되었다. 그리고 1979년 5월에 Jean Ichbach가 주도하는 Honeywell-Bull의 보고서가 최종적으로 채택되었다. 이 언어는 Charles Babbage가 개발한 해석 엔진을 프로그램한 Ada Augusta의 이름을 따서 Ada라는 이름을 갖게 되었다. Jean Ichbach가 주도하는 팀은 15개국 이상의 전문가들로부터 700개 이상의 조언과 제안들을 검토한 후, 1980년 9월에 Ada의 설계를 완료하였다. ANSI 표준은 1983년에 발표되었다.

표준 언어가 개발되었으나 많은 방언과 변형이 생길 가능성이 남아있으므로, 미 국방성은 Ada의 부분 집합과 superset들이 개발되어 이식성 문제가 다시 생기지 않게 하기 위하여

Ada를 상표로 등록하였다. 이렇게 하여 Ada라는 이름을 함부로 사용하는 것을 통제하고 표준 언어를 유지하려 하였다. 이외에도 컴파일러가 표준 언어를 제대로 구현하였는지를 검사하기 위한 Ada Compiler Validation Project를 시작하였다.

Ada에 대한 문제점과 비판은 주로 Ada의 크기가 너무 크다는 것과 100% 가까운 신뢰성을 보장해야 할 실시간 언어의 조건을 만족하지 못한다는 것이다. Ada가 현재 정의된 대로 남아 있을 것인지, 혹은 부분집합으로 남을 것인지 간에 프로그래밍 언어에 중요한 이정표가 될 것임은 분명한 사실이다.

2.2.16 PROLOG

PROLOG의 기원은 아리스토텔레스의 전통적인 논리가 만들어진 과거 2,200여 년 전으로 거슬러 올라간다. 이런 고전적인 논리 시스템의 문제점 중에 하나는 정적이라는 것이다. 하나의 문장은 참이나 거짓 하나의 값만을 가지고 값이 일단 한번 결정되면 변경될 수 없었다. 이런 시스템에 대한 불만족이 실제로 제기된 것은 19세기에 수학자 드모르간이 수학적인 사고를 자연어보다 잘 표현하는 형식 시스템을 개발했을 때이다. 19세기 후반에 Gottlob Ferge는 철학에서 다루었던 기호 논리학을 수학의 한 분야로 만드는데 공헌했다.

1960년대에는 자동 정리 증명에 큰 관심을 가지게 되었다. 1970년대에 수학 논리에 기반을 둔 언어를 개발한 그룹이 있었다. 이 그룹은 Marseilles 대학의 Alain Colmerauer과 Phillipe Roussel이 주도하였다. 이들은 Edinburgh 대학의 Robert Kowalski와 공동으로 작업하였다. 이 언어는 predicate calculus에 기반을 두었다. PROLOG의 특징은 주로 선언적이고, 사실과 규칙을 PROLOG 시스템으로 표현하였다.

PROLOG는 인공지능 분야인 정리 증명, 관계형 데이터베이스 설계, 소프트웨어 공학, 자연어 처리, 지식 표현 및 전문가 시스템 프로그래밍에서 광범위하게 사용되었다. 아마도 PROLOG의 가장 큰 특징은 작은 양의 프로그래밍으로 더 많은 양의 작업을 자동적으로 수행할 수 있는 방법인 비절차적 프로그래밍으로 진일보한 점일 것이다. 따라서 사용자는 어떻게 수행되는지 보다는 수행하기 위해 필요한 것이 무엇인가에 대해 초점을 맞출 수 있다.

2.2.17 Perl

Perl은 1987년 Larry Wall에 의해 최초로 만들어졌다. Wall은 오류 보고 시스템을 만들기 위해 수많은 파일을 대상으로 작업을 해야 했는데, 이 작업을 쉽게 할 목적으로 Perl을 개발하였다. 현재에도 Perl은 계속 발전하고 있으며 많은 사용자 층을 확보하고 있다. Perl은 C 언어와 UNIX Shell의 특성을 포함하고 있기 때문에 양자에 익숙한 사람이라면 쉽게 배워서 활용할 수 있다. 초기에는 UNIX의 사용자와 시스템 프로그래머들이 적극적으로 사용하였다.

Perl은 GPL을 통해 배포되고 있기 때문에 Perl은 아무 대가 없이 소스를 공개하고, 이 소스 코드를 수정하면 그 내용도 공개해야 한다는 원칙을 따르고 있다. 이 원칙에 호응하는 많은 프로그래머들이 적극적으로 Perl 모듈들을 개발하여 무상으로 공개하고 있다. 이제 Perl은 초기의 제한된 영역의 사용자를 벗어나 웹의 CGI 프로그램에 이용 되면서 사용자가 폭발적으로 늘어나게 되었다. Perl은 이식성이 뛰어나고 단순하면서도 풍부한 기능을 가진 안전한 언어이기 때문에 많은 사용자들에게 사랑 받고 있다.

2.2.18 Java

Java의 개발은 1991년 선 마이크로시스템사의 James Gosling의 팀에 의해 시작되었다. 초기의 개발 목적은 가전 제품에 들어갈 간단하고 버그가 없는 소프트웨어를 개발하는 것이었다. 이에 필요했던 것이 플랫폼에 독립적인 코드였고, 따라서 어느 중앙 처리 장치에서든 실행되어야 했다. 이렇게 플랫폼에 독립적인 코드를 만들기 위해 개발팀은 처음에 C++에 초점을 맞추었다. 그러나 이기종간 통신이 일어나는 분산 네트워크를 지원하는 시스템을 생성하기 위해서는 C++로 모든 것이 해결되지 않았다. 따라서 이 팀은 C++를 포기하였고, 뒤에 Java로 개명되는 Oak라고 불리는 언어를 개발하였다. Java는 1994년 중반부터 폭발적인 관심을 끈 인터넷과 웹 브라우저 개념과 결합하였고, 1995년 5월에 성공적으로 발표되고 현재에도 계속 기능을 보강하고 있는 진행 중인 프로젝트이다. Java는 간단하고, 객체지향적이며, 분산적이고, 강력하며, 보안성이 높고, 하드웨어와 무관하고, 고성능이며, 멀티스레드 동적 언어로 정의된다.

2.2.19 Python

Python은 1990년대 초반에 Guido van Rossum에 의해 개발된 객체 지향적인 특성을 가진 스크립트 언어이다. 현재에는 Python 소프트웨어 재단이 관리하며 기능을 발전시키고 있다. Python은 Perl과 유사한 분야인 시스템 관리, CGI 프로그래밍뿐만 아니라 다양한 분야에서 그 활용 범위가 넓어지고 있다. Python도 Perl과 마찬가지로 공개 소프트웨어로 다양한 플랫폼에서 사용 가능하다.

Perl은 다른 언어에서 직접적으로 파생되지는 않았으며, 동적 타입 시스템을 가진다. Python은 배열을 대신하여 리스트, 투플, 해시 데이터 구조를 가진다. 리스트를 위한 메소드 집합들과 해시를 위한 메소들의 집합이 지원된다. Perl은 객체 지향 특성을 가지고 있고 Perl과 같은 패턴 매칭 기능, 예외 처리 기능을 제공한다. 더 이상 필요하지 않은 객체를 해제하는 가비지 수집 기능이 지원된다.

2.2.20 C#

C#은 Microsoft 사의 Anders Hejlsberg에 의해 고안된 언어로서 그 이름이 의미하듯이 C 언어 계열에 속하는 범용 프로그래밍 언어이다. 1998년 12월 The C# Project라는 이름으로 시작된 C#은 .NET 환경에서 효과적으로 응용 프로그램을 구현할 수 있도록 개발된 언어이다. C#의 가장 큰 특징은 현대적이고 단순한 언어인 Java와 유사한 모습을 가지며 C++의 강력함이 첨가되었고, Visual Basic의 높은 생산성 또한 보장하고 있다는 점이다.

C#은 Java와 마찬가지로 C++을 모체로 하는 객체 지향 언어이며, 엄밀히 말하면 컴포넌트 지향 언어라고 할 수도 있다. 그러나 C#은 Java처럼 C++와는 달리 단일 상속을 지원함으로써 명확한 상속 관계를 개발자가 파악할 수 있게 되었고, 가비지 수집을 통해 기억 장소를 자동으로 관리해 줄 수 있게 되었다. C#과 Java가 매우 유사하기는 하지만 몇 가지 차이점이 있다. 그 내용을 정리하면 다음과 같다[91].

- C#의 using-namespace의 관계는 Java의 import-package와 유사하다.
- C#은 switch 문 사용 시 각각의 case가 반드시 goto나 break로 처리되어야 한다.
- C#의 박싱/언박싱은 Java의 wrapper 클래스와 같이 값 타입을 객체 타입으로 처리하기 위한 개념이다.
- C#은 일반적인 Java의 접근 수정자 이외에 internal이 존재한다.
- C#은 매개변수를 전달함에 있어서 Java에서 제공하지 않는 ref와 out 예약어를 제공한다.
- C#은 params 예약어를 이용하여 동적인 매개변수 전달을 허용한다.
- C#은 Java의 일반적인 멤버 변수 접근 방식인 get과 set을 이용한 캡슐화뿐만 아니라 get과 set의 내부적 구조와 멤버 변수의 외형을 가진 속성을 통해 멤버 변수 접근을 지원한다.
- C#은 Java에 없는 예약어인 checked/unchecked를 통해 오버플로우 탐지가 가능하다.
- C#은 Java와 달리 unsafe 블록을 통해 쉽게 저 수준 접근이 가능하다.
- C#은 일반적인 제어문뿐만 아니라 배열 및 컬렉션 요소를 추출하기 위한 foreach를 제공한다. Java 5.0부터 유사한 for 문을 제공한다.
- C#은 Java의 instanceof의 역할과 유사한 is나 as로 인터페이스 구현 여부 즉, 상속 관계의 파악이 가능하다.
- C#은 Java의 javadoc과 마찬가지로 소스 코드를 문서화하기 위한 csc/doc 옵션으로 XML 문서를 생성할 수 있다.

앞에서 소개한 고급 언어의 발달 과정을 살펴보면 다음 [그림 2-1]과 같다.

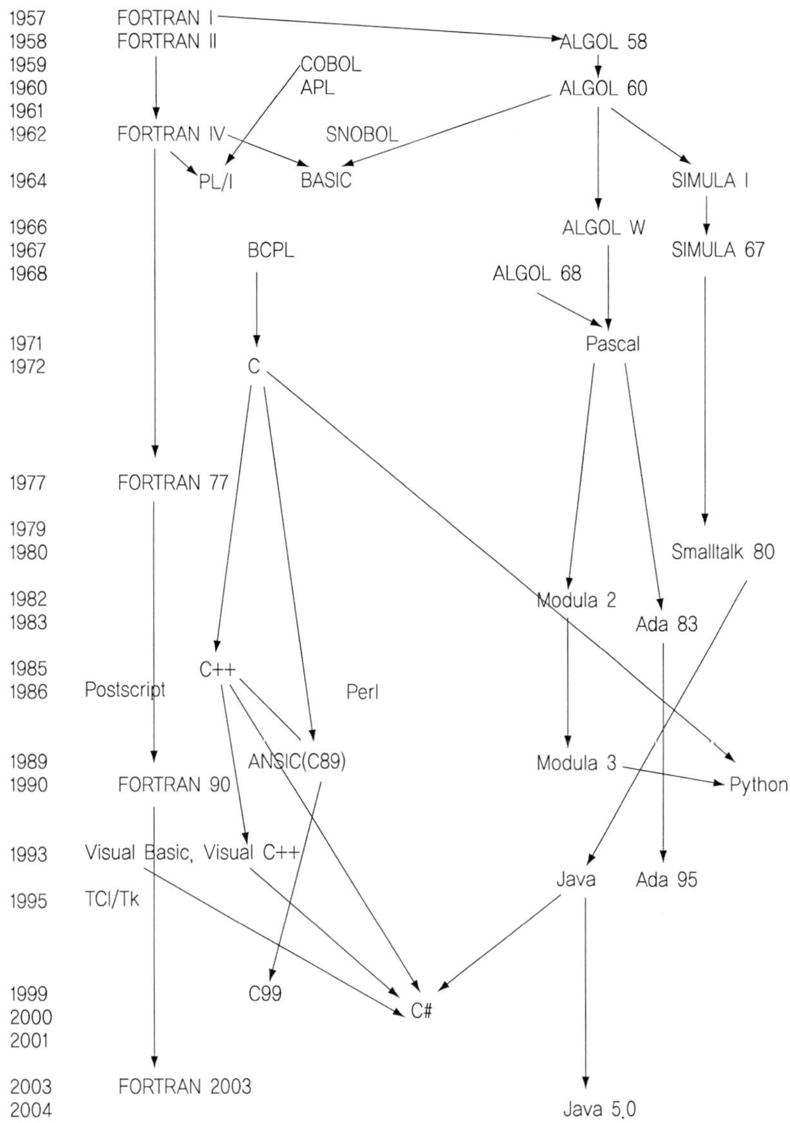

[그림 2-1] 고급 언어의 발달 과정

2.2.21 프로그래밍 언어의 개척자들

프로그래밍 언어를 설계한 사람이나 프로그래밍 언어 개발 위원회를 주도적으로 이끌어 설계하는데 있어서 큰 기여를 한 사람을 전통적으로 프로그래밍 언어의 개척자라고 볼 수 있다. [표 2-1]에 이를 요약하였다.

[표 2-1] 프로그래밍 언어의 개척자들

개발자	언어
Backus	FORTRAN
Iverson	APL
McCarthy	LISP
Naur, Perlis 등	ALGOL 60
미국 정부의 위원회	COBOL
IBM	PL/I
Kemeny/Kurtz	BASIC
Kay	Smalltalk
Colmerauer/Roussel	PROLOG
Wirth	Pascal
Ritchie	C
Ichbiah 등	Ada
Stroustrop	C++
James Gosling 등	Java
Farber, Griswold	SNOBOL
Dahl, Nygaard	Simula

2.3 프로그래밍 언어의 분류

2.3절에서는 프로그래밍 언어를 두 개의 관점에서 분류하여, 뒤에서 다루는 기본적인 개념과의 관계를 명확히 하도록 한다.

2.3.1 계산 모델에 의한 분류

실용적인 측면에서의 프로그래밍 언어는 컴퓨터의 처리 과정을 기술하는 것에 중점을 둔다. 프로그래머는 컴퓨터에 의해 프로그램과 데이터가 어떻게 취급될 것인가를 알 필요가 있다. 프로그램과 데이터의 처리 과정을 추상화 한 것을 계산 모델이라고 한다. 여기에서 몇 가지 대표적인 계산 모델의 기본적인 처리 방식을 살펴본다.

(1) 명령형 언어(Imperative language)

이와 같은 언어는 변수와 배정문과 같이 기억 장소를 참조하는 명령으로 기억 장소의 내용을 조작하여 계산 과정을 수행하는 언어로 FORTRAN, Pascal, C 등이 여기에 해당한다. 이들의 언어는 상태를 어떻게 변화시키는가를 지시하기 위한 명령을 주제로 한 언어라고 할 수 있다.

명령형 언어 중의 하나인 Pascal에서 팩토리얼을 구하는 함수를 다음과 같이 작성할 수 있다.

```
function factorial(n: integer): integer;
var fac: integer;
begin fac := 1;
        while n > 0 do
        begin fac := fac * n;
                n := n-1;
        end;
        factorial := fac;
end;
```

이 프로그램은 기억 장소의 값을 참조하면서, 그곳에 저장되는 데이터를 변경하는 명령을 기억하여 팩토리얼 함수의 계산 과정을 표현하고 있다. 함수의 몸체부에서 시간에 따라 순차적으로 기억 장소의 상태를 변화시키는 것을 표현하고 있다.

(2) 함수 언어(Functional language)

프로그램에 의한 계산 과정은 컴퓨터 구조와 독립적으로 생각할 수 있다. **함수 언어** 혹은 적용형 언어(applicative language)는 함수의 결합으로 기능을 수행하는 언어로 LISP가 대표적인 예이다. 명령형 언어와 달리 함수 언어에서는 기억 장소의 상태에 대한 개념이 존재하지 않는다. 프로그램은 기억 장소의 상태 변화가 아닌 입력과 출력의 함수만을 기술한 것이라고 할 수 있다.

함수 언어 중의 하나인 Scheme에서 팩토리얼을 구하는 함수를 다음과 같이 작성할 수 있다.

```
(define (factorial n)
    (if (= n 0)
     1
     (* n (factorial (- n 1))))
)
```

(3) 논리 언어(Logic language)

논리 언어는 모델의 계산을 위해 기호 논리와 집합론을 이용한다. 이 언어는 데이터베이스를 형성하는 논리 관계의 집합으로 구성된다. 데이터베이스에 대한 질의는 관계(relation)에 대해 평가(evaluate)된다. 논리 연역 규칙은 evaluator내에 설정된다. 대표적인 예가 PROLOG이다. 논리 언어는 문장이 읽힌 후 내부 형태로 변환되어 수행되는 환경을 갖고 컴파일-링크-실행의 사이클을 갖지 않는 대화형 언어에 해당한다.

논리 언어인 PROLOG에서 팩토리얼을 구하는 프로그램을 다음과 같이 작성할 수 있다.

```
factorial (0, 1).
factorial (N, F) :-
    N > 0,
    N1 is N - 1,
    factorial (N1, F1),
    F is N * F1.
```

(4) 객체 지향 언어(Object-oriented language)

객체는 독립된 개체로 받아들여진 것으로, 객체와 관련된 연산의 정의가 데이터 구조와 함께 객체에 포함된다. 객체의 계층이 정의되고, 계층 간에 성질이 상속되는 것을 허용한다. 객체들 간은 메시지 교환에 의해 활성화되어 계산을 진행한다. Simula, Smalltalk, C++, Java 등이 여기에 해당한다.

2.3.2 용도에 의한 분류

현재 컴퓨터가 이용되는 분야는 계속 확대되고 있다. 이처럼 컴퓨터의 응용 분야가 다양화되고 있는 것에 맞추어 하나의 프로그래밍 언어가 모든 응용 분야에 필요한 기능을 갖추는 것이 가능하다고 생각될 수 있으나, 이렇게 될 경우 프로그래밍 언어의 크기가 너무 크고 복잡하게 되어 오히려 사용하는데 불편을 느끼게 될 수 있다. 또한 특정한 분야만을 염두에 두고 프로그래밍 언어를 개발하다 보면, 응용 분야마다 매번 다른 언어를 이용해야 하는 문제가 생긴다. 비교적 많은 분야에서 사용될 것을 목적으로 하는 프로그래밍 언어를 **범용 언어(general purpose language)**라고 한다.

다음과 같이 특정한 분야를 대상으로 하는 언어를 **특수 목적용 언어(special purpose language)**라 한다.

- **병렬 언어(Parallel language)**: 하나 이상의 비동기적으로 상호 통신하는 태스크를 동시에 시작하게 하는 멀티태스킹 작업을 포함한다. Occam과 Linda가 여기에 해당한다.

- **데이터베이스 질의어(Database query language)**: SQL(Structured Query Language)이 대표적이다. SQL은 관계형 데이터베이스의 데이터를 액세스하기 위한 표준 문법이 되었으므로 대부분의 데이터베이스는 SQL 질의를 받아들인다. 데이터베이스 시스템의 질의어 처리기도 SQL 언어를 파일에 대한 연산으로 번역하는 컴파일러이다.

- **식자 언어(typesetting language)**: 문서는 데이터의 다른 형태라 할 수 있으므로 이런 문서를 작성한다는 것은 프로그래밍을 하는 것과 비슷한 개념이다. 문서 작성을 위해 준비되어야 할 모든 부분을 사용자가 만들어 주어야 하나, 이러한 과정을 단순화시키기 위해 문서 작성을 도와주는 프로그램이 개발되었다. 여기에는 Donald Knuth가 개발한 TeX와 Leslie Lamport가 개발한 LaTeX 매크로가 있다. TeX의 경우 전통적인 컴파일러와 매우 유사하다. 컴파일러가 반드시 고급 언어를 기계어로 번역하는 것은 아니다. TeX은 고수준의 문서 표현을 레이저 프린터나 사진 식자기 명령어로 번역한다. 그러나 편집 프로그램은 페이지의 윤곽과 간격 위주로 작업한다. LaTeX는 TeX를 쉽게 사용할 수 있도록 해주는 환경들을 만들어 준다. 간단한 프로그래밍 언어의 블록 구조와 유사한 문법 구조를 가진다.

- **페이지 기술 언어(page description language)**: Adobe System의 Postscript와 HTML(Hyper-Text Markup Language) 같은 페이지 기술 언어가 있다. HTML은 인터넷의 웹에서 페이지를 작성하기 위해 사용한다. Postscript는 텍스트를 페이지 내에 표현하는데 사용하는 출력 언어이다. Postscript 문서들은 Postscript 프린터에 의해 해석되어 페이지 위에 텍스트와 그림을 그린다. Postscript는 정의된 문법 구조를 가지고 있다. 많은 레이저 프린터가 Postscript 페이지 표현 언어를 위한 인터프리터를 내장한다.

- **명령어 언어(command language)**: 파일을 매일 밤 저장하거나, 프로그램이 성공적으로 컴파일된 후에 자동적으로 실행될 수 있도록 하는 등의 프로세스가 정의되고 자동적으로 실행될 수 있도록 하는 언어를 프로세스용 명령어 언어라 한다. Korn shell과 Bourne shell 등의 UNIX shell 프로그래밍 언어가 여기에 속하고, MS-DOS에서는 확장자가 BAT인 파일이 이에 속한다.

- **스프레드시트(spreadsheet) 프로그래밍 언어**: MS Excel, 한글과 컴퓨터의 넥셀 등의 전자종이는 한 프로그래머가 전형적인 상업용 언어를 이용하여 수개월에 걸쳐 작성할 프로그램을 단 몇 시간 내에 끝내게 할 수도 있다.

학습정리

- 프로그래밍 언어는 크게 기계어, 어셈블리어, 고급 언어로 구분될 수 있다. 그러나 우리는 주어진 컴퓨터에서 실행되기 위해서 컴파일러나 인터프리터가 필요한 프로그래밍 언어인 고급 언어를 중심으로 각 언어들의 개발 배경 및 특성을 중심으로 살펴보았다. 이 장은 기존 언어들의 단점을 보완하고 장점을 계승하는 새로운 언어 설계자들에게 통찰력을 제시할 수 있다.
- 프로그래밍 언어는 계산 모델에 의해 명령형 언어, 함수 언어, 논리 언어, 객체 지향 언어로 분류하고 용도에 의해 범용 언어와 특수 목적용 언어로 분류한다.

연습문제

1. 각 프로그래밍 언어를 정의한 원래의 논문을 읽고 다음의 물음에 답하라.

   (1) 언어의 개발 목적은 무엇인가?

   (2) 언어가 실행된 기계는 무엇인가?

   (3) 컴파일 언어인가 아니면 인터프리터 언어인가?

2. PL/I과 Ada 언어의 장단점을 설명하라.

3. 우리는 종종 "3세대 언어", "4세대 언어", "5세대 언어", 심지어는 "6세대 언어"라는 용어를 듣고 있다. FORTRAN, Pascal, Ada, C는 3세대 언어로 간주된다. 4세대 언어, 5세대 언어 그리고 6세대 언어의 특징이 될 수 있는 것을 들고 각 언어에 속하는 대표적인 언어를 선정해 보라.

5. PL/I은 IBM 360 계열의 컴퓨터를 위해 IBM 위원회에서 개발하였다. 이 언어는 FORTRAN IV와 COBOL의 좋은 특징들을 결합하였으나 크고 느렸기 때문에 FORTRAN이나 COBOL을 대치하지 못했다. 그러나 PL/I은 병행성과 예외 처리의 두 가지 중요한 새로운 특징을 가지고 있었기 때문에 많은 관심을 불러 일으켰다. 이 특징들을 기술하라.

6. LOGO는 1960년대 후반에 MIT의 Seymour Papert 박사에 의해 어린이가 수학적 개념을 익히는 것을 도와줄 목적으로 설계되었다. LOGO 명령어를 기술하라.

7. FORTH는 1971년경에 Charles H. Moore에 의해 FORTRAN을 대치하여 작은 프로그램을 작성해도 FORTRAN 만큼 효율적인 언어를 만들 목적으로 개발되었다. Reverse Polish 표기법에 기반을 두고 있는 FORTH 언어의 산술 연산을 기술하라.

8. 1980년에 발표된 Modula-2는 Pascal을 직접적으로 계승한 언어로 Pascal의 많은 결점을 개선하였을 뿐만 아니라 데이터 추상화나 병행성과 같은 특징을 추가했다. Modula-2의 이러한 특징을 구체적으로 기술하라.

9. SNOBOL은 문자열 연산이 중요시되어 문자열을 인식하고 다루기 위한 강력한 연산자를 포함한다. SNOBOL의 패턴 매칭문을 기술하라.

10. APL은 다양한 수학 표기법을 포함한 언어이다. APL이 널리 보급되지 못한 원인을 기술하라.

11. 각 시대별 프로그래밍 언어의 특징을 설명하라.

12. C와 C++ 언어를 비교하여 설명하라.

13. C++와 Java 언어를 비교하여 설명하라.

14. Java와 C#을 비교하여 설명하라.

chapter 3 구 문

[학습목표]

- ASCII 문자 집합에 대해 알아본다.
- 프로그래밍 언어의 예약어에 대해 알아본다.
- BNF와 구문 차트를 이용한 문법 구조의 표현 방식에 대해 알아본다.
- 파싱의 개요, 파싱을 위한 문법에 대해 알아본다.
- Lex와 YACC을 이용한 파싱 기법에 대해 알아본다.
- 구문과 프로그램의 신뢰성과의 관계에 대해 알아본다.

프로그램은 구문 단위(syntactic units)의 계층으로 구성된다. 완전한 프로그램은 이 계층의 최상위 단계에 위치하게 된다. 세 개의 기본적인 부호인 program, begin, end를 이용하여 완전한 프로그램의 기본적인 틀을 구성하는 것이 가능한 언어가 존재한다. 그 외에도 프로그램을 구성하는 많은 구조 단위를 가질 수 있다. 예를 들면, 프로그램이 개별적으로 번역된 후 실행을 위해 함께 연결되는 개별적인 외부 프로시져로 구성될 수도 있다.

구문 구조(syntactic structure)의 다음 단계에 선언문과 실행문이 존재한다. 각각의 구문 단위는 특정 형식 중의 한 가지 형태를 가지게 된다. 일부 문장들은 특정 규칙에 따라 연산자에 의해 구분되는 구문 단위인 식(expressions)을 포함한다.

3.1 ASCII 문자 집합

구문 단위의 가장 하위 단계에 프로그램을 구성하는 프로그래밍 언어의 어휘 요소(lexical elements)가 있다. 대부분의 프로그래밍 언어의 어휘 요소는 예약어, 숫자, 영문자, 특수 문자, 그리고 공백 문자로 구성된다. 이러한 어휘 요소를 컴퓨터 내부에서 표현하기 위한 대표적인 방법이 ASCII 문자 집합이다. 현재 대부분의 프로그래밍 언어들이 [표 3-1]의 ASCII 문자 코드를 사용하고 있다.

[표 3-1] ASCII 문자 집합

	0	1	2	3	4	5	6	7
0	nul	dle		0	@	P	'	p
1	soh	dc1	!	1	A	Q	a	q
2	stx	dc2	"	2	B	R	b	r
3	ctx	dc3	#	3	C	S	c	s
4	eot	dc4	$	4	D	T	d	t
5	enq	nak	%	5	E	U	e	u
6	ack	syn	&	6	F	V	f	v
7	bel	etb	'	7	G	W	g	w
8	bs	can	(	8	H	X	h	x
9	ht	cni	)	9	I	Y	i	y
10	lf	sub	*	:	J	Z	j	z
11	vt	ese	+	;	K	[	k	{
12	ff	fs	,	〈	L	₩	l	|
13	cr	gs	−	=	M	]	m	}
14	so	rs	.	〉	N	^	n	~
15	si	us	/	?	O	_	o	del

ASCII 코드의 문자들 사이의 순서를 관계 연산자를 이용하여 간략하게 알아보자.

```
0 <  ... < 9 < A < ... < Z < a
```

ASCII 코드에서 단지 7개의 비트로 128개의 문자를 표현할 수 있으나, 대부분의 경우 8비트로 하나의 바이트를 구성한다. [표 3-1]에서 문자들 사이의 순서를 나타내는 서수(ordinal)를 구하기 위해서는 다음의 식을 이용한다.

```
ord(ch) = 16 × column + row
```

서수가 0부터 31까지, 그리고 127인 문자들은 제어 문자들이다. 서수가 32인 문자는 공백 문자이고 95개의 프린트 가능한 문자들이 있다.

3.2 예약어

프로그래밍 언어의 어휘를 구성하는 단어 또는 기호 형태의 영문자들은 특별한 의미를 가지고 있는데 이를 **예약어**라고 한다. 예약어는 프로그램에서 식별자로 사용될 수 없다. 이러한 제약은 구문 분석이 쉬워지고 번역 과정의 속도를 높여주고 프로그램의 신뢰성을 향상시키는데 도움을 줄 수 있다. 일반적으로 새로운 언어일수록 예약어들의 수가 많아지고 있다.

이와 유사한 것으로 키워드가 있는데 식별자로 사용될 수 있다. FORTRAN은 키워드를 사용한다. 예를 들어, DO와 IF는 예약어가 아니기 때문에 프로그래머는 변수 이름으로 정당하게 사용할 수 있다. 따라서 FORTRAN은 DO나 IF로 시작하는 문장이 실제로는 반복문이나 조건문이 아닐 수도 있다는 사실로 인해 구문 분석이 어려워진다. PL/I은 예약어를 가지지 않는다.

예약어 사용의 장점은 다음과 같다.

- 프로그램의 가독성을 향상시킨다. 예약어를 가지지 않는 PL/I의 경우, 다음과 같은 프로그램의 작성이 가능하지만 상당한 혼란을 야기한다.

```
IF IF = THEN THEN
THEN = ELSE;
```

- 컴파일러가 심벌 테이블을 짧은 시간에 탐색할 수 있으므로 **파싱 능력이 향상**된다.
- 예약어는 구문상 고정된 위치를 차지하므로, 구문 오류(syntax error)인 경우에는 컴파일러가 **오류 복구(error recovery)**를 더 잘할 수 있고, 더욱 의미 있는 오류 메시지를 제공할 수 있다.

그러나 예약어 사용에 따르는 단점은 다음과 같이 요약된다.

- 예약어의 수가 늘어나면 많은 예약어들을 모두 기억할 수 없다는 점이다. 프로그래머는 변수 이름으로 예약된 식별자를 사용하는 실수를 저지르기도 한다.

- 기존의 언어를 새롭게 확장하면, 확장 이전에 사용했던 프로그램의 식별자와 예약어가 중복될 수 있어 프로그램의 의미가 달라질 수 있다는 점이다. 표준 COBOL을 확장하기 위한 제안이 거부되었던 이유 중의 하나가 이것 때문이다. 언어에 새로운 예약어를 추가한다는 것은 프로그램이 변경되지 않았을지라도 예전에는 문제가 되지 않았던 프로그램들이 구문적으로 더 이상 옳지 않을 수도 있다는 것을 의미한다. Dubnow에 의하면 50개 정도의 예약어를 추가하면, 기존의 언어로 작성된 소스 코드 수백만 줄을 변경해야 한다고 했다.

3.2.1 ALGOL 60의 예약어

array begin boolean comment do else end false for goto if integer label own procedure real step string switch then true until value while

3.2.2 Pascal의 예약어

and array begin case const div do downto else end filw for function goto if in label mod nil of or packed procedure program record repeat set then to type until var while with

3.2.3 Ada의 예약어

abort accept access all and array assert at begin body case constant else elsief end entry exception exit for function generic goto if in initiate is loop mod new not null of or others out package packing pragma private procedure raise range record renames restricted return reverse select separate subtype task then type use when while xor

3.2.4 Modula-2의 예약어

and array begin by case const definition div do else elsif end exit export for from is implementation import in loop mod module not of or pointer procedure qualified record repeat return set then to type until var while with

3.2.5 Java의 예약어

abstract boolean break byte case cast catch char class const continue default do double else extends final finally float for future generic goto if implements import inner instanceof int interface long native new null operator outer package private protected public rest return short static sure switch synchronized this throw throws transient try var void volatile while

3.2.6 C#의 예약어

abstract as base bool break byte case catch char checked class const continue decimal default delegate do double else enum event explicit extern false finally fixed float for foreach goto if implicit in int interface internal is lock long namespace new null object operator out override params private protected public readonly ref return sbyte sealed short sizeof satckalloc static string struct switch this throw true try typeof uint ulong unchecked unsafe ushort using virtual void volatile while

3.3 문법 구조의 표현

자연 언어로 기술된 문장의 분석 혹은 파싱 중에 문장을 구성하는 단어들은 그 기능에 따라 상이한 범주에 속하게 된다. 예를 들면, 간단한 영어 문장 "THE MAN EATS THE APPLE"에서 THE MAN은 주어, EATS THE APPLE은 술어이다. 주어는 정관사 THE와 명사 MAN으로 구성된다. 술어는 동사 EATS와 직접 목적어 THE APPLE로 구성된다. 직접 목적어 THE APPLE도 정관사와 명사로 구성된다.

우리는 이러한 분석을 [그림 3-1]과 같이 **파스 트리**라고 알려진 트리 형태의 구조로 표현할 수 있다.

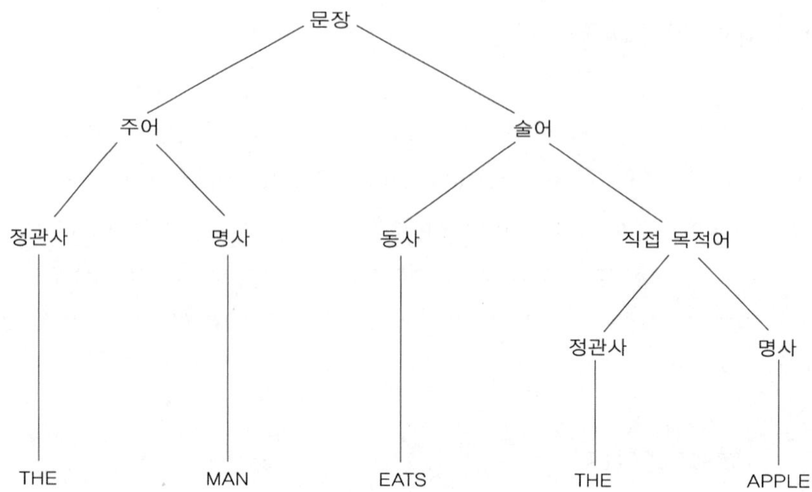

[그림 3-1] "THE MAN EATS THE APPLE"의 파스 트리

이 파스 트리에는 두 가지 종류의 노드가 존재한다. 한 가지 형태는 원래 문장의 단어를 표시하는 것으로 트리의 맨 아래에 위치하고 **단말 기호(terminal)**라고 한다. 이들은 원래 문장에서의 순서대로 왼쪽에서부터 오른쪽으로 나열된다. 노드의 또 다른 형태는 **비단말 기호(nonterminal)**로 이들은 종종 구문 범주(syntactic categories)라고 부른다.

파스 트리의 각 비단말 기호는 자신으로부터 연결되는 하나 이상의 서브 노드를 가진다. 각 서브 노드는 단말 기호일 수도 있고, 비단말 기호일 수도 있다. 트리의 루트인 하나의 비단말 기호를 제외하고, 각 심벌들은 정확하게 하나의 부모 노드를 가진다. 언어의 문법은 각 비단말 기호가 어떠한 서브 노드를 어떤 순서로 가지는가를 규정하는 규칙의 집합으로 구성된다.

앞에서 예를 든 문장에 관해서는 다음과 같은 문법을 정의할 수 있다.

```
문장 ::= 주어  술어
주어 ::= 정관사  명사
술어 ::= 동사  직접 목적어
직접 목적어 ::= 정관사  명사
정관사 ::= THE
명사 ::= MAN
명사 ::= APPLE
동사 ::= EATS
```

여기에서 ::= 심벌은 왼쪽에 있는 항목이 오른쪽의 항목을 파스 트리에서 서브 노드로 가진다는 의미이다. 이 심벌은 문법으로 정의되는 언어의 부분이 아니고 언어를 정의하기 위해 사용하는 또 다른 언어의 부분이다. 이러한 언어를 구문 메타 언어(syntax meta-language)라

고 부른다. 이 문법 규칙의 오른쪽에 나타나지 않는 하나의 구문 범주가 파스 트리의 루트이다.

문법 규칙은 언어의 모든 문장들을 생성하기 위해 이용될 수 있다. 만일 우리가 앞의 간단한 문법을 이용하여 문장을 분석한다면, 루트의 서브 노드는 주어와 술어뿐이다. 이러한 문법으로 그릴 수 있는 파스 트리는 다음 문장들과 일치하는 네 가지가 존재한다.

```
THE MAN EATS THE APPLE
THE MAN EATS THE MAN
THE APPLE EATS THE APPLE
THE APPLE EATS THE MAN
```

이러한 네 개의 문장이 앞의 문법을 이용해 정의되는 언어를 구성한다. 이와 같이 문장을 생성하기 위해 문법을 이용하기 때문에, 문법 규칙을 **생성(production)** 혹은 **생성 규칙(production rule)**이라고 한다.

문법을 이용하는 또 다른 방식은 주어진 문장이 문법적으로 옳은 문장인가를 분석하는 것이다. 이것은 단말 기호가 왼쪽부터 오른쪽의 순서로 주어진 문장과 일치하는 트리를 구성하기 위해 문법 규칙을 이용하는 것이다. 만일 그러한 트리를 구성하는 것이 가능하면, 그 문장은 언어에 속한다. 이러한 방식으로 문장을 분석하는 것을 **파싱**이라고 한다.

3.4 BNF를 이용한 문법 구조의 표현

자연 언어처럼, 프로그래밍 언어의 문법 구조는 프로그램이 구성되는 방식을 정의하는 것이다. 문법 구조는 대개 **문맥 자유 문법(context-free grammar)**을 기술하기 위한 표기법이나 이와 유사한 방법으로 정의된다. 문맥을 고려하지 않고 파싱에서의 치환이 이루어지는 문법을 문맥 자유 문법이라고 한다. 문맥 자유 문법은 일련의 생성 규칙들로 정의되는데 다음과 같은 형식을 따른다.

```
V ::= w
```

여기에서 V는 비단말 기호이고 w는 단말 또는 비단말 기호로 구성된 문자열인데, 모든 생성 규칙에서 임의의 V에 해당하는 비단말 기호는 하나만으로 구성된다. 이것은 각 비단말 기호가 어떤 특수한 문맥에서만 다른 문자열로 대치되는 것이 아니라 문맥에 관계없이 항상 대치될 수 있음을 의미한다.

문맥 자유 문법은 다음과 같이 네 부분으로 구성된다.

1. 단말 기호의 집합
2. 비단말 기호의 집합
3. 생성 규칙의 집합
4. 시작 비단말 기호로 선정된 비단말 기호

여기에서 문자열은 부호의 집합이고 그 개수는 유한개를 넘지 않는다. 부호의 개수를 길이라고 한다. 원자 부호는 토큰이나 단말 기호라고 한다. 프로그램의 구성은 비단말 기호라고 부르는 변수에 의해 반복적으로 표현된다. 언어의 주요 구성 요소를 표현하는 비단말 기호를 시작 기호라고 한다. 앞에 기술한 것처럼 생성 규칙은 오른쪽과 왼쪽 부분을 갖는다. 왼쪽 부분이 비단말 기호이고 오른쪽 부분이 단말 기호나 비단말 기호이다.

이에 반해 특수한 문맥에 의존하여 대치되는 문법인 **문맥 민감 문법(context-sensitive grammar)**은 문맥 자유 문법보다 더욱 복잡한데, 그 이유는 파스 트리에서 한 부분의 치환이 다른 부분의 구조에 민감하게 영향을 미치기 때문이다.

문맥 자유 문법을 표현하는 대표적인 두 가지 방법은 **BNF**와 구문 차트(syntax chart)이다. BNF(Backus-Naur Form)는 1963년도에 ALGOL 60 구문을 정의할 때 최초로 사용되었으며, 그 후 BNF 표기법을 확장한 **EBNF(Extended Backus-Naur Form)** 표기법이 많은 언어들의 구문 표기에서 유용하게 사용되고 있다.

다음은 식별자에 대한 BNF 표기법이다.

```
<identifier> ::= <letter> | <identifier> <letter> | <identifier> <digit>
<letter> ::= A | B | C | ... | X | Y | Z
<digit> ::= 0 | 1 | 2 | ... | 8 | 9
```

여기에서 〈identifier〉, 〈letter〉와 같이 〈〉로 묶인 기호를 비단말 기호라 하며, 0, 1, 2와 같이 프로그램에 직접 나타낼 수 있는 기호를 단말 기호라 한다. 그리고 ::=, 〈〉, |와 같이 BNF 표기법에서 사용되는 특수 기호를 **메타 기호**라 한다.

3.4.1 ALGOL 60의 BNF 예

ALGOL 60의 for 문을 BNF를 이용하여 표현하면 다음과 같다.

```
<for stmt> ::= <for clause> <stmt> | <label>: <for stmt>
<for clause> ::= for <variable> := <for list> do
<for list> ::= <for list element> | <for list>, <for list element>
<for list element> ::= <arithmetic exp> |
      <arithmetic exp> step <arithmetic exp> until <arithmetic exp>
      | <arithmetic exp> while <boolean exp>
```

이러한 생성 규칙에 의해 생성될 수 있는 문장들은 다음과 같다. ALGOL 60의 **for** 문은 매우 복잡할 수도 있다.

```
for i := j step 1 until n do <stmt>
for j := a*b+c step h until k*m do <stmt>
for j := a*b while x>y do <stmt>
A: B: for k := 1 step -1*j until n, i+1 while j>i do <stmt>
```

3.4.2 식을 표현하기 위한 문법

다음은 일반적인 프로그래밍 언어에서 식을 표현하는 문법이다.

```
<expr>     ::= <term> | <term> <add_op> <term>
<term>     ::= <factor> | <factor> <mul_op> <factor>
<factor>   ::= <literal> | <name> | (<expr>)
<add_op> ::= + | -
<mul_op> ::= * | /
<name>     ::= A | B | C
```

여기에서 시작 부호는 〈expr〉이다. 생성 규칙을 이용하여 〈expr〉에서 시작하여 문장의 인식으로 귀결되는 일련의 단계를 **유도(derivation)**라고 한다. 이러한 유도 과정을 이해하기 쉬운 트리 구조로 나타낸 것이 파스 트리이다. 앞의 문법을 이용하여 다음 문장의 유도와 파스 트리를 살펴보자.

```
A + B * C
```

유도는 다음과 같다.

```
<expr> => <term> <add_op> <term>
       => <term> + <factor> <mul_op> <factor>
       => <factor> + <factor> * <factor>
       => <name> + <name> * <name>
       => A + B * C
```

이 파싱 과정에서 *는 +보다 먼저 수행되므로 [그림 3-2]와 같은 한 가지 파스 트리만이 존재한다.

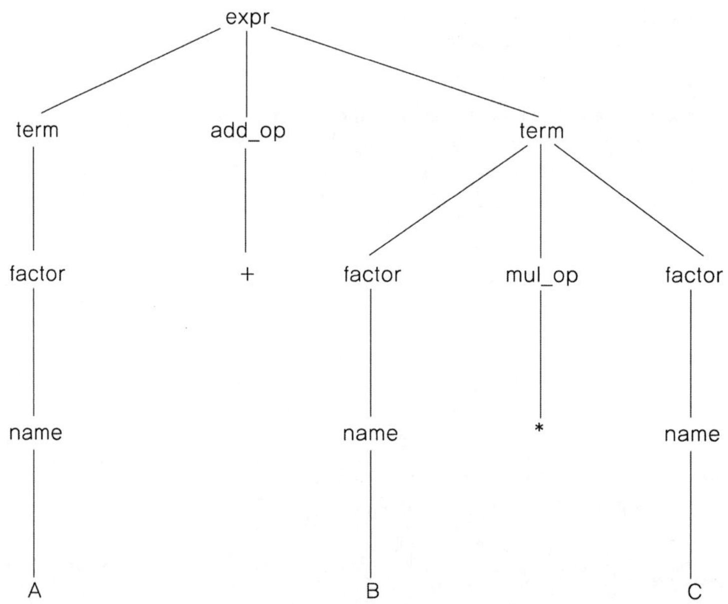

[그림 3-2] A + B * C의 파스 트리

3.4.3 Ada의 식에 관한 문법 구조

EBNF는 BNF를 보완하기 위한 표기법이다. 반복을 의미하는 { }와 선택적인 부분(option)을 나타내는 [ ], 그리고 다중 선택을 의미하는 ( ) 등이 추가되었다.

Ada의 식을 표현하는 다음 문법을 살펴보자.

```
<expr>          ::= [<unary_op>] <term> {<add_op> <term>}
<term>          ::= <factor> {<mul_op> <factor>}
<factor>        ::= <primary> [** <primary>]
<primary>       ::= <literal> | <aggregate> | <name> | (<expr>)
<add_op>        ::= + | - | &
<add_op>        ::= + | - | &
<unary_op>      ::= + | - | not
<mul_op> :      ::= * | / | mod | rem
<name>          ::= M | N | Q
<literal>       ::= 25
```

여기에서 시작 기호는 〈expr〉이다. 따라서 유도는 〈expr〉로부터 시작해서 문장을 인식하기까지의 일련의 과정을 말한다.

```
M * (N + 25) / Q
```

위의 식에 대한 유도는 다음과 같고 파스 트리는 [그림 3-3]과 같다.

```
<expr> => <term>
       => <factor> <mul_op> <factor> <mul_op> <factor>
       => <primary> <mul_op> <factor> <mul_op> <factor>
       => <name> * <primary> / <primary>
       => M * (<expr>) / <name>
       => M * (<term> <add_op> <term>) / Q
       => M * (<term> + <term>) / Q
       => M * (<factor> + <factor>) / Q
       => M * (<primary> + <primary>) / Q
       => M * (<name> + <literal>) / Q
       => M * (N + 25) / Q
```

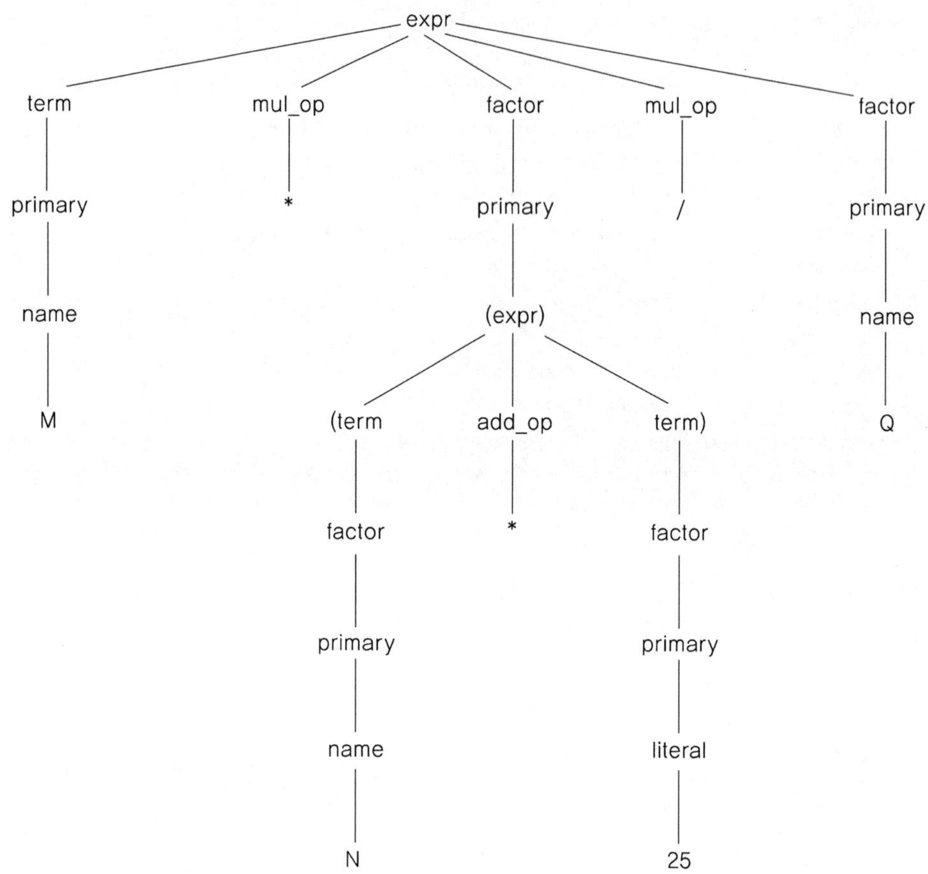

[그림 3-3] M * (N + 25) / Q의 파스 트리

3.4.4 문맥 자유 문법이 아닌 프로그래밍 언어

대부분의 프로그래밍 언어는 문맥 자유 문법을 가지고 있지 않다. 문맥 자유 문법은 앞에서 살펴본 문법 규칙에 의해 구성된다. 이들을 문맥 자유라고 하는 간단한 이유는 어떤 대치가 일어날 수 있는 특별한 문맥이 없다는 것이다.

식별자가 사용되기 이전에 반드시 선언되어야 한다는 규칙은 문맥 자유 BNF에서 표현될 수 없다. 또한 함수 호출시에 실 매개변수와 형식 매개변수의 수가 일치해야 한다는 규칙도 문맥 자유 BNF에서 정의할 수 없다. 문맥 자유 BNF에서 표현할 수 없는 그 밖의 규칙으로는 변수의 타입이 적용되는 연산자의 타입과 일치해야만 한다는 사실이다. 예를 들면 불리안 연산자는 불리안 상수나 변수만을 받아들일 수 있다.

상이한 문법으로 동일한 언어를 기술할 수 있다. 때때로 선호되는 특정 문법이 있다. 다음은 모두 Y, YX, YXX, YXXX, ...을 정의한다.

```
lang ::= lang X | Y

lang ::= Y a'
a' ::= X a' | empty

lang ::= Y a' | Y
a' ::= X a' | X
```

3.4.5 모호한 문법

단말 기호들을 가지고 파스 트리를 구성할 때, 생성 규칙을 적용하는 순서에 따라서 두 개의 파스 트리를 구성하게 되는 경우가 있다. 예를 들어, 다음과 같은 생성 규칙이 있다고 가정하자.

```
<expr> ::= <expr> + <expr> | <expr> * <expr> | A | B | C
```

이 때 다음의 문장에 두 개의 파스 트리가 [그림 3-4]와 같이 존재한다.

```
A + B * C
```

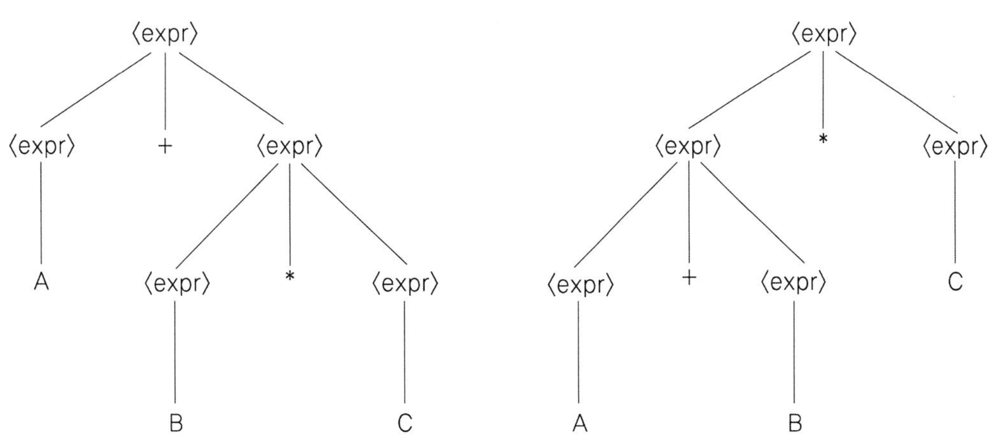

[그림 3-4] A + B * C에 관한 두 개의 파스 트리

여기에서는 생성 규칙이 <expr> ⇒ <expr> + <expr>과 <expr> ⇒ <expr> * <expr> 중 어느 것을 먼저 적용시키느냐에 따라 위의 두 가지 결과를 가져올 수 있다. 주어진 입력에 대하여 둘 이상의 파스 트리를 구성할 수 있다는 것은, 하나의 입력에 대하여 둘 이상의 해석 방법이 존재한다는 의미로서, 이것이 가능한 문법은 바람직하지 않다. 일반적으로 동일한 문장에 대해 두 가지 서로 다른 파스 트리가 가능한 문법은 모호하다고 한다. 모호성(ambiguity)[1]은 구문 분석기를 만들 때 문제가 된다고 증명되었다. 모호성이 있는 경우 여러 선택 사항 중에 하나를 선택하게 해 주는 추가적인 장치가 필요하다.

이와 같은 경우가 발생할 때, 연산자 우선순위와 연산자 결합의 개념을 사용해서 해결할 수 있다. 식에서 나타날 수 있는 모호성을 해결하기 위해 만든 문법 규칙은 연산자들을 우선순위별로 나누어서 같은 우선순위를 가진 연산자들끼리 동일한 레벨에서 처리를 하는 것이다. 이를 위해 새로운 비단말 기호를 추가하기도 한다.

예를 들어, A * B + C * D + E라는 식이 있다고 가정하자. 이 때 * 연산자가 + 연산자보다 우선순위가 높으므로 * 연산자를 처리하는 부분을 하나의 부분식으로 보고 이 식을 E1 + E2 + E로 생각하는 것이다. 이 때 E1 = A * B가 되고, E2 = C * D가 된다. 이 상태에서 부분 식 E1, E2를 먼저 계산하게 되면 우선순위가 높은 * 연산자가 + 연산자보다 먼저 계산을 수행하게 된다. 이런 방식을 사용하면 우선순위가 높은 연산자들끼리 계산을 먼저 수행하고, 차례로 그보다 한 단계 낮은 우선순위의 연산자들을 일괄적으로 계산하게 된다. 즉, 같은 우선순위의 연산자들을 일괄적으로 수행한 후 다음 단계의 우선순위를 갖는 연산자를 처리한다. 다음은 위와 같은 연산자의 우선순위를 고려한 문법이다.

```
<expr> ::= <expr> + <term> | <expr> - <term> | <term>
<term> ::= <term> * <factor> | <term> / <factor> | <factor>
<factor> ::= (<factor>) | <name>
<name> ::= A | B | C
```

이 문법은 모호하지 않다. <expr>은 <term>을 기반으로, <term>은 <factor>를 기반으로 생성되며, 각 수준마다 다른 종류의 연산자를 사용한다. 이와 같은 방법으로 우선순위를 나타낼 수 있다. 또 <expr>과 <term>의 각 규칙에서 <expr>과 <term>이 연산자의 왼쪽에 위치함으로써 결합법칙을 나타낸다. 따라서 우선순위를 문법에 포함시키면 괄호 없이도 곱셈을 덧셈보다 먼저 계산하는 것을 알 수 있다. 이전에는 A + B * C라는 식을 파싱할 경우 두 개의 파스 트리를 구성하게 되었지만, 위의 문법을 사용하게 되면 하나의 파스 트리만 구성하게 된다. 다음은 A + B * C를 파싱하는 경우의 **좌우선 유도(leftmost derivation)**와 **우우선 유도(rightmost derivation)** 과정을 보여준다.

1) 언어학 분야에서는 ambiguity를 중의성(重意性)이라고 번역한다.

좌우선 유도

<expr> => <expr> + <term>
=> <term> + <term>
=> <factor> + <term>
=> <name> + <term>
=> A + <term>
=> A + <term> * <factor>
=> A + <factor> * <factor>
=> A + <name> * <factor>
=> A + B * <factor>
=> A + B * <name>
=> A + B * C

우우선 유도

<expr> => <expr> + <term>
=> <expr> + <term> * <factor>
=> <expr> + <term> * <name>
=> <expr> + <term> * C
=> <expr> + <factor> * C
=> <expr> + <name> * C
=> <expr> + B * C
=> <term> + B * C
=> <factor> + B * C
=> <name> + B * C
=> A + B * C

결국 위의 두 가지 방법으로 파스 트리를 구성하면 [그림 3-5]와 같이 하나의 파스 트리를 얻을 수 있다.

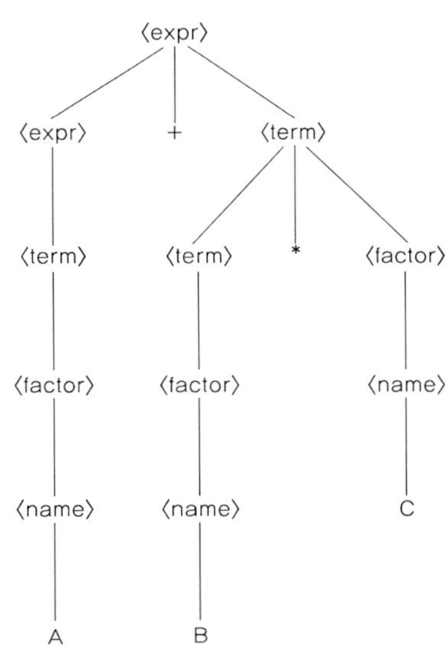

[그림 3-5] 모호성을 해결한 문법이 적용된 파스 트리

모호한 문법의 문제를 해결하기 위한 방안으로 연산자 우선순위와 연산자 결합의 개념을 사용한다고 이미 설명하였다. 그러나 연산자 우선순위와 결합에 의한 방법은 언어의 구문적 규칙이 아니라 의미적 규칙이다. 문맥 자유 문법은 구문 규칙을 결정하지만 의미 규칙을 결정하지 못한다. 따라서 구문 분석의 단계에서 복잡한 작업이 필요하다. 따라서 문법적으로 옳은 문장이 의미적으로도 옳은 문장이 되도록 문법을 잘 설계하여야 한다.

3.4.6 If-then-else에 관한 모호하지 않은 문법

프로그래밍 언어의 파싱에 관한 문제 중의 하나는 중첩된 if 문 혹은 **미결합 else**[2)](dangling else)에 관한 것이다. 즉 다음의 의미가 무엇인가 하는 것이다.

```
if expr1 then if expr2 then stmt1 else stmt2
```

else가 첫 번째 나타나는 **if**에 속하는가 아니면 두 번째 **if**에 속하는가? 만일 문법이 다음과 같이 간략하게 주어진다면 앞의 if 문은 [그림 3-6]과 같은 두 개의 파스 트리를 갖는다.

```
<if-stmt> ::= if <cond_expr> then <stmt>
            | if <cond_expr> then <stmt> else <stmt>
<stmt> ::= <if-stmt>
```

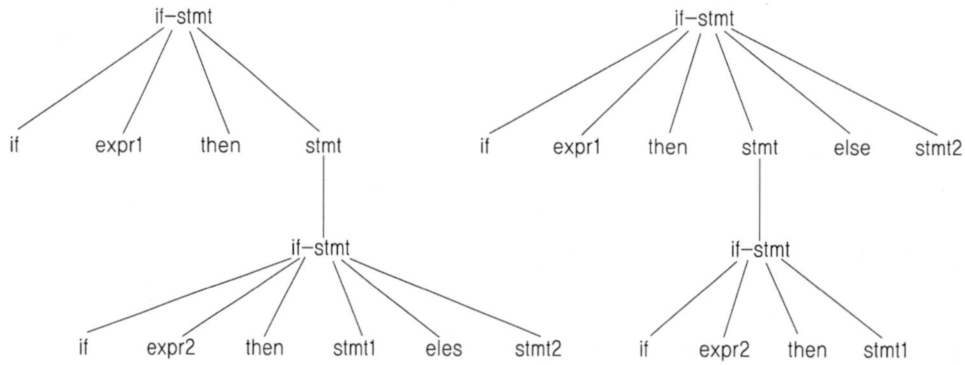

[그림 3-6] 모호한 문법에 기인한 파스 트리

2) dangling else를 흔히 현수(懸垂) else라고 번역하기도 한다. 여기에서 현수(懸垂)라는 의미는 아래로 꼿꼿하게 달려 드리워진 상태를 말한다. 언어학에서 주어와 문법적으로 결합되지 않은 채 쓰인 분사를 의미하는 용어인 dangling participle을 현수 분사라고 번역하는 데에서 착안하였다.

이 문제를 해결하기 위해서는 앞의 문법 규칙을 수정하여야 한다. 앞의 생성 규칙에서 〈stmt〉는 **if - then** 형태의 구문과 **if - then - else** 형태의 구문으로 나누어진다. 이 경우의 모호성은 **then** 다음의 〈stmt〉와 **else** 다음의 〈stmt〉에 대한 구분이 없기 때문에 발생한다. 이를 해결하기 위해 [그림 3-6]의 첫 번째 그림처럼 **else**를 가장 최근의 **if** 즉, 가장 내부의 **if**와 대응되는 파싱만이 허용되도록 한다. 이를 위해 〈stmt〉를 〈matched〉와 〈unmatched〉로 나눈다. 여기에서 〈matched〉는 **else**가 대응되는 〈stmt〉를 의미하며 〈unmatched〉는 **else**가 대응되지 않는 〈stmt〉를 의미한다. 그리고 나서 **then** 다음에는 반드시 〈matched〉만이 나타나도록 정의한다.

다음 문법은 이와 같은 방식으로 생성 규칙을 다시 정의하여, **else**를 가장 내부의 **if**와 결합시키는 모호하지 않은 문법이다.

<stmt> ::= <matched> | <unmatched>
<matched> ::= **if** <cond_expr> **then** <matched> **else** <matched>
    | any non-if statement
<unmatched> ::= **if** <cond_expr> **then** <stmt>
    | **if** <cond_expr> **then** <matched> **else** <unmatched>

[그림 3-7]은 그 결과로 얻어지는 유일한 파스 트리이다.

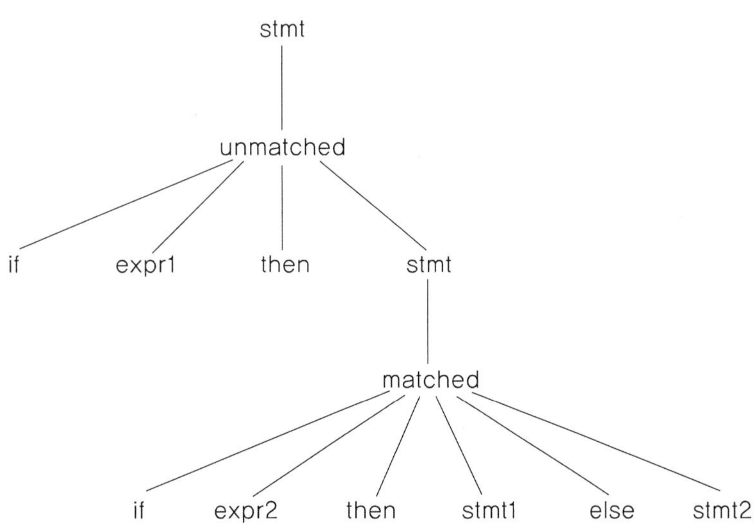

[그림 3-7] 모호함을 해결한 결과 얻어진 파스 트리

3.5 구문 차트

문법 규칙을 표현하는 또 다른 방법으로 **구문 차트(syntax chart)**가 있다. Pascal 프로그램의 시작 부분을 간략하게 나타내면 [그림 3-8]과 같다.

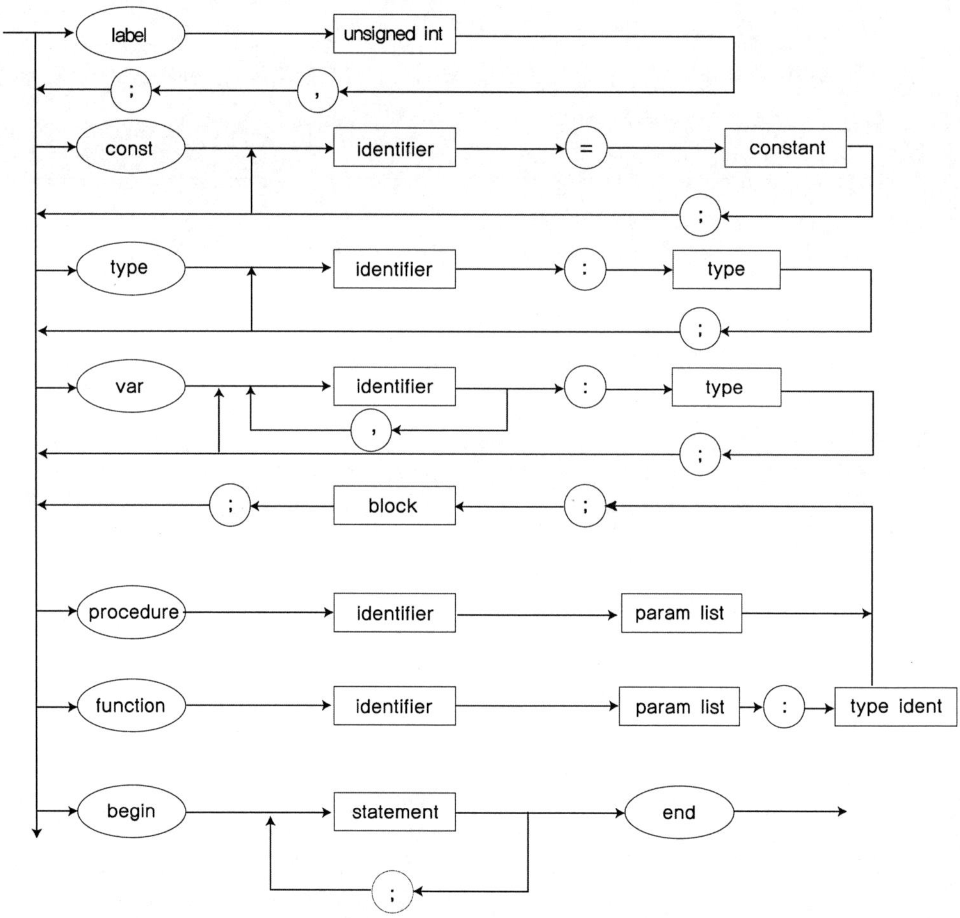

[그림 3-8] Pascal 프로그램의 시작 부분을 나타내는 구문 차트

3.5.1 BNF로부터 구문 차트의 유도

BNF와 구문 차트는 서로 대응될 수 있다. P ::= v1 | v2 | v3 형식의 생성 규칙에 대한 구문 차트는 다음과 같다.

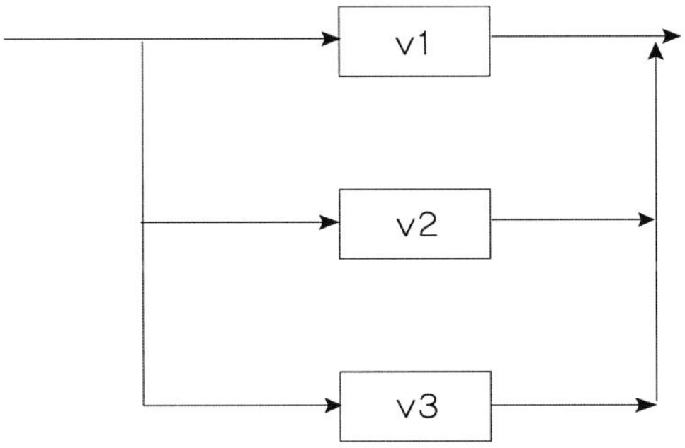

aϵvi인 각 단말 기호에 대한 구문 차트는 다음과 같다.

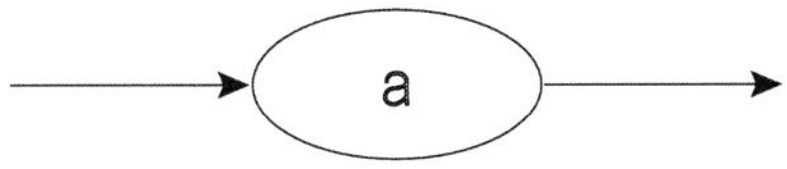

각 비단말 기호 X에 대한 구문 차트는 다음과 같다.

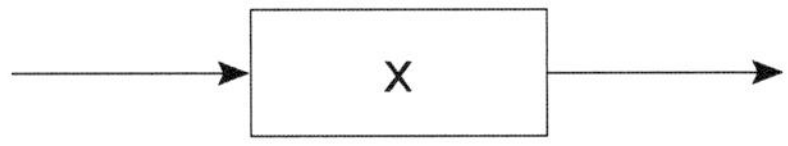

P ::= v1v2...vk 형식의 각 생성 규칙에 대한 구문 차트는 다음과 같다.

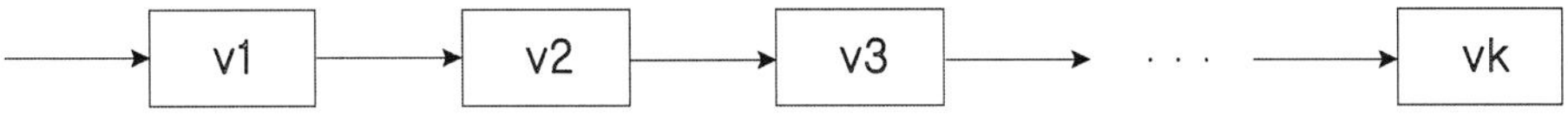

P ::= {a} 형식의 각 생성 규칙에 대한 구문 차트는 다음과 같다.

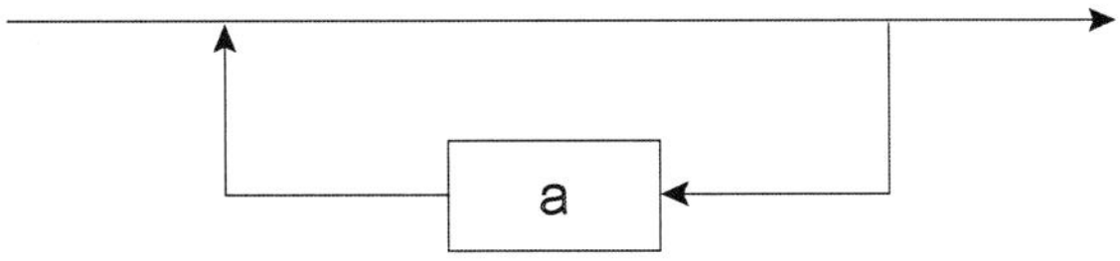

3.5.2 구문 차트를 이용하여 표현한 ALGOL 60의 for 문

3.4.1절에 주어진 BNF를 앞의 변환 규칙을 적용하여 [그림 3-9]와 같이 구문 차트로 나타낼 수 있다.

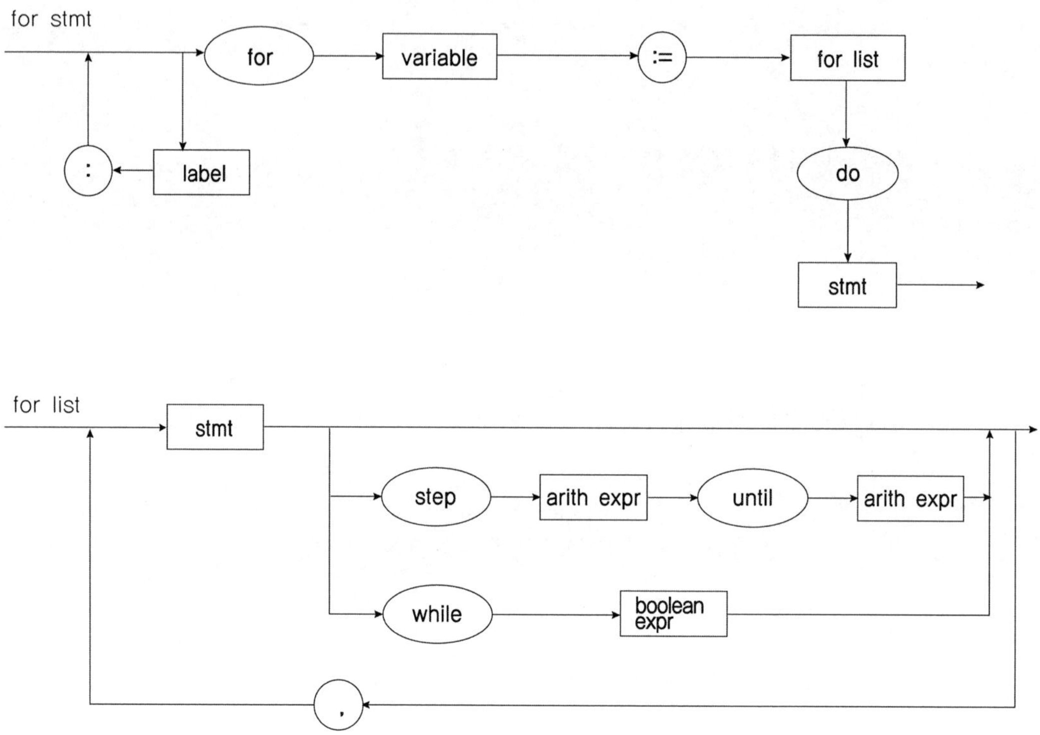

[그림 3-9] ALGOL 60의 for 문에 관한 구문 차트

3.6 파싱

파싱의 기본 기능은 소스 코드의 인식기가 소스 프로그램을 기본적인 구문 단위로 분할한 일련의 토큰들로부터 유일한 파스 트리를 생성하는 것이다. 코드 생성 단계에서 목적 프로그램의 코드를 생성하기 위해 적절한 순서대로 파스 트리의 각 노드를 지나게 된다. 일반적으로 **하향식 파싱(Top-down parsing)**과 **상향식 파싱(Bottom-up parsing)**의 두 가지 형식의 파싱 방법이 있다. 각각은 파스 트리가 생성되는 순서에 따라 구분된다.

하향식 파싱은 문법의 시작 기호로부터 시작하여 프로그램의 다음 부분을 생성하기 위해 문법의 규칙을 적용하는 것이다. 파스 트리의 루트 노드로부터 시작하여 단말 노드로 만들어 가는 방법이다.

이에 반해 **상향식 파싱**은 첫 번째 기호로부터 시작하여 각 기호에 대해 차례로 문법 규칙의 오른쪽 부분과 일치시키려고 시도하는 것으로 진행된다. 즉, 단말 노드로부터 루트 노드를 향하여 위로 만들어 나간다. 존재할 수 있는 모호함은 여러 개의 기호를 미리 살펴봄으로써 해결될 수 있다. 일치되는 것이 발견되면 생성 규칙의 왼쪽 부분이 오른쪽 부분을 대치한다. 이 과정은 오류를 만나거나 시작 기호에 도달할 때까지 계속된다.

3.6.1 구문 차트로부터 파싱 루틴으로의 변환

문법이 구문 차트로 표현되었을 경우, 파싱 루틴을 쉽게 생성할 수 있다. 각각의 구문 차트와 대응되는 파싱 루틴을 간략하게 나타내면 다음과 같다.

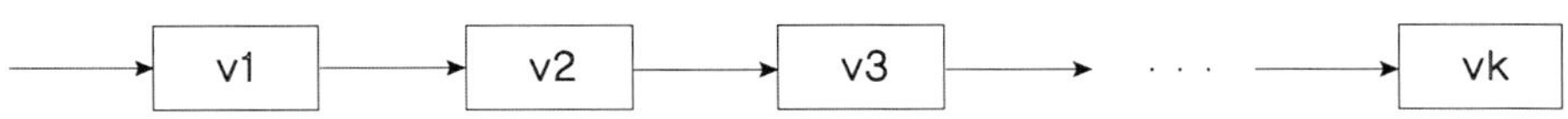


```
call v1; call v2; call v3; ...; call vk;
```

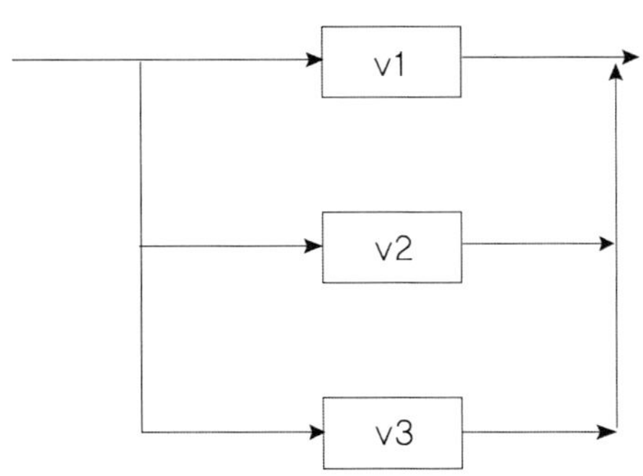


```
if sym in first(v1) then call v1
else if sym in first(v2) then call v2
else if sym in first(v3) then call v3
else error
```

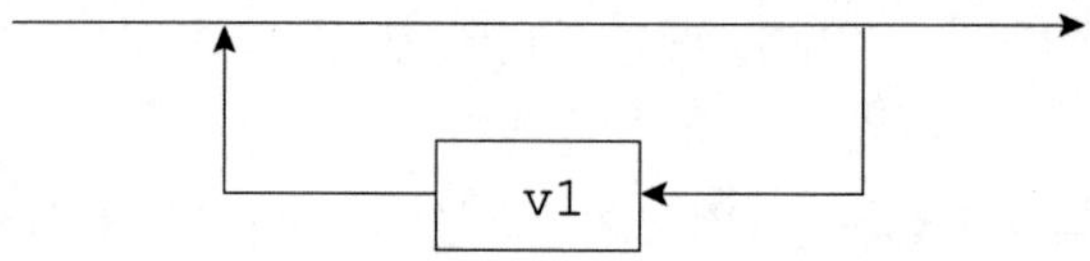


```
while sym in first(v1) do call v1
```

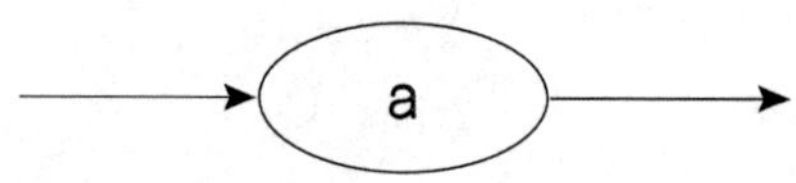


```
if sym = 'a' then read next character
                  else error
```

3.6.2 ALGOL 60의 for 문에 대한 간단한 파싱

구문 차트와 파싱 루틴과의 변환 관계를 이용하면, 3.5.2절에서 주어진 ALGOL 60의 for 문에 대해 다음과 같은 파싱 루틴을 생성할 수 있다.

```
procedure PARSESTMT()
    var sym: charstring
    procedure FORSTMT
        while is_label(sym) do
            call NEXT
            if sym = ':' then call NEXT
                 else error endif
        repeat
        if sym = 'for' then call NEXT; call VARIABLE;
                        if sym = ':=' then call NEXT
                                    else error endif
                        call FORLIST;
                        if sym = 'do' then call NEXT;
                                    else error endif;
```

```
                    call STMT;
                  else error endif
    end FORSTMT
    procedure FORLIST
        call ARITH_EXP;
        if sym = 'step' then call NEXT; call ARITH_EXP;
            if sym = 'until' then call NEXT;
                else error endif;
                call ARITH_EXP;
        else if sym = 'while' then call NEXT; call Bool_EXP;
            else if sym = ',' then call FORLIST;
                else if sym <> 'do' then error endif
                endif
            endif;
    end FORLIST
call NEXT; call FORSTMT
end
```

3.7 파싱을 위한 문법

파싱을 위해 문법이 가져야 할 성질을 살펴보자.

- 파싱을 위해 참조할 문법은 완전해야 한다. 예를 들면, 언어에서 스트링인 것과 아닌 것에 대한 구분이 분명해야 한다.
- 참조 문법은 모호하지 않아야 한다. 다시 말하면 생성 규칙이 의미하는 바에 대해 의문의 여지가 없어야 한다. 만일 메타 생성 규칙으로부터 생성 규칙을 구성하는 명시적인 규칙이 존재하면 메타 언어가 사용될 수 있다.
- LR(1) 파싱이 가능한 참조 문법을 정의하는 것이 유용하다. LR(1) 파서 생성기는 매우 일반적이어서 자동적으로 파서를 생성해 주는 많은 프로그램을 이용할 수 있다.

C++의 다음 생성 규칙을 살펴보자.

enum-specifier ::= **enum** *identifier*{, *identifier*}

enum-specifier는 예약어 enum과 그 뒤로 한 개 이상의 식별자로 정의된다. 이것은 문맥 자유 문법이나 LR(1)은 아니지만, 다음과 같은 방식으로 다시 정의할 수 있다.

> *enum-specifier* ::= **enum** *identifier*{, *enum-list*}
> *enum-list* ::= *enumerator* | *enum-list, enumerator*
> *enumerator* ::= *identifier* | *identifier* = *const-expression*

문제는 이러한 enum-list의 경우에 새로운 이름을 도입해야 한다는 것이다. 구문 오류는 enum-list를 이용하여 기록되지만 문법의 논리적 부분은 아니다. 또 다른 문제는 다음과 같이 비단말 기호가 하나 이상의 생성 규칙으로부터 유도될 수 있다는 것이다.

> *operator* ::= *string*
> *name* ::= *operator*
> *primary* ::= *literal* | *name*
> *literal* ::= *string*

string이 있는 문맥에서 primary는 모호하다. operator를 거쳐 primary가 될 수도 있고, literal이 될 수도 있다. 하나의 해결책은 어휘 분석기가 string이 operator가 될 수 있는가를 판단하고 특별한 부류의 토큰으로 리턴하는 것이다. 파싱 과정 동안에 만일 문맥에 operator가 나타날 수 없는 것이라면, 토큰은 literal을 거쳐 name으로 바뀌는 것이다.

expression이 다음과 같이 정의된다고 가정하자.

> *expression* ::= *relation and relation*
> | *relation or relation*
> | *relation xor relation*
> | *relation and then relation*
> | *relation or else relation*

여기에 expression ::= relation을 추가할 필요가 있다. 그렇게 하지 않으면 relation은 단독으로 존재할 수 없기 때문이다.

3.8 Lex와 YACC을 이용한 파싱

Lex는 UNIX 운영체제에서 볼 수 있는 프로그램으로 1975년에 Lesk에 의해 발표된 **어휘 분석기 생성기**이다. Lex의 기능은 [그림 3-10]과 같이 사용자가 정의한 정규식과 실행 코드를 입력으로 받아 C 언어로 작성된 프로그램인 lex.yy.c을 출력한다. 출력 프로그램은 일단 컴파일되고 나서, 문자 스트림인 입력을 처리하는데, 특정한 형태의 입력이 발견될 때 미리 정의된 일련의 출력 동작을 수행한다. 이것은 원시 코드에서 **정규식(regular expression)**으로 기술된 토큰들을 찾아내는 프로그램을 작성하는데 유용한 도구이다.

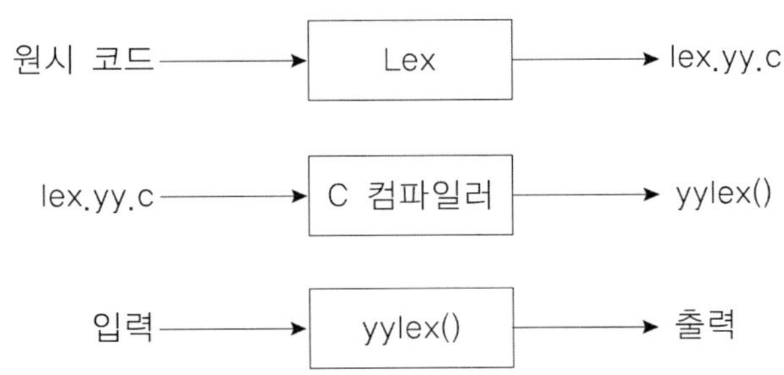

[그림 3-10] Lex

Lex의 입력인 원시 코드는 다음 형태를 갖는다.

```
정의부
%%
규칙
%%
사용자 서브루틴
```

여기에서 **정의부**와 **사용자 서브루틴**은 생략될 수 없다. 두 번째 %%은 선택적이지만 처음의 %%은 반드시 있어야 한다. 가장 간단한 형태의 Lex 입력은 %%으로 구성되는 단 한 줄이고, 그 기능은 모든 입력을 변경 없이 출력으로 그대로 복사하는 프로그램을 생성한다. **규칙은** 왼쪽 부분이 정규식이고 오른쪽 부분이 이에 상응하는 동작(action)인 테이블이다.

3.8.1 정규식

정규식을 이용하여 토큰의 형태를 엄밀하게 정의할 수 있다. Lex의 정규식은 크게 텍스트 문자와 연산자 문자들로 구성된다. 텍스트 문자는 입력 스트림에서 실제로 대응되는 부분이고 연산자 문자는 반복 또는 선택 등을 나타내는 특수 문자들이다. 예를 들면, 정규식 a*에서 a는 텍스트 문자이고 *는 연산자 문자이다. 일반적으로 영문자와 숫자는 항상 텍스트 문자이고, 연산자 문자는 특수 문자로 나타낸다.

Lex에서 토큰의 구조를 쉽게 표현할 수 있도록 제공한 연산자 문자들을 차례대로 살펴보자.

.	개행 문자(\n)를 제외한 모든 문자들을 나타낸다.
*	0번 이상 반복을 나타낸다. 즉, a*는 a가 0번 이상 반복될 수 있음을 나타낸다.
[ ]	문자들의 클래스를 정의하는데 사용한다. 예를 들어, [abc]는 a, b, c 중에서 한 문자를 나타낸다. [ ]내에 사용된 대부분의 연산자 문자는 의미를 상실하며, 단지 -, ^, \ 만이 특수한 의미를 가진다. 첫 째로 -는 범위를 나타내는 연산자 문자이다. [a-z]는 a부터 z사이의 문자 중에 한 문자를 나타낸다. 둘 째로 ^는 여집합을 표현한다. [^*]는 *를 제외한 모든 문자를 나타낸다. 셋 째로 \는 C 언어의 escape 문자열로 간주된다.
^	라인의 시작에서만 인식된다. 정규식 ^abc는 라인의 시작에 문자열 abc가 나타났을 때에만 토큰으로 abc를 처리한다. 여기에서 ^의 의미와 문자 클래스 연산자 [ ]내에서 ^의 의미인 여집합과는 구별하여야 한다.
$	오직 라인의 끝에서만 인식된다.
{ }	정의된 이름을 치환식으로 확장할 때 사용한다.
\	escape 문자를 나타내기 위해 사용한다.
+	한 번 이상 반복될 수 있음을 나타낸다. 즉, a+는 문자 a가 한 번 이상 반복될 수 있음을 나타내고, [0-9]+에는 "1", "12", "943" 등이 대응된다..
?	선택을 의미하는 연산자로서 ab?c는 b가 선택적이므로 abc 또는 ac를 의미한다.
|	택일을 위한 연산자로서 (ab|cd)는 문자열 ab 또는 cd를 인식한다. (ab|cd)는 단지 ab|cd만으로도 가능하다. 여기에서의 괄호는 복잡한 식을 표현하기 위해 유용하게 사용될 수 있다.
"..."	따옴표(") 사이에 있는 모든 문자는 텍스트 문자로 취급된다. 예를 들어, a"*"b는 문자열 a*b를 표현한다.
/	뒤에 이어서 오는 문맥을 명시할 때 사용된다. 즉, ab/cd는 ab 다음에 cd가 이어서 나타날 때만 ab가 토큰으로 처리된다.

3.8.2 정규식의 예

다음은 정규식의 몇 가지 예와 그에 해당하는 의미이다.

integer	7개의 문자로 구성되는 문자열 integer
a	a
(a)	a
"a"	a
\a	a

ab | cd	ab 또는 cd
ab?c	ab 또는 abc
a*	a의 0번 이상의 반복
a+	a의 한 번 이상의 반복
a{1,5}	a의 한 번부터 다섯 번까지의 반복
ab/cd	ab 다음에 cd가 이어서 나타날 때만 ab가 토큰으로 처리
.	개행 문자를 제외한 임의의 문자
^a	라인의 시작에 a가 나타났을 때에만 a를 인식
ab$	라인의 끝에서 ab가 나타났을 때 ab를 인식
[ab]	a 또는 b
[0-9]	하나의 숫자
-?[0-9]+	선택적인 음수 부호와 함께 하나 이상의 숫자
[0-9]*|.[0-9]+	마침표(.)가 요구되는 십진수
[^abc]	a, b, c를 제외한 임의의 문자
[^a-zA-Z]	영문자를 제외한 임의의 문자
[A-Za-z][A-Za-z0-9]*	선두에 영문자를 가지고 영문자와 숫자가 섞인 스트링

다음은 두 개의 간단한 규칙이다.

```
colour                  printf("color")
[A-Za-z][A-Za-z0-9]     printf("found an ID");
```

디폴트 동작(default action)은 입력을 출력으로 복사하는 것이다.

3.8.3 Lex의 간단한 예

```
%%
[A-Z]     putchar(yytext[0]-'A'+'a');
[ ]+$      ;
[ ]+       putchar(' ');
```

앞의 Lex의 예는 대문자를 소문자로 변환하고, 라인 끝의 공백을 제거하고, 그리고 연속적인 여러 공백을 하나의 공백으로 대치한다. 기본적으로 Lex는 식과 일치한 실제의 텍스트를 yytext라는 이름의 외부 배열에 저장한다. 문자를 읽기 위한 input(), 읽은 문자를 대치하기 위한 unput(c), 문자를 출력에 놓는 output(c)의 세 가지 미리 정의된 서브루틴이 있다. 다음의 예는 발견된 ID를 프린트한다.

```
D          [0-9]
%%
if         printf("IF statement\n");
[a-z]+     printf("tag, value %s\n", yytext);
0{D}+      printf("octal number %s\n", yytext);
{D}+       printf("decimal number %s\n", yytext);
"++"       printf("unary op\n");
"+"        printf("binary op\n");
"/*"       {  loop:
              while (input() != '*');
              switch (input())
                 {
                 case '/': break;
                 case '*': unput('*');
                 default: go to loop;
                 }
           }
```

3.8.3 YACC - Yet Another Compiler-Compiler

YACC은 1975년에 벨 연구소에 근무하는 Johnson을 중심으로 개발된 **파서 생성기**로 Lex와 마찬가지로 일반적으로 UNIX 운영 체제에서 수행되는 도구이다. YACC은 문법 규칙과 그에 해당하는 수행 코드를 입력으로 받아서 파싱을 담당하는 프로그램을 출력한다. 일반적으로 YACC은 파서만을 생성하고 따라서 필요한 어휘 분석기는 앞에서 기술한 Lex를 이용하여 생성한다.

YACC은 문맥 자유 문법을 LR(1) 파싱 알고리즘을 수행하는 프로그램에 적용되는 테이블의 집합으로 변환한다. 일반적으로 YACC은 모호한 문법이나 규칙이 일치하는가를 알기 위해 둘 이상의 토큰을 요구하는 경우에는 파싱할 수 없다. 만일 문법이 모호하면 이를 해결하기 위해 우선 순위 규칙이 적용될 수 있다.

YACC의 입력은 BNF, 생성 규칙이 일치할 때 실행되는 규칙, 그리고 저차원의 입력 루틴으로 구성된다. YACC은 토큰을 찾는 입력 루틴을 호출하는 함수를 생성한다. 토큰은 생성 규칙이 일치할 때 검사되고 정의된 동작이 수행된다.

YACC의 입력은 다음과 같다.

```
선언부
%%
규칙
%%
루틴
```

선언부는 공백이 될 수도 있다. 두 번째 %%은 선택적이다. 가장 작은 YACC 입력은 %% 다음에 **규칙**이 오는 것이다. 토큰을 표현하는 이름은 반드시 다음과 같이 선언되어야 한다.

```
%token name1 name2 ...
```

선언부 영역에 선언되지 않은 모든 이름은 비단말 기호를 표현한다고 가정한다. 모든 비단말 기호는 최소한 하나의 규칙의 왼쪽 부분에 반드시 나타나야 한다. 시작 기호는 첫 번째 문법 규칙의 왼쪽 부분을 차지하거나 다음과 같이 명시적으로 선언되어야 한다.

```
%start symbol
```

선언과 정의는 "%{"과 "%}"으로 둘러 싸여 선언부 영역에 나타날 수 있다. 예를 들면 다음과 같다.

```
%{int variables = 0; %}
```

선언과 정의는 전역 범위를 가지므로 모든 동작문에 의해 사용될 수 있다. YACC은 yy로 시작하는 이름을 사용한다. A가 BCD나 EF 혹은 G라는 문법 규칙을 가정하면 다음과 같이 표현된다.

```
A : B C D
  | E F
  | G
  ;
```

이름은 임의의 길이를 갖는다. 리터럴은 단일 인용부호로 둘러싸인 문자들이다. 역슬래시는 escape 문자이고 C의 모든 escape 문자는 인식된다. 예를 들면 '\n'은 개행 문사이나.

문법 규칙과 연관된 동작은 값을 리턴할 수 있고, 이전의 동작에 의해 리턴된 값을 얻을 수도 있다. 이것은 C의 문장이므로 다음과 같이 입·출력을 수행하고, 함수를 호출하고, 외부 변수를 바꿀 수 있다.

```
A :  '('B')'
        {hello(1, "abc");}
   ;
```

또는

```
X :  YY  ZZ
        {printf("a message\n");
         flag = 25;}
```

YACC의 출력은 y.tab.c라는 파일로 C의 함수 yyparse()를 포함한다. 선택적인 출력은 파싱 테이블을 포함하는 y.ouput와 사용자가 선언한 토큰의 이름과 YACC이 지정하는 토큰 번호를 관련 지어주는 정의문을 갖는 y.tab.h를 포함한다.

YACC은 좌재귀(left-recursive) 문법을 선호하며, 모든 재귀 규칙에는 반드시 종료 조건이 있어야 한다. YACC의 conflict 유형은 shift/reduce conflict와 reduce/reduce conflict의 두 가지가 있다.

첫 번째, **shift/reduce conflict**는 입력에 대해 두 개의 가능한 파스가 존재할 때 발생한다. 하나는 reduce 규칙을 완성하지만 shift 규칙을 완성하지 못한다. 예를 들어 다음을 보자.

```
    expr :    'A'
            | expr '+' expr
            ;
```

입력 스트링 A+A+A는 reduce 선택으로 (A+A)+A로 파싱될 수 있고, shift 선택으로 A+(A+A)로 파싱될 수도 있다.

두 번째, **reduce/reduce conflict**는 동일한 토큰이 두 개의 상이한 규칙을 완성할 때 발생한다. 예를 들어 다음을 살펴보자.

```
stmt :  if | case;
if :    'A';
case :  'A';
```

여기에서 A는 "if"나 "case"가 될 수 있다.

3.8.5 Lex와 YACC

Lex가 생성하는 yylex의 이름이 의미하는 바는, 호출할 어휘 분석기를 YACC이 기대한다는 것이다. YACC이 생성하는 함수는 yyparse라고 부르는 정수 값을 리턴하는 함수이다. 호출되었을 때 입력을 얻기 위해 반복적으로 yylex를 호출한다. Lex와 YACC의 관계는 [그림 3-11]과 같다.

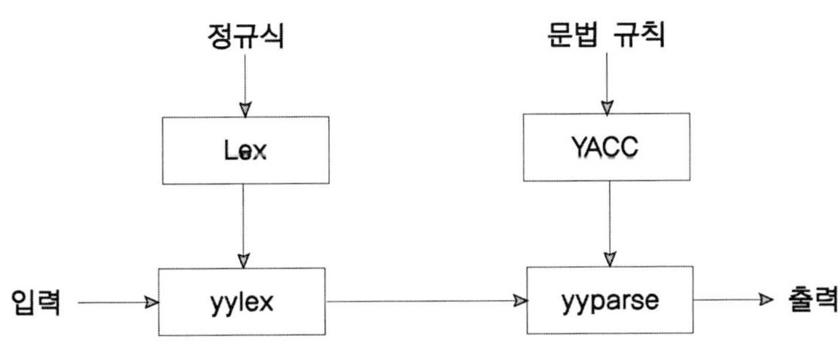

[그림 3-11] Lex와 YACC

3.9 구문과 프로그램의 신뢰성

프로그래밍 언어는 설계 시에 많은 절충점을 필요로 하는 매우 복잡한 도구이다. 프로그래밍 언어는 프로그래머를 위해 정신적으로 부담이 가는 일을 수행하는 표기법을 제공해야 하므로 사용하기에 자연스러워야 한다. 그러나 실세계의 다양한 문제를 기술해야 하므로 언어 설계자의 상상을 넘어선다. 그러나 언어가 너무 광범위하게 설계가 되면 프로그래머가 마스터하기에 복잡해질 것이다. 언어의 설계는 프로그램의 신뢰성에 큰 영향을 줄 것이다. 대부분 프로그래밍 언어의 구문은 프로그램의 신뢰성을 좌우한다. 구문의 설계에 관한 두 번째 효과는 프로그램을 작성하는 동안 발생하는 오류의 수이다. 이 오류들은 부정확한 사고에 기인한 것이 아니라, 프로그래머의 직관에 일치하지 않는 구문 때문에 발생한다. 예를 들어, 자연어와 수학 모두에 대한 경험으로부터 사람들은 공백과 구두점의 사용 방식에 익숙하다. 정상적인 사용 관행과 다른 프로그래밍 언어는 불필요한 오류를 야기하는 경향이 있다.

프로그래밍 언어의 구문이 프로그램의 신뢰성을 향상시키는데 큰 영향을 끼치므로 프로그래밍 언어의 구문 분석이 용이하다는 것은 매우 중요하다. 그러나 여기에 위반된 몇 가지 사례를 살펴보자.

우선 다음과 같은 FORTRAN 프로그램의 부분 중에서 무엇이 잘못되었다고 생각하는가?

```
      DO 10 I = 1.5
      A(I) = X + B(I)
   10 CONTINUE
```

얼핏 보면 정수형 변수 I의 값이 1, 2, 3, 4, 5로 배정되는 DO 문으로 생각하기 쉽다. 그러나 사실은 자세히 분석하면 쉼표(,)가 있어야 할 자리에 마침표(.)가 있는 것을 알 수 있다. 구문이 잘 정의되면 이 문장이 틀렸음을 지적하겠지만, FORTRAN에서는 이 문장을 문자 변수 DO10I에 1.5라는 값을 배정하는 옳은 문장으로 취급한다. 다시 말하면 Pascal에서의 DO10I := 1.5와 일치하는 문장이다.

앞에서의 첫 번째 FORTRAN 문장은 식별자, 배정 연산자, 실수 상수인 세 개의 토큰을 포함한다. FORTRAN에서는 시작하기 전에 공백을 제거하여 공백을 무시하기 때문이다. FORTRAN의 설계 고려사항 중의 하나는 공백이 프로그램의 모든 지점에서 무시되어야 한다는 것으로, 컴파일러는 프로그램을 분석하기 위해 다른 구분기호에 의존한다. 예를 들어, 다음의 두 문장은 모두 유효한 문장이다.

```
DO 13 K = 1,3
DO 13 K = 1.3
```

앞에서 설명한 바와 같이 첫 번째 문장은 변수 K가 1, 2, 3의 연속적인 값을 가지고 루프가 반복되는 반복문의 시작이다. 두 번째 문장은 변수 DO13K에 값 1.3을 배정하는 배정문이다. FORTRAN이 처음 등장했을 때 공백을 무시하자는 주장이 나오게 된 이유 중의 하나는 FORTRAN의 코딩 용지가 존재하지 않아 프로그래머가 백지에 프로그램을 작성하게 된 결과, 키 펀치를 담당하는 사람이 공백 문자를 정확하게 세기 힘들기 때문이었다. 이러한 규약의 결과로 우리는 FORTRAN 77까지는 프로그램이 공백 문자가 전혀 없이도 작성되는 것을 볼 수 있다.

공백 문자가 FORTRAN에서 중요하지 않다는 규칙 자체만으로는 위험하지 않다. 하지만 변수가 선언될 필요가 없다는 규칙과 결합했을 때 위험해진다. 만일 모든 변수가 선언되어야 한다는 규칙을 언어가 요구하면, 두 번째 문장은 드물기는 하지만, 프로그래머가 변수 DO13K를 선언하지 않은 경우 유효하지 않다.

그러나 공백 문자는 초기의 FORTRAN에서 무시되었지만, FORTRAN 90에서는 중요하게 취급된다. 다음의 예는 FORTRAN 77에서는 모두 동일한 문장들이다.

```
DO 20 I = 1,20
DO20I=1,20
D O 2 0 I = 1 , 2 0
```

그러나 다음 문장은 FORTRAN 90에서는 오류이다.

```
DO I = 1,20
...
ENDDO
```

또한 다음 문장을 살펴보자.

```
IF (12..LE.R) GOTO 100
```

여기에서 R은 12.0과 비교되는 실수형 변수로 파싱하기가 매우 어렵다.

다음으로 PL/I의 대표적인 문제를 살펴보자.

```
A = B = C;
```

이 문장은 B에 C의 값을 배정하고, A에는 B의 값을 배정하려는 의도로 **다중 배정문 (multiple assignment statement)**의 기능을 수행하기 위해 작성되어, 문법에 비추어 볼 때 적법한 문장이다. 그러나 실제로 PL/I에서의 다중 배정문은 A, B = C;로 작성되므로, 앞의 문장은 B와 C가 같은지의 여부에 따라 A에 참인 값 1 또는 거짓인 값 0을 배정하는 A = (B = C);라는 의미로 해석된다. 그 이유는 PL/I에서 연산자 =을 배정 연산자와 동등 연산자(equality operator)의 두 가지 의미를 가지도록 정의되었기 때문이다.

다음으로 Pascal의 변수 선언부를 살펴보자.

```
VAR A, B: INTEGER;
VAR X, Y: REAL;
```

Pascal의 변수 선언부의 문법 구조를 표현하는 구문 차트는 [그림 3-12]와 같다.

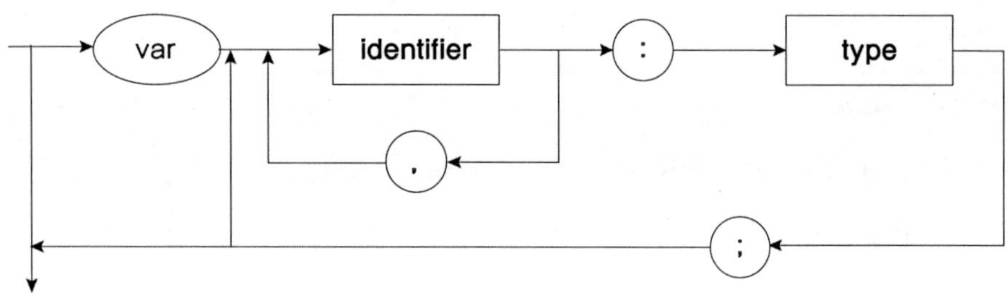

[그림 3-12] Pascal의 변수 선언부

따라서 두 번째 VAR의 사용은 분명히 잘못된 것이다. 이와 같은 오류를 범하는 것은 대개 사람들이 한 라인의 끝을 문장의 마지막으로 생각하기 때문이다. 세미콜론을 프로그램에서 구두점(punctuation)으로 사용하는 것이 공통적인 관행이 되고 있다. 그러나 그 사용에 있어서 두 가지 견해가 존재한다. 문장을 종료하거나 구분하기 위해 사용될 수 있다. 다음과 같은 가상의 문장에서 세미콜론은 네 개의 배정문과 하나의 루프문을 종료하기 위해 사용된다.

```
while (LIMIT > COUNT) loop
   NEXT_TERM := LAST_TERM + THIS_TERM;
   LAST_TERM := THIS_TERM;
   THIS_TERM := NEXT_TERM;
   COUNT := COUNT + 1;
end loop;
```

만일 세미콜론이 구분기호(separator)로 사용되면 네 번째 배정문 다음에는 세미콜론이 없어야 한다. 왜냐하면 문장은 그 순서에서 다음 문장과 구분할 필요가 없기 때문이다. 그 대신, 그 순서의 끝에서 기호 end loop으로 표시되는 문장 끝에 와야 한다. PL/I은 세미콜론을 종료기호(terminator)로서 사용하는 규약을 채택했고, 반면에 ALGOL 60, Pascal 그리고 몇몇 언어들은 세미콜론을 구분기호로 사용한다. Pascal은 세미콜론을 선언부에서 종료기호로도 사용하므로 세미콜론의 위치가 매우 혼란스럽다.

Gannon과 Norning이 589개의 프로그램을 연구한 결과에 의하면, 구분기호로 사용할 때의 오류가 종료기호로 사용할 때의 오류에 비해 10배 이상 높다고 한다. 사람들은 대개 세미콜론을 Pascal에서와 같은 문장의 구분기호가 아니라 PL/I과 Ada에서와 같이 종료기호로 사용하는 경향이 있다는 것을 발견했다. 문장이 항상 구두점 기호에 의해 종료된다는 규칙은 문장이 다른 문장과 구분될 때마다 구두점 기호가 필요한 규칙에 비해 이해하고 기억하기 더 쉬운 것으로 보인다.

학습정리

- 예약어 사용의 장점은 프로그램 가독성의 향상, 파싱 능력의 향상, 오류 복구의 수월성, 의미 있는 오류 메시지 생성 등이다. 반면에 예약어 사용의 단점은 예약어 기억의 어려움, 기존 언어 확장 시에 식별자와 예약어 중복 가능성 등이 있다.
- BNF와 문맥 자유 문법은 프로그래밍 언어 구문을 기술하는 수단으로 거의 동등한 기능을 가지는 메타 언어이다. 이들의 생성을 그림으로 나타내는 파스 트리를 이용하면 구문 분석기를 쉽게 구성할 수 있다. 일반적으로 동일한 문장에 대해 두 개 이상의 파스 트리가 존재하는 문법을 모호한 문법이라고 하는데, 연산자 우선순위와 결합의 개념을 이용하여 모호성을 해결할 수 있다.
- 하향식 파싱은 문법의 시작 기호로부터 시작하여 프로그램의 다음 부분을 생성하기 위해 문법의 규칙을 적용하는 것이다. 파스 트리의 루트 노드로부터 시작하여 단말 노드로 만들어가는 방법이다. 상향식 파싱은 첫 번째 기호로부터 시작하여 각 기호에 대해 차례로 문법 규칙의 오른쪽 부분과 일치시키려고 시도하는 것으로 진행된다. 즉, 단말 노드로부터 루트 노드를 향하여 위로 만들어 나간다.

연습문제

1. APL의 문자 집합을 알아보라.

2. PL/I은 예약어를 전혀 가지지 않으므로 다음이 가능하다.

```
IF THEN = ELSE THEN IF = THEN; ELSE THEN = ELSE;
```

왜 PL/I의 설계자는 이러한 이례적인 규칙을 허용했는가를 논하라. 예약어 사용의 장단점과 관련하여 이 특징에 관해 생각해보라.

3. C, C++, Java, C#의 예약어를 비교하여 설명하라.

4. Pascal의 문법을 이용하여 다음의 Pascal 문장들의 구문 트리를 작성하라.

```
begin
   i, j : integer;
   i := 2;
   writeln(i);
end
```

5. 식에 관한 다음 문법이 주어졌다고 가정하자.

```
E ::= E + T | E -T | T
T ::= T * F | T div F | F
F ::= (E) | number
```

여기에서 E, T, F는 비단말 기호이고 +, −, *, **div**, (), **number**는 단말 기호이다. 앞의 문법을 이용하여 다음 식에 관한 파스 트리를 작성하라.

```
8 * 5 + 3 - 4
```

6. 문맥에서 예약어와 키워드 사이에는 차이가 있다. 그 차이점을 설명하고 다음에 관련해서 생각해 보라.

```
IF IF THEN
      THEN = 0;
ELSE;
      ELSE = 0;
```

7. D. Knuth는 논문 "An empirical study of FORTRAN programs"에서 많은 FORTRAN 프로그램을 분석한 결과 각 문장의 유형별 빈도의 백분율을 계산했다. 그 결과는 다음과 같다.

ASSIGNMENT	51.0%
IF	8.5%
GOTO	8.0%
CALL	4.0%
CONTINUE	3.0%
WRITE	5.0%
DO	5.0%
DATA	0.3%
RETURN	2.0%
DIMENSION	1.5%
COMMON	3.0%

임의의 언어를 선택하여 유사한 연구를 해 보라.

8. Pascal, FORTRAN, C, 그리고 Ada의 BNF 표현을 수집하여 생성 규칙의 수, 단말 기호와 비단말 기호의 수, 그리고 그 외의 관심 있는 다른 기준을 이용하여 서로 비교하라.

9. 자신이 주로 사용하는 플랫폼용 Lex, YACC을 구하여 사용법을 정리하라.

chapter 4

변수, 영역, 수명

[학습목표]

- 이름, 주소. 영역, 수명, 값, 타입이라는 특성을 갖는 변수에 대해 알아본다.
- 변수와 속성을 연관시키는 바인딩에 대해 알아본다.
- 변수가 사용되는 범위인 영역 규칙에 대해 알아본다.
- 변수에 메모리 공간을 바인딩하는 기억 장소 할당과 수명에 대해 알아본다.
- 고정된 값을 갖는 상수와 변수에 대해 알아본다.

명령형 언어는 기억 장소 위치를 의미하는 변수의 사용, 변수의 값을 변경하는 배정문의 사용을 특징으로 가진다. 일반적으로 변수를 기억 장소 주소에 대한 이름으로만 생각하지만, 변수는 단순한 이름 이상의 의미를 가지는 중요한 개념이다.

4.1 변수란 무엇인가?

변수는 **이름, 주소, 영역, 수명, 값, 타입**과 같은 여섯 개 원소의 집합으로 구성된다. 각각에 대해서 살펴보자.

- 변수의 **이름**은 변수를 참조하기 위해 사용하는 일련의 문자들이다.
- **주소**는 변수와 관련된 첫 번째 메모리 셀이다.
- **영역(scope)**은 변수의 이름이 이해되고 참조될 수 있는 프로그램의 부분이다. 다시 말하면, 그 이름의 사용이 허락되고 있는 프로그램 범위를 말한다.

- **수명(lifetime, extent)**은 실행 시간에 그 이름에 관련된 값을 보유할 기억 장소가 배정되어 있는 시간을 의미한다. 즉, 한 변수의 수명이란 그 변수가 값을 저장할 기억 장소를 할당받은 때부터 그 기억 장소가 더 이상 그 변수 값을 보유하지 않을 때까지를 말한다.
- **타입**은 변수에 할당될 수 있는 가능한 **값**을 결정한다.

선언(declaration)은 [그림 4-1]과 같이 변수 이름을 기억 장소의 위치, 속성, 매개변수와 결합시킨다.

[그림 4-1] 변수의 선언

다음과 같은 C 언어의 선언문이 주어졌다고 하자.

```
int x;
```

이름 x에 '변수'라는 속성과 '정수' 데이터 타입을 관련시킨다. 선언문만이 이름에 속성을 연관시킬 수 있는 것은 아니다. 예를 들어 다음의 배정문을 살펴보자.

```
x = 10;
```

변수 x에 새로운 속성인 값 10을 관련시킨다. 만일 xp가 다음과 같은 포인터 타입으로 선언된다고 하자.

```
int *xp;
```

그리고 다음의 문장이 주어졌다고 하자.

```
xp = &x;
```

그 결과 정수형 변수를 위한 메모리가 할당되고, 주소에 해당하는 위치와 관련되어지고, xp에 이 장소를 배정한다.

둘 이상의 이름이 동일 주소를 참조할 때 **aliasing**이라고 말하고 각각을 서로에 대한 **별명(alias)**이라고 한다. 포인터나 FORTRAN의 EQUIVALENCE, 혹은 Pascal의 가변 레코드에 의해 생성될 수 있다. C 언어의 간단한 예를 살펴보자.

```
int *x, *y;
x = (int *) malloc(sizeof(int));
*x = 10;
y = x;
*y = 20;
printf("%d\n", *x);
```

x를 y로 배정한 후에 *y와 *x는 모두 동일한 변수를 가리키므로 출력되는 값은 20이다. 마지막 배정문 *y = 20;의 결과는 [그림 4-2]와 같다.

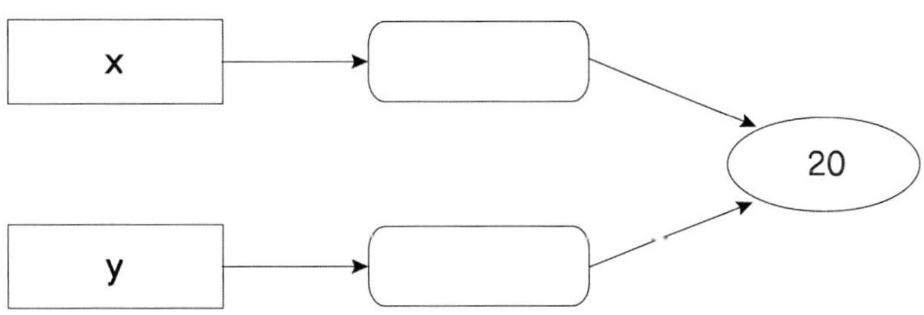

[그림 4-2] 별명

일반적으로 **부작용(side effect)**이란 비지역 변수나 함수 혹은 프로시져의 입·출력의 변경이다. 문장의 실행 이후에 변수의 값이 바뀌는 것을 문장의 부작용이라고 정의하면, 별명은 부작용이라는 문제를 야기한다. 배정문은 그러한 현상을 의도한 것이므로 문제가 되지 않으나, 문장에 직접적으로 이름이 주어지지 않은 변수의 값을 바꾸는 부작용은 코드 자체만을 보아서는 알 수 없으므로 문제가 있다. 앞의 배정문 *y = 20;은 *x의 값도 변경시켰는데 그 문장을 보아서는 알 수 없고, 코드의 앞 부분을 보아야 발견할 수 있다. 포인터에 의한 별명은 제어하기 어렵다.

FORTRAN의 EQUIVALENCE 문장을 살펴보자

```
EQUIVALENCE X, Y
```

여기에서 X와 Y는 서로 별명이 된다. 초기에 EQUIVALENCE 문은 커다란 프로그램에서 동시에 사용되지 않는 변수들의 메모리를 공유하여 메모리를 절약하려는 목적으로 사용되었으나, 현재는 나쁜 설계 방식으로 취급된다. 역시 COMMON 문도 별명을 생성할 수 있다.

4.2 바인딩 시간

이름에 속성을 관련시키는 일련의 작업을 바인딩이라고 한다. 바인딩은 두 가지 요소 사이의 결합이다. 속성은 번역 시간 또는 실행 시간 중에서 언제 계산되는지, 또는 이름에 바인딩되는 시간은 언제인지에 따라 분류될 수 있다. 이것을 속성의 바인딩 시간이라고 한다. 다시 말하면, **바인딩 시간**은 바인딩, 혹은 결합이 일어나는 시간을 의미한다. 예를 들면 이름은 컴파일 시간에 선언에서 타입과 바인딩된다고 말한다.

4.2.1 바인딩 시간의 구분

바인딩 시간은 다음과 같이 구분된다.

(1) **실행 시간**: 변수에 값을 바인딩하거나, 변수에 기억 장소를 바인딩한다.

- 많은 프로그래밍 언어에서 **서브 프로그램이나 블록의 시작**에서 중요한 바인딩이 이루어진다. 예를 들면 C와 Pascal에서 형식 매개변수와 실 매개변수에 대한 기억 장소의 바인딩은 서브 프로그램의 시작에서만 이루어진다.
- 프로그램 **실행 중 임의의 시점**에서 바인딩이 이루어질 수 있다. 대표적인 예는 배정문을 이용한 변수에 대한 값의 바인딩이다. 그러나 LISP와 ML에서는 기억 장소에 대한 이름의 바인딩이 임의의 시점에서 이루어진다.

(2) **컴파일 시간**: 여기에는 세 가지 바인딩이 있다.

- 프로그램을 작성할 때 프로그래머는 컴파일 시간 동안에 바인딩해야 하는 변수의 이름에 관계없이 변수의 타입, 문장 구조 등에 대한 결정을 해야 한다. 즉, **프로그래머에 의한 바인딩**이다. 컴파일러는 목적 프로그램의 최종 형태를 결정할 때 이 바인딩을 이용한다.
- 프로그래머의 의사와는 무관한 **컴파일러에 의한 바인딩**이 있다. 예를 들어 프로시저에 할당된 기억 장소 안에 있는 자료 객체의 상대적인 위치는 프로그래머의 의사와는 무관하게 지정된다. 배열이 어떻게 저장되고, 배열에 대한 명세표가 어떻게 만들어지는가에 대한 것은 컴파일러가 결정한다.

- 보통 하나의 프로그램은 하나의 실행 가능한 프로그램으로 결합될 수 있는 여러 개의 서브 프로그램으로 구성된다. 컴파일러는 각 서브 프로그램을 위해 지정된 메모리 내에서 변수에 주소를 할당한다. 프로그램을 실행할 컴퓨터의 실제 주소가 **로더에 의해 바인딩**된다.

(3) **언어 구현 시간**: 어떤 프로그래밍 언어를 정의할 때 언어 정의의 일부는 모든 프로그램에 대해 동일하더라도 구현 방법은 다를 수 있다. 예를 들면 수와 연산을 위한 표현 방법과 관련된 것들은 그 연산이 수행되는 하드웨어에 따라 달라진다.

(4) **언어 설계(정의) 시간**: 한 프로그래밍 언어에 관한 대부분의 특성은 그 언어가 설계(정의)된 시점에 결정된다. 예를 들면 데이터 구조, 프로그램 구조 등의 특성들은 언어를 정의할 때 결정된다.

4.2.2 바인딩의 예

바인딩과 바인딩 시간의 종류를 설명하기 위해 임의의 언어로 작성된 다음과 같은 간단한 배정문을 살펴보자.

```
X := Y + 10;
```

바인딩 시간	수행되는 작업
언어 설계 시간	X와 Y에 대한 가능한 타입의 집합 := 및 + 기호의 선택 십진수의 표현 방법 평가 순서
언어 구현 시간	X와 Y가 가질 수 있는 가능한 값의 집합 더하기의 의미 배정문에 대해 생성되는 코드 10을 표현하기 위한 비트의 나열 방법
컴파일 시간	X, Y와 타입의 바인딩(X, Y와 관련된 특정 타입 결정) 실수, 정수, 복소수 등의 덧셈 연산 결정
적재(load) 시간	X, Y를 기억 장소에 바인딩 코드를 기억 장소에 위치시키고 절대값을 주소에 배정
실행 시간	Y가 평가됨 Y의 값을 10 증가시키고 X라는 기억 장소에 할당 (Smalltalk, PROLOG 등은 X, Y의 타입 결정)

4.2.3 정적 바인딩과 동적 바인딩

바인딩 시간은 크게 **정적 바인딩(static binding)**과 **동적 바인딩(dynamic binding)**의 두 가지로 구분된다. 정적 바인딩은 프로그램이 실행되기 이전에 일어나는 반면에 동적 바인딩은 실행 중에 일어난다. 앞에서 주어진 바인딩 시간 중에서 실행 시간을 제외한 모든 바인딩 시간은 정적 바인딩을 표현한다. 언어에 따라 정적으로 바인딩되는 속성과 동적으로 바인딩되는 속성은 서로 다르다. 함수 언어는 명령형 언어에 비해 좀 더 동적으로 바인딩되는 경향이 있다.

바인딩 시간은 번역기에 따라 달라질 수 있다. 대체적으로 컴파일러는 초반에 정적 바인딩을, 인터프리터는 후반에 동적 바인딩을 실행한다. 컴파일러는 종종 바인딩을 위해 명시적인 선언을 요구하는 반면, 인터프리터는 일반적으로 명시적인 선언을 요구하지 않고 값이 변수에 배정될 때 타입이 이름에 바인딩된다.

정적 바인딩과 동적 바인딩의 장단점은 효율성과 융통성에 의해서 서로 상충된다. 실행의 효율성을 중시한 언어(FORTRAN, Pascal, C)는 가능한 한 바인딩이 컴파일 시간에 이루어지도록 설계되었다. 이에 비해 LISP, ML과 같이 융통성을 더 중시한 언어에서는 대부분의 바인딩을 실행 시간까지 지연시켰다. 동적 바인딩의 기본적인 장점이 프로그래밍 융통성이기는 하나, 두 가지 단점이 있다. 첫째, 동적 바인딩을 가진 언어의 번역기의 오류 탐지 능력은 정적 바인딩 언어에 비해 떨어지기 때문에 프로그램의 신뢰성이 떨어진다. 즉, 이러한 방식은 타입 검사의 장점을 사라지게 한다. 둘째, 동적 바인딩의 가장 큰 단점은 구현 비용이다. 타입 검사가 실행 시간에 수행되어야 하므로, 모든 변수는 현재의 타입을 유지, 관리하기 위한 정보가 변수에 연관되어야 한다.

앞의 두 가지 면, 즉 효율성과 융통성을 모두 고려하여 설계한 Ada, PL/I과 같은 언어에서는 프로그래머가 바인딩 시간을 선택할 수 있는 선택권이 일부 있다.

4.3 영역

앞에서 살펴본 것처럼 선언은 변수에 이름과 데이터 타입 등의 속성을 부여하는 바인딩을 결정하는 중요한 방법이다. 명시적 선언(explicit declaration)은 선언문을 사용하여 변수 이름들을 열거하고 특정 타입과 연관시키는 방법이다. 묵시적 선언(implicit declaration)은 선언문을 사용하지 않고 디폴트 규칙을 통해서 변수에 타입을 연관시키는 방법이다. 이 경우 프로그램에 최초로 나타나는 변수 이름은 묵시적 선언에 해당한다. 명시적 선언과 묵시적 선언 모두는 타입에 대한 정적 바인딩을 생성한다.

4.3.1 선언문과 영역

다음 C 언어의 선언문은 변수 x의 데이터 타입을 정수형으로 명시적으로 선언하는 예이다.

```
int x;
```

FORTRAN, PL/I, BASIC, Perl, JavaScript, Ruby, ML을 제외한 대부분의 많은 언어들이 명시적 선언을 사용한다. FORTRAN의 경우, 명시적으로 선언되지 않은 변수의 타입은 이름의 첫 글자가 영문자 I부터 N사이인 경우에는 정수 변수로 취급되며, 그 외에는 실수 변수로 간주된다. 묵시적 선언은 어느 정도 편리하기는 하지만, 오류를 탐지하는 컴파일 과정을 방해하므로 프로그램의 신뢰성을 떨어뜨릴 수 있다. 묵시적 선언의 문제점은 특정 타입의 이름이 특수한 문자로 시작되게 함으로써 어느 정도는 해결할 수도 있다.

Perl에서는 $로 시작하는 변수는 스칼라 타입이고, @로 시작하는 변수는 배열이며, %로 시작하는 변수는 해시 구조체이다. 이들은 각각 서로 다른 이름 공간에 속하므로 서로 연관성이 없다. 따라서 $sum, @sum, %sum은 서로 관계가 없는 별개의 변수이다. BASIC의 경우에는 정수 변수는 %으로 끝나고, 스트링 변수는 $으로 끝나며, 그 외에는 실수 변수이다. 이들 언어는 묵시적 선언과 명시적 선언을 모두 지원하는 FORTRAN과는 다르다.

C와 C++에서는 데이터 선언과 정의를 구별해야 한다. 선언은 타입을 비롯한 부분적인 속성들을 바인딩하지만 기억장소 할당을 야기하지는 않는다. 이에 반해 정의는 모든 잠재적인 속성들을 바인딩하고 기억장소 할당을 야기한다.

영역 혹은 **유효범위**란 변수의 이름이 모두 동일하게 사용되는 프로그램의 부분을 말한다. 다시 말하면, 그 이름을 통해 연결된 대상을 접근할 수 있는 문장들의 집합을 말한다. 예를 들어, 다음 C 프로그램에서 변수 x의 영역은 선언문부터 fun 함수의 마지막 문장까지이다.

```
void fun(void)
{
    int x;
     ⋮
}
```

만일 변수가 문장에서 참조 가능하면 가시적이라고 하고, 만일 변수가 영역에서 벗어나거나 동일한 이름을 갖는 다른 변수에 의해 가려지면 비가시적이라고 한다.

언어의 영역 규칙은 이름의 참조와 변수가 연관되는 방식을 결정한다. 초기의 FORTRAN은 서브루틴 내에서 선언된 모든 변수의 영역이 그 서브루틴 내부인 **지역 영역 규칙(local scope rule)**을 사용했다. 서브루틴의 실 매개변수와 형식 매개변수를 결합하거나, COMMON의 사용으로 변수는 공유될 수 있다. 서브루틴의 이름은 전역으로 취급된다. 전역 변수는 프로그램 전체에서 알려진다. COMMON 선언 내에 정의된 것을 제외한 모든 변수는 지역 변수이다. 다음은 FORTRAN 영역의 예이다.

```
C       주 프로그램
        COMMON /A/X,Y,Z(10)
        COMMON GO,IRED,TEMP
        .
        .
        END
        SUBROUTINE A1(P,Q)
        COMMON GO,IRED,TEMP
C       주 프로그램과 공유되는 COMMON 문
        INTEGER ISUM,ITOTAL
C       여기에서 선언된 변수들은 서브루틴 A1의 지역 변수
        .
        END
        SUBROUTINE A2(P,Q)
        COMMON /A/X,Y,Z(10)
C       주 프로그램과 공유되는 레이블이 붙은 COMMON 문
        .
        .
        END
```

4.3.2 블록 구조와 영역

선언은 일반적으로 블록 구조와 관련이 있다. **블록**은 일련의 문장 집합으로 자체적인 선언을 가질 수 있는 프로그램의 부분을 말한다. 이러한 블록 개념을 처음으로 도입한 ALGOL 60은 다음과 같이 블록내의 영역 개념을 소개하였다.

```
begin
    integer a;
    boolean b;
    a := 10;
    b := true;
    a := a + 5;
    ...
end
```

이러한 형태의 블록으로 중괄호로 묶인 블록이 C 기반 언어에서도 존재한다.

```
ex( )
{
   float a, b;        /* 블록 ex */
   ...
   {
      int m, n;       /* 내부 블록 */
      m = 10;
      n = 100;
      m += 1;
   }
   ...
}
```

임의의 블록 내의 선언을 지역적(local)이라고 하고, 블록 밖의 선언을 비지역적(nonlocal)이라고 하는데, 앞의 예에서 변수 a와 b는 블록 ex에 대해서는 지역적이지만 내부 블록에 대해서는 비지역적이다. C에서는 어느 블록에도 속하지 않고 프로그램의 모든 함수를 포함하는 영역인 **외부 영역(external scope)**을 가진다. 주 프로그램도 나머지 프로그램과 구분되는 자신의 지역 영역을 갖는 하나의 함수이므로 외부 영역이 **전역 영역**의 역할을 수행한다.

```
int i;              /* i는 함수 외부의 전역 변수 */
double j;           /* j도 함수 외부의 전역 변수 */
main( )
{
    int x, y;       /* main 함수에 대한 지역 변수 */
    ...
}
```

또는 items가 정수 배열이면 C에서는 다음과 같은 코드를 가질 수 있다.

```
if (items[i] < items[j])
    {
        int temp;      /*지역 선언*/
        temp := items[i];
        items[i] := items[j];
        items[j] := temp;
    }
```

Ada도 C와 마찬가지로 블록이 변수 선언과 함께 정의되는 것을 허용한다. Ada는 Pascal의 프로시져/함수 선언을 ALGOL 60 형태의 블록 개념과 혼합하였는데, ALGOL 60과는 달리 begin-end 쌍의 앞에 **declare** 예약어와 함께 선언문이 나타난다. 예를 들면 Ada의 경우 프로시져 내에서 다음과 같은 코드를 가질 수 있다.

```
...
  if (items[i] < items[j]) then
  declare temp: integer; -- 지역 선언
      begin
          temp := items[i];
          items[i] := items[j];
          items[j] := temp;
      end;
...
```

블록은 매개변수 없는 프로시져 같은 것이다. 이것은 사용되는 근처에서 선언되도록 하므로 해당 페이지 내에서 잘 동작한다. 이름 충돌(name conflict)에 관한 걱정 없이 다른 사람의 코드를 결합하는 것을 허용한다.

C++에서는 함수의 어느 곳에서든 변수가 정의가 될 수 있다. 변수 정의가 함수의 첫 부분이 아닌 다른 위치이고 블록 내부가 아니라면, 그 변수의 영역은 그 정의문부터 함수의 마지막까지이다. 이에 반해 C89에서는 함수에 선언되고 블록에 속하지 않은 모든 데이터는 함수의 첫 부분에 위치해야 한다. 다시 말하면, ALGOL 60, C89, Ada 등과 같은 언어에서 지역 변수는 프로시져의 시작 부분뿐만 아니라 모든 begin ... end({ ... }) 블록의 맨 위에 선언될 수 있다. 반면에 ALGOL 68, C99, C++, Java, C# 등의 언어에서는 융통성이 더 커서 문장이 올 수 있는 어느 곳이든 선언될 수 있다.

C99, C++, Java, C# 등의 for 문에서는 초기화 식에서 변수의 정의가 가능하다. 이 경우 변수의 영역은 루프 몸체 내로 제한된다.

```
for (int i = 0; i < 10; i++) {
        System.out.println(i);
        ...
}
... i ... // i의 잘못된 참조
```

앞에서 for 문 이후의 i에 대한 참조는 변수의 영역이 루프 몸체로 제한되므로 허용되지 않는다. Ada 역시 이러한 구조를 제공하며, for 루프 제어를 위한 변수는 묵시적으로 선언된다.

블록 내에서 선언되지 않은 변수는 **자유 변수**라고 한다. 전역 변수는 주 프로시져를 제외한 모든 프로시져에서 자유이다. 다음의 Pascal 프로시져 Addlist에서 변수 Size는 자유 변수로서 I와 L보다 더 큰 영역을 갖는다.

```
procedure Addlist(L: ArrayType);
     var I: integer;
begin
    sum := 0;
    for I := 1 to Size do Sum := Sum + L[I];
    write('The sum is: ', sum)
end;
```

영역에 관해 제기되는 주요 의문점은 자유 변수가 어떻게 처리되는가 하는 것이다. 여기에는 세 가지 가능한 해결책이 있다.

- 자유 변수를 불법적인 것으로 간주한다. 그러나 이러한 가능성은 높지 않다.
- 자유 변수가 문맥에서 둘러싸인 영역(lexically enclosing scope)내에서 정의된다. 즉, 영역 규칙이 원시 코드가 쓰여진 대로의 블록 구조를 따르는 **어휘 영역(lexical scope)**을 갖는다. C, C++, Java, Python, Ada, Pascal등의 대부분의 현대의 언어와 같은 경우이다.
- 자유 변수가 동적으로 포함되는 영역(dynamically enclosing scope)내에서 정의된다. 즉, 정의된 환경이 아닌 호출된 환경으로부터 자유 변수의 값을 가져온다. LISP와 같은 방식이다.

4.3.3 정적 영역 규칙

정적 영역 규칙(static scoping rule)은 앞의 두 번째 해결책을 이용한다. 변수의 적절한 타입을 결정하기 위해 변수의 이름이 선언된 것을 발견할 때까지 자신의 프로그램 단위를 포함하는 부모(parent) 프로그램 단위나 부모의 부모(grandparent) 단위를 검색한다. 따라서 정적 영역은 컴파일 시에 결정될 수 있으며 프로그램의 수행 내력과는 무관하다. 이름의 영역이 프로그램을 단순히 한번 읽음으로써 결정되므로, 컴파일 시간의 프로그램 검사를 더 잘 할 수 있다.

Pascal에서 영역의 간단한 예를 살펴보자.

```
program scope;
var l: real;
    procedure a;
    var m: boolean;
    begin
      ...
    end;
    procedure b;
    var n: integer;
    begin
      ...
    end;
begin
  ...
end.
```

이 프로그램에서 변수 l, 프로시저 a, b의 선언은 주 프로그램 블록과 연관되어 전역적이다. 이에 반해, m과 n의 선언은 프로시저 a와 b에 각각 연관되어 지역적이다. 따라서 m과 n은 각각 a와 b에서만 각각의 선언이 유효하다. Pascal의 기본적인 영역 규칙은, 영역은 선언이 있는 지점부터 그 선언이 속한 블록 끝까지이다.

다른 ALGOL 형태 언어에서 블록은 이와 비슷한 영역 규칙을 가진다. 다음의 ALGOL 60 코드를 살펴보자.

```
X: begin
        integer a;
        boolean b;
        a := 10;
        b := true;
        Y: begin
                integer l, m;
                if b then l := a
                else m := b;
        end;
        ...
end;
```

a와 b의 영역은 블록 Y를 포함한 블록 X인데 반하여, l과 m의 영역은 오직 블록 Y이다.

Pascal은 영역을 블록이 아닌 프로시져나 함수와 같은 프로그램 단위로 정의한다. 비록 Pascal이 begin-end를 포함한다고 해도 복합문을 만들 때에만 사용된다. 그것들은 블록이 아니다. Pascal, Ada, Modula와 그 밖의 언어는 프로그램 단위의 중첩을 허용한다. 블록 구조 언어의 하나의 특성은 중첩된 블록에서의 선언은 이전의 선언보다 우선순위가 높다는 것이다.

다음의 예를 살펴보자.

```
program scope;
var a: integer;
procedure x;
var a: boolean;
begin
    a := true;
    ...
end;
    begin
        a := 10;
        ...
    end.
```

x 내부에서의 a 선언이 전역 선언 a보다 우선순위가 높다. 따라서 x에서 a의 전역 선언은 접근할 수 없다. 이 때 a의 전역 선언은 x 내부에서 **영역 구멍(hole-in-scope)**을 가진다고 한다.

비록 정적 영역 규칙이 변수의 정확한 정의를 결정하는데 이용된다고 하더라도 영역 구멍 문제를 야기한다. 정적 영역을 사용하는 언어에서 중첩된 서브 프로그램의 허용 여부에 무관하게 어떤 변수 선언은 다른 코드 부분으로부터 감추어질 수 있다. 다음의 C++ 예를 살펴보자.

```
void func() {
    int a;
    ...
    while (...) {
        int a;
        a++;
        ...
    }
    ...
}
```

앞의 while 루프에서 참조되는 a는 지역 변수이므로, func의 변수 a는 while 내부에서는 감추어진다. 즉, func의 변수 a의 영역이 while 내부에서 구멍이 난 것이다. C 기반 언어는 서브 프로그램이 다른 서브 프로그램 정의 내부에 포함되는 프로시저의 중첩을 허용하지 않지만 전역 변수를 허용한다. 이러한 변수는 서브 프로그램 정의 외부에 선언된다. 어떤 언어는 감추어진 변수의 이름을 접근하는 수단을 제공한다. C++는 **영역 해결 연산자(scope resolution operator)** ::를 이용한다. 예를 들어, 앞의 예처럼 while 내부에서 감추어진 비지역 변수 a에 접근하기 위해서는 ::a로 참조할 수 있다.

이와 유사한 방식으로 Ada에서는 숨겨진 선언들도 **영역 한정자(scope qualifier)**를 사용하여 접근할 수 있다. Ada는 프로그램 단위의 이름을 허용하므로 변수 이름 앞에 붙이는 것으로 정의된다. 즉, 프로시저 내부에서 지역 변수 a와 동일한 이름을 가지는 프로그램 scope의 전역 변수 a는 scope.a라고 하면 참조 가능하다.

완전하게 정의된 영역을 처리하는 규칙의 집합은 변수, 프로시저, 함수의 이름과 라이브러리로부터 미리 정의된 이름을 다루어야만 한다. 어떤 언어에서는 미리 정의된 이름은 키워드처럼 취급한다. 이름은 새롭게 나타나는 것에 의해 감추어져 다시 정의될 수 있다. 다른 언어에서는 미리 정의된 이름은 예약되어 있고, 계속적인 사용은 중복된 선언으로 표시된다. 컴파일러의 심벌 테이블은 프로그램 텍스트의 각 지점에서 어떤 심벌이 가시적인가를 기록해야 한다. 이러한 프로그램을 위해서 효율적인 심벌 테이블 구성이 필요하다.

4.3.4 동적 영역 규칙

동적 영역 규칙(dynamic scoping rule)은 변수의 적절한 정의가 실행 시간에 결정되도록 하는 규칙이다. 실행 시간에 변수를 문장에서 만나면 동적 영역 규칙은 이름이 처음 나타나는 모든 활성화된(active) 프로시저와 함수를 검색한다. 아마도 동적 영역 규칙을 최초로 채택한 프로그래밍 언어는 LISP일 것이다. 동적 영역 규칙을 이용하는 다른 언어에는 APL, SNOBOL4, LOGO, Emacs LISP 그리고 Perl 등이 있다. 일반적으로 제어 흐름은 미리 예측할 수 없기 때문에, 컴파일러는 이름과 객체 사이의 바인딩을 결정할 수 없다. 또한 동적 영역 규칙은 오류를 발생시킬 가능성이 높은 것으로 판명되어 현대의 대부분의 언어에서는 사용되지 않으며, 예외적으로 Common LISP와 Perl은 프로그래머가 변수를 정의할 때 정적 영역 규칙과 동적 영역 규칙 중 하나를 선택하는 것을 허용한다. 오늘날 Scheme과 같은 많은 LISP의 방언(dialect)들은 정적 영역 규칙을 채택하였다.

동적 영역 규칙의 예를 보기 위해 Common LISP를 선정해서 변수, 영역, 그리고 수명을 처리하는 방식을 검토해보자. Common LISP에는 정적 변수와 동적 변수인 두 가지 종류의 변수가 있다. 사실은 어느 때이든지 프로그램은 동일한 이름을 이용하는 정적 변수와 동적 변수를 가질 수 있기 때문에 실제로 어떤 변수가 참조되는가는 환경(circumstances)에 좌우된다.

다음과 같은 LISP 함수 정의를 살펴보자.

```
(defun copy (x) (cons (car x) (cdr x)))
```

Common LISP에서는 **어휘 영역(lexical scope)**이 지원되고 매개변수의 이름을 적용한다. 따라서 x의 영역은 copy의 정의이다. 다음 예를 살펴보자.

```
(let ((free 100))
   (defun sample (arg1)
       (list arg1 free)))
```

앞의 예는 하나의 매개변수 arg1을 갖는 함수이다. 결과는 변수 arg1과 free의 출력 리스트를 만드는 list라는 이름을 가진 함수를 적용하는 것이다. 매개변수 arg1은 어휘 영역을 가지고 sample의 매개변수가 된다. 자유 변수 free는 sample 함수의 외부에서 바인딩된다. 동적 영역 규칙을 갖는 언어에서 free의 값은 처음 나타나는 free에 대한 활성화된 함수 호출의 체인에서 역으로 살펴봄으로써 발견된다.

다음을 살펴보자.

```
>(let ((free 99))
   (sample 55))
```

free의 동적 바인딩은 100이 아니고 99이므로 (55 100)이 아닌 (55 99)를 결과로 리턴한다.

프로그래밍에서 동적 영역 규칙의 영향은 크다. 프로그램 문장에서 가시적인 비지역 변수의 올바른 속성은 정적으로 결정될 수 없고, 이러한 변수가 항상 동일한 것은 아니다. 비지역 변수에 대한 참조를 포함하는 서브 프로그램의 문장은 이 서브 프로그램의 다른 실행에서는 다른 비지역 변수를 참조할 수도 있다.

4.3.5 영적 규칙의 비교

동적 영역 규칙과 정적 영역 규칙을 직접 비교하기 위해 다음 예를 살펴보자[33].

```
program L;
   var n: char;
   procedure W;
   begin
      writeln(n)
   end;
   procedure D;
      var n: char;
   begin
      n := 'D';
      W
   end;
begin { L }
   n := 'L';
   W;
   D
end.
```

정적 영역 규칙(어휘 영역 규칙)이 적용되는 경우, 프로시저 W 내에서 n을 만나면 컴파일 시점에 원시 코드의 선언문을 이용하여 바인딩되어야 한다. Pascal이나 C의 경우 W 내에서의 n은 프로그램 L에서 선언된 n을 참조한다. 따라서 메인 프로그램 L과 프로시저 D 내부에서 W 호출 모두 L의 n 값을 출력한다. 따라서 프로그램의 실행 결과는 다음과 같다.

```
L
L
```

동적 영역 규칙이 적용되는 경우, 프로시저 W 내에서 n을 만나면 실행 시간에 바인딩된다. 전통적인 LISP의 동적 영역 규칙의 경우 프로시저 W의 각 호출 시에 상이한 선언문을 이용하여 바인딩된다. 따라서 메인 프로그램에서의 첫 번째 W 호출 시에는 프로그램 L의 선언문을 이용하고, 프로시저 D 내에서의 두 번째 W 호출 시에는 프로시저 D의 선언문을 이용한다. 따라서 프로그램의 실행 결과는 다음과 같다.

```
L
D
```

동적 영역 규칙은 위험하지만, 상대적으로 구현이 쉽다. 변수의 값을 찾기 위해 프로그램은 실행 시간 스택을 추적하여 각 활성 레코드를 검사한다. 때문에 이러한 방식을 **깊은 바인딩(deep binding)**이라고 한다. 그 대안으로는 각 변수의 바인딩 스택을 유지하는 더욱 효율적인 방식이 있다. 변수가 바인딩되거나 바인딩에서 벗어날 때마다 스택이 수정되고, 변수값은 단지 스택의 제일 위의 바인딩에 해당한다. 이러한 방식은 **얕은 바인딩(shallow binding)**이라고 부른다.

다음도 마찬가지로 정적 영역 규칙과 동적 영역 규칙을 비교한 예이다[37].

```
int x = 0;
int f() { return x; }
int g() { int x = 1; return f(); }
```

정적 영역 규칙을 적용하면 g는 컴파일 시간에 결정된 0을 리턴한다. 왜냐하면 f의 호출 시 전역 변수 x의 바인딩은 g 내부에서 동일한 이름의 지역 변수에 영향을 받지 않기 때문이다. 동적 바인딩의 적용 시에는 변수 x의 바인딩 스택은 두 가지 항목을 가지게 된다. 하나는 0의 바인딩과, 아직 제어 흐름이 g를 벗어나지 않았기 때문에 여전히 존재하는 g 내부에서 선언된 1의 바인딩이다. 따라서 동적 영역 규칙은 바인딩 스택의 제일 위의 바인딩인 1을 리턴한다.

Perl에서 변수는 정적 영역 규칙 혹은 동적 영역 규칙을 적용하는 변수로 정의될 수 있다. 예약어 my는 정적 영역 규칙을 적용하는 변수를 정의하는 반면에, 예약어 local은 동적 영역 규칙을 적용하는 지역 변수를 정의한다.

다음 예를 살펴보자.

```
$x = 0;
sub f { return $x; }
sub g { my $x = 1; return f(); }
print g()."\n";
```

위에서 g의 지역 변수 $x에 정적 영역 규칙을 적용하기 위해 “my”를 사용했다. g를 호출하면, f는 전역 변수 $x의 값을 찾아 0을 리턴한다. f는 g의 변수인 $x를 볼 수 없기 때문이다.

동적 영역 규칙을 적용하는 다음 예를 살펴보자.

```
$x = 0;
sub f { return $x; }
sub g { local $x = 1; return f(); }
print g()."\n";
```

위에서 g의 $x에는 "local"은 동적 영역 규칙이 적용된다. g를 호출하면 f는 스택에서 g의 지역 변수를 찾아 1을 리턴한다.

동적 영역 규칙에 비해 정적 영역 규칙이 선호되는 이유는 다음과 같다. 첫 번째, 동적 영역 규칙은 호출된 함수 내의 비지역인 참조 변수들에 대한 연결 정보를 컴파일 시에 알아낼 수 없으므로 비지역 변수로 참조되는 변수들의 정적 타입 검사를 어렵게 한다. 두 번째, 다른 함수를 호출하는 어떤 함수 내의 모든 변수들을 호출된 함수 내에서 접근할 수 있게 되어 변경이 가능하므로 프로그램의 신뢰성이 저하될 수 있다. 마지막으로, 동적인 호출 순서를 역으로 추적하여 비지역 변수에 접근하는 것은 정적 영역 규칙에서의 비지역 변수 접근보다 시간이 더 소모되는 경향이 있다. 결론적으로 **정적 영역 규칙을 사용하는 언어로 작성된 프로그램이 읽기가 더 쉽고, 신뢰성이 더 높고, 더 빠르게 실행된다.**

4.3.6 추가 사항

Common LISP에는 두 가지 종류의 변수가 있다. **정적 변수(static variable)**는 변수를 바인딩하는 프로그램 구성내의 문맥상 임의의 위치에 나타나는 “forms”에 의해서만 참조될 수 있다. 특별 변수(special variable)라고도 하는 **동적 변수(dynamic variable)**는 생성될 때부터 생성된 변수가 사라질 때까지 어느 때든지 참조될 수 있다. 특별 변수는 동적 영역을 갖는다. 기본적으로 모든 동적 변수는 명시적으로 값을 배정하지 않거나 값을 배정할 때까지 바인딩 되지 않는다. 즉 값을 갖지 않는다.

LISP의 함수 정의를 검토할 때, 만일 이름이 매개변수가 아니고 자유 변수이면, 그 변수의 정의는 전역 변수이거나 특별 변수이다. 동일한 이름을 갖는 많은 특별 변수가 있을 수 있고 어느 것이 사용되는가는 동적 영역 규칙에 의해 결정된다.

또한 **무한 영역(indefinite scope)**이 존재하는데, 이는 객체에 대한 참조가 프로그램의 어느 곳이든지 일어날 수 있다는 것이다. 이에 비해 **동적 수명(dynamic extent)**은 객체에 대한 참조가 해당 객체가 존재하는 동안 언제든지 일어날 수 있는 것이다. 일반적으로 객체는 자신을 정의하는 구성이 완성되면 더 이상 존재하지 않는다. **무한 수명(indefinite extent)**은 포인터처럼 무엇인가를 참조할 수 있는 한 객체가 존재하는 상황을 말한다. S-식과 같은 대부분의 Common LISP 데이터 객체는 무한 수명을 갖는다. Common LISP에서 동적 영역이라는 용어는 실제로 무한 영역과 동적 수명을 말한다.

4.4 기억 장소 할당과 수명

기억 장소 **할당(allocation)**이란 변수에 메모리 공간을 바인딩하는 과정을 말하고, **수명(extent, lifetime)**이란 프로그램 실행 중에 참조된 변수의 값이 기억 장소를 할당받아 존재하는 시간을 말한다. 변수의 할당은 수명에 따라 크게 정적 할당, 스택 기반 할당, 동적 할당으로 구분되고 해당되는 각각의 변수를 정적 변수, 동적 변수, 힙 변수라고 부른다. 변수 할당과 관련된 전형적인 메모리 구조는 [그림 4-3]과 같다.

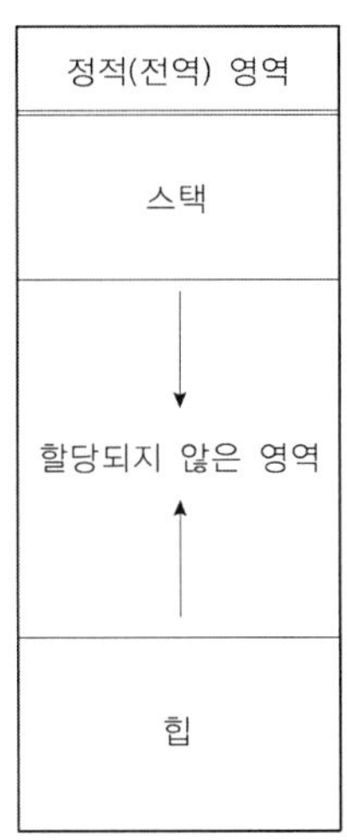

[그림 4-3] 스택과 힙을 가지는 전형적인 메모리 구조

4.4.1 정적 할당

완전하게 정적으로 할당되는 언어는 FORTRAN으로 모든 위치가 정적으로 결정된다. 완전하게 동적으로 할당되는 대표적인 언어는 LISP로 모든 위치가 실행 시간에 결정된다. C, C++, Ada, 그리고 Java 등의 언어는 중간적인 입장에서 어떤 위치는 정적으로 할당되고, 또 어떤 위치는 동적으로 할당된다.

정적 변수는 프로그램의 실행이 시작되기 전에 기억 장소가 바인딩되고 실행이 끝날 때까지 바인딩이 유지된다. 따라서 정적 변수는 주소를 부여하는데 효율적이다. 프로시저 내의 정적 변수는 프로시저의 이전 호출부터 값이 유지된다. 만일 프로그래밍 언어가 단지 정적 변수만을 가진다면, 초기의 FORTRAN처럼 재귀는 구현될 수 없고, 사용된 모든 배열은 확정된 고정 크기로 선언되어야 한다. 그러나 FORTRAN 90은 재귀와 동적 기억 장소 할당을 허용한다.

정적 할당은 변수에 메모리 공간이 한번 할당되면 프로그램 실행이 종료될 때까지 할당 상태가 그대로 유지된다. 정적 할당이 이루어지는 공간은 [그림 4-3]의 정적 영역이다. 전형적으로 블록 구조 언어에서 전역 변수는 그들의 의미가 프로그램 전체에 걸쳐서 고정되므로 정적으로 할당된다. 서브 프로그램 내부에서 선언되는 지역 변수들은 일반적으로 다음에 설명하는 스택 기반 할당을 하지만, 지역 변수도 정적 할당을 필요로 하는 경우가 있다. C와 C++에서는 예약어 static을 이용하여 지역 변수를 정적으로 할당할 수 있다.

모든 기억 장소를 정적으로 할당한다는 기본 조건은 언어의 특성에 관해 많은 제한을 가하지만, 언어의 구현이 매우 효율적으로 된다. 그러나 재귀를 허용하지 못하고, 또한 배열을 비롯한 모든 변수에 대한 기억 장소가 정적으로 할당되기 때문에 실행 중에 배열의 크기 등을 변화시킬 수 없으므로 융통성이 떨어진다.

4.4.2 동적 할당

동적 변수(dynamic variable)는 변수의 타입이 컴파일 시간에 알려지지만 기억 장소가 실행 시간에 선언에 도달할 때 할당된다. 뒤에서 설명하는 힙 변수와 구분하기 위해 **스택 동적 변수**라고 부르기도 한다. Pascal, C, Ada 등의 프로시저 선언은 동적 변수를 이용한다. 기억 장소는 [그림 4-3]의 스택에 할당되고 프로시저의 실행이 끝날 때 해제된다. 프로시저 내에 선언된 지역 변수가 주로 스택 기반 할당을 한다. 재귀가 없는 언어에서도 지역 변수를 정적으로 할당하는 것보다 스택을 사용하는 것이 편리할 수 있다. 대부분의 프로그램에서 모든 프로시저가 동시에 활성화되는 것을 허용하지 않으므로 현재 활성화된 프로시저의 지역 변수를 위한 전체 공간이 활성화 여부에 무관하게 모든 프로시저에 필요한 전체 공간보다 큰 경우는 거의 없다. 따라서 스택을 이용하면 실행 시간에 정적 할당을 할 때보다 훨씬 적은 기억 장소가 필요하다. 일반적으로 이러한 동적 변수는 재귀를 허용하지만 기억 장소의 할당과 해제에 수반되는 오버헤드가 있다. 이것이 어떻게 일어나는지 다음 C 프로그램 예를 살펴보자.

```
(1) void main(void)
(2) {
(3)       int a, x;
(4)       sub();
              ⋮
(5) }
(6) void sub(void)
(7) {
(8)       int x;
(9)       char y;
              ⋮
(10) }
```

앞의 프로그램에서 (3) 행의 a, x, (8) 행의 x와 (9) 행의 y는 스택 기반 할당을 하는 동적 변수이다(C 언어에서는 자동 변수라고 부르기도 한다). 먼저 (3) 행의 선언문을 실행하면 a와 x가 다음과 같이 스택에 할당된다.

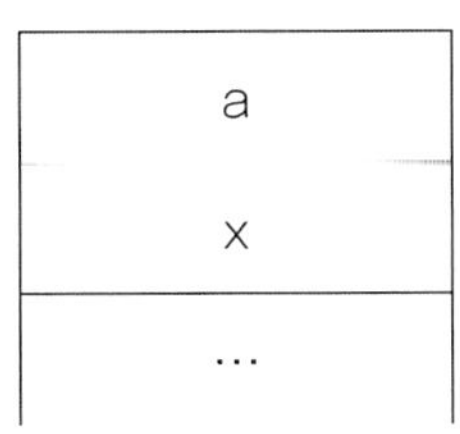

(4) 행의 sub 함수 호출에 의해 (8) 행과 (9) 행의 선언문이 실행되면 x와 y가 다음과 같이 스택에 할당된다.

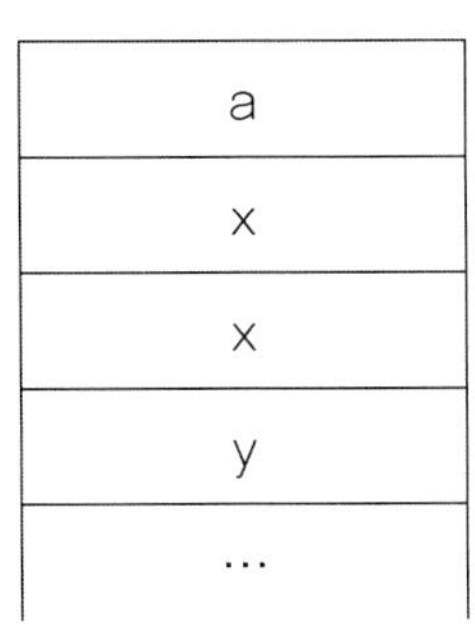

다음으로 sub 함수의 실행이 종료되면 x와 y는 스택에서 삭제된다.

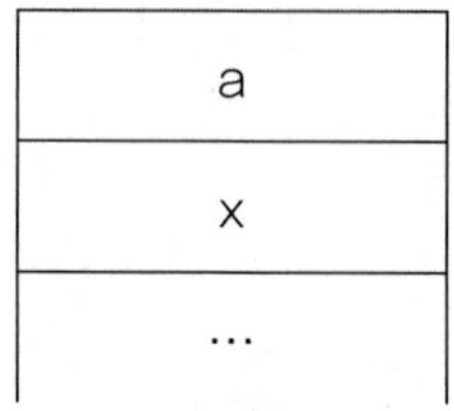

main 함수가 종료되면 마찬가지로 a와 x도 스택에서 삭제된다.

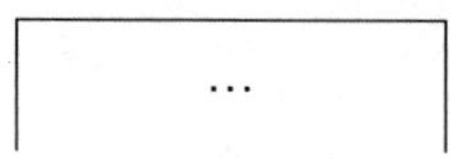

(1) 블록 구조

중첩된 블록을 가지는 다음의 C 프로그램도 앞에서 살펴본 방식대로 할당 및 해제된다.

```
{
    int a, x;        /* a, x 할당 */
        ⋮
    {
        int x;
        char y;      /* x, y 할당 */
            ⋮
    }                /* x, y 해제 */
    ⋮
}                    /* a, x 해제 */
```

ALGOL 60의 begin-end 블록을 비롯한 이와 같은 블록 기반 언어의 경우 블록을 위한 할당과 해제는 비교적 간단하다. 그러나 프로시저와 함수 블록은 더욱 복잡하다. 다음과 같은 C의 예를 살펴보자.

```
void func(void);
{ int a;
  float b;
  ...
}
```

실행 중에 이 함수 선언을 만나면 블록 func는 실행되지 않고 지역 변수 a와 b도 선언된 시점에서는 할당되지 않는다. func가 호출되었을 때에만 a와 b가 할당된다. 또한 func가 호출될 때마다 새로운 지역 변수가 할당된다. 따라서 모든 func 호출은 기억 장소의 한 부분을 할당하게 된다. 각각의 func 호출을 func의 활성화(activation)라 하고, 이에 대응하는 할당된 기억 장소의 부분을 **활성 레코드(activation record)**라 한다.

다시 말하면, 블록의 지역적인 객체들을 위해 할당된 기억 장소를 활성 레코드라 하며, 이 블록이 활성 레코드로 형성된 바인딩 하에서 실행되기 때문에 활성화되었다고 한다. 블록이 실행에 들어가면 외부 블록으로부터 내부 블록으로 제어가 옮겨지고, 내부 블록의 실행이 끝나면 제어는 다시 외부 블록으로 돌아간다.

(2) Pascal과 동적 할당

힙 변수(heap variable)는 프로그램의 명시적인 실행 시간 명령어에 의해 기억 장소의 할당과 해제가 이루어지는 익명의 객체들로 이러한 객체들은 포인터에 의해서만 참조될 수 있다. 힙 변수의 기억 장소는 힙이라고 부르는 영역으로부터 얻어진다. 다른 말로 **힙 동적 변수**라고 부르기도 한다.

Pascal의 다음과 같은 포인터 선언을 살펴보자.

```
var p: ^integer;
```

이 선언에 의해 포인터 변수 p가 할당된다고 하더라도, 이것이 할당된 객체를 가리키는 것은 아니다. p는 정의되지 않은 값인 기억 장소의 임의의 위치를 가진다. 할당되지 않은 객체를 포인터가 가리키지 않도록 하기 위해 **nil**이 포인터를 초기화한다.

p가 할당된 객체를 가리키게 하려면 다음과 같이 new 프로시저를 사용하여 명시적으로 할당한다.

```
new(p);
```

그 결과 새로운 정수형 변수가 할당되고 동시에 그 위치는 p의 값으로 배정된다. 새로운 정수형 변수는 **p^**에 의해 접근할 수 있다. 변수 p는 ^ 연산자를 이용하여 역참조(**dereference**)한다. 즉, 다음과 같이 p^에 정수 값을 배정할 수 있고, 일반 변수처럼 그 값을 참조할 수 있다.

```
p^ := 10;
writeln(p^);
```

p^는 dispose 프로시저에 의해 해제될 수 있다.

(3) C와 동적 할당

C도 Pascal과 유사하다. 정수형 포인터 변수 p를 생성하는 다음의 선언을 살펴보자.

```
int *p;
```

여기에서 포인터 변수 p가 할당되지만, p가 가리키는 객체는 할당하지 않는다. 더욱이 p는 기억 장소의 임의의 위치를 가리키는 정의되지 않은 값을 가진다. Pascal과 마찬가지로 C도 할당되지 않은 객체를 포인터가 가리키지 않도록 int *p = NULL;과 같은 문장을 작성할 수 있다.

C는 매개변수가 기억 장소의 크기이고 포인터를 리턴하는 함수 malloc(size)을 이용하여 수동으로 동적 변수를 할당한다. 즉, 객체를 할당하고 p가 그곳을 가리키게 하려면 다음과 같이 malloc 함수를 호출하고 리턴 값을 p에 배정한다.

```
p = (int *) malloc(sizeof(int));
```

malloc 함수는 익명(anonymous)의 포인터(void *)를 리턴하기 때문에 배정될 변수의 데이터 타입에 결과를 일치시키기 위해 캐스트 연산자를 적용해야 한다.

p가 가리키는 객체에 값을 배정할 때는 Pascal의 ^ 사용과 유사한 방식으로 p를 역참조하기 위해 다음과 같이 **내용 연산자(content operator)** *를 이용한다.

```
*p = 10;
printf("%d\n", *p);
```

p가 가리키는 객체를 해제할 때는 다음과 같이 free 함수를 이용한다.

```
free(p);
```

(4) C++와 동적 할당

C++는 내장 연산자 new와 delete를 이용하여 동적 할당을 수행한다. 앞에 설명한 예를 C++로 나타내면 다음과 같다.

```
int *p;
p = new int;
*p = 10;
printf("%d\n", *p);
delete p;
```

C++의 new와 delete가 C의 malloc()과 free()와 유사한 기능을 수행하지만, new와 delete를 사용하면 몇 가지 장점이 있다. 첫째, new는 지정된 타입이 객체를 저장할 수 있을 만큼 기억 장소를 자동으로 할당해 준다. 예를 들어, 필요한 바이트 수를 계산하기 위해 sizeof 같은 연산자를 사용하지 않아도 된다. 이렇게 하면 오류가 발생할 가능성이 줄어든다. 둘째, new는 지정된 타입의 포인터를 자동으로 리턴한다. 그래서 malloc()을 사용하여 기억 장소를 할당할 때처럼 명시적으로 캐스트 연산자를 사용하지 않아도 된다. 셋째, new와 delete는 중복이 가능하며, 이를 이용해 자신만의 할당 시스템을 쉽게 구현할 수도 있다. 넷째, 동적으로 할당된 객체를 초기화할 수 있다. 마지막으로, 프로그램에서 malloc.h(또는 stdlib.h)를 포함할 필요가 없다.

4.4.3 정리

이미 앞에서 살펴본 것과 같이 지역 변수의 할당 역시 동적으로 이루어지지만, 일반적으로는 힙으로부터의 할당을 **동적 할당(dynamic allocation)**이라고 한다. 이 두 가지 형태의 동적 할당을 구분하기 위해 스택에 기반한 지역 변수의 할당 기법을 때로는 **스택 기반 할당 (stack based allocation)** 또는 실행 시스템의 제어에 따라 자동적으로 일어나기 때문에 **자동 할당(automatic allocation)**이라고 부르기도 한다. Louden은 new와 dispose를 이용한 할당을 프로그래머가 직접 제어하므로 수동 할당(manual allocation)이라고 부르고 있다.

프로그래머에 의한 힙의 할당과 해제, 그리고 역참조와 같은 명시적 포인터 연산은 본질적으로 안전하지 않고, 실행 시간에 분석하거나 수정하기 어려운 심각한 오류를 유발할 수 있기 때문에 Java와 Scheme, ML, Haskell 등과 같은 함수 언어에서는 이러한 연산들을 허용하지 않고 있다.

포인터를 가진 블록 구조 언어에서는 전역 변수를 위한 정적 할당, 지역 변수를 위한 자동 할당, 그리고 포인터 변수를 위한 동적 할당으로 구분할 수 있다. 이러한 구분을 변수의 **기억 장소 클래스(storage class)**라고 한다. C를 포함한 일부 언어에서는 선언에서 타입과 기억 장소의 종류도 기술할 수 있다. 예를 들면, C에서 다음과 같이 지역 변수를 정적으로 할당할 수 있다.

```
float ex( )
{
    static float k;
    ...
}
```

재귀 호출이 없는 초기의 FORTRAN은 단지 정적 기억 장소 관리로 구현될 수 있었으나, FORTRAN 90에서 제한된 동적 기억 장소가 허용된 것은 과거에 비해 극적인 변화이다.

4.4.4 변수와 환경

문장의 **참조 환경(reference environment)**은 문장에서 가시적인 객체 이름의 모임이다. Pascal, FORTRAN, C 혹은 Ada와 같은 정적 영역 규칙을 가지는 언어에서 참조 환경은 지역 영역내에서 선언된 모든 변수와 가시적으로 포함되는 영역 내에서 선언된 모든 변수를 포함한다.

정적 영역 규칙을 가지는 언어에서 참조 환경의 지식은 컴파일될 때 필요하다. 일반적으로 이러한 정보는 심벌 테이블에 의해 유지된다.

다음은 Pascal 프로그램과 해당하는 참조 환경의 예이다.

```
program scopex;                참조 환경
var i, j: integer;
...
procedure first();
    var a, b: integer;
    ...                        scopex의 i, j; first의 a, b
    procedure inner()
        var i, a: real;
        begin
        ...                    inner의 i, a; first의 b; scopex의 j
        end {inner}
    begin
    ...                        first의 a, b; scopex의 i, j
    end {first}
begin
...                            scopex의 i, j
end {scopex}
```

4.5 변수와 상수

변수가 초기 값을 가져야 한다면 어떻게 해야 하는가? 이를 위해 언어에서 초기화를 허용하는 메커니즘이 있어야 하는가? 정적 변수의 경우 기억 장소의 바인딩과 초기화는 동시에 이루어지지만, 동적 변수의 경우 초기화는 실행 시간에 이루어진다. FORTRAN, Ada, 그리고 C는 초기자(initializer)를 가지지만 Pascal은 그렇지 않다.

어떤 변수들은 값을 유지하고 결코 변경되지 않는다. 이름 상수(named constant)는 단지 한번만 값을 바인딩하는 변수이다. 이름 상수는 가독성과 신뢰성을 향상시킨다. 예를 들어, 상수 3.1415 대신에 pi를 사용하면 그 값의 역할을 이해하는데 도움이 되므로 가독성이 향상될 수 있다. 이러한 상수를 이름 상수라고 한다. 이것은 특별한 상황은 아니고 만일 그러한 개념을 지원하는 프로그래밍 언어가 있다면 바람직한 것이다.

4.5.1 변수 초기화

먼저 FORTRAN의 DATA 문을 살펴보자.

```
REAL AVERAGE
INTEGER COUNT
DATA COUNT /0/, AVERAGE /100.0/
...
```

DATA 문은 변수의 초기값을 배정하지만, 이 값들은 실행 중에 변경될 수 있다.

다음으로 Ada의 경우를 살펴보자.

```
PROCEDURE SAMPLESET
AVERAGE: REAL := 0.0;
...
begin
...
end SAMPLESET
```

Ada 블록의 초기값은 블록이 매번 시작될 때 배정된다.

마지막으로 C의 초기화를 살펴보자.

```
{
  static int scnt = 0;        /* 두 개의 변수 모두가 0으로 초기화되고 */
  auto int dcnt = 0.0;        /* 모두 지역 영역을 가진다 */
  scnt = scnt + 1;
  dcnt = dcnt + 1;
  printf("scnt = %d, dcnt = %d", scnt, dcnt);
}
```

만일 블록이 여러 번 시작되면 출력은 다음과 같다.

```
scnt = 1, dcnt = 1
scnt = 2, dcnt = 1
scnt = 3, dcnt = 1
```

정적 변수 scnt는 오직 한 번만 초기화되고 호출 사이에서 그 값은 유지되는 반면에 동적 변수 dcnt는 매번 호출마다 초기화된다.

Java에서 클래스의 static 변수들은 선언 시에 할당해 주는 초기 값과 static 초기화 블록들에 의해서 초기화된다. static 초기화 블록은 클래스가 적재될 때 실행 가능한 코드로 구성된다. static 초기화 블록과 변수 초기화 블록은 클래스 내에서 선언된 순서로 실행된다. 다음을 살펴보자.

```
class AClass {
    static int x = 10;
    static double y;
    static {
        x++;
        z = 8;
    }
    static int z = 5;
    static BClass a = new BClass( );
    static {y = Math.sin(Math.PI/5.0);}
}
```

앞에서 초기화 순서는 다음과 같다.

- x가 10으로 초기화된다.
- 첫 번째 static 초기화 블록이 실행되어 x는 11로, z는 8로 배정된다.
- z는 8의 값을 잃고 5로 초기화된다.
- y에는 식 Math.sin(Math.PI/5.0)의 값이 배정된다.

4.5.2 상수와 변수

이름 상수에는 식별자가 부여되므로 상수 값을 유지한다는 사실을 제외하면 변수와 유사하다. 그러나 이름 상수는 배정문의 좌측에 올 수 없다. 즉, 그 값은 프로그램의 실행 중에 변경될 수 없다. C에서 선언문 앞에 예약어 const가 나오면, 그 식별자는 이름 상수가 된다. 일반적으로 코딩 관례상 상수 이름은 일반 변수와 구별하기 위해서 대문자를 사용하고, 개개의 단어들은 밑줄을 사용하여 구분한다. 예를 들어 최대 항목 수 2,000개를 기술하는 이름 상수는 C에서는 다음과 같이 선언할 수 있다.

```
const int MAX_ITEMS = 2000;
```

이름 상수가 선언된 후에 초기에 설정된 상수 값을 변경하려고 시도하면, 컴파일러는 오류 메시지를 낸다. 이러한 기능은 부주의한 코딩 오류를 방지하는데 도움이 된다. 이는 이름 상수를 사용하는 장점 가운데 하나이다. 이름 상수를 사용하는 또 다른 이유는 변경이 용이하기 때문이다. 이름 상수가 프로그램 전체에서 사용되고 나중에 그 값을 변경해야 한다면, 단지 그 이름 상수를 선언한 곳에서만 변경하면 된다. 예를 들어, 최대 항목 수가 2,000개에서 5,500개로 변경되어야 한다면 MAX_ITEMS 선언만 변경하면 되고, MAX_ITEMS가 사용되는 모든 곳에 이러한 변경이 반영된다. 이것은 2,000이라는 리터럴을 직접 사용하는 것보다 훨씬 간단하게 문제를 해결할 수 있게 해준다.

Pascal은 이러한 변수를 표현하기 위해 다음의 표기법을 도입했다.

```
const size = 100;
```

여기에서 := 대신 =이 사용됨을 주의하라. size = size + 1은 허용되지 않는다. 이는 변수가 변경되는 것을 막을 뿐만 아니라 프로그램의 용이한 수정을 지원한다.

마찬가지로 다음과 같은 프로그램 작성은 권장되지 않는다.

```
var flags: array[0..8190] of boolean;
    ...
    for i := 0 to 8190 do flags[i] := true;
    for i := 0 to 8190 do
    ...
```

그 대신 다음과 같이 작성한다.

```
const size = 8190;
var flags: array[0..size] of boolean;
    ...
    for i := 0 to size do flags[i] := true;
    for i := 0 to size do
        ...
```

상수를 정의할 때 Pascal은 컴파일러의 복잡성을 줄이기 위해 수치 값만을 상수로 정의하도록 제한된다. Pascal 컴파일러는 상수를 상수 선언에서 직접적으로 주어진 값의 기호 이름으로 보고 프로그램에서 나오는 모든 기호 이름을 그 값으로 즉시 대치할 수 있다. 따라서 Pascal의 상수를 종종 **명백한 상수(manifest constant)**라고 하기도 한다.

C의 경우, 상수의 값은 그 수명 동안 이름의 바인딩이 지속되므로 그 바인딩은 컴파일러에게 알려진다. 따라서 C에서 프로그래머가 **#define COUNT 50**이라고 작성했다면, 그 정보는 컴파일 시 알려진다. C 컴파일러는 이 값이 변경될 수 없다는 것을 알기 때문에 이 값을 이용할 수 있다. 예를 들어 COUNT = 30;이라는 배정문은 틀린 문장이다. 앞에서 살펴본 것처럼, C와 C++는 Pascal처럼 예약어 const를 이용한 상수 선언이 가능하고, Ada는 constant를 이용하며, Java에서는 상수 선언을 위해 final을 이용한다. C와는 달리 Ada, C++, Java는 이름 상수에 값을 동적으로 바인딩하는 것을 허용한다.

때때로 컴파일러는 문장이나 식에 대한 코드 생성을 피하기 위해 상수값의 정보를 이용할 수 있다. 다음과 같은 문장을 생각해 보자.

```
if (COUNT < 10) { ... }
```

컴파일러는 이미 상수 COUNT와 10에 대한 값을 알고 있기 때문에 if의 조건문이 false 값을 가진다는 것을 안다. 따라서 if 문에 대한 코드를 생성하지 않는다.

Modula-2나 FORTRAN 95와 같은 언어는 상수를 정의할 때, 값 뿐만 아니라 상수의 이름을 포함하는 상수식을 허용한다.

Ada는 더 많은 규칙의 집합을 가지고 있다. 다음은 동적 상수이다.

```
pi: constant FLOAT := 4.0*arctan(1.0);
```

다음은 지역 상수 선언이다.

```
procedure Swap(x, y: in out INTEGER) is
    temp: constant INTEGER := x;
begin
    x := y;
    y := temp;
end Swap;
```

학습정리

- 명령형 언어는 기억 장소 위치를 의미하는 변수의 사용, 변수의 값을 변경하는 배정문의 사용을 특징으로 가진다. 일반적으로 변수를 기억 장소, 주소에 대한 이름으로만 생각하지만, 변수는 단순한 이름 이상의 의미를 가지는 중요한 개념이다. 변수는 이름, 주소, 영역, 수명, 값, 타입과 같은 여섯 개 원소의 집합으로 구성된다.
- 이름에 속성을 관련시키는 일련의 작업을 바인딩이라고 한다. 바인딩은 두 가지 요소 사이의 결합이다. 속성은 번역 시간 또는 실행 시간 중에서 언제 계산되는지, 또는 이름에 바인딩되는 시간은 언제인지에 따라 분류될 수 있다. 이것을 속성의 바인딩 시간이라고 한다.
- 영역이란 변수의 이름이 모두 동일하게 사용되는 프로그램의 부분으로 그 이름을 통해 연결된 대상을 접근할 수 있는 문장들의 집합을 말한다. 정적 영역 규칙은 변수의 적절한 타입을 결정하기 위해 변수의 이름이 선언된 것을 발견할 때까지 자신의 프로그램 단위를 포함하는 부모 프로그램 단위나 부모의 부모 단위를 검색한다. 동적 영역 규칙은 변수의 적절한 정의가 실행 시간에 결정되도록 하는 규칙이다. 실행 시간에 변수를 문장에서 만나면 동적 영역 규칙은 이름이 처음 나타나는 모든 활성화된 프로시져와 함수를 검색한다.
- 기억 장소 할당이란 변수에 메모리 공간을 바인딩하는 과정을 말하고, 수명이란 프로그램 실행 중에 참조된 변수의 값이 기억 장소를 할당받아 존재하는 시간을 말한다. 변수의 할당은 수명에 따라 크게 정적 할당, 스택 기반 할당, 동적 할당으로 구분되고 해당되는 각각의 변수를 정적 변수, 동적 변수, 힙 변수라고 부른다.

연습문제

1. 배정문 x := y;를 대상으로 바인딩 시간과 수행되는 작업에 대해 설명하라.

2. 정적 바인딩과 동적 바인딩을 비교하라.

3. 정적 영역 규칙과 동적 영역 규칙을 비교하라.

4. 다음과 같은 Pascal 프로그램을 살펴보고 참조 환경을 기술하고, 어떠한 변수에 대해 영역 구멍이 발생하는 지를 기술하라.

```
procedure A
    var i: integer; r: real;
    procedure B
        var i: integer; x: real;
        procedure C
            var x: char;
            ...
        end C
        ...
    end B
  procedure D
      ...
  end D
  ...
end A
```

6. 문장의 영역을 인식하는 것을 돕기 위해 특별한 기호나 키워드 혹은 예약어를 사용하는 경우를 예로 들라.

7. 빠른 바인딩의 장점은 안전성과 효율성이고 늦은 바인딩의 장점은 융통성과 표현성이라고 한다. 그 이유는 무엇인가?

8. 수명과 동적 영역이 동일한지의 여부를 설명하라.

9. 다음 C 프로그램의 실행 결과를 설명하라.

```
main()
{
    {
        int a;
        printf("%d\n", a);
        a = 10;
    }
    {
        int a;
        printf("%d\n", a);
    }
}
```

10. 다음과 같은 가상의 프로그램을 대상으로 정적 영역 규칙을 적용할 때와 동적 영역 규칙을 적용할 때의 출력 결과는 무엇인가?

```
program test;
    var a: integer;
    procedure foo;
        begin
            writeln(a);
        end;
    procedure goo;
        var a: integer;
        begin
            a := 2;
            foo;
        end;
    begin
        a := 1;
        goo;
    end test
```

chapter 5 타입

[학습목표]

- 변수가 가질 수 있는 기본 데이터 타입에 대해 알아본다.
- 구조화 데이터 타입에 해당하는 배열, 문자열, 레코드, 공용체 타입에 대해 알아본다.
- 기억 장소의 주소를 값으로 가지는 포인터 타입에 대해 알아본다.
- 집합 타입에 대해 알아본다.
- 타입과 식을 결합하는 규칙의 집합인 타입 시스템에 대해 알아본다.

타입은 변수들의 집합과 이 변수들에 대한 연산들의 집합이다. "타입이 T인 변수"가 의미하는 바는 변수의 값이 타입의 값으로 제한되고, 변수의 연산도 타입의 연산으로 제한된다는 것이다. 타입은 우리가 객체의 성질을 유도할 수 있게 하고 이러한 성질들이 변경되지 않음을 보장한다.

기계어 수준의 타입은 비트, 바이트, 정수, 문자, 실수, 배정밀도 실수, 그리고 포인터를 포함한다. 프로그래밍 언어 설계자가 해결해야 할 문제 중의 첫 번째는 언어 내에 이러한 타입들을 어떻게 포함하느냐 또는 무엇을 포함시키는가 여부이다. 두 번째 중요한 주제는 이러한 타입들을 배열, 레코드, 그리고 기본형의 리스트와 같은 구조화 타입(structured type)으로 어떻게 확장시키는 가이다. 세 번째 주제는 사용자 정의 타입(user defined type)을 만들기 위해 어떤 기능을 제공할 것인가이다. 사용자 정의 타입이란 명명된 데이터를 그룹으로 묶는 것이다. 클래스는 사용자가 새로운 타입을 정의할 수 있도록 허용하는 데이터와 연산을 그룹으로 묶은 것이다.

5.1 기본 데이터 타입

FORTRAN 77의 **기본 데이터 타입**들은 INTEGER, REAL, DOUBLE PRECISION, COMPLEX, LOGICAL, CHARACTER 등이다. 또한 C의 기본 데이터 타입들은 int, char, float, double이다. C에서 int는 unsigned나 signed, 그리고 short나 long에 의해, char는 signed나 unsigned에 의해, double은 long에 의해 조정될 수 있다. long float은 double이다. LISP의 기본 데이터 타입은 signed integer, real, atom 등이며, Pascal의 기본 데이터 타입은 integer, real, boolean, char 등이다. 그리고 Ada의 기본 데이터 타입은 INTEGER, REAL, BOOLEAN, CHARACTER 등이다. Java의 기본 데이터 타입은 byte, short, int, long, float, double, boolean, char 등이다.

컴퓨터는 일반적으로 8비트 바이트를 갖고, 각 바이트에는 주소가 부여될 수 있다. 연속적인 두 개의 바이트 그룹이 워드가 되고, 4바이트는 long words가 된다. 각 프로그래밍 언어는 상이한 크기의 정수를 위한 표기법을 제공할 수도 있다.

기본 데이터 타입을 **기초 타입(primitive type)**이라고 하기도 한다. 프로그래밍 언어의 타입들은 크게 기본 타입과 응용 타입으로 구분된다. 응용 타입을 다른 말로 **구조화 타입** 혹은 기본 타입에서 **유도된 타입(derived type)**이라고 하기도 한다. Java의 경우로 예를 들면, 기본 타입은 불리안 타입과 수치 타입(numeric type)으로 구분된다. 수치 타입에는 정수 타입으로 byte, short, int, long, char 등이 있고, 실수 타입으로 float와 double이 있다. Java에서는 응용 타입을 **참조 타입(reference type)**이라고 하고, 여기에는 클래스 타입, 인터페이스 타입, 배열 타입이 있다.

프로그래밍 언어에서 기본 데이터 타입을 구현하는데 드는 비용은 다음과 같다.

- 추가되는 모든 특징은 프로그래밍 언어의 문법 구조와 의미 구조를 복잡하게 한다.
- 언어의 표준화는 위원회가 동의할 수 없는 다른 항목 때문에 힘들어 진다.
- 컴파일러, 라이브러리, 실행 시간 시스템은 더욱 복잡해진다. 그 이유는 리터럴, 입출력 루틴, 그리고 기본 함수가 새로운 모든 기본 데이터 타입을 위해 정의되어야 하기 때문이다.
- 만일 하드웨어가 기본 데이터 타입을 지원하지 않으면, 구현은 복잡하고 비효율적으로 될 수 있다.

다음으로 기본 타입을 생략하는데 수반되는 비용을 살펴보자.

- 하드웨어에 의해 지원되는 연산을 포함하지 못하면 그 타입이 사용자에 의해 생성될 때 비효율적인 것으로 유도된다.
- 언어 구조는 사용자가 확장한 새로운 타입을 지원하는 것이 부적절할 수도 있다. 예를 들면 Pascal은 가변 길이의 스트링을 지원할 수 없다.

- READ, WRITE, 배정, 비교와 같은 일부 내장 함수는 기본 타입에 대한 포괄(generic) 함수이다. 이것들은 기본 타입에 대해 동작하지만, 모든 사용자 정의 타입에 대해 필요한 것은 아니다. 만일 이러한 함수가 확장될 수 없으면, 사용자 타입은 결코 기본 데이터 타입만큼 편리할 수 없다.

5.1.1 정수

정수는 길이가 1바이트, 2바이트, 또는 4바이트가 될 수 있고, 각각은 부호가 붙거나 붙지 않을 수 있다. 기계의 주소는 부호가 붙지 않는다. 현대의 2의 보수를 사용하는 기계에서는 동일한 연산에 의해 비부호 산술 연산과 부호 산술 연산이 이루어진다.

다음은 2의 보수 표현이다.

타입	길이	최솟값	최댓값
Signed	4바이트	−2,147,483,648	2,147,483,647
	2바이트	−32,768	32,767
	1바이트	−128	127
Unsigned	4바이트	0	4,294,967,295
	2바이트	0	65,535
	1바이트	0	255

현대의 컴퓨터는 부호 정수를 부호, 크기로 표현하기 보다, 2의 보수 표기법을 사용한다. 뺄셈은 부호를 반대로 하고 더하는 것과 동등하다. 이진수의 1의 보수는 모든 0은 1로, 모든 1을 0으로 변경하는 것이다. 이진수의 2의 보수를 구하기 위해서는 비트를 1의 보수로 취하고 1을 더한다. 예를 들면 다음과 같다.

이진수	십진수	2의 보수	십진수
00000000	0	00000000	0
00000001	1	11111111	−1
00000010	2	11111110	−2
00000011	3	11111101	−3
01111111	127	10000001	−127

Java는 C, C++와는 달리 byte, short, int, long 정수 타입의 크기가 각각 8비트, 16비트, 32비트, 64비트로 고정되었다. Java는 일반적인 언어들과 다르게 정수 타입의 크기를 언어에서 제공하고 있다. 반면에 C, C++, Pascal 등 대부분의 언어들은 타입에 대한 기억 장소의 크기를 컴파일러의 구현 시 결정하도록 하고 있다. Ada는 프로그래머가 각 변수를 위한 범위를 정할 수 있고, 그 범위가 컴파일러의 허용 범위를 초과한 경우 컴파일 오류를 발생한다.

5.1.2 문자

1960년대에 두 가지의 **문자** 코드가 경쟁적으로 개발되었다. IBM에 의해 개발된 EBCDIC (Extended Binary Coded Decimal Interchange Code)은 8비트 코드이다. 불행하게도 문자간의 순서는 이상하고, 숫자가 문자보다 컸으며, 알파벳 문자가 비알파벳 문자와 뒤섞였다. 반면에 ASCII(American Standard Code for Information Interchange)는 128개의 문자를 허용하는 7비트 코드이다. 대문자, 소문자, 숫자, 수학 기호, 제어 문자와 escape로 구성된다. escape는 2문자 코드를 만드는데 사용된다. 확장된 ASCII는 강조 문자와 움라우트 문자를 표현하기 위해 추가로 128문자를 사용한다.

EBCDIC의 문자간의 순서 문제는 다음과 같다. 문자 사이에 틈이 생긴 이유는 IBM이 Hollerith code를 채택한 후 전자적 표현으로 변환했기 때문이다. 펀치 카드는 세 개의 펀치 영역으로 나누어져 있고 9문자의 펀치가 문자를 표현하였다. 펀치 영역은 또한 11, 12, 0이고, 문자 펀치는 0을 포함한 1부터 9이다. 다음과 같이 서로간의 관계를 살펴보자.

문자 또는 숫자	펀치 카드 코드	EBCDIC
A–I	12–1 부터 12–9	C1–C9
J–R	11–1 부터 11–9	D1–D9
S–Z	0–2 부터 0–9	E2–E9
0–9	0 부터 9	F1–F9
a–i	12–0–1 부터 12–0–9	81–89
j–r	12–11–1 부터 12–11–9	91–99
s–z	11–0–2 부터 11–0–9	A2–A9

이것이 IBM이 몰락하는 이유 중의 하나로 새로운 것은 무엇이든지 오래된 무언가의 표현이어야 한다는 것이다.

C99, C++, Ada 95, Java, C#, FORTRAN 2003 등과 같은 다수의 현대 언어에서는 문자 타입에 해당하는 표현은 ASCII 코드를 사용하지 않고 2바이트 형태의 코드 체계를 가진 유니코드와 ISO/IEC 10646 국제 표준에 기반한 멀티바이트 문자 집합을 사용한다. 이 유니코드는 영문자 뿐만 아니라 아랍어, 중국어 등의 언어를 포함하여 세계에서 사용되고 있는 거의 모든 언어를 표현할 수 있는 특징이 있다.

유니코드에서 이름을 정의하는데 사용될 수 있는 문자와 숫자의 범위는 매우 넓다. C#의 경우 다음이 올바른 상수 정의이다.

```
static readonly double π = 3.14159265358979323846;
```

여기에서 π도 하나의 문자로 간주되어 이름으로 타당한 형태가 된다.

5.1.3 부동 소수점 수

IEEE 표준은 다음과 같다. **부동 소수점 수** N = (e, m)에서 e는 지수이고 m은 가수이다. 모두가 부호 붙은 수이다. N = m×be에서 b는 밑(base)이다. 시작 비트는 오른쪽 끝의 비트 0부터 시작하는 수이다.

이름	길이	부호비트	지수	가수
Short real	4바이트	31	30-23	22-0, 묵시적인 선두 숫자 1을 가짐
Long real	8바이트	63	62-52	51-0, 묵시적인 선두 숫자 1을 가짐
Temporary	10바이트	79	78-64	63-0, 명시적인 선두 숫자 1을 가짐

Java에서 실수 값을 표현할 수 있는 데이터 타입으로 float와 double의 두 가지 타입이 존재한다.

```
float : 32-bit IEEE 754 floating-point numbers
double : 64-bit IEEE 754 floating-point numbers
```

이 두 타입이 가지는 값들 중 Java에서 특징적인 것은 다음과 같다. 이러한 값들은 숫자로 표현되지 않는다.

```
public static final double NaN = 0.0d / 0.0;
public static final double POSITIVE_INIFINITY = 1.0 / 0.0;
public static final double NEGATIVE_INIFINITY = -1.0 / 0.0;
```

5.1.4 불리안 타입

불리안(boolean) 타입의 객체들은 true와 false이다. 이러한 연산의 단축(short circuit) 정의는 if-then-else 식을 이용하면 잘 이해할 수 있다.

```
x and y   =   if x then y else false
x or y    =   if x then true else y
not x     =   if x then false else true
x imp y   =   if x then y else true
x eqv y   =   if x then y else not y
```

불리안 타입은 1960년 이후에 개발된 대부분의 언어에 포함되어 있지만, C89는 특별히 불리안 타입을 가지지 않고 숫자 식(numeric expression)이 조건식으로 사용된다. 이 식에서 0이 아닌 값을 가지는 모든 피연산자는 true로 표현되고 false는 0을 이용하여 표현한다. 이것은 때때로 문제를 야기시킨다. 다음을 가정하자.

```
int bool;
boolean = 7;
```

앞에서 bool은 7이나 2진수 111로 true를 나타낸다. 그러나 bool 안에 있는 모든 비트의 보수를 취해 bool의 부정 값을 구하면 bool은 2진수로 ...1111000이 되어 다시 true를 나타낸다. 마찬가지로 논리 or 연산(||) 대신, 비트별 or 연산(|)을 사용하게 되어 문제가 생긴다. C에서 정수 1로 true 값을 나타내는 것이 안전하다. C99와 C++가 불리안 타입을 제공하지만, 이들 언어는 숫자 식이 불리안 식으로 사용되는 것을 허용한다. 이에 반해 Java와 C#에서는 숫자 식이 불리안 식으로 사용되지 않는다. 예를 들어, C와 C++에서는 '3*1'이라는 식이 true를 의미하지만 Java에서는 연산 결과가 3인 숫자 식일 뿐이다.

Pascal과 Ada는 true와 false 리터럴을 이용하여 표현한다. Java에서 불리안 타입은 1바이트로 true와 false의 두 가지 값만 가질 수 있다.

C나 C++에서 다음 문장은 일반적이다.

```
int done;
...
if (!done) ...
if (done) ...
```

그러나 Java에서 이 문장들은 다음과 같이 작성되어야 한다.

```
if (done == 0) ...
if (done != 0) ...
```

그 이유는 Java는 C나 C++와 같은 방식으로 true와 false를 정의하지 않기 때문이다. Java에서 true와 false는 0이나 0이 아닌 값과 관련이 없는 비숫자 값이므로, 0인지 아닌지 테스트하기 위해 하나 이상의 관계 연산자를 명확히 채택해야 한다.

5.1.5 열거 타입

열거 타입(enumerated type)의 모든 값은 프로그래머에 의해 나열된다. 열거 타입에 관한 다양한 연산이 제공되는 Pascal의 예를 들어보자.

```
type months = (January, February, March, April, May, June, July, August,
               September, October, November, December);
var x, y, z: months;
```

일반적으로 열거 타입의 객체는 프로그래머에 의해 정의되는 리터럴 문자열이다. 기본적인 연산은 동등 연산과 배정 연산이며 그 밖의 연산은 순서를 가정한 관계 연산 (〉, 〈, 〈〉, =, 〈=, 〉=), 선행(pred) 연산, 후속(succ) 연산이다. 앞의 예에서 succ(January) = February이고 pred(February) = January이다. 그러나 pred(January)는 정의되지 않는다.

열거 타입이 제공되기 전에 FORTRAN과 COBOL 프로그래머는 리터럴에 일일이 정수 값을 대응시켜야 했다. 즉, January=1, February=2 등으로 표시한다. 그러나 이것은 프로그램의 가독성을 떨어뜨리고 이해하기 어렵게 한다. 하지만 열거 타입을 이용하면 이러한 문제를 해결할 수 있다. 일반적으로 열거 타입은 주어진 차례대로 정수 0, 1, ...으로 표현된다. 관련된 정수 값 대신 이름을 프로그램에서 사용할 수 있으므로 프로그램 자체의 가독성이 향상된다.

앞에서 설명한 열거 타입의 예를 C를 이용하여 나타내면 다음과 같다.

```
enum months {January, February, March, April, May, June, July, August,
             September, October, November, December};
enum months x, y, z;
```

C에서 열거 타입을 이해하는데 있어 핵심은 각 요소들이 정수 값을 나타낸다는 점이다. 열거 타입이 정수와 다르므로 함께 섞을 수 없는 Pascal과는 다르게 C에서 이들은 정수가 사용될 수 있는 어떤 곳에서도 사용할 수 있으므로 정수와 열거 리터럴(enumerated literal)을 섞는 것이 가능하다. 실제로 true 값과 문자는 모두 정수로 취급될 수 있다. 각 요소들은 바로 앞에 나열된 요소의 값보다 하나 큰 정수 값을 갖는다. 따라서 January는 0이고, February는 앞이 것보다 1이 크므로 1이 되고, March는 2가 되는 식이다. 이 경우에는 실세계와 의미상의 혼란을 막기 위해 다음과 같이 임의의 정수를 명시적으로 배정할 수도 있는데, January에는 1이, February에는 2, ...가 배정된다.

```
enum months {January = 1, February, March, April, May, June, July, August,
             September, October, November, December};
```

만약 다음과 같이 enum months 형의 변수를 선언하면 이 변수들은 열거된 요소들만 값으로 가질 수 있다.

```
enum months x, y, z;
x = March;
```

위와 같은 경우 x에 저장된 값은 상수 March인데 실제로 저장된 값은 순서 값 3이다. 이 변수를 정수형으로 프린트하면 실제로 3이 출력된다. 이러한 성질을 이용하면 다음 월을 리턴하는 함수 next_month()를 작성할 수 있다.

```
enum months next_month(enum months m)
{
    return (enum months) ((int) m + 1);
}
```

또한 다음과 같은 초기화가 가능하다.

```
enum name {Lee, Kim, Park, Kwon = 100, Choi, Moon};
```

각 요소들의 정수 값은 다음과 같이 된다.

```
Lee        0
Kim        1
Park       2
Kwon     100
Choi     101
Moon     102
```

C#에서 int 타입 이외의 정수 타입을 기본으로 하여 열거 타입을 만들기 위해서는 다음과 같이 콜론(:)을 이용하여 타입을 지정한다.

```
enum name : byte {Lee, Kim, Park, Kwon = 100, Choi, Moon};
```

열거 타입에서 가장 흔히 범하는 실수가 각 요소들을 문자열로 취급하는 것이다. 열거 타입을 출력하는 것은 언어에서 지원하지 않으므로 출력하는 것은 문제가 있다. 열거 타입의 출력은 일반적으로 CASE 문이 이용된다.

동일한 리터럴은 하나 이상의 열거 타입에서 사용되는 것이 Pascal, C, C++에서는 불가능하지만 Ada에서는 가능하다. 선언부에서는 열거 타입의 리터럴의 사용을 제한하지 않으므로 동일한 식별자가 동일한 영역이나 중첩된 영역에서 상이한 열거 타입에 이용될 수 있다. 따라서 여러 번 정의된 리터럴의 바른 해석은 문맥에 의해 결정되거나 모호성을 없애기 위해 열거 타입 이름을 붙여야 한다. 예를 들어 다음과 같은 열거 타입을 살펴보자.

```
type months is (Jan, Feb, Mar, Apr, May, Jun,
                Jul, Aug, Sep, Oct, Nov, Dec);
type summermonths is (Jun, Jul, Aug);
X: months;
Y: summermonths;
```

여기에서 Jul의 서수 값을 구하기 위해서는 months'ORD(Jul)이나 summermonths'ORD(Jul)이라고 해야 한다.

Ada, C#, Java 5.0의 열거 타입은 다른 언어들에 비해 세 가지 장점을 가진다. 첫째, 열거 타입에 대한 어떠한 산술 연산도 허용되지 않는다. 둘째, 열거 타입 변수에는 정의된 범위 밖에 속한 값을 배정받을 수 없다. 셋째, 열거 타입 변수가 정수 타입으로 강제 변환되지 않는다.

열거 타입 변수는 배열 첨자, for 루프의 변수, 그리고 case 선택식(selector expression)으로 사용된다.

5.1.6 부분범위 타입

부분범위(subrange) 타입은 미리 정의된 열거 타입 또는 정수의 부분 집합을 값으로 하는 타입이다. Pascal에서 다음과 같이 최대 원소와 최소 원소를 줌으로써 배정되는, 베이스 타입(base type)의 원소들이 연속되는 부분범위 타입이 존재한다.

```
type speed = 0..200;
x: speed; i: integer;
```

베이스 타입은 정수이다. 부분범위 타입인 speed의 값은 i와 같은 정수 변수와 함께 섞을 수 있다. 모든 정수 함수는 부분범위 타입에 적용된다. 다음과 같은 부분범위 타입에 대한 배정문은 실행 시간에 검사되고 그 결과 실행 시간 오류를 야기한다.

```
x := 150 + i;
```

C는 부분범위 타입을 지원하지 않지만, Ada는 다음과 같이 부분범위 타입을 지원한다.

```
TYPE INDEX IS RANGE 0..50;
TYPE CENTURY IS DELTA 0.1 RANGE 0.0..100.0;
TYPE WORK_DAY IS ARRAY (DAYS_OF_WEEK RANGE MON..FRI) OF BOOLEAN;
```

명시적인 부분범위 타입은 몇 가지 장점을 가진다. 첫째, 프로그램의 문서화를 지원한다. 물론 주석도 문서화의 기본적인 수단이기는 하지만, 주석은 프로그램이 변경되면 수정을 하거나 생략한다. 둘째, 컴파일러가 부분범위 타입을 분석하기 때문에 유효하지 않은 값이 부분범위 타입의 변수에 대입되지 않는 것을 보장하는 동적인 의미 검사 코드를 생성할 수 있다. 셋째, 컴파일러는 부분범위 타입의 변수가 가질 수 있는 값의 개수를 알기 때문에 임의의 정수를 표현하기 위해 필요한 비트보다 더 적은 수의 비트를 사용할 수 있다. 처음 예에서 speed의 값을 1바이트에 저장할 수 있다.

5.2 배열 데이터 타입

여러 데이터를 하나의 단위로 처리하는 타입을 구조화 타입이라고 한다. 일반적으로 구조화 타입은 배열, 레코드(구조체), 공용체 등으로 구분할 수 있다. 먼저 배열의 정의를 살펴보자.

```
emptyarray() => array
store(array, position, item) => array
fetch(array, position) => item
for A in array; i, j in position; x in item do
        fetch(store(A, i, x), j) = if i = j then x else fetch(A, j)
        fetch(emptyarray, j) = undefined
```

배열은 이름, 차원, 요소의 타입, 색인(index)의 타입과 범위 등으로 특징지을 수 있다. 전형적으로 배열의 색인은 연속적인 정수 집합을 사용하지만 반드시 정수 타입으로 제한되는 것은 아니다. 색인이 정수 타입인 경우, 차원별로 하한과 상한 값을 명시함으로써 색인을 정의할 수 있다. 대부분의 일반적인 형태에서 배열은 특정 정의역으로부터 특정 치역으로의 사상(mapping)이다.

FORTRAN, PL/I, Ada에서는 이름이 A이고 그 크기가 4×5인 2차원 배열을 표시하기 위해 A(4, 5)라고 기술한다. ALGOL 60과 ALGOL 68, 그리고 Pascal 등에서는 동일한 배열을 A[4, 5]로, C에서는 A[4][5]로 표시한다. FORTRAN, PL/I, Ada에서는 괄호가 배열과 서브루틴을 나타내므로 서로를 혼동할 수 있다. 그러나 Pascal, ALGOL, C의 경우에는 배열과 함수의 혼동을 막을 수 있다.

언어를 설계할 때 배열의 경계가 어떤 값을 가질 것인지는 중요한 문제이다. FORTRAN과 Pascal과 같이 컴파일 시간에 기억 장소를 할당하는 언어에서 배열 경계는 상수이나, ALGOL 60에서 식이 될 수도 있다. 즉, ALGOL 60에서는 기억 장소를 동적으로 할당하여 실행 시간에 배열의 크기를 결정하는 것을 허용한다. Wirth가 배열의 크기로 상수 값만을 허용한 이유는 동적으로 배열의 크기를 정하는 융통성보다는 효율성을 우선으로 했기 때문이다. 그러나 이에 따르는 문제점은 프로시져가 임의의 크기의 배열을 받아들일 수 없다는 점이다.

Pascal에서 이런 문제의 원인은 배열의 크기를 타입 정의의 한 부분으로 간주하였기 때문이다. 다음의 선언문을 살펴보자.

```
type size10 = array[1..10] of integer;
type size20 = array[1..20] of integer;
```

앞의 두 배열은 서로 다른 타입의 배열이 된다. 이처럼 Pascal의 원래 버전은 색인의 범위를 자신의 타입의 부분으로 포함한다. 그러므로 하나의 매개변수로 상이한 길이의 배열을 받아들이는 서브 프로그램은 작성되지 않는다.

FORTRAN 77에서 배열의 색인은 정수 타입이지만, Pascal에서 배열 색인은 임의의 이산 타입(discrete type), 정수 타입, 문자 타입, 부분 범위 타입, 또는 다음과 같이 열거 타입이 될 수 있다.

```
var temperature: array[months] of real;
rainfall: array[months] of real;
```

다음의 FORTRAN의 배열 선언문은 100개의 요소를 가지는 1차원 배열이다.

```
DIMENSION A(100)
```

A의 요소들은 A(1)부터 A(100)이다. 배열 크기의 선언에서 상수가 아닌 경우는 다음과 같이 배열이 서브 프로그램의 매개변수로 사용될 때이다.

```
SUBROUTINE SORT(A,N)
DIMENSION A(N)
```

그러나 N의 변경이 배열의 크기를 변경시키지는 않는다. 실제로는 배열의 선두 주소를 서브 프로그램에 전달한다. A에 대응하는 실제의 배열은 호출하는 쪽에서 상수 크기로 정의되어야 한다.

다음은 Pascal의 예이다.

```
const numberofdays = 30;
var day: array[1..numberofdays] of real;
```

위에서 상수 numberofdays를 사용하여 배열 day의 크기를 정의한다. Pascal은 프로그램의 실행 중에 배열의 크기가 변하는 것을 허용하지 않는다. 그러나 Ada는 배열의 크기가 변하는 것을 허용하지만, 실제적으로는 상이한 크기의 새로운 배열을 배열 포인터에 배정한다.

Ada와 Java는 기본적으로 배열 색인 값이 범위 안에 있는지를 검사한다. 컴파일 시에 범위를 벗어난 색인 값이 사용되지 않는다는 것을 보장할 수 있다. 예를 들어, Java의 for 문을 살펴보자.

```
double total = 0.0;
for (int i = 0; i < Array.length; i++)
     total += Array[i];
```

색인 값의 범위는 0, ..., Array.length-1로 배열 Array에 허용되는 색인의 범위이다.

이에 반해 C와 C++는 배열에 대한 경계 검사를 하지 않기 때문에, 배열의 본래 기억 장소 영역을 벗어나 다른 변수의 데이터나 프로그램 코드를 침범하는 경우가 발생할 수 있다. 이 언어들에서의 색인 값의 범위 이탈은 대형 소프트웨어 시스템의 실행 시간 오류의 가장 일반적인 원인이며, 이런 오류는 메모리 보호 오류의 형태로 나타난다. 버퍼 오버플로우는 해커들이 시스템을 침입하기 위해 흔히 이용하는 일종의 색인 범위 이탈의 한 형태이다. 따라서 Java나 Ada와 같이 색인 범위 검사를 제공하는 엄격한 타입 결정 언어들이 C와 C++에 비해 신뢰성이 높은 이유이다. 그러므로 C 프로그래머는 반드시 배열의 경계를 넘지 않도록 주의해야 한다.

예를 들어, 다음의 코드는 컴파일 시에는 오류가 없지만, for 문이 배열 items의 범위를 벗어나서도 실행되기 때문에 올바르지 못한 프로그램이다.

```
int items[10], i;          /* 색인의 범위는0, ..., 9 */
for (i = 0; i < 100; i++) items[i] = i;    /* 범위를 벗어남 */
```

배열을 설계하는데 있어 관련된 주제는 다음과 같다.

- 배열 이름과 배열 요소의 문법 구조
- 배열 요소의 타입
- 색인으로 사용될 수 있는 타입 (정수, 실수, 문자열)
- 컴파일 시간이나 실행 시간에 결정되는 배열 경계
- 배열의 이름에 주소를 부여하는 방법
- 배열 조각화
- 배열의 초기화
- 배열에 대한 내장 연산자

5.2.1 배열 초기화

모든 변수는 선언과 동시에 초기화하는 것이 좋다. 초기화란 변수 선언과 함께 변수의 초기 값을 설정하는 것을 말한다. 초기화하지 않은 변수는 컴파일러에 따라서 특정 값으로 초기화해주는 경우도 있지만, 프로그램의 실행을 이런 우연에 맡기는 것은 바람직하지 못하다. 변수 선언과 함께 초기화를 함으로써 프로그래머의 의도를 명확하게 할 수 있고, 예기치 못한 오류를 막을 수 있다. 기본 타입의 변수를 초기화할 때에는 그 데이터 타입의 값을 변수 선언 뒤에 기술한다. 그러나 배열을 초기화할 때 여러 요소를 초기화해야 하므로 각 요소의 값을 묶어서 초기화한다.

FORTRAN 77에서 모든 데이터의 기억 장소는 적재 시간에 할당된다. 배열은 DATA 문으로 초기화될 수 있다.

```
INTEGER ITEMS(3)
DATA ITEMS /100, 200, 300/
```

C의 배열 초기화는 다음과 같다.

```
int items[ ] = {100, 200, 300};
char lastname[ ] = "happy";
```

따라서 컴파일러는 배열의 길이를 설정한다. 프로그래머가 그 값을 비워두었다고 가정하면, 배열 lastname은 null 문자 '\0'이 포함되어 6개의 요소를 갖는다.

다음은 Ada의 배열 초기화 방법이다. 우선 다음의 타입 선언문이 주어졌다고 하자.

```
type MAT is array(INTEGER range 1..2, INTEGER range 1..2) of REAL;
```

다음의 변수 선언문은 상수 값 10, 20, 30, 40을 행 우선 순서로 초기화한다.

```
A: MAT := ((10, 20), (30, 40));
B: MAT := (1 => (1 => 10, 2 => 20), 2 => (1 => 30, 2 => 40));
```

다음은 2×2 단위 행렬로 초기화된다.

```
A: MAT := (1 => (1 => 1, others => 0), 2 => (2 => 1, others => 0));
```

5.2.2 배열 연산

C 기반 언어와 초기의 FORTRAN 부터 FORTRAN 77까지, 그리고 Pascal은 어떠한 배열 연산도 제공하지 않으므로, 단지 개개의 배열 요소가 참조되는 것만을 허용한다. 그러나 Java, C++, C#은 메소드를 통한 배열 연산을 제공한다. 이에 반해, Ada는 전체적인 배열의 배정과 &을 이용한 연결을 허용한다. Python은 배열 연결(+)과 멤버십(in) 연산을 제공하고, 두 개의 비교 연산자(is, ==)를 제공한다. FORTRAN 95는 +를 비롯하여 일부 배열 연산자를 포함한다. APL은 다양하고 강력한 기능의 배열 연산자들을 제공한다.

5.2.3 배열 조각화

배열의 **조각(slice)**은 부분 요소이다. 이것은 행이나 열, 또는 m×n 부분 요소일 수 있다.

조각은 새로운 데이터 타입은 아니고 단지 배열의 부분 요소를 참조하는 방법이다. PL/I의 예는 다음과 같다.

```
declare w(1:3, 1:5), z(1:5, 1:5), a(1:5), b(1:3), C(1:5), d(1:5)
a = w(3, *);          a에는 w의 세 번째 행이 배정된다.
b = w(*, 5);          b에는 w의 다섯 번째 열이 배정된다.
c = a + d * a;        c에는 d와 a의 곱에 a를 더한 합이 배정된다.
w = w * z             w에는 w와 z의 곱이 배정된다.
```

PL/I은 배열의 조각을 구현한 최초의 언어이다. 조각은 서브프로그램의 매개변수로 전달될 수 있다. FORTRAN 77도 프로그래머가 배열의 부분을 매개변수로 전달할 수 있다. 행 우선 방법을 사용하므로 M(1,3)을 매개변수 N에 전달하려면, M(1,3)을 N(1)에, M(2,3)을 N(2)에 M(3,3)을 N(3)에 각각 연결하는 작업이 필요하다. 이것은 대형 행렬의 일부를 마음대로 조작할 수 있게 한다. 그러나 프로그래머는 FORTRAN의 내부 기억 장치 메커니즘을 알아야 한다. 이 구상은 언어 설계 시에 현재의 개념과 상반되므로 FORTRAN 95에서는 M(1:4, 2), N(3, 1:3)과 같이 조각을 배정할 수 있다.

Ada에서 3×3 배열 A의 조각은 다음과 같은 방법들에 의해 배정될 수 있다.

```
A: array(0..2, 0..2) of REAL := ((0.0, 0.0, 0.0),
                                 (0.0, 0.0, 0.0),
                                 (0.0, 0.0, 0.0));
A: array(0..2, 0..2) of REAL := (0..2 => (0.0, 0.0, 0.0));
A: array(0..2, 0..2) of REAL := (0..2 => (0..2 => 0.0));
```

또한 일차원 배열의 조각은 다음과 같이 배정할 수 있다.

```
B: array(0..2) of INTEGER := (3, 4, 5);
C := B(1..2);
```

Python은 다양한 배열 조각을 처리하는 기능을 제공한다. slice[1:50:2]는 색인 1부터 시작하여 배열의 모든 홀수 번째 요소를 참조한다. slice[20:]는 색인 20부터 시작하는 모든 요소를 참조하고, slice[:10]은 색인 10 이전의 모든 요소를 참조한다.

5.2.4 배열의 주소 계산

컴파일러의 의미 분석 단계에서 언어에 따라 각 배열에 대하여 배열 요소의 타입, 배열 요소의 크기, 색인 타입, 색인의 범위 등의 정보를 생성한다. 이러한 정보를 도프 벡터(dope vector)라고 하는데, 특정 색인을 가지는 배열 요소의 주소를 계산하고 실행 중에 색인 값의 범위를 검사할 때 사용된다.

C 언어의 1차원 배열의 예를 들어보자.

```
int array[4] = {100, 200, 300, 400};
```

1차원 배열 array는 정수 데이터 타입으로 선언되었으므로 각 요소의 크기는 4바이트가 된다. C 언어에서 배열의 색인은 0부터 시작하므로 배열 array의 각 요소의 주소는 시작 주소가 α일 때 α+(색인×4바이트)가 된다. 1차원 배열은 [그림 5-1]과 같은 논리적 구조와 [그림 5-2]와 같은 물리적 구조가 일치한다.

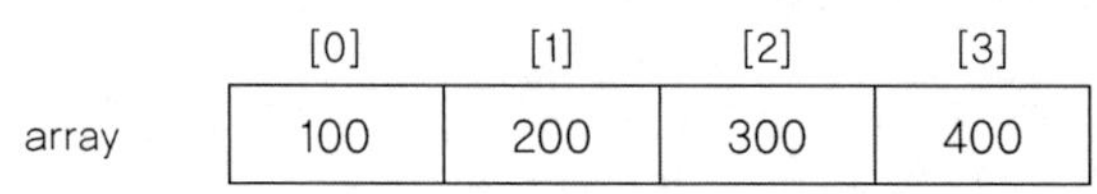

[그림 5-1] 1차원 배열의 논리적 구조

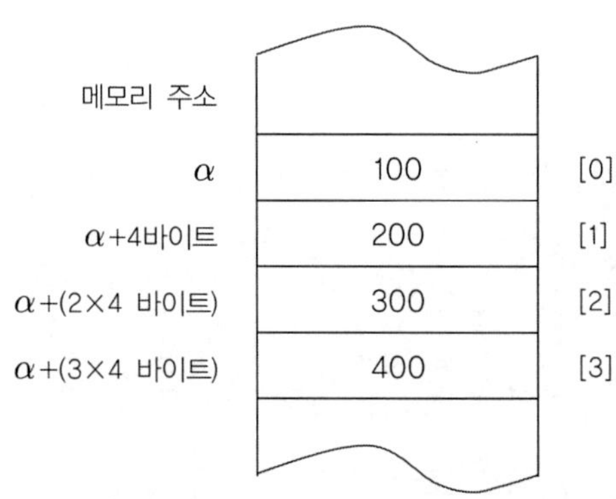

[그림 5-2] 1차원 배열의 물리적 구조

C 언어의 2차원 배열의 예를 들어보자.

```
int array[2][4] = {{10, 20, 30, 40}, {100, 200, 300, 400}};
```

2차원 배열의 구조를 논리적으로 표현할 때에는 [그림 5-3]과 같이 행과 열의 구조로 나타내지만, 실제로 기억 장소에 저장될 때에는 1차원의 순서로 저장된다. 2차원의 논리 순서가 1차원의 물리 순서로 변환되는 방법은 첫 번째 색인을 기준으로 하는 **행 우선 순서(row major order)** 방법과 마지막 색인을 기준으로 하는 **열 우선 순서(column major order)** 방법이 있다.

	[0]	[1]	[2]	[3]
array[0]	10	20	30	40
[1]	100	200	300	400

[그림 5-3] 2차원 배열의 논리적 구조

행 우선 순서 방법은 행 단위로 먼저 저장하는 방법이다. [그림 5-3]의 2차원 배열을 행 우선 순서 방법으로 기억 장소에 저장하면 [그림 5-4] (a)와 같이 array[0][0]=10, array[0][1]=20, array[0][2]=30, array[0][3]=40, array[1][0]=100, array[1][1]=200, array[1][2]=300, array[1][3]=400의 순서로 저장이 된다.

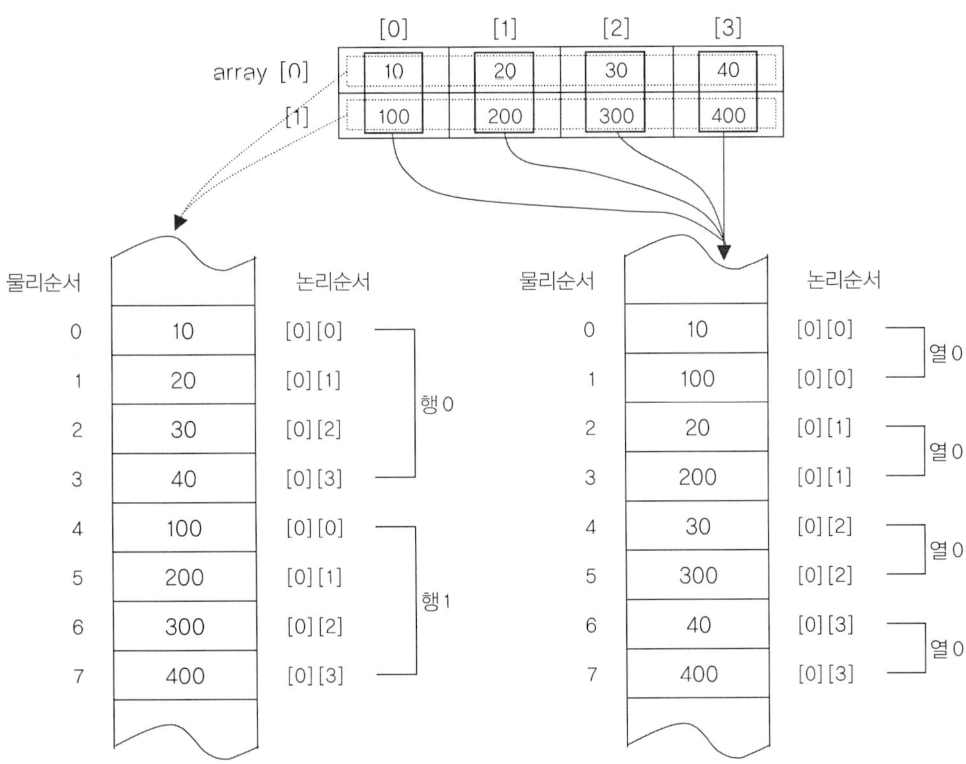

[그림 5-4] 2차원 배열의 논리적 구조와 물리 순서 대응[80]

열 우선 순서 방법은 열 단위로 먼저 저장하는 방법이다. [그림 5-3]의 2차원 배열을 행 우선 순서 방법으로 기억 장소에 저장하면 [그림 5-4] (b)와 같이 array[0][0]=10, array[1][0]=100, array[0][1]=20, array[1][1]=200, array[0][2]=30, array[1][2]=300, array[0][3]=40, array[1][3]=400의 순서로 저장이 된다.

행 우선 순서 방법과 열 우선 순서 방법에 따라 물리적 저장 순서가 각각 다르기 때문에 배열의 요소 주소를 계산하는 방법도 달라진다. 행의 수가 n_i이고, 열의 수가 n_j인 2차원 배열 array의 시작 주소가 α이고, 요소의 크기가 l일 때, i행 j열 요소인 array[i][j]의 주소는 행 우선 순서 방식에서는 $\alpha+(i\times n_j+j)\times l$이 되고, 열 우선 순서 방식에서는 $\alpha+(j\times n_i+i)\times l$이 된다.

논리 순서를 물리 순서로 변환하는 방법은 프로그래밍 언어에 따라 달라지는데, FORTRAN은 열 우선 순서 방법을 사용하지만, C를 비롯한 대부분의 언어는 행 우선 순서 방법을 사용한다. 행 우선 순서 방법의 장점은 하위 배열의 배열로 다차원 배열을 정의하는 것을 쉽게 한다. 열 우선 순서 방법을 사용하면 하위 배열의 요소는 메모리상에서 인접해 있지 않다.

5.2.5 색인의 바인딩과 배열 유형

배열 변수에 대한 색인의 바인딩은 일반적으로 정적이지만, 색인 값의 범위는 동적으로 바인딩되기도 한다. C 기반 언어에서는 모든 색인의 하한은 묵시적으로 0으로 고정되는 반면에, FORTRAN 95에서는 디폴트로 1의 값을 가진다. 색인의 범위를 프로그래머가 지정해야 하는 언어도 있다.

Sebesta는 색인 값 범위의 바인딩, 기억 장소의 바인딩, 그리고 기억 장소가 할당되는 장소에 따라 다음의 다섯 가지 유형의 배열로 구분하였다.

정적 배열은 색인 범위가 정적으로 바인딩되고, 기억 장소 할당이 실행 시간 전에 정적으로 이루어진다. 이 배열은 동적 기억 장소 할당 및 해제가 필요하지 않으므로 효율성을 장점으로 가진다. C와 C++에서 static 예약어와 함께 선언된 배열이 여기에 해당한다.

고정 스택 동적 배열은 색인 범위가 정적으로 바인딩되지만, 기억 장소 할당이 선언문이 실행될 때에 이루어지는 배열이다. 정적 배열에 비교하면 기억 장소를 효율적으로 사용하는 장점이 있다. C와 C++에서 static 예약어를 사용하지 않고 선언된 배열을 의미한다.

스택 동적 배열은 색인 범위와 기억 장소 할당 모두 선언문이 실행될 때에 이루어지는 배열이다. 그러나 일단 색인 범위가 바인딩되고 기억 장소가 할당되면, 바인딩은 변수의 수명 동안 고정된다. 배열의 크기는 배열의 사용 이전까지는 미리 알려질 필요가 없으므로, 앞의 배열 유형에 비해 융통성을 장점으로 가진다. Ada는 이러한 배열을 가진다.

고정 힙 동적 배열은 색인 범위와 기억 장소 바인딩이 모두 기억 장소가 할당된 이후에 고정된다는 점에서 스택 동적 배열과 유사하지만, 색인 범위와 기억 장소 바인딩이 실행 중에 프로그램이 요구할 때 이루어지고, 스택이 아닌 힙으로부터 할당된다는 차이점을 가진다. Java의 모든 배열은 고정 힙 동적 배열이다. C#도 이러한 배열을 제공한다.

힙 동적 배열은 색인 범위의 바인딩과 기억 장소 할당이 동적으로 이루어지고, 바인딩이 배열의 수명 동안 여러 차례 변경이 가능한 배열을 말한다. 이 배열은 프로그램 실행 중에 기억 장소 변경의 필요성에 따라 배열이 커지거나 작아질 수 있으므로, 다른 유형의 배열에 비해 융통성을 장점으로 가진다. C#의 배열 클래스인 ArryList가 여기에 해당한다. Java도 유사한 구조를 제공하지만 색인 기능을 제공하지 못하고, get과 set 메소드를 통해서만 참조하는 제한이 있다.

5.3 문자열

문자 타입은 대부분의 언어에서 구현되었지만, 많은 언어들이 **문자열**을 구현하지는 않았다. Ada와 Pascal은 내장 문자열 타입을 가지고 있지 않지만, 문자열은 정수 하한을 1로 가지는 배열의 특별한 경우로 취급한다. 문자열은 최대 크기가 선언된 배열처럼 Ada와 Pascal에서 실제로 가변적인 크기를 가지지 않는다. 다음은 Pascal의 예이다.

```
packed array [1..n] of char;
```

C는 문자열을 null 문자로 끝나는 일련의 문자들로 표현한다. C에서는 문자열을 위한 배정문과 문자열을 위한 기억 장소를 자동적으로 할당하는 문자열 함수는 존재하지 않는다. C는 사용의 용이성보다는 효율성을 선택하였으므로 프로그래머는 자신의 문자열 관리 루틴을 구현해야 한다.

C나 C++와는 달리 Java에서는 문자열이 각각이 문자 타입인 배열이 아니다. 따라서 문자열이 null 문자로 끝나지 않는다. 별도로 문자열을 다루는 클래스인 String 클래스와 StringBuffer 클래스가 존재한다. 또한 + 연산자를 문자열의 연결에 적용할 수 있다.

Ada에서 STRING이 미리 정의된 CHARACTER의 1차원 배열이다. STRING 타입에 관한 부분 문자열의 참조 연산자, 연결 연산자, 관계 연산자, 배정문이 제공된다. 예를 들면, NAME(2:5)는 NAME의 두 번째, 세 번째, 네 번째, 다섯 번째 문자를 참조한다. 또한 NAME := FIRST&LAST는 두 개의 문자열을 함께 연결한다.

FORTRAN 77은 문자열을 도입하였다. 고정 길이 문자열은 다음과 같이 선언될 수 있다.

```
CHARACTER L*15, M*20
CHARACTER(LEN=9) N
```

앞의 선언은 L과 M이 길이 15와 20의 문자열을 포함하며, N은 FORTRAN 90에서 길이가 9인 문자열로 사용된다. FORTRAN 95는 문자열을 위한 배정 연산자, 관계 연산자, 연결 연산자, 부분 문자열의 참조 연산자를 모두 기본 내장 연산자로 취급한다.

5.4 레코드(구조체)

레코드는 이질적인(heterogeneous) 데이터의 모임이다. 즉, 다양한 타입의 구성요소들의 집합이다. 레코드는 구성 요소의 타입이 서로 다를 수 있다는 점에서 Python의 리스트와 유사하지만, 배열이나 리스트와는 구성요소들이 각각 서로 다른 이름을 가지며 색인 값이 아니라 이름으로 참조한다. 각 구성요소의 이름은 흔히 필드라고 부른다. 일반적으로 연속적인 기억장소의 영역이 레코드를 유지하는데 이용되지만, 항목들은 짝수 바이트 주소 경계, 단어 경계, 또는 long word 경계, 4로 나누어 떨어지는 주소 경계에 저장되기도 한다. 레코드의 필드에 접근하기 위해 컴파일러는 기억장소의 시작부터의 변위(offset)를 알아야 한다. 레코드는 1960년대 초 COBOL에서 도입된 이후로 Pascal, Modula 2, Ada, C, C++, FORTRAN 95를 포함하는 대부분의 언어에서 레코드를 제공한다. C#에서 클래스 객체는 힙에 할당되는 반면에, 구조체는 스택에 할당된다.

```
type stock = record
                 name : array[1..30] of char;
                 price : array[1..365] of real;
                 dividend : real;
                 volume : array[1..365] of real;
                 exchange : (nyse, amex, nasdaq);
             end
var ibm : stock;
```

앞의 레코드에서 첫 번째 필드는 문자 타입의 배열, 두 번째 필드와 네 번째 필드는 실수 타입의 배열이다. 세 번째 필드는 실수 타입이다. 마지막 필드는 열거 타입으로 세 개의 리터럴을 가진다. 따라서 이처럼 레코드는 정의대로 이질적인 데이터 타입의 모임이다. 변수 ibm은 stock 타입의 레코드이다.

레코드의 각 요소를 표기하는 방법 중에서 Knuth가 제안한 것은 함수 표기법이다. 각 필드를 name(ibm), price(ibm)[25] 등으로 표기하는 것이다. ALGOL 68은 함수 표기법과 유사한 방법으로 name **of** ibm, price **of** ibm 등을 채택하였다. ML에서는 #name ibm, #price ibm과 같이 앞에 #를 붙인다. Pascal, Ada, C 기반 언어는 점(dot) 표기법을 사용하여 ibm.name, ibm.price[25] 등으로 필드를 접근할 수 있고, FORTRAN 90에서는 ibm%name, ibm%price 등으로 % 표기법을 사용하여 필드를 접근한다.

ALGOL-W, ALGOL68, 그리고 Ada는 다음과 같은 내장된 레코드 초기화 기능이 있다.

```
ibm := make_stock("inter.bus.mach.", 0..0, 0..0, 5.25, 0..0, nyse)
```

레코드 타입 변수를 사용할 때 일반적으로 다음과 같은 방법을 사용한다.

```
ibm.name := 'ibm';
ibm.dividend := 36;
ibm.exchange := nyse;
```

앞의 경우처럼 필드 이름 앞에 변수 이름을 계속 사용하는 것을 피하기 위해서 Pascal에서는 다음과 같이 with 문을 이용한다.

```
with ibm do
   begin
      name := 'ibm';
      dividend := 36;
      exchange := nyse;
   end
```

레코드의 연산을 알아보자. Pascal과 Modula-2는 전체 레코드의 배정만을 허용한다. Ada는 배정, 동등, 비동등 연산을 허용한다. C에서 구조체 alpha의 주소인 &alpha1을 취할 수 있고, 필드 선택이 가능하다. C, C++는 구조체의 배정을 허용하지만, 동등 연산자 적용이 불가능하다.

5.5 공용체

과거에 메모리는 부족한 자원이었으므로, 프로그래머는 기억장소의 낭비를 막는 방향으로 배열과 구조체를 정의해야 했다. 이러한 기억장소의 절감은 둘 이상의 필드가 같은 기억장소를 공유하는 공용체나 가변 레코드를 통해 가능하다. **공용체(union)**는 서로 다른 타입의 값을 상이한 시간에 공유 기억장소에 저장할 수 있는 타입이다. FORTRAN의 EQUIVALENCE, Pascal의 **가변 레코드(variant record)**, 그리고 C, C++의 공용체가 여기에 해당한다.

다음과 같은 C의 공용체 타입의 사용 예를 살펴보자.

```
#include <stdio.h>
#include <string.h>
union data {
        int num;
        char ch;
        char array[5];
} BOX;
void main()
{
    printf("Size of UNION == %d\n", sizeof(BOX));
    BOX.num = 3;
    BOX.ch = 'A';
    strcpy(BOX.array, "UNION");
    printf("Access BOX.num      %d\n", BOX.num);
    printf("Access BOX.ch       %c\n", BOX.ch);
    printf("Access BOX.array    %s\n", BOX.array);
}
```

위 프로그램의 실행 결과가 어떻게 될지 각자 생각해 보자. BOX와 같은 data 타입의 변수는 같은 기억장소를 세 가지 방법으로 접근할 수 있게 한다. BOX.num 형태에서는 정수로 간주되며, BOX.ch는 해당 위치가 문자로 간주된다.

그러나 이러한 공용체나 가변 레코드는 추가적인 제약 조건을 부여하지 않으면 타입 시스템의 약점을 야기한다. Pascal의 경우 데이터 타입에 따라 레코드의 필드를 선택적으로 접근할 수 있는 레코드는 가변부(variant part)를 가지는 레코드이다. 다시 말하면 이러한 레코드를 가변 레코드라고 한다. 가변부는 구별부(discriminant)라고 하는 레코드의 특별한 구성 요소에 좌우된다.

다음의 선언문이 주어졌다고 가정하자.

```
type option = (sixmonths, ninemonths);
```

그렇다면, 다음과 같은 가변부를 앞의 레코드 stock의 한 필드로 추가할 수 있다.

```
case x : option of
        sixmonths : (exprice : integer)
        ninemonths : (nuprice : integer)
end
```

또 다른 Pascal의 가변 레코드를 살펴보자.

```
type both = (int, char);
type intchar = record
                case tag : both of
                      int : (i : integer);
                      char : (c : character)
                end
var alpha1 : intchar
```

여기에서 만일 alpha1.tag = char이면 alpha1.c은 문자 타입이고, 그 반대의 경우도 성립한다.

```
alpha1.tag := char;
alpha1.c := 'z';
alpha1.tag := int;
writeln(alpha1.i);
```

위의 문장들의 실행 결과 'z'와 동일한 비트 표현을 갖는 정수가 출력된다.

공용체 타입에 두 가지 문제가 있다. 우선 첫 번째 문제로 프로그램이 가변 레코드에 상응한 변경 없이 태그를 변경할 수 있다는 것이다. 다음의 문제로 프로그래머는 가변 레코드 구조로부터 태그를 생략할 수 있다는 것이다. 이러한 구조는 구별부를 갖는 **판별 공용체(discriminated union)**가 아닌 C와 C++의 공용체인 **자유 공용체(free union)**에 해당한다. 이러한 방법을 이용하면 가변 레코드에 포인터를 둘 수 있고, 포인터에 정수 산술 연산을 할 수 있다. 판별 공용체는 ALGOL 68에서 최초로 제공되었고, 현재 Ada에서 지원된다.

Ada의 가변 레코드는 Pascal 버전에서 시작하였다. 그러나 Ada에서 태그는 변경되는 가변 레코드 없이는 변경될 수 없고, 태그는 모든 가변 레코드에 요구되는 방식으로 확장되어 가변 레코드에 관한 문제를 해결하였다.

Ada와 Pascal의 가변 레코드를 서로 비교하기 위해 동일한 구조의 가변 레코드를 대상으로 살펴보자. 먼저 Pascal의 경우를 보자.

```
type Bad = record
    case x: boolean of
        true: (int: integer);
        false: (c2: array[1..2] of char)
    end;
var B: Bad;
begin
    B.int := 1;
    if (B.c2[1] = chr(0)) then
    ...
```

앞에서 B는 정수나 문자 배열 중에 하나만을 가지는 레코드이다. 레코드 Bad는 두 개의 필드를 가진다. 하나는 태그 또는 구별부인 x로 true나 false 값을 가진다. 또 하나는 태그 값에 따라 int나 c2가 된다. Pascal 표준에 따르면 앞에는 오류가 있다. B.int := 1;에 의해 가변부 B.int가 활성화되며 따라서 가변부 B.c2는 정의되지 않는다.

그러나 Ada는 일관성을 컴파일 시에 검사할 수 있도록 구별부를 가지는 판별 공용체를 사용하게 하였다. 이러한 형태의 판별 공용체는 항상 타입 검사를 허용하므로 안전하다. 반면에 자유 공용체를 제공하는 C와 C++는 이러한 이유로 안전하지 않고 강 타입(strong type) 언어로 정의되지 못한다.

앞에서 설명한 Pascal과 동일한 가변 레코드를 Ada에서는 다음과 같이 선언한다.

```
type x: boolean;
type Not_Bad(tag: x) is
    record
        case tag is
            when true => int: integer;
            when false => c2: array[1..2] of char
        end case;
    end record;
var B1: Not_Bad(true);
    A: x;
    B2: Not_Bad(A);
```

B1은 항상 int 필드를 가지고 c2 필드는 가질 수 없다. B2는 둘 중 하나를 가질 수 있으나 사용할 때는 다음과 같이 전체 레코드의 정보를 명시해야 한다.

```
B2 := (false, ('O', 'K'));
B2 := (true, 35);
```

5.6 포인터 타입

포인터 타입은 아마도 프로그래밍 언어에서 가장 까다로운 데이터 타입일 수도 있다. 포인터란 어떤 객체에 대한 참조이다. 따라서 포인터 변수는 객체를 참조하기 위해 메모리 주소를 값으로 취하게 된다. 포인터의 기본적인 용도는 간접 주소 지정과 동적 기억 장소 관리 기능이다. 포인터는 동적으로 할당되는 기억 장소의 영역을 접근하는데 사용되고, 이러한 영역을 4장에서 살펴 본 대로 힙이라고 부른다. 이 힙에 할당되는 변수를 힙 변수라고 하며, 이러한 변수는 식별자 없이 포인터 타입이나 참조 타입에 의해 참조될 수 있다. 이와 같이 이름이 없는 변수를 **익명의 변수**라고 한다.

포인터가 유용한 경우는 여러 가지가 있다.

- **실행 시까지 몇 개의 항목이 생성될 것인지 정해지지 않는 경우**가 있다. 이런 문제를 처리하기 위한 한 가지 방법은 비정상적인 큰 상한 값을 가지는 배열을 선언하는 것이다. 그러면 배열의 요소들은 실행 시 생성되는 많은 객체들을 참조하기 위해 사용된다. 이런 방법은 매우 비효율적인 방법이다. 따라서 포인터는 모든 객체에 각각의 명시적인 이름을 부여하지 않고 각각의 항목을 서로 연결하여 사용하는 방법을 제공한다.
- **데이터 항목 간의 여러 관계를 선언할 필요가 있을 경우**가 있다. 포인터를 사용하여 하나의 데이터를 동시에 많은 리스트에 연결할 수 있다. 우리는 포인터를 이용하면 실행 도중에 객체가 동적으로 생성되어 다른 객체에 연결되고 처리되는 형태를 예상할 수 있다. 더 이상 객체가 필요 없을 때에는 그 객체가 차지했던 기억 장소는 리턴되고 포인터는 더 이상 존재하지 않는 객체를 가리키고 있다는 것을 기억해야 한다. 따라서 몇 개의 포인터 변수들을 선언함으로써, 매우 다양한 개수의 객체를 생성하여 여러 가지 방법으로 연결하고, 일관된 방식으로 모든 객체에 접근할 수 있는 프로그램을 작성할 수 있다.
- **포인터 변수들이 동일한 리스트를 참조하는 경우**가 있다. 이 특성을 이용하여 같은 객체를 공유하는 동일한 리스트를 여러 곳에 저장시켜 공간을 낭비하는 일을 막을 수 있다.

그러나 데이터 타입으로 포인터를 제공함에 따르는 다음과 같은 문제점들도 발생한다.

- **다중 참조(multiple reference)** – 여러 포인터 변수가 동일한 객체를 가리킬 수 있다. 이들은 모두 동일한 곳을 가리킬 수 있다. 하나 이상의 포인터 변수가 객체를 공유할 때, 만일 프로그래머가 두 개의 포인터 변수는 실제로 동일한 객체를 가리킨다는 것을 잊어버리면 프로그래밍이 어려워진다.

- **허상 참조(dangling reference)** – 포인터 변수가 이미 존재하지 않는 데이터 객체에 대한 접근 경로 혹은 포인터 값을 가지고 있으면, 예상하지 못한 변화가 일어날 수 있다.

- **메모리 누수(memory leak)** – 어떤 포인터 변수도 가리키지 않는 객체가 존재할 수 있다. 이런 객체는 사용자 프로그램에서 더 이상 접근할 수 없는 할당된 힙 동적 변수이므로, 이 변수를 가비지라고 부르기도 한다. 명시적인 이름이 없기 때문에 접근할 수 있는 방법이 없다. 이러한 변수들은 원래의 목적으로 사용될 수 없고, 프로그램에서 새로운 용도로 다시 할당될 수도 없다.

- **표기법 문제** – 일반적인 변수들은 문맥에 따라 주소나 값, 즉 l-값(l-value)과 r-값(r-value)을 나타내지만, 포인터 변수는 이 두 가지 이외에 자신이 가리키고 있는 객체의 값을 나타낼 수 있어야 한다. 따라서 언어는 주소, 이름, 포인터의 다른 의미를 구분하는 표기법을 제공해야 한다.

5.6.1 힙(Heap)

힙은 기억 장소 조각들이 할당되고 미리 정의되지 않은 방법으로 해제되는 기억장소의 블록이다. 예를 들면, SNOBOL에서 스트링의 결합, LISP에서 새로운 S식의 생성, Pascal, C, Ada에서의 동적 구조 할당이 여기에 해당한다.

고정 크기의 노드는 자유 공간 리스트에서 함께 연결되고 리스트의 맨 앞 노드를 할당한다. 그리고 리턴될 노드를 프로그래머가 배정하거나, **참조 계수(reference count)** 기법이나 **표시 후 청소(mark-sweep)** 기법을 적용한 가비지 수집을 이용한다.

가변 크기의 노드는 하나의 연속적인 기억 장소의 블록으로 시작하고 최초 적합(first fit) 및 최량 적합(best fit) 방법을 이용하여 요구된 조각을 할당하고 자유 리스트에 삽입하고 압축하여 자유 기억 장소를 만든다.

5.6.2 Pascal과 포인터 타입

여기에서의 객체들은 스칼라 값, 주소 또는 **nil** 처럼 주소를 표시하지 않는 특별 상수 등이다. 포인터의 베이스 타입은 포인트되는 객체의 타입이다. 이 정보는 대개 포인터의 선언에 포함되므로 컴파일러는 포인터가 역참조될 때 인출(fetch)하기 위한 바이트 수, 역참조 유형, 기본 타입 객체를 위한 동적 기억 장소 할당에 관해서 알 수 있다.

포인터 데이터 타입의 연산은 동등, 배정, 역참조 연산이다. 컴파일 언어는 전형적으로 Pascal의 **new** 연산자처럼 함수 호출을 이용하여 포인터 객체의 동적 할당을 위한 방법을 제공한다. 더 이상 사용하지 않는 기억 장소를 리턴하는 방법이 반드시 있어야 하는데, Pascal에서는 힙에 객체를 리턴하는 프로시져인 **dispose( )** 이다.

```
type nextnode = ^node;
     node = record
              number: integer;
              next: nextnode;
            end;
```

```
var x, y: nextnode;
```

앞의 문장은 x와 y를 포인터 변수로 선언하고 아직 어떤 값도 배정하지 않았다. 이들 변수들이 가리키는 객체들을 생성하기 위해, new(x)라고 하면 nextnode 타입의 새로운 객체가 생성되고 포인터 변수인 x가 이 객체를 가리키게 된다. 이 새로운 노드는 자신의 이름이 없기 때문에 **익명의 변수**이다. 이것은 다음과 같이 요약할 수 있다.

```
x            (* 포인터 *)
x^           (* 포인트되는 객체(포인터 x에 의해 참조되는 노드) *)
x^.number    (* 객체의 필드 *)
x^.next      (* 객체의 필드 *)
```

포인터 데이터 타입의 장점을 살펴보자.

- 변수 간에 기억 장소의 공유를 허용한다.
- 복사를 피해 기억 장소의 선택적인 갱신을 허용한다.
- 기억 장소의 수명을 블록 경계를 넘어 허용한다.
  즉, 기억 장소가 new(x)에 의해 일단 생성되면 이 객체의 수명은 new가 나타난 블록이나 x를 선언한 블록과 관계가 없다.

Pascal에서 의미가 베이스 타입에 좌우되는 포인터 상의 연산은 존재하지 않는다. 또한 포인터의 모든 타입은 다음과 같이 역참조될 수 있고 배정문에서 사용될 수 있다.

```
ptrtoitem: ^item;
bigitem: item;
bigitem := ptrtoitem^;
```

Pascal은 다음과 같은 식에서 충분한 타입 검사를 수행한다. 즉, ptrtoitem의 베이스 타입이 bigitem과 일치하도록 검사된다.

```
bigitem + ptrtoitem^;
```

5.6.3 C와 포인터 타입

C에서 p를 베이스 타입 b의 객체에 대한 포인터 타입 변수 (**b *p;**)라고 하자. C에서 포인터에 대한 산술 연산은 베이스 타입 b에 의해 정의된다. 따라서 식 p+1은 p가 타입 b의 객체 크기만큼 증가되도록 한다.

C에서 포인터를 다루는 두 가지 중요한 연산자가 있다. 변수의 주소를 리턴하는 **주소 연산자** &와 포인트하는 객체를 역참조해서 리턴하는 **내용 연산자** *이다. 반면에 Pascal은 객체의 주소를 리턴하는 연산자를 제공하지 않는다. 주소를 얻는 유일한 방법은 힙으로부터 할당하는 것이다. 또한 Pascal과 비교하면 차이점으로는 C는 포인터에 정수를 더하고 빼는 연산자를 허용한다. Pascal에서 두 포인터의 동등 관계를 테스트 할 수 있다. C에서도 마찬가지로 가능하고 또한 포인터는 단지 정수이므로 관계 연산자를 이용할 수 있다. 심지어 논리 연산자를 포인터에 적용할 수 있다. 마지막으로 포인터를 정수로, 또는 반대로 명시적으로 변환할 수 있다.

식 *p+1은 p에 의해 포인트되는 메모리 위치에 저장된 값을 인출해서 그 값을 1 증가시킨다. 인출되는 바이트의 수는 b에 좌우되고, b는 간단한 기본 타입이어야 한다. 포인터의 타입은 베이스 타입 객체를 할당하는 데에는 이용되지 않는다.

C에서 포인터는 특히 문제를 많이 일으키는데, 그 이유는 배열에 대한 참조와 포인터가 동일한 것으로 간주되기 때문이다. C에서 만약 a가 배열이면, a의 참조는 a[0]의 주소와 동일하다. 예를 들어, a가 배열 타입이고 i가 정수 타입이라면 다음이 성립한다.

```
a[i] = *(a + i) = i[a]
```

C에서는 이처럼 배열 색인 i와 i 번째 요소의 포인터 참조 사이에 실질적인 구분이 전혀 없다. 프로그램의 명확성 측면에서 배열 형식의 접근이 포인터 연산보다 더 선호되는 이유는 전자가 후자보다 오류를 덜 발생시키는 경향 때문이다.

5.6.4 FORTRAN 90과 포인터, 그리고 Ada

FORTRAN 77은 모든 데이터가 정적으로 할당되기 때문에 포인터 변수를 가지지 않는다. 따라서 FORTRAN의 리스트 구조는 리스트의 다음 요소에 대한 포인터 역할을 하는 커다란 배열의 사용을 의미한다. 이 작업은 할당된 구조의 타입이 동일할 경우 효과적이다. 그러나 FORTRAN 77을 이용하여 포인터를 사용한 데이터 구조를 만드는 것은 어렵다. FORTRAN 90은 새로운 데이터 타입으로 포인터를 추가했다. 포인터는 다음과 같이 선언된다.

```
INTEGER, POINTER :: P
```

여기에서 P는 정수에 대한 포인터이다. P의 r-값은 P=>X에 의해 X의 l-값을 가진다. X는 다음과 같이 배정한다.

```
INTEGER, TARGET :: X
```

포인터를 사용하면 자동적으로 역참조된다.

```
P1=>X
P2=>Y
P1=P2
```

앞의 마지막 문장은 X=Y와 동일한 의미이다. 포인터 P1에 대한 동적 기억 장소의 할당과 해제는 ALLOCATE(P1), DEALLOCATE(P1)에 의해 각각 실행된다.

Ada는 기억 장소의 주소를 위한 액세스 타입을 제공한다. 다음과 같이 서로 다른 타입의 기억 장소를 액세스하기 위해서는 서로 다른 액세스 타입을 선언하여야 한다.

```
type NODE;
type LIST is access NODE;
type NODE is
    record
        ITEM : STRING
        NEXT : LIST;
    end record;
...
NAME_LIST, JOBS_LIST, CLASS_LIST : LIST;
```

NAME_LIST, JOBS_LIST, CLASS_LIST는 초기 값 **null**을 가진다. 이것은 Ada가 명시적인 배정문이 사용되지 않고 변수를 초기화하는 유일한 경우이다. 액세스 타입은 함수 **new**를 이용한 동적 할당을 제공한다.

5.6.5 참조 타입

참조 타입은 포인터와 유사하지만 본질적으로는 상이한 변수이다. 포인터는 기억 장소의 주소를 참조하는 데 반해, 참조 변수는 객체나 기억 장소의 값을 참조한다. C++의 참조 타입 변수는 변수 선언과 동시에 반드시 초기화되어야 하고, 그 후에는 값을 변경시킬 수 없다. 참조 타입 변수는 선언 시에 변수 이름 앞에 &를 붙인다.

다음은 C++의 참조 타입 변수의 사용 사례이다. 참조 타입 변수 ref_value를 선언하고 나면 그 후에 value와 ref_value는 서로 별명이 된다.

```
int value = 10;
int &ref_value = value;
...
ref_value = 50;
```

C++에서 참조 타입 변수는 서브프로그램의 형식 매개변수로 사용될 때 매우 유용하다. 포인터의 형식 매개변수는 명시적 역참조를 요구하여 판독성과 안전성이 떨어지지만, 참조 타입의 매개변수는 특별한 지정 없이 주소를 전달한다.

Java는 안전성을 고려하여 C++의 포인터를 제거하였다. Java 참조 변수는 C++와는 달리 다른 클래스 사례를 참조하도록 배정될 수 있다. C#은 Java의 참조와 C++의 포인터를 모두 포함한다.

5.6.6 허상 포인터

포인터 변수가 더 이상 의미없는 것을 가리키고 있을 때, 이 포인터를 **허상 포인터(dangling pointer)** 혹은 **허상 참조(dangling reference)**라고 한다. PL/I에서는 포인터가 더 이상 존재하지 않는 기억 장소를 참조하는 것이 가능하지만, ALGOL 68에서는 불가능하다. 그 이유는 ALGOL 68은 포인터 변수의 수명보다 짧은 수명을 가지는 위치를 가리키는 값이 포인터 변수에 배정될 수 없는 규칙을 가지기 때문이다.

다음에 허상 포인터의 예를 들었다[87].

```
int *p, *q;
p = (int *) malloc(sizeof(int));
*p = 10;
q = p;
free (p);
p = NULL;
*q = 20;
```

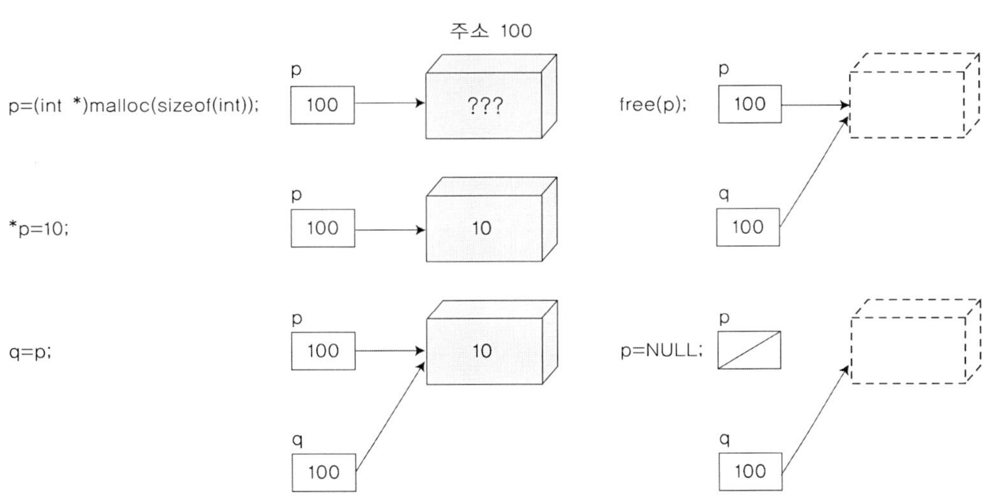

[그림 5-5] 허상 포인터

앞의 코드의 넷째 줄 q = p; 에 의해 [그림 5-5]와 같이 포인터 q도 p와 동일한 기억장소를 가리키게 된다. 이후 p가 그 공간을 해제하고 오류 방지를 위해 자신을 NULL을 배정하였다고 가정하자. 그러나 q로서는 여전히 이미 해제된 이전의 기억 장소를 가리키는 상태가 된다. 따라서 이미 해제된 공간에 대해서 마지막 줄에서 *q = 20;을 실행하는 것은 명백한 오류이다. 이미 해제된 공간을 참조하는 이러한 포인터를 **허상 포인터**라고 한다. 이와 관련해서, 허상 포인터가 가리키는 장소, 혹은 그 현상을 **허상 참조**라고 한다. 한 객체의 수명을 넘어 참조할 수 있을 때 허상 참조가 발생한다. 다시 말하면, 관련된 데이터 객체의 수명이 다한 후에도 접근 경로가 존재하는 경우를 말한다. 객체의 수명이 끝나면, 그 객체가 차지했던 공간은 다른 객체가 사용 가능해야 한다. 그러나 공간을 다시 쓸 수 없어도 접근 경로가 남아 있으면 허상 참조가 계속 존재한다.

허상 참조는 기억 장소 관리에 심각한 문제를 유발한다. 예를 들면 이미 존재하지 않는 객체에 허상 참조를 통해 배정문을 수행하면, 다른 타입의 다른 객체에 배정된 공간을 변경시키거나 기억 장소 관리 시스템에 의해 유지되는 링크나 자유 공간 리스트 등을 변경시킬 수 있다. 허상 참조는 프로그램 실행 시에 심각한 오류를 유발시키며 Unix 시스템의 경우에는 실행 시에 "segmentation fault"라는 오류 메시지를, 그리고 MS Windows 시스템 경우에는 "프로그램에 문제가 있습니다. 프로그램을 구입한 업체에 문의하십시오."라는 메시지를 생성한다.

Pascal에서는 다음과 같이 dispose 프로시저의 사용에 기인할 수 있다.

```
type ptr =^integer;
var a, b: ptr;
...
new(a);
...
a^ := 10;
...
b := a;             (* a^와 b^는 서로 별명 *)
dispose(a);         (* b^는 허상 참조 *)
...
writeln(b^);        (* 허용되지 않음 *)
```

C++에서는 다음과 같이 delete 연산자의 사용에 기인할 수 있다.

```
int *ptr1;
int *ptr2 = new int[10];
ptr1 = ptr2;
delete [ ] = ptr2;  // ptr1은 허상 포인터
```

C에서도 지역 선언을 가진 블록이 끝난 후에 지역 변수가 자동으로 해제되므로 허상 참조의 가능성이 있다. 그 이유는 & 연산자로 어떤 포인터 변수에 지역 변수의 위치를 배정할

수 있기 때문이다.

앞에서 살펴본 C 프로그램보다 간단한 다음의 예를 살펴보자.

```
{
  int *a;
  {
     int b;
     b = 10;
     a = &b;  /* *a는 허상 참조 */
  }
}
```

앞에서 b가 선언된 블록을 빠져나오면, 변수 a는 b의 주소를 가지므로 *a는 b의 별명이다. 그러나 표준적인 스택 기반의 환경에서 블록이 끝나면 b는 해제된다. 또 다른 다음의 예를 살펴보자.

```
int *dang_ref( )
{
   int a;
   return &a;
}
```

dang_ref 함수가 호출될 때마다 자동 지역 변수인 a의 위치가 리턴되나, 이 위치는 해제된 것이다. 그 결과 **b = dang_ref( );** 배정문 이후의 *b는 허상 참조이다. Pascal은 C의 & 연산자에 해당하는 기능이 없으므로 이러한 종류의 허상 참조는 발생하지 않는다.

허상 포인터를 해결하기 위한 대표적인 해결책으로는 **묘비(tombstone)** 기법과 **자물쇠-열쇠(locks-and-keys)** 기법이 있다.

묘비 기법은 스택과 힙에 대한 모든 허상 참조를 추적할 수 있게 하는 기법이다. 포인터가 객체를 직접 참조하는 것이 아니라 묘비를 통해 간접 참조하는 것이다. 힙에 객체를 할당하거나 스택에 있는 객체에 대한 포인터를 만들 때 언어의 실행 시간 시스템은 묘비를 할당한다. 포인터는 묘비의 주소를 가지고 묘비는 객체의 주소를 가진다. 객체를 해제할 때 묘비의 값은 유효한 주소가 될 수 없는 nil로 설정한다. 이 방법은 포인터가 해제된 변수를 계속 가리키는 것을 방지하고, nil로 설정된 묘비를 가리키는 포인터에 대한 참조는 오류로 감지된다.

묘비 기법은 시간과 공간 측면에서 비용이 많이 든다. 공간 측면에서의 오버헤드는 심각한데 비록 묘비 자체가 그것이 참조하는 객체보다는 훨씬 작기 때문에 낭비하는 공간이 더

작기는 하지만, 묘비 자체에 할당된 기억 장소는 해제되지 않는다. 또한 묘비를 경유하는 접근은 한 단계 더 많은 간접 주소지정을 필요로 한다.

자물쇠-열쇠 기법은 묘비 기법의 대안이다. 모든 포인터는 주소와 키로 구성된 투플이다. 힙 내의 모든 객체는 자물쇠로 시작하여, 객체로의 포인터는 포인터의 키가 자물쇠와 일치할 때에만 유효하다. 새로운 힙 객체가 할당되면 새로운 키 값이 만들어진다. 객체를 해제하면 남은 포인터 내의 키가 들어맞지 않도록 자물쇠를 임의의 값으로 변경한다.

묘비 기법에 비교하면 장점은 묘비를 유지하지 않아도 되는 점이지만, 단점은 힙 내의 객체에 대해서만 동작한다는 점이다. 그 밖에도 묘비 기법에 비해서는 기억 장소의 추가, 포인터의 복사 비용, 자물쇠와 열쇠의 비교 비용 등의 커다란 오버헤드가 발생된다.

허상 포인터를 해결하기 위한 최상의 기법은 묵시적인 해제이다. LISP는 이러한 기법을 사용하고, Java와 C#도 참조 변수에 대해서는 이러한 기법을 사용한다. C#은 포인터의 경우 fixed 예약어를 이용하여 묵시적 해제를 막을 수 있다.

5.6.7 가비지 수집

허상 참조를 방지하는 가장 용이한 방법은 어떠한 경우에도 해제를 허용하지 않는 것이다. 그러나 이 경우 **가비지**[3] 문제가 발생한다. 가비지는 할당되었으나, 프로그램에서 접근할 수 없는 기억 장소이다. 이러한 문제를 때로는 **메모리 누수**라고 한다.

Pascal에서는 dispose를 호출하지 않고 포인터 변수에 다시 배정할 때 가비지가 생성된다.

```
var a: ^integer;
...
new(a);
a := nil;
```

앞의 경우에, new(a)에 의해 a^에 할당된 위치는 a가 nil을 가지므로 가비지가 되고 이전에 할당된 객체는 참조할 수 없다.

3) 김태균 교수는 가비지와 허상 참조에 대해서 다음과 같은 재미있는 비유를 하고 있다[50]. "만약 '홍길동'이라는 사람이 죽으면 그 시체는 가비지라고 할 수 있다. 만약 사람이 죽을 때 그 시체를 땅에 묻어서 '자연'으로 되돌려 보내지 않으면 결국 살아 있는 사람이 사용해야 할 자원이 고갈되어(온 세상에 시체들이 널려있어서 발 디딜 틈이 없다고 생각하면 ...) 큰 문제를 야기할 것이다. 이 상황은 한정된 자원을 가지고 있는 컴퓨터의 경우도 마찬가지이며 가비지 컬렉션을 수행하지 않으면 실행시에 메모리 부족 현상이 생긴다. ... 그리고 허상 참조에 대한 설명은 다음과 같이 비유될 수 있다. 만약 '홍길동'이라는 사람이 죽어서 천당에 가 있는데 '홍길동'이 살고 있던 동사무소에서 그 사실을 모른채 '홍길동'에게 '예비군 훈련 통지서'를 발송하였다면 어떻게 될 것인가?"

```
procedure ex;
var a: ^integer;
begin
    new(a);
    a^ := 10;
end;
```

앞에서 프로시져 ex의 실행이 끝나면, 변수 a는 해제되므로 a^는 프로그램에서 더 이상 참조할 수 없다. 유사한 상황이 다음과 같이 C 언어의 블록에서 발생한다.

```
{ ...
    {
        int *a;
        a = (int *) malloc(sizeof(int));
        ...
    }       /* *a는 접근 불가능 */
}
```

때에 따라서는 다음과 같이 부주의로 인해 사용하지 않을 기억 장소를 제대로 해제하지 않은 경우에도 발생한다[87].

```
int *p, *q;
p = (int *)malloc(sizeof(int));
q = (int *)malloc(sizeof(int));
*p = 10;
*q = 50;
p = q;
```

[그림 5-6]과 같이 마지막 배정문에 의해 p는 q가 가리키던 기억 장소를 가리키게 된다. p와 q는 동일한 변수를 가리키므로 p는 q의 별명이다. 마지막 배정문에 의해서 p의 값이 변하므로 p는 더 이상 이전에 가리키던 기억 장소를 가리키지 않는다. 그 결과로 이전에 가리키던 장소는 해제되지 않은 상태로 머물게 된다.

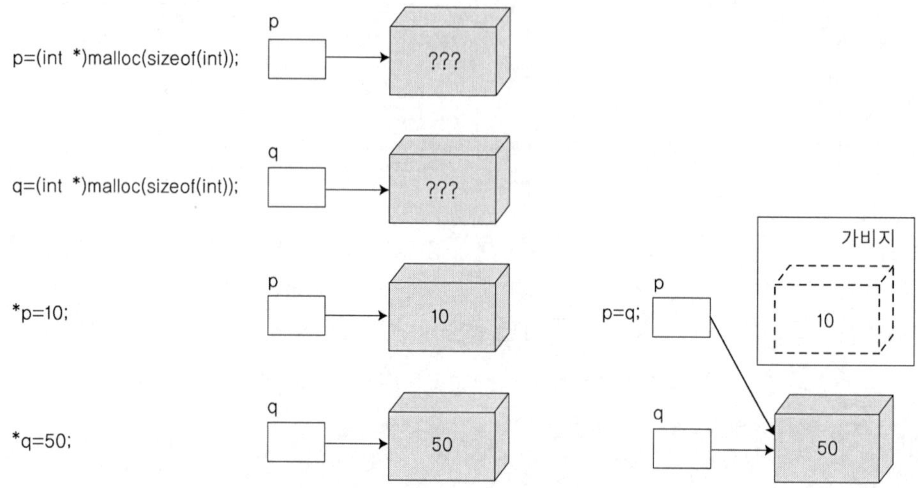

[그림 5-6] 가비지의 발생

가비지는 프로그램의 실행 시에 기억 장소가 낭비되지만 허상 참조를 가지는 프로그램보다는 문제가 작을 수 있다. 가비지를 생성하는 프로그램은 내부적으로 바르게 동작하므로 기억 장소가 부족하지 않다면 바른 결과를 생성할 수 있다. 그러나 기억 장소가 부족하면 실행이 중단된다. 반면에 허상 참조를 가지는 프로그램은 실행은 되나, 내용이 바뀌거나 위치를 알기 어려워 실행 시간 오류를 야기한다. 따라서 틀린 결과를 낼 수 있다.

프로그래머에 의해 잘못 사용된 기억 장소 해제 요구는 허상 참조의 원인이므로 제거하고, 가비지는 다음에 기억 장소를 이용하기 위해 자동적으로 재활용하는 것이 필요하다. 가비지를 자동적으로 재활용하는 시스템을 **가비지 수집**이라고 하고, 일상생활에서의 **쓰레기 재활용**과 유사하므로 **쓰레기 수집** 혹은 **이삭 줍기**라고 번역하기도 한다.

블록 구조 언어에서 기억 장소의 스택 기반 관리는 간단한 가비지 수집을 이미 수행하고 있다고 볼 수도 있다. 그 이유는 자동 변수의 영역이 끝났을 때 그 변수가 차지한 기억 장소가 추출되어 재활용되기 때문이다. 전통적으로 함수 언어인 LISP 시스템에서 가비지 수집 방법을 도입하였다. 실제로 LISP에서는 기억 장소의 모든 할당과 해제를 자동적으로 수행한다. 객체 지향 언어에서 프로그램의 실행 시에 기억 장소의 재활용을 위하여 가비지 수집기를 활용하는 경우가 Smalltalk, Simula 67, Eiffel, 그리고 최근의 Java와 C#에 있다.

그러나 C++는 예외적으로 C의 기억 장소 할당과 해제 규칙을 그대로 이용한다. Ada는 Pascal이나 C처럼 수동적인 기억 장소의 할당과 해제뿐만 아니라 동시에 가비지 수집기의 사용을 지원하도록 설계되었다.

명시적인 기억 장소 해제를 지지하는 이유는 구현의 단순성과 실행 속도 때문이다. 자동적인 가비지 수집의 구현은 언어 구현이 복잡해지며 가비지 수집이 많은 실행 시간을 소비한다. 그러나 자동적인 가비지 수집을 지지하는 이유는 명시적인 해제에 따르는 오류 때문이다. 객체가 너무 일찍 해제되면 허상 참조 및 메모리 누수를 야기하고, 이러한 해제 오류는 발견하여 수정하기 어렵다. 시간이 흘러감에 따라 가비지 수집이 프로그래밍 언어에 필수적인 기능으로 인식되게 되었고, 가비지 수집 알고리즘은 실행 시간 오버헤드를 줄이는 방향으로 발전되었다.

가비지 수집에는 여러 가지 기법이 존재한다. 가장 많이 쓰이는 두 가지 방법은 **참조 계수(reference count)**와 **표시 후 청소(mark-and-sweep)** 알고리즘이다.

참조 계수 알고리즘은 다소 간단하다. 각 객체는 자신을 가리키는 객체의 개수를 가진다. 참조 계수가 0이 되면 이 객체의 기억 장소는 해제될 수 있다. 이것은 해당 객체를 참조하고 있는 객체가 더 이상 없어 접근 불가능하다는 것을 의미한다. 참조를 추적하기 위해 각 객체는 참조 계수를 유지해야 할 필요가 있다. 당연히 이 점은 계수기의 유지와 참조가 추가될 때마다 계수를 증가시키고, 참조가 없어질 때마다 감소시켜야 하는 참조 계수의 갱신 작업에 따르는 오버헤드를 야기한다. 그러나 참조 계수 알고리즘의 장점은 가비지 수집 오버헤드가 분산될 수 있다는 점이다. 즉, 작업을 멈추고 해제 작업을 하는 상태가 없다는 것이다. 또 다른 장점은 참조 계수가 0인 객체에 대해서 즉시 해제 작업이 가능하므로 공간 활용이 향상된다.

그러나 단점도 있다. 가장 심각한 단점은 원형 참조로, 객체들은 직접적이거나 간접적으로 여러 참조 체인을 통해서 자기 참조가 될 수 있다. 만일 이러한 체인상의 객체들이 루트나 진입점으로부터 접근이 불가능한 가비지이면 전체 체인에 대해 해제가 불가능하다. 이러한 잠재적인 문제를 해결하기 위한 특별한 알고리즘이 필요하지만, 오버헤드를 증가시키고 더욱 복잡해진다. 다른 문제는 물론 참조의 증가 및 감소로 인한 오버헤드이다. 만일 특정 객체의 참조 계수가 0이면, 해당 객체가 참조하는 각각의 객체에 대해 참조 계수를 감소시켜야 한다. 이러한 객체들의 참조 계수가 0이 되면 동일한 반복 작업이 각 객체에 대해 적용되어야 한다. 참조 계수 알고리즘은 Smalltalk과 같은 객체 지향 언어의 초기 구현에 적용되었지만, 그 이후에는 더 이상 사용되지 않게 되었다.

여전히 많이 사용되는 다른 가비지 수집 알고리즘으로 표시 후 청소 알고리즘이 있다. 이 방법은 기억 장소를 해제하기 위해 전역적인 정보를 사용한다. 이 기법은 매우 단순하고 세련된 방법이다. 기억 장소를 해제하기 위해 두 단계가 필요하다. 첫 번째, 표시 단계는 실행 환경의 루트 객체로부터 접근 가능한 모든 객체에 표시를 하는 단계이다. 표시된 모든 객체들은 살아 있는 객체가 된다. 두 번째, 청소 단계는 표시되지 않은 객체에 대해 기억 장소를 해제하고, 현재 표시되는 살아 있는 객체들이 표시를 없애고 기억 장소 공간을 압축한다.

표시 후 청소 알고리즘은 원형 참조 문제가 발생하지 않는다. 만약 한 객체가 루트 객체로부터 접근 불가능하면, 해당 객체는 자동으로 가비지 수집이 된다. 또 다른 장점은 두 번째 단계에서 기억 장소가 압축될 수 있다는 점이다. 그러나 다른 문제점을 가진다. 가장 심각한 것은 기억 장소가 모두 소진되었을 때 발생하는 오버헤드이다. 이 시간은 할당되는 전체 기억 장소에 비례하고, 살아 있는 객체와 죽은 객체 모두에 대해 오버헤드가 있는데, 이러한 오버헤드는 상당하다.

5.7 집합 타입

프로그래밍 언어에서 집합은 공통된 타입의 임의의 원소들을 순서 없이 모은 것이다. Pascal과 Modula-2만이 집합을 내장 데이터 타입으로 갖는다. Pascal의 집합 타입(set type)은 각 색인의 위치를 베이스라고 부르는 부분범위 타입이나 열거 타입의 한 상수를 나타내는 불리안 압축 배열(packed array)과 같은 것이다. 베이스에서 상수의 수가 불리안 값의 수를 결정한다.

다음과 같은 예를 들어보자.

```
type africa = (libya, egypt, algeria, sudan, niger, chad, mali, nigeria, rwanda,
               kenya, gabon, burundi, angola, mozambique, union_s_africa);
   countries = set of africa;
var c1, c2, c3: countries;
    combine, common: countries;
c1 := [libya, algeria, niger, angola];
c2 := [libya, algeria, sudan, chad, angola];
c3 := [libya, mali, nigeria, gabon, angola];
combine := c1 + c2;
common := c1 * c2 * c3;
```

다음에서 0은 거짓을 의미하고 1은 참을 의미한다.

```
* 연산자는 교집합 연산자
+ 연산자는 합집합 연산자
베이스 타입인 africa의 개수(cardinality)는 15
combine과 common 값의 원소의 수는 15
각 원소의 크기는 1 비트
c1의 표현은 101010000000100
c2의 표현은 101101000000100
combine의 표현은 101111000000100
common의 표현은 100000000000100
```

v in S는 v와 일치하는 S의 위치에 저장된 불리안 값이다. **if** gabon **in** common **then** S1 **else** S2는 gabon이 common country에 속하는지의 여부를 결정한다. **합집합 연산자 +**는 or에 의해 구현되고, **교집합 연산자 ***는 and에 의해 구현된다.

C는 집합 타입을 포함하지 않지만, &, |, ^, ~와 같이 기계어 수준에서의 비트 단위 연

산자의 접근을 허용한다. 이것들은 임의의 타입의 값에 적용될 수 있다.

Ada는 집합 타입을 갖지 않는다. 불리안 1차원 배열 타입은 특별한 의미를 가지고 논리 연산자 and, or, xor, not이 적용되는 것을 허용한다. 관계 연산자도 마찬가지이다.

5.8 타입 시스템

프로그래밍 언어의 **타입 시스템**은 타입과 식을 결합하는 규칙의 집합이다. 타입 시스템은 타입과 식이 결합되지 않는 식은 거부한다. FORTRAN의 타입 시스템은 명시적인 선언뿐만 아니라 묵시적인 선언도 허용하나 이것은 위험하다. 비록 FORTRAN이 서브루틴의 형식 매개변수의 타입을 안다고 하더라도, 분할 컴파일은 실제의 호출의 매개변수와 형식 매개변수의 타입을 일치하는 것을 검사함으로써 이를 방지한다. 요약하자면 타입 시스템이 존재하지만 약한 형태이다.

이에 비해 Pascal의 타입 시스템은 상당히 확대되어 명시적인 선언이 요구된다. 실 매개변수와 형식 매개변수 사이의 타입의 일치는 컴파일 시간에 검사된다. 식의 타입은 배정문의 왼쪽 변수 타입과 일치해야 한다. 실제로, Pascal은 강 타입을 달성하였다. 즉, 프로그램의 모든 변수의 타입은 컴파일 시간에 결정될 수 있다.

그러나 불행히도, Pascal은 강 타입의 목표를 완전하게 달성하지는 못했다. 그 이유는 다음과 같다.

- 프로시져 매개변수의 타입이 컴파일 시간에 결정될 수 없다.
- 부분범위의 값이 정적으로 검사될 수 없다.
- 가변 레코드를 정적으로 검사하는 것은 불가능하다.

타입 시스템에 관한 다른 연구 주제들이 존재한다. 이들은 다음과 같다.

- **타입에 대한 연산**: 정의된 타입에 대해서 어떤 연산이 가능한가? 예를 들면, Arr1이라고 하는 배열 타입에 대해, 우리는 차원의 수 혹은 차원의 하한과 상한에 관해 조사할 수 있는가? 이다.
- **타입 일치성(Type compatibility)**: 때때로 편리하게 상이한 타입의 변수를 섞는 것이 가능할 수도 있고, 때로는 불가능 할 수도 있다. 언어는 두 타입의 변수들이 양립할 수 있는가의 여부에 대한 규칙을 정의해야 한다.
- **강제 변환(Coercion)**: 타입의 강제 변환은 프로그래밍 언어에 자동적으로 삽입되어 하나의 타입을 다른 타입으로 변환하는 것이다. 확장(widening)은 정의역에 있는 모든 값이 치역

에 상응한 값을 가지는 것이다. 축소(narrowing)는 정의역에 있는 일부 값이 치역에 존재하지 않는 것이다. C언어의 캐스트는 하나의 타입이 프로그램에 의해 명시적으로 제공되는 타입으로 변환되는 것이다. 이에 관한 구체적인 연구 주제는 명시적 타입 변환이 허용되는가? 그리고 어떤 형태의 변환이 언어에 제공되는가? 이다.

- **중복정의(Overloading)**: +와 *와 같은 내장 연산자나 사용자 정의 프로시져 이름이 상이한 문맥에서 서로 다른 의미를 가질 수 있다.
- **다형성(Polymorphism)**: 다형(polymorphic) 함수는 매개변수 타입(parameterized type)을 가지고, 또한 포괄 타입(generic type)이라고 부른다.

5.8.1 C와 Ada에서 타입에 대한 연산

C는 타입에 대해 하나의 연산만을 제공한다. 즉,

```
T1 *pt1, *pt2;                          /* pt1, pt2는 T1 타입에 대한 포인터 */
pt1 = (T1*) (malloc(sizeof T1));
```

malloc은 T1의 크기만큼 기억 장소를 취해 리턴되고, 리턴 포인터는 타입 T1으로 명시적으로 캐스트되고, 따라서 pt1으로 치환이 가능하다.

```
pt2 = (T1*) (calloc (n, sizeof T1));
```

그 결과 타입 T1인 n개의 객체 배열을 할당받아 pt2에 참조를 저장한다.

Ada에서 타입에 대한 연산은 다음과 같다.

	속 성	의미
임의의 타입:	'storage_size	기억 장소의 크기
	'size	비트의 수
정수 타입, 부분범위 타입, 그리고 열거 타입	'first	최솟 값
	'last	최댓 값
부동 소수점 타입	'digits	가수에서 십진 자리 수
	'emax	최대의 지수 값
	'epsilon	두 개의 연속적인 값 사이의 차이[4)]
	'large	가능한 최댓 값
배열 타입	'first(N)	N번째 색인의 하한
	'last(N)	N번째 색인의 상한

5.8.2 타입 일치성

초기의 K&R C에서 타입은 기본적으로 기억 장소 할당과 접근을 위해 사용되었다. 타입이 선언되면 컴파일러는 적절한 객체 코드를 생성한다. 프로그래머가 정의한 함수에 대한 매개변수는 전혀 검사되지 않는다. 함수 호출 시 매개변수의 수가 틀리거나, 타입이 틀리거나, 혹은 순서가 틀릴 수 있으나 컴파일 시간에 검출되지 않는다. 또한 포인터는 상이한 타입의 객체를 가리킬 수 있다.

```
struct runny { int a; int b; } *r;
struct funny { int a; float c; } *f, ff = {2, 3.1};
f = &ff;              /* f는 ff를 가리킨다*/
r = f;                /* r은 ff를 가리킨다, 그러나 r은 틀린 타입을 가리킨다. */
f -> c;               /* 구조체 f의 두 번째 필드 float의 선택 */
r -> b;               /* 구조체 r의 두 번째 필드 int의 선택 */
```

이 예제를 실행시키면 네 번째 줄에서 "illegal structure pointer combination"라는 오류 메시지나 혹은 이와 유사한 의미의 메시지를 얻는다. 만일 이 줄을 주석으로 묶으면, 나머지는 오류 없이 컴파일된다.

Welsh가 제기한 타입 동등(type equivalence) 문제는 다음과 같다.

```
type T = array[1..100] of integer;
var x, y: array[1..100] of integer;
       z: array[1..100] of integer;
       w: T;
```

여기에서 네 변수 w, x, y, z의 타입이 동일한가? 아니면 x와 y만 동일한가? Pascal 보고서에는 이런 질문에 대한 아무런 해답도 주어지지 않았다. 이 문제를 해결하기 위한 두 가지 방법으로 **이름 동등(name equivalence)**과 **구조 동등(structure equivalence)**이 있다.

이름 동등은 다음과 같은 규칙이 성립한다. 두 변수가 동일한 선언문에서 함께 선언되거나 타입 이름이 동일하다면, 두 변수의 타입은 동일하다. 역으로 두 변수의 타입이 동일하다면, 두 변수가 함께 선언되거나 동일한 타입 이름을 가진다. 혹은 만일 하나의 변수가 다른 변수의 부분 범위라면 두 개의 변수가 동일한 타입을 가진다. 이 규칙에 따르면 앞의 예에서 x와 y의 타입은 동일하나 나머지 변수의 타입과는 다르다.

---

4) epsilon은 부동 소수점의 부분타입(subtype)에만 적용된다. model number 1.0과 다음의 model number 사이의 차이의 절대 값이다. model number는 2-B이고 여기에서 B는 2-B<=0.5*10-D를 만족하는 최소수이다. 여기에서 B는 이진 자리수이고 D는 십진 자리수이다.

또 다른 예를 살펴보자.

```
var startdate, enddate :
        record
        month : 1 .. 12;
        day : 1 .. 31;
        year : 1900 .. 2000;
        end;
    odddate :
        record
        month : 1 .. 12;
        day : 1 .. 31;
        year : 1900 .. 2000;
        end;
```

여기에서 startdate와 endddate는 동일한 타입이지만, odddate는 그렇지 않다. 다음과 같이 타입 정의를 올리거나 재 구조화하여 동등하게 할 수 있다.

```
type date =
    record
     month : 1 .. 12;
     day : 1 .. 31;
     year : 1900 .. 2000;
    end;
var startdate, enddate : date;
     odddate : date;
```

구조 동등은 다음과 같은 규칙이 성립한다. 두 변수가 동일한 타입을 가진다면, 그들의 타입의 구성 요소(components)가 동일하다. 역으로 두 변수의 타입의 구성 요소가 동일하면, 두 변수는 동일한 타입을 가진다. 이 규칙에 따르면 Welsh가 제기한 사례에서 w, x, y, z는 모두 동일한 타입을 가진다. 또 다른 예를 들면 다음과 같은 것이다. 여기에서 minutes와 seconds는 동일한 타입으로 정의된다. 구조적으로는 동일한 타입이지만, 개념적으로는 상이하다고 간주될 수 있다.

```
type minutes = 1 .. 60;
     seconds = 1 .. 60;
```

이름 동등과 구조 동등의 중간에 해당하는 타입 일치성 결정 방법을 **선언 동등(declaration**

equivalence)이라고 한다. 이 경우에는 이름 동등 개념에 추가하여 재 선언을 하여 원래의 구조를 그대로 유지하는 경우에도 원래의 데이터 타입과 동일하다고 간주하는 방식이다.

```
type T1 = array[1..100] of integer;
type T2 = array[1..100] of integer;
type T3 = T2;
```

앞의 예에서 구조 동등의 관점에서는 T1, T2, T3가 모두 타입이 동일하다고 간주되지만, 선언 동등 관점에서는 T2과 T3가 동일하다고 간주되며, 이름 동등 관점에서는 모두 서로 다른 타입으로 간주한다.

Ada, Modula-2, C++는 이름 동등을 이용하고, C는 구조체, 열거, 공용체에 대해서는 이름 동등을 적용하고, 이들을 제외하고는 구조 동등을 이용한다. 다만 두 개의 구조체, 열거, 공용체가 다른 파일에 정의된다면 구조 동등이 적용된다. Pascal은 타입 동등 여부를 결정하는 규칙을 제공하지 않는다. 이것은 컴파일러에 달렸다. 이름 동등은 최근 언어에서 더 인기 있는 접근 방법으로 Java, C#, Pascal의 파생 언어 대부분에서 이를 사용한다.

5.8.3 C의 캐스트와 타입 변환

C에서, 하나의 타입의 값은 여러 가지 방식으로 다른 타입의 값으로 변환될 수 있다:

- 명시적인 캐스트 식이 사용될 수 있다, 예를 들면 i = (int) f;는 f에 의해 유지된 실수값을 정수로 변환하고, i에 배정한다.
- 식의 피연산자가 묵시적으로 다른 타입으로 변환되고 나서 다음 연산에 이용될 수 있다. 예를 들면 정수와 실수의 곱은 먼저 정수를 실수로 변환할 것이다.
- 함수의 실 매개변수는 해당하는 형식 매개변수의 타입으로 묵시적으로 변환될 수 있다.
- 함수로부터의 리턴 값은 리턴 타입으로 묵시적으로 변환될 수 있다.

어떤 변환은 표현에 있어서 아무런 변화를 야기하지 않을 수 있다. 예를 들면, 만일 u가 unsigned u;로 선언된다면, (int) u는 비트 패턴에는 아무런 변화 없이 unsigned를 정수 타입으로 승급(promote)한다. 그러나 만일 unsigned 값이 최대 정수 값보다 크다면 결과는 정의되지 않는다.

대신, 만일 예를 들어 (unsigned) i와 같이 정수를 부호 없는 수로 캐스트한다면, 이것은 비트 패턴에 변화 없이 int를 unsigned로 표시할 것이다. 그러나 결과는 음수에 대해서는 정의되지 않는다.

문자 타입을 정수 타입으로 변환할 때 1 바이트로부터 2 바이트나 4 바이트의 정수로 크기 승급이 일어날 수 있다. 정수 타입이 실수 타입으로 변환될 때, 크기에서의 증가뿐만 아니라, 부호화(encoding)에서 전체적인 변경이 일어난다. 유사하게 만일 float f; 라고 선언되었다면, (int) f는 실수를 정수로 변환하는 것이므로 분명히 절단(truncation)이 발생할 것이다.

강제 변환이 발생하는 상황을 다음과 같이 요약할 수 있다.

1. 변환은 위에서 보인 것처럼 명시적인 캐스트에 의해 일어날 수 있다.
2. 변환은 배정문의 좌측 식의 타입이 우측의 타입과 일치해야 한다는 규칙에 의해 일어날 수 있다. 만일 아니라면, 변환이 시도된다.
3. 변환은 연산자가 적용될 수 있도록 피연산자에 대해 일어날 수 있다. 이항 연산자뿐만 아니라 단항 연산자에 관한 변환도 존재한다.
4. 변환은 함수 호출의 매개변수에 대해서도 일어날 수 있다.

타입 변환을 제공해야 하는지의 여부에 대해서는 상반된 두 가지 견해가 있다. Pascal과 Ada에서는 변환이 거의 제공되지 않는다. 타입 불일치의 경우 몇 가지 예외를 제하고는 오류로 취급한다. C에서 타입 변환은 하나의 규칙이다. 타입 불일치는 컴파일러가 적절한 변환 연산을 찾아 타입을 변경하는 코드를 삽입한다. 변환이 가능하지 않는 경우의 불일치는 오류로 처리된다. Java에서는 int 변수와 float 변수가 더해질 때, int 변수의 값이 float로 강제 변환되고, 부동소숫점 덧셈이 이루어진다.

C#에서 불리안 타입은 같은 데이터 타입 이외에 다른 타입으로의 변환이 금지된 데이터 타입이다. 묵시적 타입 변환과 명시적 변환 등 어느 방법을 사용해도 다른 타입으로 변환될 수 없다. C#의 데이터 타입은 값을 저장하는 방식에 따라 크게 값 타입(수치, 문자, 불리안, 열거, 구조체 타입)과 참조 타입(클래스, 인터페이스, 델리게이트, 배열 타입)으로 구분할 수 있으며 이들 사이의 타입 변환을 박싱과 언박싱이라고 부른다. 박싱은 값 타입의 데이터를 참조 타입으로 변환하는 것을 의미하며 컴파일러에 의해 묵시적으로 실행된다. 반대로 언박싱은 참조 타입을 값 타입으로 변환하는 것을 의미하며 반드시 캐스팅을 통하여 명시적으로 실행된다. 스택에 할당되는 값 타입은 신속하게 데이터에 접근할 수 있는 반면에 힙에 할당되는 참조 타입은 데이터 관리의 효율성을 지닌다. C#에서는 값 타입과 참조 타입의 변환을 쉽게 하면서 시스템의 단일화를 달성하려 한다.

타입 불일치는 평범한 오류이며 많은 데이터 타입을 가진 언어에서 타입 변환이 필요하다. 그러나 타입 불일치는 미묘한 문제를 야기한다. 자동 변환은 프로그래머에게 사소한 문제에 신경 쓰지 않게 하는 장점이 있다. 그러나 컴파일 과정에 프로그래머의 주의를 환기시킬 기회를 제거하므로 심각한 프로그래밍 오류를 놓칠 수 있다.

프로그래밍 언어의 타입 오류가 항상 탐지되면 강 타입 언어(strong typed language)라고 하고, 모든 피연산자의 타입이 컴파일 시간이나 실행 시간에 결정될 수 있어야 한다.

강 타입 언어는 타입 오류를 유발할 수 있는 변수의 모든 잘못된 사용을 탐지할 수 있는 기능이 있다.

FORTRAN 95는 EQUIVALENCE에 포함된 변수 값의 타입을 검사하는 기능이 없기 때문에 강 타입 언어라고 할 수 없다. Ada는 프로그래머의 특별한 요구에 의해 타입 검사 규칙을 어기는 것을 예외적으로 허용하기 때문에 거의 강 타입 언어라고 정의한다. C와 C++는 공용체 타입의 경우 타입 검사가 되지 않기 때문에 강 타입 언어라고 할 수 없다. ML은 강 타입 언어이다. Java와 C#은 Ada와 같은 의미에서 강 타입 언어이다.

5.8.4 중복정의된 연산자

연산자 기호가 두 가지 방식 이상으로 사용될 수 있을 때, 이것을 **연산자 중복정의(operator overloading)**라고 부른다. 이러한 중복정의는 자연스러운 원래의 표기법을 지원하기 위한 것이다.

FORTRAN에서 덧셈 연산자는 정수, 실수, 복소수, 배정밀도 인자를 포함하는 식을 형성하기 위해 사용되었다. 이것을 혼합 양식(mixed mode) 산술 연산이라 하고, 강제 변환 규칙에 대한 요구로 귀결된다. 강제 변환은 묵시적인 타입 변환이고 캐스트는 명시적인 타입 변환이다.

피연산자	강제 변환
INTEGER, REAL	INTEGER를 REAL로 변환
INTEGER, COMPLEX	INTEGER를 COMPLEX로 변환
INTEGER, DOUBLE	INTEGER를 DOUBLE로 변환
REAL, DOUBLE	REAL을 DOUBLE로 변환
REAL, COMPLEX	REAL을 COMPLEX로 변환
COMPLEX, DOUBLE	허용되지 않음

C에서 & 연산자는 주소 연산자와 비트별 **and** 연산자로 중복정의 되었다. 대부분의 언어에서 단항 minus 연산자와 이항 minus 연산자를 서로 구분할 수 없다. 그 밖의 일부 구분하기 어려운 차이가 있다. ISUM이 수들의 합이고 ICOUNT가 개수라고 가정하자. AVG =ISUM/ICOUNT와 같은 경우 그들의 평균은 분수 부분을 가질 수 있다. FORTRAN에서 이것은 소수 부분이 없는 실수를 내고 절단이 행해진다. Pascal에서 슬래시(/)는 실수 나눗셈을 수행하고 분수 부분은 유지된다. 연산자 **div**는 동등하다. Ada와 Modula 2는 AVG:=float(ISUM)/float(ICOUNT)와 같이 프로그래머가 명시적인 강제 변환을 수행하도록 한다.

Ada, C++, C#, Python과 Ruby와 같은 일부 언어에서는 프로그래머가 연산자를 중복정의할 수 있다. 예를 들어, 정방 행렬의 덧셈, 뺄셈, 곱셈을 위한 연산자를 +, −, *에 각각 중복정의할 수 있다. 그 결과 X:=A*B+C와 같은 식이 두 개의 n×n 행렬을 곱하고 그 결과를 n×n 행렬 C에 더하고, 그 결과를 X에 저장하는 것을 나타내도록 정의할 수 있다.

Ada는 대부분의 연산자가 중복정의를 허용하는 반면에 단축 연산자인 **and then**과 **else or**, 그리고 집합에 속하는지를 검사하는 연산자 **in**은 중복정의할 수 없다. 구체적인 중복정의 방법을 알아보자.

예를 들어, * 연산자를 행렬의 곱셈으로 중복정의하기 위해서는 다음과 같은 함수를 선언한다.

```
function "*"(X, Y: MATRIX) return MATRIX;
```

이것은 이항 연산자 *가 두 개의 행렬을 매개변수로 취하고, 그 결과로 행렬을 리턴한다는 의미이다. 물론 새로운 데이터 타입인 MATRIX는 미리 선언되어야 하고, 실제의 행렬 곱셈을 수행하는 부분을 별도로 작성해야 한다.

C++에서는 기본적인 타입들에 정의된 내장 연산자의 의미를 변경하여 프로그래머가 정의하는 객체들이 이용할 수도 있다. 간단한 산술 연산자뿐만 아니라, 논리 연산자, 색인 연산자 [ ] 등도 자신의 클래스에 맞게 정의할 수 있다.

먼저 효율성을 고려해서 사용자가 정의한 복소수 타입에 대한 단항 연산자 +=, *=의 구현과, 이를 이용한 이항 연산자 +의 구현에 대해 간단하게 알아본다.

```
class complex{
        int real;
        int imag;
public:
        ...
        void operator+=(complex& addee)
        {real += addee.real; imag += addee.imag;}
        void opeartor-=(complex& addeee)
        {real -= addee.real; imag -= addee.imag;}
        void operator*=(complex&);
        void operator/=(complex&);
        ...
};
```

연산자 +=, -=는 인라인으로 구현했고, 연산자 *=, /=는 클래스 정의 외부에 실행 부분을 정의했다. 다음과 같이 복소수 객체간의 연산이 가능하다.

```
complex a, b;
...
a += b;
b *= a;
```

다음에는 이항 연산자 +를 중복정의한 예이다.

```
class complex{
        ...
public:
        ...
friend complex& operator+(complex&, complex&);
        ...
};
complex& operator+(complex& a, complex& b)
{
        complex r = a;
        r += b;
        return r;
}
```

이 경우는 복소수 객체 a, b, c에 대해 다음의 첫 번째 방법을 이용해야 하지만, **사용상의 편리(syntactic sugar)**를 위해 두 번째 방법으로도 사용이 가능하다.

```
c = operator+(a, b);
c = a + b;
```

다시 말하면, Ada에서 A + B는 "+"(A, B)를 줄인 것이고, C++와 C#에서 A + B는 A.operator+(B)를 줄인 것으로 여기에서 A는 operator+ 함수를 정의하는 클래스의 인스턴스이다.

연산자 중복정의와 관련하여 C++에서 기본 타입에 대한 연산들의 의미를 해당 클래스에 맞게 중복정의한 후에도 이들 사이의 우선순위는 원래 연산자들간의 우선순위와 일치한다.

5.8.5 다형성

다형성은 하나의 연산자나 함수가 여러 가지 데이터 타입의 객체에 적용될 수 있음을 말하며, 여러 가지 데이터 타입의 객체에 적용될 수 있는 연산자를 다형 연산자(polymorphic operator)라고 하고, 함수의 경우에는 다형 함수(polymorphic function)라고 한다. C++에서는 연산자도 하나의 함수로 간주하므로 특별한 경우를 제외하고는 다형 함수라는 용어만 사용한다.

사용자는 다형 함수를 적용할 수 있는 데이터 타입에 대해 자세히 알 필요가 없으며, 그 함수의 구현에 관한 세부 사항은 무시하고 단지 그 함수가 무엇을 하는 것인가 만을 알면 된다. 일반적으로 세 가지 종류의 다형성을 지원하는데, 중복정의나 묵시적인 강제 변환과 같은 특수 다형성(ad hoc polymorphism), 상속을 통한 함수 재정의와 같은 서브타입 다형성(subtype polymorphism), 그리고 템플릿과 같은 매개변수 다형성(parametric polymorphism)이 있다. 앞 절에서 살펴본 연산자 중복정의에 이어서 함수 중복정의는 8장에서 다루기로 한다. 우선 간단하게 소개하기 위해 다음 프로그램 코드를 살펴보자.

```
intarray : array [1..10] of integer;
realarray : array [1..10] of real;
chararray : array [1..10] of vhar;
function sort(a : intarray);
function sort(a : realarray);
function sort(a : chararray);
```

각 함수는 동일한 방식으로 수행된다. 단지 정렬되는 항목의 타입이 상이하다. 그 밖에 보편적인 다형성은 매개변수 다형성이나 포함 다형성(inclusion polymorphism)이다. 매개변수 다형성은 함수가 타입을 매개변수로 가지는 것을 허용한다. 예를 들어, Ada는 포괄(generic) 함수를, C++는 템플릿을 지원한다. 자세한 내용은 8장에서 다루기로 한다.

학습정리

- 타입은 변수들의 집합과 이 변수들에 대한 연산들의 집합이다. 언어 설계자가 해결해야 할 문제 중의 첫 번째는 언어 내에 이러한 타입들을 어떻게, 무엇을 포함시키는가 여부이다. 두 번째 중요한 주제는 기본 타입들을 구조화 타입으로 어떻게 확장시키는 가이다. 세 번째 주제는 사용자 정의 타입을 만들기 위해 어떤 기능을 제공할 것인가이다.
- 대부분의 언어에서 제공되는 배열은 이름, 차원, 요소의 타입, 색인의 타입과 범위 등으로 특징지을 수 있다. 레코드는 이질적인 데이터의 모임이다. 공용체는 서로 다른 타입의 값을 상이한 시간에 공유 기억장소에 저장할 수 있는 타입이다. 포인터의 기본적인 용도는 간접 주소 지정과 동적 기억 장소 관리 기능이다. 포인터 변수가 더 이상 의미없는 것을 가리키고 있을 때, 이 포인터를 허상 포인터 혹은 허상 참조라고 한다. 가비지는 할당되었으나, 프로그램에서 접근할 수 없는 기억 장소이다. 이러한 문제를 때로는 메모리 누수라고 한다. 가비지는 프로그램의 실행 시에 기억 장소가 낭비되지만 허상 참조를 가지는 프로그램보다는 문제가 작을 수 있다.
- 프로그래밍 언어의 타입 시스템은 타입과 식을 결합하는 규칙의 집합이다. 타입 시스템은 타입과 식이 결합되지 않는 식은 거부한다.

연습문제

1. 자신이 주로 사용하는 컴파일러에서 기본 데이터 타입의 크기를 확인하는 프로그램을 작성하라.

2. C, C++, Java의 불리안 타입을 비교하라

3. Ada, C, Java, C#의 열거 타입을 비교하라.

4. 5.2절에서 제시한 배열 설계에 관련된 주제를 중심으로 각종 언어의 배열 타입에 대해 기술하라.

5. 배열의 시작주소가 1245036이고, 색인이 0부터 시작하는 1차원 배열 sale에서 sale[2] 요소의 주소를 계산하라. 배열 요소의 크기는 4바이트이다.

6. 배열의 시작주소가 1245036이고, 행과 열의 색인이 0부터 시작하는 2차원 배열 sale에서 sale[1][1] 요소의 주소를 계산하라. 배열 요소의 크기는 4바이트이다.

7. 3차원 배열에서 배열 요소의 주소를 계산하는 방법을 저장 방법에 따라 수식으로 표현하라.

8. 색인의 바인딩과 배열 유형을 정리하라.

9. 다음의 Pascal 선언에 대해 각 변수들의 타입 일치성을 검토하라.

```
type fromto = -10..10;
     oldtable = array[fromto] of char;
     newtable = oldtable;
var a, b: array[-10..10] of char;
    c: oldtable;
    d: newtable;
    e: fromto;
    f: -10..10;
```

10. 포인터 타입의 장단점을 기술하라.

11. C++나 C#을 이용하여 연산자를 중복정의하는 프로그램을 작성하라.

chapter 6

식

[학습목표]

- 전위형, 중위형, 후위형의 식의 형식에 대해 알아본다.
- 연산자의 계산 순서를 결정하는 우선순위에 대해 알아본다.
- 연산자의 계산 순서를 결정하는 추가적인 제어 규칙인 결합 규칙에 대해 알아본다.
- 프로그래밍 언어 설계의 논쟁 거리 중의 하나인 부작용에 대해 알아본다.
- 모든 연산자와 피연산자를 평가하지 않아도 되는 단축 계산에 대해 알아본다.

식은 연산자와 피연산자의 모임으로 결과 값을 갖는다. A에 1을 더하는 식을 작성하는 문법은 아래와 같이 다양하다.

LISP	(+ A 1)	전위형(prefix form)
C	A + 1	중위형(infix form)
FORTH	A 1 +	후위형(postfix form)

+ 연산자는 두 개의 인자를 갖는 함수로 생각될 수 있다. LISP는 함수로서 그러한 연산자를 취급하여 표현의 균일성을 얻는다. 더욱이, 함수처럼 +는 다중 인자를 가질 수 있고, (+ A 13 B 5)는 A+13+B+5로 계산된다.

Pascal, Ada, C와 같은 언어는 전통적인 수학적 표기법을 채택하는 것을 선호하므로 +, -, * 등과 같은 연산자가 피연산자 사이에 오는 중위형으로 작성되는 반면에, 함수는 sqrt(x)와 같이 전위형으로 작성된다.

식에 관한 3가지 주요 연구 주제는 **표기법(notation)**, 연산자의 **우선순위**, **결합 규칙(associativity)**이다.

일반적인 **평가 규칙(evaluation rule)**은 모든 인자가 먼저 평가되고 그리고 나서 연산이 적용된다. 이것은 식과 함수에 대해서는 사실이다. 그러나 일부 예외가 있다. 예를 들어, if-then-else(x, y, z)와 같은 3항 연산자는 함수로 생각될 수 있으나 특별한 경우이다. 왜냐하면, 세 개의 매개변수 중 단지 두 개만이 평가되기 때문이다. 다른 평가 규칙은 필요할 때까지 매개변수를 결코 평가하지 않는 것이다.

6.1 식의 형식

전위형과 **후위형**의 식은 괄호가 없어도 해석이 모호하지 않은 식이다. 전위형의 식 =x**/a+bcd-eac는 연산자가 피연산자에 앞에 놓인다. 이 식은 왼쪽에서 오른쪽으로 한번 지나가면서 평가가 가능하다. 이 때 각 연산자에 필요한 피연산자의 수를 미리 알고 있어야 한다. 프로그래밍 언어의 설계 측면에서의 장점은 다음과 같다.

- 함수 호출은 전위형을 취한다.
- 식을 표현하는데 피연산자의 수의 제한을 받지 않는다.
- 기계적인 해석이 상대적으로 쉬우므로 번역 작업이 매우 쉽다.

후위형의 식인 xabc-d+/ea-*c*=는 연산자는 자신의 피연산자 뒤에 위치한다. 식의 해석 중에 연산자를 지나가는 과정에 있으면 피연산자는 이미 평가된 상태이다. 후위식의 평가 과정에서 피연산자는 스택에 들어가고 실행되는데 그 과정은 다음과 같다.

- 평가할 항목이 피연산자이면 스택에 넣는다.
- 평가할 다음 항목이 n항 연산자라면, 스택의 위에 있는 n개의 항목이 이 연산자의 피연산자들이다. 이 피연산자들을 꺼내어 연산을 실행한 후에 그 결과를 스택에 다시 넣는다.

중위형의 식인 x=(((a/((b-c)+d))*(e-a))*c는 일반적인 표기법이기는 하나, 계산 순서가 모호하지 않도록 괄호로 둘러 싼 식이다. 그러나 복잡한 식에서는 괄호가 지나치게 많이 사용되면 혼란스러우므로 프로그래밍 언어는 연산자의 **우선순위**와 **결합 법칙**을 이용하여 괄호 사용을 제한한다.

연산자의 우선순위는 중위식의 경우 어떤 연산자가 먼저 수행되는가를 정의하기 위해 사용된다. 전통적으로 곱셈과 나눗셈은 덧셈과 뺄셈보다 우선순위가 높다. 괄호를 사용하여 우선순위 규칙을 무시할 수 있다. 동일한 우선순위에서 연산자는 **좌결합(left associative)**이나 **우결합(right associative)**이다. a*b*c는 왼쪽에서 오른쪽으로 결합되는 반면에, ^이 지수법

(exponentiation)이라 할 때, d^e^f은 수학 규칙과 일치하도록 오른쪽에서 왼쪽으로 결합된다.

[그림 6-1]과 같은 **추상 구문 트리(abstract syntax tree)**가 식의 연산자와 피연산자 구조를 보이기 위해 사용된다.

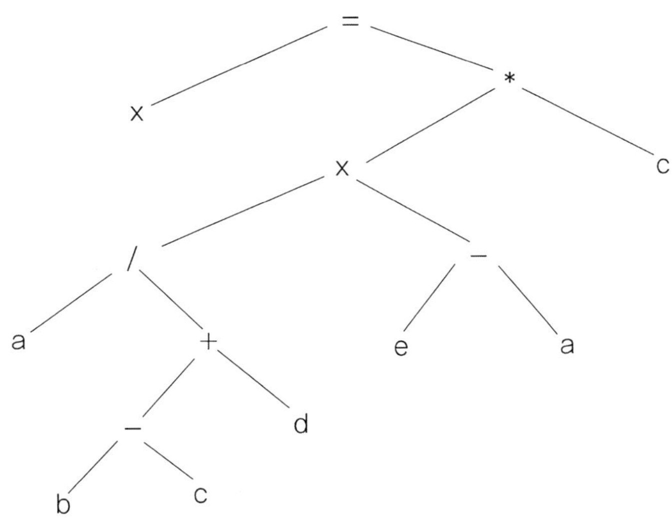

[그림 6-1] 추상 구문 트리

6.2 연산자의 우선순위

다음에 몇몇 언어들의 연산자를 우선순위가 높은 것부터 나열한다. 동일한 줄에 기술된 연산자의 우선순위는 같다.

• FORTRAN

```
**
*, /
+, -
.LE., .EQ., .NE., .LT., .GT., .GE.
.NOT.
.AND.
.OR.
```

- PL/I

```
**, +(단항 연산자), -(단항 연산자)
*, /
+, -
<>, >=, <=, >, <, <=, >=, >, u(in)
&
|
```

- Ada

```
**, abs
*, /, mod
+(단항 연산자), -(단항 연산자), not
+, -, &
=, /=, <, <=, >, >=
and, or, xor
```

- ALGOL 60

```
↑
×, /
+, -
<, =<, =, >=, >, <>
not
and
or
```

- Pascal

```
not, +(단항 연산자), -(단항 연산자)
*, /, div, mod, and
+, -, or
=, <>, <, <=, >=, >, in
```

- APL

```
모든 연산자가 하나의 우선순위 레벨을 가지고, 오른쪽에서 왼쪽으로 결합된다.
```

• C

```
1. 1차 연산자 : (), [], ->, .
2. 단항 연산자      : !, ~, ++, --, +, -, (타입 이름), *, &, sizeof
3. 곱셈, 나눗셈     : *, /, %
4. 덧셈, 뺄셈       : +, -
5. shift 연산자     : <<, >>
6. 관계 연산자      : <, <=, >, >=
7. 등가 연산자      : ==, !=
8. 비트 연산자      :&, ^, |
9. 논리 연산자      :&&, ||
10. 조건 연산자     : ?:
11. 배정 연산자     : =, +=, -=, *=, /=, %=
                      >>=, <<=, &=, ^=, |=
12. 콤마 연산자     : ,
```

• Java

```
1. (), [], .
2. !, ~, ++, --, +, -, instanceof
3. new, (타입 이름)
4. *, /, %
5. +, -
6. <<, >>, >>>
7. <, <=, >, >=
8. ==, !=
9. &, ^, |
10. &&, ||
11. ?:
12. =, +=, -=, *=, /=, %=
    >>=, >>>=, <<=, &=, ^=, |=
```

• C#

```
1. (), [], . 후위 ++, 후위 --, new, typeof, checked, unchecked, sizeof
2. 단항 +, 단항 -, !, ~, (타입 이름)
3. *, /, %
4. +, -
5. <<, >>
6. <, <=, >, >=, is, as
7. ==, !=
8. &,^, |
9. &&, ||
```

```
10. ?:
11. =, +=, -=, *=, /=, %=
    >>=, <<=, &=, ^=, |=
```

Java에서 추가된 대표적인 연산자는 **instanceof**와 >>>이다. instanceof 연산자는 첫 번째 피연산자의 컴파일 시간 타입이 두 번째 피연산자의 객체로 표현될 수 있다면 true를 리턴하고, 아닌 경우 false를 리턴한다. 동일하게 첫 번째 피연산자가 ClassCastException을 발생시키지 않고 두 번째 타입으로 캐스트될 수 있다면 instanceof는 true이고, 아니면 false이다.

다음은 instanceof의 사용 예이다.

```
if (thermostat instanceof MeasuringDevice) {
    MeasuringDevice dev = (MeasuringDevice) thermostat;
    ...
}
```

Java에서 n>>>s의 값은 0 확장(zero-extension)을 사용하여 n이 s비트만큼 오른쪽으로 시프트된다. n이 양수이면 결과는 n>>s와 같고, n이 음수이면 결과는 식 (n>>s)+(2<<(k-s-1)의 결과와 같다. 여기에서 k는 왼쪽 피연산자의 타입이 int이면 32이고, long이면 64이다.

Java의 나머지 연산자 %는 정수 타입뿐만 아니라, C나 C++와는 달리 실수 타입에도 적용될 수 있다. 예를 들어 다음과 같은 프로그램을 살펴보자.

```
class Modulus {
    public static void main(String args[]) {
        int x = 42;
        double y = 42.3;
        System.out.println("x mod 10 = " + x % 10);
        System.out.println("y mod 10 = " + y % 10);
    }
}
```

이 프로그램의 실행 결과는 다음과 같다.

```
x mod 10 = 2
y mod 10 = 2.3
```

Ada는 다음과 같이 정의되는 MOD와 REM 연산자를 가진다.

```
A = (A/B)*B + (A REM B),
(A REM B)는 A의 부호를 가진다.

abs(A REM B) < abs(B)
A MOD B는 B의 부호를 가지고 abs(A MOD B) < abs(B)의 관계가 성립한다.
```

두 연산자 모두 정수 나눗셈을 수행하고 그 나머지 값을 취한다. 둘 다 모두 동일한 부호를 가지는 피연산자의 경우 결과 값은 같지만, 피연산자의 부호가 다를 경우 둘의 차이점이 분명하다. 앞의 규칙에 따라 (+11) MOD (−5)의 결과는 −4이지만, (+11) REM (−5)의 결과는 +1이다. 이를 설명하는 최선의 방법은 다음 프로그램을 살펴보는 것이다.

```
procedure MOD_REM is
   MINUS_FIVE: integer := 5;
begin
   put(" I       I mod -5       I rem -5");
   new_line;
   for I in -5..5 loop
       put(I, 2); put("        ");
       put(I mod MINUS_FIVE, 2); put("        ");
       put(I rem MINUS_FIVE, 2); new_line;
   end loop;
end MOD_REM;
```

앞의 프로시저를 컴파일하고 실행시키면 다음 출력을 보게 된다.

I	I mod −5	I rem −5
−5	0	0
−4	−4	−4
−3	−3	−3
−2	−2	−2
−1	−1	−1
0	0	0
1	−4	1
2	−3	2
3	−2	3
4	−1	4
5	0	0

MOD와 REM 연산자는 I가 0이 되었을 때, 다르게 동작하기 시작한다. REM 연산자가 있는 식은 음수에서 양수로 변하지만, 반면에 MOD 연산자는 계속적으로 음수의 나머지를 낸다.

FORTRAN은 내장 함수 MOD(I, J)를 가지지만, 이는 Ada의 REM과 동일하다. FORTRAN은 실수와 배정도 값을 위한 AMOD(R, S)와 DMOD(D, E)를 포함한다.

6.2.1 보기

Pascal은 연산자 우선순위를 4 단계만을 가진다. Pascal에서 일반적인 규칙은 항상 식을 괄호로 묶는 것이다. 다음에 각 Pascal 식에 대해 우선순위에 기초한 해석의 예를 든다.

입력	해석
not item = 'A'	(not item) = 'A'
x = 3 and y>2	x = (3 and w) > 2
x<5 or x>10	x<(5 or x)>10
x>y or z>w	x>(y or z)>w

다음에 C의 몇 가지 식에 대해서도 앞에서와 마찬가지 방식으로 해석한 예를 든다.

입력	해석
a+=b!=c	a+=(b!=c) a=a+0; 또는 a=a+1;
(a+=b)!=c	결과는 0 또는 1
(int)sizeof(int)*p	((int)(sizeof(int)*p))
*p->q	*(p->q)
x++	x를 리턴하고, 그리고 나서 x가 1 증가 된다
++x	x가 1 증가되고 나서 x를 리턴한다
*x++	x를 역참조하여 x가 가리키는 값을 리턴하고, 그리고 나서 x가 1 증가된다.

6.3 연산자의 결합 규칙

우선순위가 같은 연산자가 식에 이용되면 연산자의 우선순위만으로는 계산 순서를 정할 수 없다. 따라서 결합 규칙이라는 암시적인 제어 규칙이 필요하다. 덧셈, 뺄셈, 곱셈 그리고 나눗셈 연산자는 전형적으로 왼쪽에서 오른쪽으로 결합된다. 다시 말하면 **좌결합** 규칙을 가진다. 그러나 FORTRAN에서 지수법은 **우결합**이다. 따라서 A**B**C은 A**(B**C)과 같이 결합된다. Ada에서, 지수법은 결합 규칙이 정해지지 않아 A**B**C은 허용되지 않는 식으로 괄호가 필요하다. Pascal은 모든 연산자에 대해 좌결합을 이용하며 지수법이 결여되었다.

일반적으로 프로그래머들은 연산자의 수학적인 의미를 잘 알고 있으므로, 연산자의 우선순위에 자연스러운 느낌을 가지지만, 프로그래밍 언어는 전통적인 수학에 없는 새로운 연산자를 추가하거나 확장하는 경우가 흔히 있다. C, APL, Smalltalk 등이 이러한 언어의 대표적인 경우이다.

C는 좌결합과 우결합을 혼용한다. 예를 들어 후위 연산자로서 ++은 좌결합이고, 전위 연산자로서 ++은 우결합이다. 구체적으로 설명하면 6.2절에서 기술한 연산자 중에서 **2, 10, 11번만 오른쪽에서 왼쪽으로 결합되고 나머지는 왼쪽에서 오른쪽으로 결합된다.** C에서 "a op= b" 형식의 식은 "a = a op b"와 동등하다. 모든 이항 및 삼항 연산자는 우결합인 조건 및 배정 연산자를 제외하고는 좌결합이다. 후위 연산자는 단항 전위 연산자보다 높은 우선순위를 가진다. 배정 연산자는 오른쪽에서 왼쪽으로 결합되므로 x=y=a*b+c는 계산된 값을 y와 x에 배정한다. C의 열거 상수는 결합된 정수 값을 평가한다. 예를 들어, e1[e2]와 같은 첨자를 이용한 식은 후위식으로 왼쪽 대괄호, 식, 오른쪽 대괄호로 구성된다. 이 식은 *((e1)+(e2))과 동등하다.

6.4 부작용

프로그램 언어의 설계에 있어서 논쟁 거리 중의 하나인 **부작용**에 관해 살펴보기로 한다. 우선 배정문에서 사용되는 긍정적인 측면의 부작용을 먼저 살펴보자.

예를 들어, 변수 a에 현재의 a 값보다 하나 더 큰 값을 저장하기 위해서는 다음과 같은 배정문을 작성할 수 있다.

```
a = a + 1;
```

만약 변수 a에 20이 저장되어 있을 때, 앞의 배정문의 계산 과정을 그림으로 나타내면 [그림 6-2]와 같다.

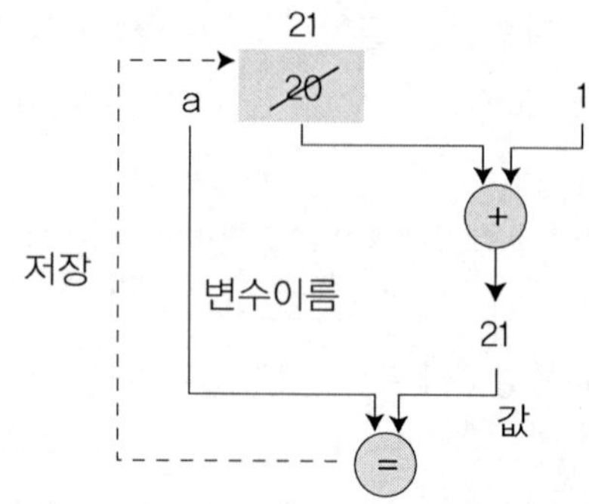

[그림 6-2] 배정문의 계산 과정

배정문을 실행하기 위해서는 배정될 값을 계산해야 하고, 배정될 변수를 알아야 한다. + 연산자를 통해 21을 계산한 후에 그 결과를 변수 a에 배정한다. 여기에서 변수 a에 값을 배정하는 것은 배정 연산자가 부수적으로 발생시키는 효과이다. 연산자나 함수가 값을 리턴하는 것 외에 부수적으로 발생시키는 효과를 **부작용**이라고 한다. 일반적으로는 부작용이라는 단어가 부정적인 느낌을 주기 때문에 이처럼 배정문을 이용한 의도적인 부작용을 긍정적인 부작용 혹은 의미를 살려 **부수 효과**라고 부르기도 한다.

다음으로 의도하지 않은 부작용 혹은 부정적인 측면의 부수 효과를 알아보기 위해 다음 식을 살펴보자.

```
tmp × side_effect(m) + tmp
```

일반적으로 이러한 식에서 먼저 변수 tmp의 값을 구한 후에 곱셈을 실행하고 함수 side_effect(m)을 호출하게 된다. 우리가 바라는 것은 변수 tmp의 값은 단지 한 번만 계산되어 두 곳에서 사용되고, 함수 side_effect(m)의 계산 결과는 tmp를 구하기 전후에 무관해야 하는 것이다. 만약 함수 side_effect가 부작용을 유발하면, 연산 순서에 따라 전체 식의 결과가 달라지게 된다.

예를 들어, tmp의 초기 값이 5이고 side_effect의 리턴 값이 10이지만 tmp의 값을 7로 변경시키는 부작용을 가진다면, 전체 식의 결과는 각각을 차례대로 계산하거나(5×10+7), tmp가 한 번만 계산되거나(5×10+5), 또는 tmp의 계산 이전에 side_effect가 호출될 수 있다(7×10+7). 따라서 각각의 경우에 최종 값은 57, 55, 77이 된다. 모두가 적절하게 계산되었으나 평가 순서에 따라 결과는 달라지게 된다.

함수가 값을 리턴하는 것 외에 추가적으로 매개변수 중 하나가 변경되거나 전역 변수가 변경될 때 부작용을 가진다. 예를 들어 여기에 두 가지 모두가 행해지는 함수가 있다.

```
function change(var x: integer) : integer
  begin
    a := 10;          (* 전역 변수의 변경 *)
    x := x + 1;       (* 실 매개변수의 대치 *)
    return (x);
  end
```

따라서, 다음은 결과 y := 3 또는 y := 4를 낼 수 있다.

```
z := 1;
y := z + change(z);
```

또 다른 예에서 a의 값이 검색될 때에 따라 그 결과 y := 13 또는 y := 4를 리턴 할 수 있다.

```
a := 1;
z := 2;
y := a + change(z);
```

부작용의 **첫 번째 해결책**은 언어는 부작용을 갖는 함수의 사용을 금지하거나 부작용을 일으키는 식의 결과 값은 정의되지 않게 하는 것이다. 또는 함수가 자신의 매개변수를 변경하는 것이나 전역 변수를 바꾸는 것을 금한다. 즉, 부작용 자체를 근본적으로 막는 것이다. **두 번째 해결책**은 언어는 부작용의 존재에도 불구하고 결과를 일정하게 결정하는 식의 평가 순서를 정의하는 방법이다. 부작용의 결과를 프로그래머가 예측할 수 있게 하는 이 방법은 여러 최적화 기법을 포기하게 하는 문제가 있다. Java는 피연산자들의 평가 순서를 왼쪽에서 오른쪽으로 정해놓고 있다. 반면에 실제로는 C와 C++ 같은 많은 언어들이 부작용에 관해 명확하게 정의하지 않아 동일한 식이라도 컴파일러의 구현에 따라 서로 다른 결과를 내기도 한다.

순수한 함수 언어에서는 부작용이 없으므로 식의 값은 계산이 일어나는 때가 아닌 식을 계산하는 참조 환경에만 좌우된다. 즉, 식이 시간상으로 특정 시점에서 어떤 값을 산출하면 시간적으로는 어느 시점에서나 똑같은 값을 산출하야 함을 보장한다. 이런 계산 순서에 무관한 성질을 **참조 투명성(referential transparency)**이라고 한다.

6.5 단축과 조건부 평가

식의 **단축 평가(short circuit evaluation)**란 모든 피연산자와 연산자를 평가하지 않고서도 식의 결과가 결정되는 것을 말한다. 어떤 언어는 항상 불리안 식을 완전히 평가하지만, 반면에 다른 언어는 **단축(short circuit)** 방식을 이용한다. 만일 다음의 문장에서 x=0이고 완전 평가(full evaluation) 방식이 이용되면, 이 문장은 실행 시간 오류를 야기한다.

```
if x<> 0 and y/x<1 then S1 else S2
```

따라서 다음과 같이 재작성되어야 한다.

```
if x <> 0 then if y/x<1 then S1 else S2
                endif
            else S2
endif
```

C, C++, Java에서 **&&**(and)와 **||**(or)는 단축 방식으로 평가된다. 즉, 왼쪽 피연산자가 먼저 평가되고 나서 결과를 결정하도록 충분한 정보가 얻어지면, 두 번째 피연산자는 평가되지 않는다. 구체적으로 말하면, || 연산자 왼쪽이 참으로 평가되거나 && 연산자 왼쪽이 거짓으로 평가되면, 오른쪽은 평가되지 않는다. 물론 논리적으로 타당하기 때문에 C의 평가 방법은 의미가 있다. Ada는 이를 위한 **and then**과 **or else**라는 특별한 단축 연산자를 제공한다.

단축 평가를 활용하면 보다 짧고 간결한 코드를 작성할 수 있다. 단축 평가의 단점은 교환 법칙이 성립하지 않는다는 점이다. 단축 평가에서는 x&&y와 y&&x가 동일하지 않다. 만약 x가 참이고 y가 정의되지 않았다면 x&&y가 거짓인 반면에, y&&x는 정의되지 않는다.

이항 연산자 +, *, &(비트별 and), ^(비트별 xor) 그리고 |(비트별 or)들은 완전한 결합 법칙과 교환 법칙이 가정된다. 컴파일러는 그들의 인자를 임의의 순서로 평가할 수 있다.

조건식은 우결합이므로 a?b:c?d:e?f:g은 a?b:(c?d:(e?f:g))으로 해석된다. 다음과 같은 함수를 살펴보라.

```
int signum(x)
int x;
{
  return (x>0) ? 1 : (x<0) ? -1 : 0;
}
```

학습정리

- 식은 연산자와 피연산자의 모임으로 결과 값을 갖는다. 식의 의미는 연산자의 우선순위와 결합 규칙에 의해서 결정된다. 우선순위가 같은 연산자가 식에 이용되면 연산자의 우선순위만으로는 계산 순서를 정할 수 없다. 따라서 결합 규칙이라는 암시적인 제어 규칙이 필요하다.
- 연산자나 함수가 값을 리턴하는 것 외에 부수적으로 발생시키는 효과를 부작용이라고 한다. 부작용의 첫 번째 해결책은 언어는 부작용을 갖는 함수의 사용을 금지하거나 부작용을 일으키는 식의 결과 값은 정의되지 않게 하는 것이다. 또는 함수가 자신의 매개변수를 변경하는 것이나 전역 변수를 바꾸는 것을 금한다. 즉, 부작용 자체를 근본적으로 막는 것이다. 두 번째 해결책은 언어는 부작용의 존재에도 불구하고 결과를 일정하게 결정하는 식의 평가 순서를 정의하는 방법이다.
- 식의 단축 평가란 모든 피연산자와 연산자를 평가하지 않고서도 식의 결과가 결정되는 것을 말한다. C, C++, Java에서 &&와 ||는 왼쪽 피연산자가 먼저 평가되고 나서 만일 결과를 결정하도록 충분한 정보가 얻어지면, 두 번째 피연산자는 평가되지 않는다. Ada는 이를 위한 and then과 or else라는 단축 연산자를 제공한다.

연습문제

1. 다음 C 프로그램의 실행 과정을 분석하라.

```
int a = 10, b = 20;
if (a=b) {printf("true : %d, %d\n", a, b);}
else printf("false: %d, %d\n", a, b);
```

2. 다음의 중위식을 전위식과 후위식으로 변경하고, 추상 구문 트리를 그려라.

```
(5 + 7) / 3 - 4 * 8
```

3. 일반적인 전위형을 거꾸로 한 reverse Polish 전위형에 대해 기술하라.

4. LISP에서 다음 식이 모호한 이유는 무엇인가?

```
+ 7 * 5 2 4
```

5. 부작용에 대해 설명하라 그 해결 방안을 기술하라.

6. C, C++, Java의 단축 평가 연산자를 예로 들어 설명하라.

7. Pascal에서 단축 **and**를 다음의 함수로 작성한다고 가정하자.

```
function scand(x, y: boolean): boolean;
begin
   if x then scand := y
         else scand := false;
end;
```

이 함수가 실행되지 않는 이유와 실행 방안을 기술하라.

chapter 7 문 장

[학습목표]

- 한 개의 입구와 출구를 가진 구조적 제어문에 대해 알아본다.
- 명령형 언어의 기초를 이루는 배정문에 대해 알아본다.
- 여러 실행 경로에서 하나를 선택하는 조건문에 대해 알아본다.
- 특정 문장들을 반복해서 실행하는 반복문에 대해 알아본다.
- 실행 순서를 특정 위치로 바꾸는 GOTO 문에 대해 알아본다.
- 사전에 실행 순서가 결정되지 않는 비결정적 문에 대해 알아본다.

기계어와 어셈블리어는 다른 명령어로의 조건부 또는 무조건 분기와 함께 "곧바른" 실행을 제공한다. 초기의 언어들은 잠재적인 하드웨어의 반영인 기계어 구조를 가졌다. 2장에서 기술한 초기의 FORTRAN을 비교하는 것도 흥미로운 일일 것이다.

역사적으로 흥미 있는 것은 1968년에 Dijkstra가 프로그래밍 언어에서 goto 문을 제거해야 한다고 주장한 유명한 논문[9]을 발표한 것이다. 왜냐하면, goto 문이 너무도 많은 프로그래밍 오류를 유발하기 때문이다. 그는 순차문, while 문, if 문으로만 모든 계산을 표현하기에 충분하다는 것을 증명한 Bohm과 Jacopini의 논문을 인용하였고, 기술적으로는 최소한 goto가 프로그래밍 언어를 완전하게 만드는데 필요하지 않다는 것이다.

그러나 프로그래밍 언어가 최소성(minimality)을 유지하기 위해 노력할 필요는 없다. 오늘날의 고급 프로그래밍 언어는 여러 문장에 존재할 수 있는 제어 흐름의 4가지 기본적인 부류인 순차문, 조건부 실행, 반복, 서브 프로그램 호출을 제공한다.

7.1 구조적 제어문

Dijkstra는 [그림 7-1]과 같이 한 개의 입구와 한 개의 출구를 가진 프로그램이 이해하기 쉽고 프로그램에 관한 증명을 쉽게 할 수 있다고 주장했다.

순차문: 문장은 특정 순서대로 실행되어야 한다. 일반적으로 그 순서는 프로그램에서 나타난 순서이다.

조건문: 실행 시간 중의 조건에 따라 둘 이상의 문장이나 식 중 하나를 실행해야 하는 선택을 말한다. 가장 일반적인 조건문은 if와 case 문이다.

반복문: 일정한 횟수만큼 혹은 실행 시간 중에 조건이 참이 될 때까지 코드의 일부가 반복해서 실행된다. while, for, repeat 문 등이 여기에 해당한다.

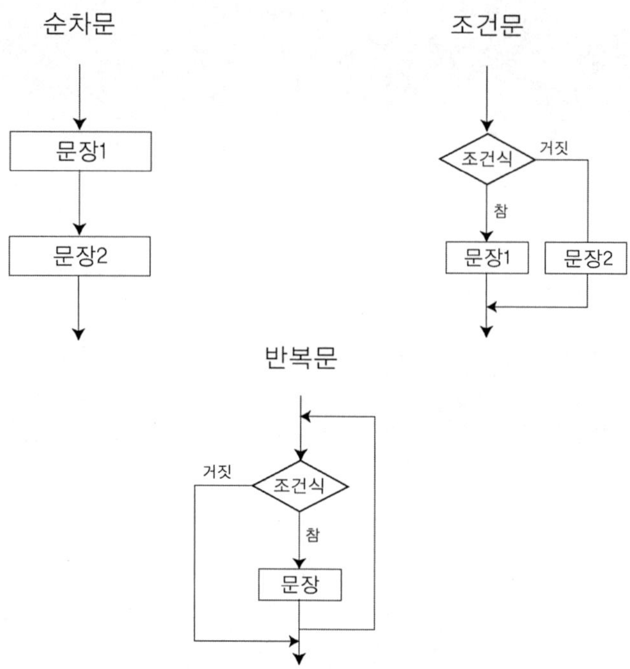

[그림 7-1] 순차문, 조건문, 반복문의 제어 구조

7.2 배정문

배정문은 명령형 언어의 기초를 이루는 문장이다. 배정문에서 **l-값**과 **r-값**이라고 하는 경우 l은 왼쪽의 의미이고 r은 오른쪽의 의미이다.

배정문에 관한 연구 주제는 크게 세 가지가 있다.

- 첫 번째 주제는 {=, :=, 〈-} 등의 배정문에서 사용되는 기호의 선택이다.

- 두 번째 주제는 배정문의 **평가 순서**와 **부작용**이다.
- 세 번째 주제는 **의미론**에 관한 것이다.

배정문의 평가 순서와 부작용은 a[b:=1]:=b;과 같은 문장에서 a[1]이 1을 얻을 것인가 혹은 a[1]이 b를 얻을 것인가 하는 것이다. 또한 **다중 배정문**에 관한 것으로 어떤 쪽이 어떤 순서로 먼저 평가되고, 결과가 배정되는 것은 어떤 순서인가 하는 점이다.

다중 배정문의 가장 일반적인 형태는 다음과 같다.

```
N1, N2, ..., Nk := E1, E2, ..., Ek
```

여기에서 N_i는 i번째 식별자이고 E_i는 i번째 식이다. 이 문장의 의미는 오른쪽의 식의 결과가 왼쪽에 각각 대응하는 이름에 저장된다는 것이다. 따라서 두 변수의 값을 서로 교환하기 위해서 다음과 같이 하면 될 것처럼 여겨진다.

```
p, q := q, p
```

그러나 다음 질문에 대한 답이 명확해야 전체 결과가 분명하다.

- 오른쪽의 모든 식들이 왼쪽보다 먼저 평가되는가?
- E_i의 평가 순서와 이 값이 왼쪽에 배정되는 순서는?

전형적으로 왼쪽 요소들에 대한 l-값들이 평가되고 나서 정해진 순서에 따라 배정문이 실행된다. 따라서 이 순서는 중요하다.

다음 문장들을 살펴보자.

```
b[i], b[j] := p, q
```

만일 i = j이고 p ≠ q라면, 이 평가 순서에 따라 결과가 달라진다.

배정문은 계산식으로 사용할 수 없는 언어들과는 달리, C 기반 언어에서 배정문은 명령문이 아닌 계산식이다. 따라서 배정 연산자 =은 +, *과 같은 연산자들과 문법적으로 동일하다. 예를 들어, C에서 다음은 문법과 의미적으로도 문제가 없는 프로그램이다.

```
if (x = 0) ... else ...
```

그러나 아마도 프로그래머의 원래의 의도는 x와 0이 같은 지를 검사하려는 것일 수 있다. 결과적으로 0을 변수 x에 저장한 후에 x = 0의 계산 결과가 0이 되기 때문에 거짓으로 평가되어 else 부분이 실행된다. C와 C++에서 이렇게 배정문을 계산식으로 사용하면 편리한 점이 있기는 하지만, 동등 연산자 ==을 배정 연산자 =로 잘못 입력하는 타이핑 오류가 발생할 우려가 있다. Java에서는 조건식의 타입을 불리안 타입으로 제한한 것은 이를 막기 위한 의도이다.

배정문은 변수나 데이터 구조의 값을 변경하는 부작용을 유발한다. 부작용으로 인한 값의 변화는 다음 문장의 수행에 영향을 미친다.

세 번째 주제인 의미론에서 **포인터 의미론(pointer semantics)**은 A :- B의 의미가 B에 의해 포인트되는 동일한 기억장소에서 A를 포인트한다는 것이다. 즉, 주소 값이 목표 변수에 저장되는 것이다. 프로그래밍 언어 Simula와 CLU는 LISP가 (SETQ A B)에서 행하는 것과 같은 포인터 의미론을 이용한다. 다른 말로는 참조 의미론(reference semantics)이라고 한다.

이는 보다 일반적인 **기억 장소 의미론(storage semantics)**과 구별된다. 명령형 언어에서 사용되는 의미론은 다음과 같다. 여기에서 b의 r-값은 a의 l-값이 가리키는 기억 장소로 복사된다. 즉, 계산식의 결과 값이 목표 변수에 저장되는 것이다. 다른 말로는 복사 의미론(copy semantics)이라고 한다.

```
a := b            Pascal과 Ada
a = b             FORTRAN, C, PL/I
move b to a       COBOL
a <- b            APL
```

배정문에서 l-값이 될 수 있는 것은 다음과 같다.

- X와 같은 간단한 식별자
- A[i + 1]과 같은 배열 요소
- person.age와 같은 레코드 원소
- 일부 언어에서 다음과 같은 조건부 l-값을 갖는 식

```
(if c>0 then a else b) := 100;
```

- C++에서 l-값을 리턴할 수 있는 다음과 같은 사용자 정의 함수

```
float sums[100];          // 100 개의 요소를 갖는 배열 정의
float& fitem(int i)       // float에 대한 참조를 리턴하는 함수 정의
    {return (sums[i]);}
fitem(12) = 99;           // 배열의 13번째 항목을 99로 설정
```

모든 l-값 식은 하나의 r-값을 가지지만, 모든 r-값이 하나의 l-값을 가지는 경우는 없다.

명령형 언어는 배정문을 이용하여 변수의 상태를 변화시킴으로써 기본적인 효과를 달성한다. 이에 반해 함수형 언어는 함수를 재귀적으로 적용하거나 결합함으로써 기본적인 효과를 달성한다. 명령형 언어의 폰 노이만 병목 현상은 배정문에 기인한 것이다. 다음에 두 벡터의 내적을 계산하는 세 가지 예가 있다.

• ALGOL 60

```
c := 0;
for i := 1 step 1 until n do
     c := c + a[i] * b[i];
```

• APL

```
A +.×AB
```

• LISP

```
function INNERP(A,B)
   if NULL(A) or NULL(B) then 0
   else FIRST(A) * FIRST(B) + INNERP(REST(A),REST(B))
```

7.3 조건문

7.3.1 IF 문

초기의 FORTRAN이 제시한 두 가지 IF 문의 예를 들어보자. 여기에서 BCOND는 불리안 조건, ACOND는 산술 조건, L1은 레이블이다.

```
IF (BCOND) L1, L2
```

여기에서는 BCOND가 참이면 L1으로, 거짓이면 L2로 분기가 이루어진다.

```
IF (ACOND) L1, L2, L3
```

앞의 IF 문에서는 ACOND의 값이 음수, 0, 양수이면 각각 L1, L2, L3로 분기된다. 첫 번째 IF 문은 다음과 같이 변경되었다.

```
IF (BCOND) <STMT>
```

여기에서는 만일 BCOND가 참이면 문장 〈STMT〉가 실행된다. 그러나 여러 문장이 실행되어야 할 때 GOTO와 대응되는 레이블을 사용하게 된다. 이러한 방식은 관련된 코드 세그먼트들을 흩어지게 하므로 가독성을 떨어뜨린다. 이 문제를 해결하기 위해 ALGOL 60은 **if** cond **then** S1 **else** S2 형식을 도입하여 S1과 S2가 복문일 수도 있게 하였으나, **미결합(dangling) else** 혹은 다른 말로 **현수(懸垂) else**라고 하는 문제가 발생한다.

다음으로 if 식을 살펴보자. 다음은 if 문 대신, if 식이 값을 리턴한다.

```
max := if x > y then x else y
s := if x > y then r else a*b+c
```

LISP는 if 식을 가지지만, 또한 배정문도 가진다. C는 if 식을 가지지만, 프로그래머는 대개 if 문을 이용한다. LISP 프로그래밍 스타일은 함수 호출의 중복된 집합인 반면에, C는 순차적이다.

then과 **else** 절이 **begin-end**로 묶여야 하는가? C는 중괄호를 사용하고, Pascal은 **begin-end**를 이용한다. 대신 Ada는 각 **if**와 함께 명시적인 **endif**를 가질 수 있다.

7.3.2 미결합(dangling) Else 문제

미결합(dangling) else 문제란 if 문의 then 절(clause) 내의 if 문이 어떻게 취급되는가에 관한 문제로, if의 개수보다 else의 개수가 더 적을 때 발생하게 된다. ALGOL 60에서는 **if** c1 **then if** c2 **then** A **else** B 구조가 금지되지만 다음은 허용된다.

```
if c1 then
      begin if c2 then A
      end
else B
```

ALGOL 68에서는 다음과 같이 모든 if는 fi에 의해 종결된다.

```
if C1 then
        if C2 then A fi
else B fi
```

PL/I에서는 다음과 같이 가장 내부의 if와 함께 해석된다.

```
if C1 then (if C2 then A; else B;)
```

그래서 의미를 다양하게 하기 위해 공백(null) else 문을 추가해야 한다.

```
if C1 then if C2 then A; else;
else B;
```

Pascal에서도 다음과 같이 가장 내부의 if와 함께 해석된다.

```
if C1 then (if C2 then A else B)
```

따라서 PL/I과 동일하게 다음이 필요하다.

```
if C1 then if C2 then A else
else B
```

C에서도 다음과 같은 예는 else가 첫 번째 if와 연결되는 것인지 두 번째 if와 연결되는 것인지 모호하므로 else는 가장 내부의 if와 결합한다는 규칙을 적용한다.

```
if C1
if C2
    A;
else
    B;
```

따라서 앞의 언어들과 마찬가지로 첫 번째 if와 연결시키려면 다음과 같이 중괄호로 두 번째 if 문을 묶어야 한다.

```
if C1
{  if C2
        A;
}  else
        B;
```

7.3.3 Ada와 Pascal의 IF 문

FORTRAN 77은 IF-THEN-ELSE에서 미결합(dangling) else 문제를 해결하기 위해 ENDIF를 필요로 한다. 이 경우에 일련의 조건들을 검사해야 하는 다음과 같은 중첩된 if 문을 생각할 수 있다.

```
if C1 then S1
else if C2 then S2
     else if C3 then S3
          . . . . . .
          else if Cn then Sn
               else Sn+1
               endif
          endif
     endif
     . . .
 endif
```

여기에서 첫 번째로 참으로 평가되는 조건 C_i에 대응하는 S_i가 실행된다. 모든 endif를 작성해야 하는 것을 피하기 위해 Ada는 다음과 같은 형식을 제공한다.

```
if cond1 then
          statement1
elseif cond2 then
          statement2
elseif cond3 then
          statement3
else
          statement
endif
```

Pascal은 각 if가 이전의 else내에 있다.

```
if cond1 then
        statement1
else if cond2 then
            statement2
    else if cond3 then
                statement3
        else
                statement
        endif;
    endif;
endif
```

Ada IF 문의 구체적인 사례는 다음과 같다.

```
if count < 10 then bag1 := true;
elsif count < 100 then bag2 := true;
elsif count < 1000 then bag3 := true;
end if;
```

동일한 내용을 Pascal의 if 문으로 바꾸면 다음과 같다.

```
if count < 10
   then bag1 := true;
else if count < 100
        then bag2 := true;
     else if count < 1000
             then bag3 := true;
          endif;
     endif;
endif
```

두 프로그램을 비교해 보면 Ada의 **elsif** 버전의 가독성이 훨씬 좋다는 것을 알 수 있다.

7.3.3 Ada와 Pascal의 IF 문

중첩된 if-then-else 문의 집합보다 더욱 명료한 구조로 Hoare와 Wirth에 의해

ALGOL-W에서 채택된 case 문이 있다. 다음과 같은 ALGOL-W의 case 문에서는 1부터 n 사이의 결과 값을 가지는 정수식을 평가하고 관련된 Si로 분기한다. 즉, 식의 값이 1이면 S1이, 2이면 S2가, …, n이면 Sn이 선택되어 실행된다. 그리고 나서 case 문에서 벗어난다.

```
case <정수식> of
    begin
        S1;
        ...
        Sn
    end
```

다음과 같은 Pascal의 case 문에서는 식을 평가하고 레이블들과 비교한다. 첫 번째 일치하는 것을 평가하고 나서 case 문을 벗어난다.

```
case <식> of
<레이블1> : S1
    .
    .
    .
<레이블n> : Sn
end
```

case 문을 설계하기 위해 연구해야 할 주제는 다음과 같다.

```
레이블을 선택하는 식의 타입
레이블의 타입
레이블로의 분기 가능성
레이블들이 상호 배타적이어야 할 필요성
레이블 중 하나가 반드시 선택되어야 할 필요성
```

Pascal의 case 문에서 레이블을 선택하는 식은 정수 타입, 불리안 타입, 문자 타입, 열거 타입이 될 수 있다. case의 레이블들은 식과 타입이 일치해야 하고, 레이블끼리 겹치는 것이 없도록 서로 배타적이어야 하며, 레이블 중의 하나가 선택되어야 한다.

구체적인 Pascal의 예를 살펴보자.

```
case currentmonth of
        Sept, April, June, Nov : days := 30;
        Feb: begin
             if (year div 4)*4 = year
             then days := 29 else days := 28
             end;
        Jan, March, May, July, August, Oct, Dec : days := 31
end
```

표준 Pascal의 경우에 case 레이블들은 선택식과 동일한 형의 상수 혹은 상수식이다. 동일한 상수는 둘 이상의 case에 포함될 수 없다. 표준 Pascal은 others 절을 제공하지 못했지만, 변형된 많은 Pascal에서 구현되었다. 만일 선택식의 값이 레이블 중의 하나가 아닌데, 만일 이것이 컴파일 시간에 탐지되면 오류를 내거나, 실행을 중단하거나 혹은 실행을 계속할 수도 있다.

C의 switch 문의 기본 구조는 다음과 같다.

```
switch (식)
{
case 상수1 : S1;
...
case 상수n : Sn;
default : Sn+1;
}
```

이전의 case 문과 비교하여 차이점을 살펴보면, case 선택문 실행 후에 switch 문은 다음 case 선택문의 실행을 계속한다. 그러므로 해당하는 선택문만 실행하고 싶으면 각 절을 끝내기 위해 break가 필요하다. C의 switch 문은 default 절을 포함하므로, 식의 결과 값이 case에 있는 상수와 일치하는 것이 없으면 default 절의 문장을 실행하게 된다. C의 switch 문은 많은 레이블들을 가질 수 있는데 이들은 비순차적으로 나열될 수 있고, 단지 일부만이 나열될 가능성을 가질 수 있다.

C에서 switch 문의 case 선택문에서 또 다른 switch 문을 사용할 수도 있다. 이 때 안쪽 case 문과 바깥쪽 case 문이 동일한 상수를 사용하더라도 상수 간의 충돌은 일어나지 않는다. 예를 들어 다음과 같이 중첩된 switch 문을 사용할 수 있다.

```
switch (x)
{
case 1 :
    switch (y)
    {
  case 0 : S1;
           break;
  case 1 : S2;
    }
break;
case 2 :
...
}
```

C#의 switch 문은 두 개 이상의 case 문의 실행을 허용하지 않는다는 점에서 C 기반 언어와 차이가 있다. 예를 들면 다음과 같은 switch 문은 오류이다.

```
switch (color)
{
case Red :
case Blue :  // 오류
     count = 10;
     break;
case Green :
case White : // 오류
     count = 20;
     break;
}
```

또한 C#의 switch 문의 case 선택문은 반드시 break, goto, continue, 혹은 return이 존재해야 한다. break는 제어를 switch 구조 밖으로 옮기고, goto는 제어를 임의의 위치로 이동한다. 예를 들면 다음과 같은 switch 문은 오류이다.

```
switch (i)
{
case 0 :
      Console.WriteLine("case 0");  // break나 goto 존재 않음. 컴파일 오류
case 1 :
      Console.WriteLine("case 1");
      break;
```

```
case 2 :
        Console.WriteLine("case 2");
        goto default;
default :
        Console.WriteLine("default")
}
```

Ada의 case 문의 형식은 다음과 같다. 여기에서 when others 절은 생략이 가능하고, 선택 리스트들은 식에서 나타날 수 있는 결과를 모두 포함해야 한다.

```
case 식 is
    when 선택 리스트1 => 문장1
    when 선택 리스트2 => 문장2
    ...
    when others => 문장n
end case
```

선택 리스트는 1개의 상수뿐만 아니라 10..20과 같은 부분범위일 수 있다, 또한 or 연산자 |를 이용하여 10 | 20 | 30과 같은 상수들의 나열도 가능하다. 선택 리스트들의 값은 상호 배타적이어야 하고 식과 동일한 타입이어야 한다.

FORTRAN 90에 추가된 CASE 문은 다음과 같은 형식을 가진다.

```
SELECT CASE 식
CASE(선택자)
        블록
...
CASE DEFAULT
        블록
END SELECT
```

여기에서 식은 정수, 문자열, 혹은 논리 값으로 계산되어야 하며 선택자는 상수이거나 CASE(1:3, 5:6, 9)와 같이 상수 값의 범위여야 한다.

Visual Basic은 다음과 같은 융통성 있는 case 문을 지원한다.

```
Select Case 변수
Case 상수1[, 상수2, ...]
            문장1
```

```
4:          문장2
5:          ...
6: Case 상수3 to 상수4
7:          문장3
8:          문장4
9:          ...
10: Case Is 관계 연산자 상수5 [and/or 변수 관계 연산자 상수6]
11:          문장5
12:          문장6
13:          ...
14: Case Else
15:          문장7
16:          문장8
17:          ...
18: End Select
```

2번 행에서 변수의 값이 상수1 (또는 상수2, ...)일 때에는 3번 행 이하에 있는 문장1, 문장2, ...을 실행한다. 예를 들어, Case 1, 3이라고 작성하면 변수의 값이 1, 3 중에 하나인 경우에 문장1, 문장2, ...을 실행한다. 6번 행에서 변수의 값이 상수3부터 상수4 사이의 범위에 속하는 경우 문장3, 문장4, ...을 실행한다. 예를 들어, Case 4 to 6이라고 작성하였다면 변수의 값이 4, 5, 6 중에 하나일 경우에 문장3, 문장4, ...을 실행한다. 10번 행에서는 변수의 값을 관계 연산자와 논리 연산자를 이용하여 상수5, 상수6과 비교하여 결과가 참일 때 주어진 문장들을 실행한다. 예를 들어 Case Is >= 20 and X <= 40이라고 작성한 경우에는 변수가 X라고 하면 X의 값이 20 이상이고 40 이하인 두 조건을 모두 만족했을 경우 문장5, 문장6, ...을 실행한다. 14행의 문장은 생략될 수 있는 것으로, 변수의 값이 나열된 Case 문의 모든 경우에 해당하지 않을 경우 문장7, 문장8, ...을 실행한다.

switch 문의 번역은 다음의 여러 방식으로 행해질 수 있다.

- 다음과 같이 조건 구조(conditionals)를 이용하는 방식이다.

```
if (상수식1 == 식) then S1
else if (상수식2 == 식) then S2 ...
```

- 만일 case의 범위가 매우 크지 않으면, 범위 내의 각 case에 대해 테이블을 생성한다.

```
case1    loc1
case2    loc2
...
casen    locn
```

여기에서 loci는 casei에 관한 코드의 위치이다. 일부 case들은 loc를 갖지 않는다. 이런 방식으로 바른 코드로의 분기가 빠르게 진행된다.

- 많은 수의 case들을 위해, 각 case에 대한 점프 테이블이 생성된다.

Modula-2의 case 문의 기본 구조는 다음과 같다.

```
case lookahead of
   number :
      temp := lookvalue; scan();
      return temp; |
   plus :
      scan();
      temp := expr();
      return temp + expr(); |
   ...
end
```

동일한 내용을 C로 변환하면 다음과 같다.

```
switch (lookahead) {
case number :
   temp = lookvalue; scan();
   return temp;
case '+' :
   scan();
   temp = expr();
   return temp + expr();
...
}
```

여기에서 number와 plus('+')가 예를 들어 Token = (eot, ..., plus, ..., number)와 같이 어떻게 열거 타입의 원소가 되는가를 주의하라. 열거 타입의 사용은 case 레이블들이 좁은 범위 내에 유지됨을 보장한다. 또한 number는 정수이고 '+'는 정수로 타입 변환되어야 하는 문자이다. 다음에 Modula의 또 다른 예가 있다.

case E of
  1 : SL1 |
  11 : SL2 |
  121 : SL3
  else SL4
end
	n := E;
	if n = 1 then SL1
	elsif n = 11 then SL2
	elsif n = 121 then SL3
	else SL4
	end

오른쪽의 버전이 선호된다. case가 점프 테이블로 구현되면 테이블의 공간은 비효율적이기 때문이다. 점프 테이블은 case 문의 레이블의 전체적인 집합이 밀집되어 있거나 범위가 넓지 않을 때 공간 효율이 좋다. 그러나 레이블의 집합이 밀집되지 않거나 넓은 범위를 가지고 있다면 매우 많은 양의 공간을 차지할 수 있다.

7.4 반복문

어떤 의미에서는 반복적인 연산을 쉽고 빠르게 할 목적으로 컴퓨터를 고안했다고 볼 수도 있다. 따라서 루프의 이용과 이들을 배열에 적용하는 반복 연산은 초기의 프로그래밍부터의 커다란 특징 중의 하나이다. 반복문의 가장 간단한 형태는 실행하려고 하는 문장들을 괄호로 묶는 것이지만, 가독성을 높이기 위해 **loop**와 **repeat**으로 묶는다.

loop-repeat의 의미는 일련의 내부 문장들을 차례대로 실행하고 repeat을 만나면 제어를 loop로 되돌려 다시 반복하는 것이다. 무한 반복을 막기 위해서는 exit를 포함한다. exit를 만나게 되면 반복을 끝내고 loop-repeat 다음의 문장을 실행하게 된다. 반복문의 표준 형식은 while 문과 until 문이고, 이의 변형으로는 for 문이 있다.

while 문과 **until** 문에 해당하는 **exit**를 가진 일반적인 loop-repeat 구조는 다음과 같다.

```
loop S1; S2; ... Sn; repeat

loop
   if BCOND then exit endif
        S
repeat
```

```
loop
    S
    if BCOND then exit endif
repeat

loop
    S1
    if BCOND then exit endif
    S2
repeat
```

7.4.1 While과 Repeat-until 문

C 기반 언어의 while 문의 형식은 다음과 같다.

```
while(조건식)
    문장;
```

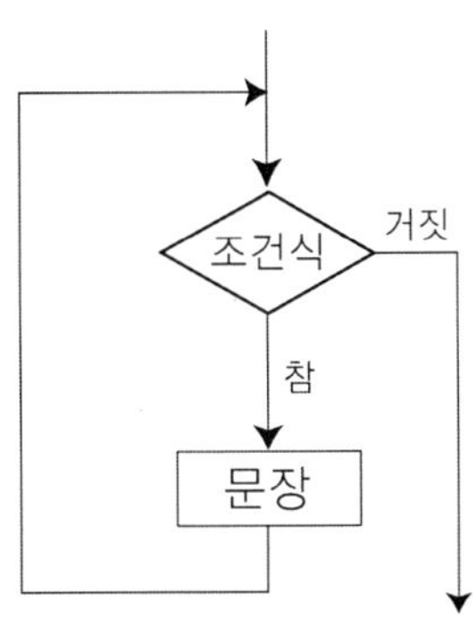

[그림 7-2] while 문의 제어 흐름

[그림 7-2]와 같이 조건식이 참인 동안에 문장을 반복해서 실행한다. while 문을 만나면 먼저 조건식을 평가하는데, 조건식이 거짓이면 문장을 실행하지 않고 while 구조를 끝낸다. 그러나 조건식이 참이면 문장을 실행하고 다시 조건식을 평가한다. 이러한 동작은 조건식이 참인 동안 반복된다.

Ada의 while 문 형식은 loop와 함께 다음과 같이 정의된다.

```
while 조건식 loop
    문장
end loop;
```

앞의 while 문은 조건식이 반복의 처음부터 거짓이면 문장이 한 번도 실행되지 않는다. 반면에, 반복 문장을 최소한 한 번은 실행하는 반복문은 C 기반 언어의 do-while 문이다. do-while 문을 만나면 [그림 7-3]과 같이 먼저 문장1, ... 문장n을 실행하고, 마지막 부분에서 종료 조건인 조건식을 평가한다. 조건식이 참이면 문장들을 반복 실행하고, 거짓이면 do-while 구조를 끝낸다.

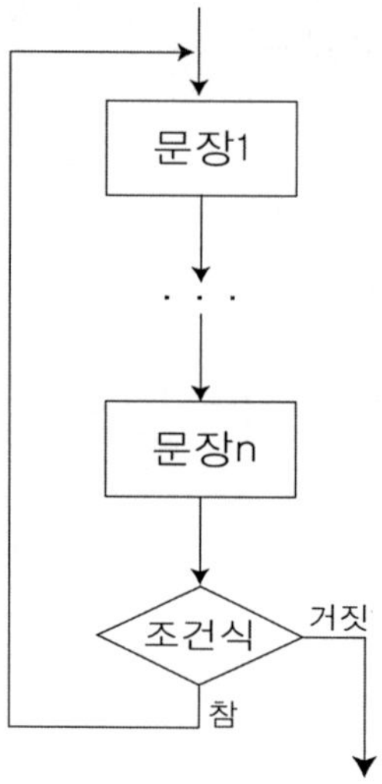

[그림 7-3] do-while 문의 제어 흐름

do-while 문은 다음과 같이 정의된다.

```
do {
   문장1;
   ...
   문장n;
} while(조건식);
```

C에서 while이나 do-while의 중간으로 분기하는 것은 적법하다. Pascal과 Modula에서는 while 문과 함께 do-while과 유사한 반복문으로 repeat-until 문을 제공한다.

do-while 문에서는 조건식이 참인 동안에 문장들을 반복 실행하는 반면에, repeat-until 문은 조건식이 참이 될 때까지 반복 실행한다. 즉, 조건식이 거짓인 동안에 문장을 반복 실행한다. FORTRAN 77은 while이나 repeat-until 반복문을 가지지 않는다. Ada와 FORTRAN 90은 while 문을 가지는 반면에 repeat-until 문을 가지지 않는다.

Visual Basic은 다양한 반복문을 제공한다. 앞에서 살펴본 do-while과 repeat-until에 해당하는 반복문을 모두 제공할 뿐만 아니라, 조건식이 참인 동안에 반복되는 while 문과 함께 거짓인 동안에 문장을 반복 실행하는 반복문도 제공한다. 이러한 반복문에 해당하는 Do-Loop 문의 네 가지 형식은 다음과 같다.

```
Do                          Do
  문장1                       문장1
  문장2                       문장2
  ...                         ...
Loop While 조건식           Loop Until 조건식

Do While 조건식             Do Until 조건식
  문장1                       문장1
  문장2                       문장2
  ...                         ...
Loop                        Loop
```

여기에서 While이 사용되면 조건식을 만족하는 동안 즉, 조건식이 참인 동안 반복 실행하는 것이고, Until이 사용되면 조건식을 만족할 때까지 즉, 조건식이 거짓인 동안 반복 실행하는 것이다. Perl과 Ruby도 while과 until을 모두 사용하는 반복문을 제공한다.

7.4.2 For 문

각 프로그래밍 언어에서 **for 문**에 관한 문법 구조는 다양하다. for 문의 일반 형식은 다음과 같다.

```
for <변수> := <초기 값> to <최종 값> step <변위 값> do <문장>
```

여기에서 살펴보아야 할 연구 주제는 다음과 같다.

<변수>의 타입은 어떤 것이 될 수 있는가?
<초기 값>, <최종 값>, <변위 값>은 얼마나 복잡한 식이며, 결과의 타입은 무엇인가?
<변수>를 <최종 값>과 비교하는 것은 언제인가?
반복문의 종결 후 <변수>의 값은 무엇인가?
<최종 값>과 <변위 값>은 얼마나 자주 평가되는가?
<변수>가 <문장>에서 변경될 수 있는가?

ALGOL 60 보고서에 의하면 **for** v := a **step** b **until** c **do** 〈stmt〉는 다음과 동등하다.

```
v := a;
L1: if (v-c)×sign(b) > 0 then goto out;
<stmt>
v := v+b;
goto L1;
out:
```

따라서 〈최종 값〉과 〈변위 값〉은 비교가 행해질 때마다 매번 다시 평가된다는 것을 명확히 알 수 있다.

Pascal에 관해 살펴보자.

```
for i := 1 to 100 do begin
                     문장들
                     end
```

여기에서 i는 블록 내에서 선언되어야 하고, 블록 내에서 상수이어야 한다. 또한 i의 값은 for 문에서 빠져 나올 때 정의되지 않는다. Pascal 보고서에서는 초기 값과 최종 값은 제한된다고 정의되었다. 즉, 이들의 타입은 같아야 하고, 실수 타입을 제외한 스칼라 타입이어야 하며, 시작 시에 한 번만 평가된다. for 문의 몸체는 한 번도 실행되지 않을 수도 있다.

C 언어의 for 문의 일반 형식은 다음과 같다.

```
for (식1; 식2; 식3)
    문장
```

첫 번째 식1은 초기화를 위한 식으로, 루프를 시작하기 전에 실행된다. 두 번째 식2는 조건식으로 루프 몸체를 실행하기 전에 계산하여 조건이 참(0이 아님)이면 루프 몸체를 실행하고, 거짓(값이 0)이면 루프를 끝낸다. 세 번째 식3은 조건식에 사용된 변수를 증가시키거나 감소시키기 위한 식으로 루프의 각 반복 후에 실행된다. 초기화 부분은 처음에 한 번만 실행하고, 조건식과 증감 부분은 각각 루프의 반복 전후에 실행된다. [그림 7-4]는 이러한 과정을 나타낸다.

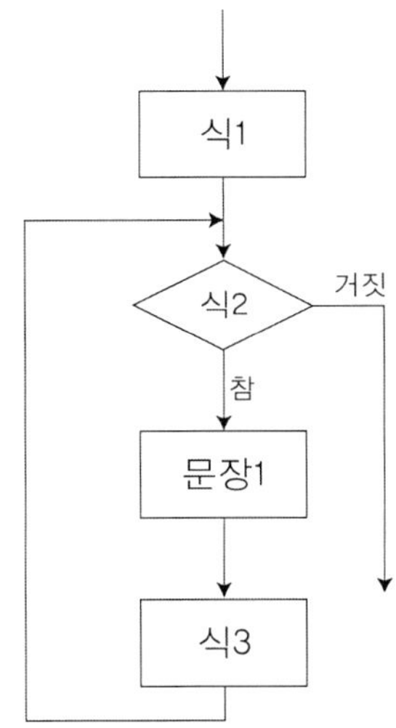

[그림 7-4] for 문의 제어 흐름

다음과 같은 for 문은 C 언어에서의 일반적인 for 문의 사용 예이다.

```
for (i = 1; i <= 100; i++)
    {문장들}
```

여기에서 변수 i는 선언되어야 하고, for 루프로부터 벗어난 후에도 값을 가지고 존재해야 한다. 다음과 같은 방식으로 for 루프를 제어할 수 있다.

```
for ( ; ; c = getchar() ) {
    if ( c == ' ' || c == '\t' )
        continue;
    if ( c != '\n' )
        break;
    ++lineno;
}
```

for 문은 초기 값이나 마지막 값을 가진 제어 변수를 가지지 않는 대신 while 문처럼 작동한다. 여기에서 c는 다음 문자가 배정되고, 임의의 0이 아닌 결과가 참으로 해석되며 루프 몸체로 진입한다. 만일 입력 문자가 공백이나 탭이라면, 다음 반복을 계속하고, 입력 문자가 개행 문자가 아니면 루프를 탈출한다. 아니면 lineno는 증가된다. C의 for 문은 많은 융통성을 가지고 일반적인 반복문을 흉내낼 수 있다.

C99, C++, C# 그리고 Java에서는 for 문의 초기식 부분에서 변수를 선언할 수 있다. 이렇게 선언된 변수는 영역이 루프로 국한되므로 해당 루프 내에서만 사용할 수 있다. 다음의 예를 살펴보자.

```
int j;
for (int i = 0; i < 10; i++)
     j = i * i;
i = 10;    /* 오류 */
```

변수 i는 for 문의 초기식 부분에서 선언되었으며 루프의 제어 변수로 사용된다. 루프 밖에서는 사용할 수 없다. 또한 Java와 C#에서는 루프 제어를 위한 조건식이 불리안 식으로 국한되지만, C99와 C++는 산술식 외에 불리안 식이 모두 가능하다.

Ada에서 루프의 제어 변수는 루프와 동일한 영역을 가지기 위해 자동적으로 선언된다. 루프를 탈출하면, 제어 변수는 사라진다. 일반적인 형식은 다음과 같다.

```
for 제어 변수 in [reverse] 범위 loop
     문장들
end loop
```

제어 변수는 범위의 하한에서 시작하여 상한이 될 때까지 1씩 증가되면서 반복한다. 범위는 정수나 열거 타입의 부분 범위 타입이고, reverse를 사용하면 1씩 감소되면서 반복한다. Ada에서 제어 변수는 for 루프의 지역 변수로 묵시적으로 선언되며, 루프 몸체 내에서 임의로 값을 배정할 수 없다.

다음은 Visual Basic의 for 문이다.

```
For 제어 변수 = 시작 값 To 최종 값 [Step 증감 값]
    문장1
    문장2
    ...
Next [제어 변수]
```

마찬가지로 For-Next 문은 제어 변수가 시작 값에서 증감 값만큼씩 증감하면서 최종 값이 될 때까지 반복 실행하는데, 증감 값이 생략되는 경우에는 1을 기본 값으로 간주한다.

COBOL에서 for 문과 상응한 구조를 살펴보자.

```
PERFORM <paragraph 이름>
    VARYING I FROM 1 BY 1
    UNTIL I>100
```

FORTRAN의 경우는 다음과 같다.

```
    DO 55 I = 1, 100
        문장들
55  CONTINUE
```

FORTRAN IV의 DO 루프는 몇 가지 심각한 문제를 가지고 있다. 첫째, 루프의 몸체 내에서 임의의 문장이 제어 변수 I의 값을 변경시키면 루프는 애초에 의도한 것과 다른 횟수만큼 실행될 수도 있다. 둘째, goto 문은 루프 안으로 들어가거나 밖으로 나갈 수 있다. 제어 변수 I가 적절하게 초기화가 되지 않는 오류는 찾아내기 어렵다. 셋째, goto 문을 통해 루프를 벗어나면 제어 변수 I의 값은 가장 최근의 값이 되고, 정상적으로 종료한 경우에는 구현에 따라 그 값이 달라진다. 넷째, 루프의 마지막에서 상한에 대한 검사를 하므로 하한이 상한보다 클 때에도 루프 몸체가 최소한 한 번은 실행된다.

FORTRAN 90의 반복문은 루프의 범위와 증감 값의 크기에 대해 실수를 사용하는 것을 금지하였다. 다음과 같은 형식을 가진다.

```
DO 루프제어
    블록
END DO
```

만일 **루프제어**가 생략되면 무한 반복이 된다. 반복에서 벗어나기 위해 반드시 EXIT 문을 이용해야 한다.

다른 언어의 for 문과 같은 고정된 횟수의 반복문은 FORTRAN 90에서 다음과 같은 구조를 가진다.

```
DO <레이블> <변수> = <초기 값>, <최종 값>, <증분 값>
```

여기에서 〈변수〉는 단순한 정수 변수이다. 〈초기 값〉은 반복의 초기 값을, 〈최종 값〉은 마지막값을 배정한다. 〈최종 값〉에 도달하면 반복은 끝나게 된다. 〈증분 값〉은 매 반복시에 〈초기 값〉에 더해질 값이다. 만일 생략되면 1의 의미이다.

반복의 몸체는 DO 문부터 초기 FORTRAN에서 사용된 레이블을 가진 문장이나 FORTRAN 90의 END DO 문까지 확장될 수 있다. 〈변수〉는 반복의 수행동안 변경될 수 없고, 〈초기 값〉과 〈최종 값〉은 반복의 시작에서 한 번만 평가된다.

ALGOL 68, Pascal, Ada, FORTRAN 77 및 FORTRAN 99를 포함하는 대부분의 언어에서 루프 몸체 내에서 루프 제어 변수를 변경하는 것을 금지한다. 또한 루프의 범위가 첫 반복 전에 정확히 한 번 계산되는 것을 보장한다. FORTRAN IV와 Pascal을 포함하는 일부 언어에서는 루프의 종료 이후에 제어 변수의 값을 정의되지 않은 것으로 남겨둔다. FORTRAN 77과 ALGOL 60에서는 가장 최근에 대입된 값으로 정의된다. ALGOL W, ALGOL 68, Ada, Modula-3, C++ 등의 언어에서는 제어 변수를 루프의 지역 변수로 만들기 때문에 영역(scope)은 루프의 몸체가 된다. FORTRAN 77과 ALGOL 60 및 이들 언어에 영향을 받은 언어 대부분은 루프 밖에서 안으로 들어가는 것을 막기 위해 goto 문의 사용을 제한했다. 그러나 goto를 이용하여 루프 밖으로 나가는 것은 허용된다.

C#, Java 5.0에서는 보다 편리한 foreach 반복문을 제공한다. 이 반복문은 조건식을 검사하는 이전의 반복문과는 달리 데이터의 집합에 대한 반복을 실행하며, 데이터의 집합을 구성하는 원소를 순차적으로 처리할 때 유용하게 사용할 수 있다. 일반적으로 배열과 함께 사용하며 배열 요소 추출에 상당히 유용하다.

C#의 foreach 문의 일반적인 형식은 다음과 같다.

```
foreach (타입 변수명 in 배열)
    문장;
```

foreach 다음에는 배열의 각 요소에 접근하기 위한 변수를 데이터 타입과 함께 선언하며 예약어 in 다음에 배열을 기술한다. 그리고 반복하기 위한 문장을 명시한다. 여기에서 변수의 타입은 배열 요소의 타입과 일치해야 하며, 변수는 읽기 전용으로 값을 배정할 수 없다. foreach 문은 배열의 첫 번째 원소부터 순서대로 마지막 요소까지 반복하여 루프 몸체를 실행한다.

Java의 foreach 문의 일반적인 형식은 다음과 같다.

```
for (타입 변수명 : 배열)
    문장;
```

이와 같이 foreach 문은 데이터 구조를 검색하는데 편리하게 사용될 수 있다.

7.5 GOTO 문

GOTO가 비판받고 있는 이유는 다음과 같다. 우선 분기가 행해지는 매번마다, 코드를 읽고 이해하는 능력을 복잡하게 한다는 점이다. 또한 우리가 매우 자주 페이지를 넘겨야 하는 것만큼 디버깅이 어렵다. 그리고 블록 바깥으로 분기하는 것은 기억 장소를 해제하는 것이고, for 루프 내부의 분기는 제어 변수를 정의되지 않은 채로 놓아두게 되고, case/switch 문의 중간으로 분기하는 것은 예상치 못한 이상한 결과를 가질 수 있다. 따라서 의미론을 기술하기 어렵다는 점이다.

후방(backward) goto가 루프를 생성하기 위해 이용된다. 그러한 문을 번역하기 위해서는 프로그램이 마지막에 도달할 때까지 모든 레이블의 위치를 기억해야 한다. **전방(forward) goto**는 IF를 시뮬레이션하기 위해 이용된다. 그러나 **전방 분기**는 goto의 레이블을 아직 만나기 전에는 바로 번역될 수 없다. 새로운 레이블이 발견되면, 아직 해결되지 않은 전방 분기의 리스트와 비교되어야 한다. 프로그램의 정확성 증명은 프로그램을 세그먼트로 분할하여 증명이 시작된다.

FORTRAN의 GOTO 문은 다음과 같다.

```
GO TO 100
```

여기에서 100은 FORTRAN의 적절한 레이블이다. 초기의 FORTRAN은 블록 구조와 재귀 프로시져가 결여되었으므로 모든 레이블들은 지역적이고, 따라서 GOTO의 의미론은 쉽게 이해될 수 있었다. 실행 시에 각 문장 레이블은 기계의 위치와 결합되고, GOTO 문을 만나면 그 위치를 차지하는 명령으로 이동한다. 간단하게 말하면, GOTO 문은 기계어의 분기 명령에 불과하다.

초기의 FORTRAN에 추가된 두 가지 GOTO 문은 계산형(computed) GOTO와 배정형(assigned) GOTO이다. FORTRAN에서 모든 레이블들은 수치 값이다. 계산형 GOTO는 다음과 같은 다중 분기문이다.

```
GO TO (L1, L2, ..., Ln), INDEX
```

여기에서 Li는 레이블이고, INDEX는 정수 변수이다. 실행 시에 만일 INDEX의 값이 i라면 GO TO Li가 실행된다. 만일 INDEX가 1부터 n 사이의 범위를 벗어나면 결과는 정의되지 않는다.

배정형 GOTO의 형식은 다음과 같다.

```
GO TO LABEL, (L1, L2, ..., Ln)
```

여기에서 LABEL은 그 값이 레이블 L1, L2, ..., Ln 중의 하나인 변수이다. 실행 시에 이 문장을 만나면 적절한 레이블로 분기한다. 변수 LABEL은 다음 문장에 의해 배정될 수 있다.

```
ASSIGN Li TO LABEL
```

Pascal은 goto L;과 같이 간단한 구조를 가진다.

```
begin
   ...
   goto 100;    {전방 분기}
100: ...
     begin
     ...
        goto 100;    {내부 블록 밖으로의 후방 분기}
     ...
     end
 ...
 end
```

```
label 100;
procedure A(x: integer);
    begin
    ...
        goto 100;    {이 분기는 프로시저를 중단한다}
    ...
    end;
begin
    ...
100: ...
.....
end
```

7.5.1 GOTO와 레이블

각종 프로그래밍 언어에서의 레이블의 구성과 레이블의 위치는 [표 7-1]과 같다.

[표 7-1] 각종 언어에서의 레이블의 구성과 위치

언어	속성	위치
ADA	alphanumeric	⟨⟨label⟩⟩ 임의의 문 앞
APL	alphanumeric	label : 임의의 문 앞
BASIC	numeric	라인 번호
COBOL	alphanumeric	열 8-11에 위치
FORTRAN	numeric	열 1-5에 위치
LISP	alphanumeric	'prog' 혹은 'do' 몸체 내부
Pascal	numeric	프로그램 상단에서 선언되고 : 와 함께 위치함
PL/1	alphanumeric	label : 문 앞
SNOBOL	alphanumeric	label : 문의 왼쪽

7.5.2 GOTO의 장단점

대부분의 언어들이 goto와 레이블을 제공하고 있으나, 새로운 몇몇 언어에서는 goto와 레이블의 사용을 매우 제한하거나, ML과 Java와 같이 goto 문을 제외한 언어들도 있다. 그러나 goto는 나름대로 장점과 단점을 가지고 있다. Pratt와 Zelkowitz는 goto의 장단점을 다음과 같이 나열했다.

goto의 장점은 다음과 같다.

- 레이블이 단순히 기억장소의 위치를 나타내는 단순한 것이라면, goto는 하드웨어로 바로 구현되어 효율적으로 실행될 수 있다.
- 소규모의 프로그램에서는 사용하기 간단하고 이해하기 쉽다.
- 어셈블리어나 기존의 언어에 익숙한 사람들에게 친숙한 구조이다.
- 이론적으로는 goto 문만 가지고도 모든 제어 구조를 표현할 수 있을 정도의 범용성을 가진다.

goto의 단점은 다음과 같다.

- **계층적인 프로그램 작성을 방해한다.** 프로그램의 문장들이 계층적으로 의미 있게 그룹화되지 않으면 이해하기 힘들다. 프로그램의 계층적인 설계는 한 프로그램이 몇 개의 그룹으

로, 다시 각 그룹도 몇 개의 작은 그룹으로 구성하는 것이다. 이렇게 하면 각 그룹의 작업 내용과 서로 간의 연결 관계를 쉽게 알 수 있다. goto 문을 이용한 평면 구조의 프로그램은 계층 구조를 가지지 못하여 다른 사람이 구조를 알기 어렵다.

- **프로그램상의 문장 순서와 실행 순서가 달라진다.** 문장들이 놓여진 순서와 실행 순서가 전반적으로 일치하지 않는 프로그램인 스파게티 코드는 이해하기 힘들다.
- **문장의 그룹이 다목적으로 사용되어 이해와 수정이 어렵다.** 동일한 작업을 하거나 같은 목적을 가지는 그룹들을 하나로 결합하여 goto 문을 이용하여 필요에 따라 제어를 이동할 수 있다. 이러한 프로그램은 크기는 작으나 이해하기도 어렵고 수정하기도 매우 어렵다. 따라서 단일 작업이나 단일 목적을 갖는 문장 그룹으로 구성된 프로그램의 이해와 수정이 용이하다.

7.5.3 Exit와 Break 문

C의 경우, break 문은 switch 문에서 사용될 때와 반복문에서 사용될 때는 전혀 다른 방법으로 사용된다. case 문에서 break 문이 사용되면 자신을 포함하고 있는 switch 블록을 빠져 나온다. 즉, case 문에서 break 문을 만나면 break 문 이후의 나머지 명령문을 실행하지 않고 switch 블록을 완전히 빠져 나와 다음 명령문을 실행한다.

반복문(while, for, do-while)에서 break 문이 사용되면 현재 break 문을 감싸고 있는 반복문의 루프를 빠져 나오게 한다. 만약 반복문이 여러 개 중첩되어 있다면 break 문은 현재 자신을 포함하고 있는 반복문 만을 빠져 나온다. 즉, if-else 문에서 else 문이 가장 가까이 있는 if와 결합하는 것처럼 break 문도 자신과 가장 가까이 있는 반복문의 루프를 탈출하고 반복문 밖의 다음 명령문으로 제어를 이동한다. break 문을 사용하더라도 단일 입구와 단일 출구의 성질을 만족한다.

continue 문도 break 문처럼 반복문의 정상적인 실행의 흐름을 변경하는데 사용된다. break 문이 반복문에 사용되면 break 문 다음의 모든 명령문을 실행하지 않고 제어를 블록 밖에 있는 문장으로 이동시키듯이 continue 문도 continue 문 이후의 모든 명령문을 실행하지 않고 제어를 반복문의 시작 위치로 이동시킨다. 즉, break는 반복문의 블록을 완전히 종료하게 하지만 continue 문은 반복의 시작 위치로 제어를 이동시킨다는 것이다.

반면에 Ada의 exit 문은 인식된 end loop 다음의 문으로 즉시 가게 된다. 만일 루프가 X란 레이블이 붙으면, 루프 내의 임의의 장소로부터 exit X; 라고 기술할 수 있다.

다음 프로그램 코드를 살펴보자.

```
loop
    put ("Enter a number, zero to quit");
    get (X);
    if X<>0 then
        DO_SOMETHING_WITH (X);
    else
        exit;
    end if;
end loop;
```

새로운 X가 0인지 검사한다. 만일 0이 아니라면 X와 함께 어떤 작업이 수행되고 이 과정이 반복된다. 그러나 만일 X가 0이라면 exit 문은 end loop의 바로 다음 문장으로 제어를 이동시킬 것이다.

Ada의 exit 문은 다음과 같이 종종 if 문 내부에 위치한다.

```
if TIME_TO_GO then
    exit;
end if;
```

exit 다음에 when과 검사 조건이 따르는 다음 문장은 위의 if 문과 기능상으로 동등하다.

```
exit when TIME_TO_GO;
```

다음은 1에서 10까지 1씩 증가시켜 가면서 그 정수들과 제곱근을 출력하고 그 후에 루프를 끝내기 위해 exit when 구조를 이용하는 예이다.

```
X := 1;
loop
    put (X); put ("   "); put (X * X);
    NEW_LINE;
    exit when X = 10;
    X := X + 1;
end loop;
```

Java에서도 break 문과 continue 문을 지원한다. 그러나 Java에서는 Perl과 C#처럼 레이블과 결합되어 사용될 수 있다. break 뒤에 레이블이 없이 사용되는 경우는 C와 마찬가지로 switch 문이나 for, while, do-while 등의 블록 안에서 break 문을 만나게 되면 프로그램의 제어는 블록이 닫히는 곳으로 넘어가게 된다. 즉, 블록의 다음 문장을 실행한다. break 문 뒤에 레이블이 있는 경우는 지정된 레이블로 제어를 옮긴다. 반복문의 블록 안에서 사용이 가능하나 레이블이 있는 경우 case 문에서는 사용되지 않는다.

다음은 레이블과 함께 쓰이는 break 문의 예이다. 레이블은 반드시 break를 포함하고 있는 블록이어야 한다. 결과를 예상해 보자.

```
class TestBreak {
    public static void main(String args[ ]) {
        label1:
            for(int i = 0; i < 10; i++) {
                for(int j = 0; j < 3; j++) {
                    System.out.println("i: "+i"j: "+j);
                    if(i > 5) break label1;
                }
            }
    }
}
```

Java의 continue 뒤에 레이블이 오면 배정된 레이블로 제어를 넘긴다. 레이블이 없는 경우는 C와 마찬가지로 실행된다.

다음은 레이블과 함께 쓰이는 continue 문과 레이블이 없는 continue 문이 함께 사용된 예이다. 결과를 예상해 보고 실제의 실행 결과와 비교해 보자.

```
class TestContinue {
    public static void main(String args[ ]) {
        int i = 0;
        label1:
        while(i < 5) {
                for(int j = 0; j < 13; j++) {
                    if( i > 3) continue;
                    System.out.println("i: "+i"j: "+j);
                    i++;
                }
                continue label1;
            }
    }
}
```

7.6 비결정적 문

Edsger Dijkstra는 대안의 집합으로 구성되는 선택문이라고 부르는 새로운 형식의 문을 소개했다.

```
if <조건1> then <문장1>
  □ <조건2> then <문장2>
  □
  □ <조건n> then <문장n>
fi
```

조건i를 가드라고 하며, 대안들은 가드 다음에 나올 수 있다. 만일 문장들이 앞에 보인 것처럼 가드 다음에 나오면, 가드가 먼저 평가된다. 실행을 위해 참인 각 가드에 대해 대응되는 문들 중 하나가 비결정적으로 임의의 하나가 선택된다. 마치 주사위가 던져진 것처럼 선택이 된다.

```
if a >= b then max := a
  □ a < b then max := b
fi
```

Dijkstra에 의해 주어진 다른 형식은 다음과 같다. 여기에서 문장은 조건중의 하나가 최소한 참인 동안에 반복적으로 실행된다. 만일 둘 이상이 참이라면, 비결정적 선택이 행해진다.

```
do <조건1> then <문장1>
  □ <조건2> then <문장2>
  □
  □ <조건n> then <문장n>
od
```

학습정리

- 고급 프로그래밍 언어는 제어 흐름의 4가지 기본적인 부류인 순차문, 조건부 실행, 반복, 서브 프로그램 호출을 제공한다. 배정문은 명령형 언어의 기초를 이루는 문장이다. 배정문에 관한 연구 주제는 크게 세 가지로 기호의 선택, 평가 순서와 부작용, 의미론에 관한 것이다.
- 미결합(dangling) else 문제란 if 문의 then 절 내의 if 문이 어떻게 취급되는가에 관한 문제로, if의 개수보다 else의 개수가 더 적을 때 발생하게 된다. C에서는 else가 첫 번째 if와 연결되는 것인지 두 번째 if와 연결되는 것인지 모호하므로 else는 가장 내부의 if와 결합한다는 규칙을 적용한다. 따라서 다른 언어들과 마찬가지로 첫 번째 if와 연결시키려면 중괄호로 두 번째 if 문을 묶어야 한다.
- 중첩된 if-then-else 문의 집합보다 더욱 명료한 구조로 ALGOL-W에서 채택된 case 문이 있다. Ada와 C 기반 언어들은 대부분 발전된 형태의 case 문을 제공하고 있다.
- 루프의 이용과 이들을 배열에 적용하는 반복 연산은 초기의 프로그래밍부터의 커다란 특징 중의 하나로, loop-repeat의 의미는 내부의 일련의 문장들을 차례대로 실행하고 repeat을 만나면 제어를 loop로 되돌려 다시 반복하는 것이다. 반복문의 표준 형식은 while 문과 until 문이고, 이의 변형으로는 for 문이 있다.
- 대부분의 언어들이 goto 문을 제공하고 있으나, ML과 Java와 같이 goto 문을 제외한 언어들도 있다. 그러나 goto는 나름대로 장점과 단점을 가지고 있다.

연습문제

1. 자신이 주로 사용하는 언어를 대상으로 배정문의 연구 주제에 대하여 기술하라.

2. 자신이 주로 사용하는 언어를 대상으로 미결합(dangling) else 문의 처리 방안에 대하여 기술하라.

3. C, C#, Visual Basic의 case 문을 비교하라.

4. C 기반 언어와 Visual Basic의 반복문을 비교하라.

5. C#의 foreach 문의 유용성을 구체적인 프로그램 예를 제시하여 설명하라.

6. goto를 갖지 않는 언어를 아는 대로 들어 보라.

7. C에서 루프는 매우 다양한 방식으로 작성될 수 있다. 데이터 필드와 next 필드를 가진 단일 연결 리스트(singly linked list)를 가졌다고 가정하라. 여기에서 데이터는 정수형이고 데이터 필드의 원소들의 합을 구하기를 원한다. C의 for 문을 이용하는 세 가지 서로 다른 방법으로 프로그램을 작성할 수 있음을 증명하라.

8. LISP가 어떤 순서로 배정문을 평가하는가? 다음에 이를 테스트하기 위한 Common LISP 프로그램이 있다.

```
>(setq a (make-array 15))
#(NIL NIL NIL NIL NIL NIL NIL NIL NIL NIL NIL NIL NIL NIL NIL)
>(sctq b 10)
10
>(setf (aref a (setq b 1)) b)
1
>a
#(NIL 1 NIL NIL NIL NIL NIL NIL NIL NIL NIL NIL NIL NIL NIL)
```

9. C의 평가 순서를 알기 위해 다음의 프로그램으로 확인하라.

```
#include <stdio.h>
int main()
{
 int a[5] = {0, 0, 0, 0, 0};
 int b=3;
 a[b=1] = b;
 printf("Array is:");
 for (b=0; b<5; b++)
 printf("%d", a[b]);
 printf("\n");
}
```

10. C에서, goto는 for, while, if 문의 중간으로 분기할 수 있다. 컴파일 시에 "statement not reached"라는 경고만이 있게 된다. 그러나 Pascal에서 goto는 for, while, if와 같은 구조화 문의 중간으로 분기할 수 없다. 이러한 주장을 입증하는 프로그램을 작성하라.

chapter 8 함수와 프로시져

[학습목표]

- 서브프로그램의 하나인 함수의 원소와 재귀 함수에 대해 알아본다.
- 프로시져와 매개변수에 대해 알아본다.
- 다양한 매개변수 전달 방식에 대해 알아본다.
- 동일한 이름을 갖는 둘 이상의 함수를 의미하는 중복정의에 대해 알아본다.
- 다양한 타입의 매개변수를 갖는 포괄 프로시져에 대해 알아본다.
- 프로시져의 구현 방안에 대해 알아본다.

함수는 원래 수학에서 유래되었다. f : A → B로 정의되는 함수 f는 집합 B의 원소를 집합 A의 원소와 결합시킨다. A는 f의 정의역이고 B는 치역이다. 만일 a가 A에, b가 B에 속하고, f가 a를 b로 사상한다면, f(a) = b와 같이 쓸 수 있다. 또한 정의역 A에 있는 각 a에 대해, B에 있는 일부 b에 대해 f(a) = b 혹은 f(a)가 정의되지 않는다면, 함수 f는 단사 함수이다. 만일 A의 모든 원소가 B의 원소로 사상되면, A는 전사 함수이다.

함수는 다음과 같이 정의될 수 있다.

- fib(0)=1, fib(1)=1, fib(2)=2, fib(3)=3, fib(4)=5, …과 같이 사상(mapping)을 열거함으로써 정의될 수 있다.
- 비 알고리즘적인 규칙을 제공함으로써 정의될 수 있다. 예를 들면, gcd(x,y)는 양의 정수 x와 y의 최대공약수이다.
- 계산 가능한 규칙을 제공함으로써 정의될 수 있다. 예를 들면, gcd(x,y)::=if y=0 then x else gcd(y, x mod y)와 같다.
- {there exists z: z|x, z|y and z = max{divisors(x), divisors(y)}}와 같은 명세 언어로 정의할 수 있다.

어떤 문제를 처리하는 프로그램을 만들 때, 한 개의 프로그램으로 구성하는 것보다 처리할 작업 별로 작은 서브 프로그램 여러 개로 나누어 작성하는 경우, 전체 프로그램 중에서 같은 작업은 하나의 서브 프로그램에서 독립적으로 수행하게 되어 프로그램의 크기가 줄어들고 수정과 관리가 쉬울 뿐만 아니라 다른 프로그램도 서브 프로그램을 재사용할 수 있다. 이러한 서브 프로그램을 함수 혹은 프로시져라고 한다. 간단한 함수 호출과 실행 및 결과 값 리턴에 대한 제어 흐름을 [그림 8-1]과 같이 표현할 수 있다.

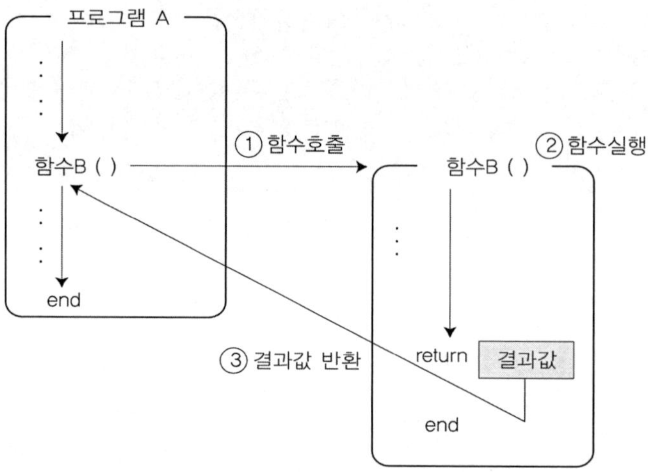

[그림 8-1] 함수 호출과 리턴의 제어 흐름

8.1 함수

프로그래밍 언어의 함수 정의는 **이름, 형식 매개변수, 몸체** 등을 포함한다. 기본 형식은 다음과 같다.

```
function <이름> (<형식 매개변수>) = <몸체>;
```

식 내에서 함수가 호출되어 이용되는 것을 적용(application)이라고 부른다.

```
<이름> (<실 매개변수>)
```

함수의 평가 규칙은 크게 두 가지가 있다. **내부 우선 평가 규칙(innermost evaluation rule)**은 먼저 〈실 매개변수〉인 식들을 평가한 후 평가된 결과를 함수 정의의 형식 매개변수 대신 치환한다. 다음으로 몸체를 평가하고 마지막으로 그 결과를 리턴한다. 내부 우선 평가 규칙뿐만 아니라 때때로 유용한 **선택적 평가 규칙(selective evaluation rule)**이 있다. 즉, 먼저 실 매개변수를 형식 매개변수와 결합한다. 다음으로 몸체를 평가하고 나서, 만일 형식 매개변수를 만나면 대응되는 실 매개변수를 평가한다. 예를 들어 다음과 같은 경우 내부 우선 평가 규칙을 적용하면, x와 y 모두가 or에 대한 답이 계산되기 이전에 평가된다.

```
fun or(x,y) = if x = true then true
              else if y = true then true else false
```

순수 함수(pure function)에서는 형식 매개변수 외의 어떤 다른 데이터에 대해서도 액세스가 이루어지지 않는다.

만일 함수 f가 자기 자신을 간접적으로 혹은 직접적으로 호출하면 함수 f는 **재귀 함수**이다. 즉, 다음과 같은 함수이다. 그러나 이 계산은 극히 비효율적이다.

```
fun fib(n) = if n = 0 or n = 1 then 1 else fib(n-1) + fib(n-2)
```

만일 f(a)가 다음과 같이 많아야 하나의 f의 새로운 액티베이션을 시작할 수 있다면 함수 f는 **선형 재귀(linear recursive) 함수**이다.

```
fun factorial(n) = if n = 1 then 1 else factorial(n-1)*n;
```

재귀 함수의 동작은 다소 복잡하다. factorial()이 매개변수를 1로 하여 호출되면 함수는 1을 리턴한다. 매개변수가 1이 아니라면 factorial(n−1)*n을 리턴한다. 이 리턴 값을 계산하기 위해 factorial()이 매개변수 n−1로 다시 호출된다. 이 과정은 n이 1이 될 때까지 반복되고 처음 호출로 되돌아간다.

함수가 자기 자신을 호출할 때, 새로운 지역 변수들과 매개변수들이 스택에 할당된다. 재귀 호출이 리턴될 때마다 이전의 지역 변수들과 매개변수들은 스택에서 제거된다. 재귀 호출은 함수를 반복해서 호출하기 때문에 다소 느리고, 스택을 과도하게 사용한다. 그러나 재귀 함수의 장점은 더 분명하고 간단한 알고리즘을 만들 수 있다는 점이다. 재귀 함수를 작성할 때에는 재귀 호출을 중단시키는 조건문을 반드시 프로그램 중간에 삽입해야 한다.

만일 함수 f가 다음과 같이 새귀 호출의 필요 없이 값을 리턴하거나, 혹은 재귀 액티베이션의 결과를 간단히 리턴하면 **꼬리 재귀(tail recursive) 함수**이다.

```
fun g(n,a) = if n = 0 then a else g(n-1, n*a)
```

따라서 g(3,1) = g(2,3) = g(1,6) = g(0,6) = 6과 같다.

8.2 프로시져

프로시져나 서브루틴은 많은 프로그래밍 언어들에 있어서 유용한 구조이다. 프로시져는 **이름, 형식 매개변수, 환경, 선언부, 몸체**의 구성 요소들을 가진다. 일반 형식은 다음과 같다.

```
procedure <이름> (<형식 매개변수>) <환경>
          선언부
          몸체
end
```

프로시져에 관해서는 다음과 같은 연구 주제들을 중심으로 살펴야 한다.

- 구체적인 구문
- 형식 매개변수의 명세 : 즉, 무엇을 어떻게 정의하는가?
- 매개변수의 평가와 전달
- 함수와 프로시져 사이의 구분

형식 매개변수는 프로시져의 영역 내의 지역 객체로 취급될 수 있다. 실 매개변수는 서브프로그램과 자신을 호출한 호출자 사이에 공유되는 데이터 객체이다. 만일 프로시져 inner(x: integer, y: boolean)가 프로시져 outer 내에서 호출되면, 가능한 실 매개변수의 유형은 다음과 같다:

inner(i, b)	i, b는 outer의 지역 변수
inner(98, true)	98과 true는 상수
inner(a, b)	a와 b는 outer 내의 형식 매개변수
inner(c1, c2)	c1, c2는 outer 내의 비지역 변수
inner(ar[i], d.flag)	배열과 레코드의 요소
inner(i*3+j, f(z))	내장 함수 혹은 사용자 정의 함수의 결과

8.2.1 프로시져 내의 영역과 수명

먼저 영역에 관해 살펴보자. 프로시져는 형식 매개변수, 지역 변수, 그리고 전역 변수들을 가질 수 있다. 형식 매개변수와 지역 변수의 영역은 자신들이 선언된 프로시져 내부이다. 프로시져 내에서 선언된 포인터는 프로시져를 영역으로 가지게 될 것이다. 그러나 포인터가 가리키는 값을 유지하기 위한 기억 장소는 익명의 이름을 가지고 프로시져의 활성화를 초과하는 수명을 가진다.

지역 변수는 적재 시간에 정적으로, 혹은 프로시져가 호출될 때 동적으로 기억 장소에 결합되기도 한다. 만일 정적 변수이면, 기억 장소는 호출 시간에 할당되고, 프로시져를 벗어날 때 해제된다. 재귀 함수나 프로시져는 재귀 호출을 위한 각 지역 변수의 별도의 사본이 요구될 때, 동적으로 할당된 지역 변수를 가져야 한다. 동적으로 할당된 변수들은 일반적으로 실행시간 스택에 위치한다.

8.3.2 실 매개변수와 형식 매개변수의 결합

(1) 결합 규칙

전통적으로 각 실 매개변수는 위치를 기준으로 대응되는 형식 매개변수와 결합된다. **위치에 따른 결합(positional association)** 방식이다. 왼쪽에서 시작하여 첫 번째 실 매개변수는 첫 번째 형식 매개변수와 대응하고, 두 번째 실 매개변수는 두 번째 형식 매개변수와 대응하는 식이다. 형식 매개변수의 리스트는 실 매개변수의 리스트보다 더 길어질 수 있고 프로그래머는 두 매개변수를 서로 바꾸게 될 가능성도 있다.

이러한 가능성을 피하기 위한 대안으로 **키워드를 이용한 결합**이 요구된다. 여기에서 실 매개변수는 형식 매개변수를 키워드로 이용하여 정의된다. 예를 들어, Ada에서 프로시져가 다음과 같은 명세를 가진다고 가정하자.

```
function ENTER_CHECK(NUMBER : in INTEGER,
                     PATYEE : in STRING,
                     DATE : in STRING,
                     AMONUT : in REAL,
                     NOTE : in STRING);
```

키워드를 이용한 결합 방식으로 실 매개변수들을 다음과 같이 작성할 수 있지만, 문제는 키워드의 이름을 기억해야 한다는 것이다.

```
ENTER_CHECK(NUMBER => 101,
        PAYEE => "SAM MALONE",
        DATE => "9/1/10",
        AMOUNT => 1234.56,
        NOTE => "CHEER's BILL");
```

또는 다음과 같이 위치에 따른 결합 방식과 키워드를 이용한 결합 방식을 함께 사용할 수도 있다.

```
ENTER_CHECK(101, "SAM MALONE",
        DATE => "9/1/10",
        AMOUNT => 1234.56,
        NOTE => "CHEER's BILL");
```

그러나 일단 키워드가 채택되면 그들을 실 매개변수 리스트 내에서 이용하는 것을 계속해야 한다.

(2) 매개변수의 수의 일치

실 매개변수의 수는 항상 형식 매개변수의 수와 동일해야 한다. 만일 형식 매개변수보다 더 많은 수의 실 매개변수가 존재한다면 오류일 것이다. 그러나 일부 함수는 가변적인 수의 매개변수를 요구하기도 한다. 이 경우에는 실 매개변수가 전달되나 형식 매개변수로 이름이 부여되지 않는다. C와 Pascal의 입·출력 모두는 다음과 같이 가변적인 길이의 매개변수들을 허용한다.

```
printf("This call has 3 arguments: %d num %d count\n", s, t);
```

여기에서 포맷 스트링이 적절한 수의 매개변수를 포함하는가의 여부는 실행 시간에 검사된다. Pascal에서는 가변적인 수의 매개변수를 취하는 사용자 정의 함수나 프로시져가 허용되지 않으나, C에서는 가능하다. C와 C++에서 매개변수의 수가 가변적인 사용자 함수를 사용할 경우에는 매개변수 선언의 끝에 세 개의 점(...)을 붙여야 한다. 예를 들어 다음 var_func() 함수는 최소한 두 개의 매개변수를 가지며, 그 이후에 알 수 없는 개수의 매개변수를 가질 수 있다는 것을 나타낸다.

```
var_func(int x, int y, ...);
```

만일 C에서 만일 형식 매개변수보다 더 적은 수의 실 매개변수가 제공되면, 함수는 가비지를 액세스한다. 그러나 형식 매개변수보다 더 많은 수의 실 매개변수가 제공되면, 호출된 프로그램이 아닌 호출 프로그램에 의해 실행 시간 스택으로부터 매개변수가 제거되므로 문제를 일으키지 않는다.

(3) 디폴트 매개변수

C++와 Ada와 같은 언어에서는, 디폴트 값이 매개변수에 배정될 수 있다. 이 경우에는 형식 매개변수보다 더 적은 수의 실 매개변수가 있을 수 있다.

Ada의 경우 다중 매개변수를 가지는 프로시저는 매개변수의 일부 혹은 전부에 대해 디폴트 값을 가질 수 있다. 다음 프로시저를 살펴보자.

```
procedure SQUARE_AND_SUM(X1, X2, X3, X4: integer := 0) is
begin
    put(X1**2 + X2**2 + X3**2 + X4**2);
end SQUARE_AND_SUM;
```

이제 SQUARE_AND_SUM을 0부터 네 개까지의 실 매개변수를 가지고 호출할 수 있다. 그리고 명시하지 않은 매개변수는 디폴트 값 0을 얻을 것이다. 다음 호출을 보자.

```
SQUARE_AND_SUM(2, 3);          -- 13을 출력한다.
```

실 매개변수 2는 형식 매개변수 X1과 연관되며, 3은 X2와 연관된다. 이 때 X1은 디폴트 값을 우선으로 한다. 나머지 형식 매개변수 X3과 X4는 디폴트 값을 유지한다. 프로시저는 여전히 네 개의 수를 제곱하여 더하고 있다. 여기에서 단지 네 개중 두 개는 0인데 결과 값에 영향을 주지 않는 값들이다. 다음 프로시저의 호출은 합법적이다.

```
SQUARE_AND_SUM;                -- 0이 출력
SQUARE_AND_SUM(5);             -- 25가 출력
SQUARE_AND_SUM(3, 1);          -- 10이 출력
SQUARE_AND_SUM(4, 2, 5);       -- 45가 출력
SQUARE_AND_SUM(8, 9, 2, 3);    -- 158이 출력
```

비록 매개변수들이 같은 타입이 아니더라도 프로시저의 모든 형식 매개변수에 대한 디폴트 값을 가지는 것은 가능하다. 다른 타입의 매개변수를 얻기 위해서는 그 매개변수들을 마

치 변수의 열을 선언하는 것처럼 각 매개변수의 이름과 그 타입을 세미콜론으로 분리해가면서 선언한다.

C++의 경우를 살펴보자. 정수를 입력받으면, 그 값을 출력하는 함수 print( )를 구현한다고 가정하자. 그리고 이 함수가 일반적인 기능을 가지기 위해 매개변수로 출력되기를 원하는 값과 실제로 출력되는 값의 기수(radix)를 전달한다고 가정하자. 이러한 함수를 위한 선언은 다음과 같다.

```
void print_integer(int value, int radix)
```

그러나 출력의 대부분이 10진수라면, 이 함수를 호출할 때마다 두 번째 매개변수 10을 매번 전달해야 하는 번거로움이 있다. 이러한 번거로움을 해결하는 방법은 10진수 전용 출력 함수와 범용 출력 함수를 별도로 가지는 두 가지 방법이 있으나 이런 방법은 좋은 해결책이 되지 못하므로, C++에서는 이러한 경우를 적절하게 처리하기 위해 **디폴트 매개변수**를 지원한다. 디폴트 매개변수는 함수를 호출할 때 특정 매개변수를 전달하지 않으면 자동적으로 미리 정해진 값으로 넘겨주는 기능이다. 따라서 다음과 같이 구현될 수 있다.

```
void print_integer(int value, int radix = 10)  // 두 번째 매개변수가 없을 때는 10이 전달된다.
main( )
{
    print_integer(45, 10);
    print_integer(45);        // print_integer(45, 10)과 같다.
    print_integer(45, 8);
    print_integer(45, 16);
}
```

C++에서 디폴트 매개변수는 함수 매개변수 선언에서 뒷부분에만 올 수 있다. 즉, 디폴트 매개변수 뒤에 오는 매개변수는 모두 디폴트 매개변수이어야 한다.

```
int f(int, int = 0, char);                  // 오류
int f(int, int = 0, char = 'a');            // 적법
int f(int = 10, int = 0, char = '\n');      // 적법
```

함수 f( )가 다음과 같이 선언되었다고 가정하자.

```
void f(int i = 0)
```

그렇다면, 이 함수는 f( );와 같이 매개변수 없이 호출할 수 있다. 그러나 이것이 함수 f( )의 타입이 매개변수가 없는 함수라는 것을 의미하지는 않는다. 즉, f( )를 매개변수 없이 호출할 수 있는 것은 단순히 프로그래머를 위해 C++ 컴파일러가 제공하는 편의일 뿐이라는 것이다. 실제로 함수 f( )의 타입은 정수 타입을 매개변수로 받는 함수로서 다음과 같다.

```
int k;
int f(int = 0);
k = f( );                  // 적법
int (* fp1)(int) = &f;     // 적법
int (* fp2)( ) = &f;       // 타입 불일치 오류
```

C# 4.0에서는 디폴트 매개변수와 동일한 개념인 명명 인자(named argument)와 생략 가능한 인자(optional argument)를 제공한다.

```
public void M(int x, int y = 5, int z = 7);
M(6);                // M(6, 5, 7);
M(z: 3, x: 1);       // M(1, 5, 3);
```

8.3 형식 매개변수[5]의 전달

일반적으로 실 매개변수는 다음 중 한 가지 방식으로 수행될 수 있다.

- 값을 결코 변경하지 않는 프로시저로 전달한다.
- 프로시저를 끝낼 때 값을 변경할 수 있는 프로시저로 전달한다.
- 프로시저로 아무런 값을 전달하지 않는다. 그러나 값을 프로시저 바깥으로는 전달할 수 있다.

만일 프로그래밍 언어가 우리가 이 세 가지 중의 하나를 규정하는 것을 허용한다면, 컴파일러는 향상된 검사를 수행할 수 있다. Pascal에서 다음과 같이 쓸 수 있다.

5) 경우에 따라 형식 매개변수(formal parameter)를 매개변수(parameter)라고 부르고, 실 매개변수(actual parameter)를 인자(argument)라고 부르기도 한다.

```
procedure sum(arg1, arg2, arg3 : integer; var answer : integer);
{세 매개변수의 합을 리턴}
begin
   answer := arg1 + arg2 + arg3;
end
```

여기에서 arg1, arg2, arg3 는 const로 취급되거나(이것은 디폴트이므로 명시적으로 기록될 필요 없다), 혹은 첫 번째 방식으로 수행된다. 변수 answer는 **var**로 선언되고, 이것은 Pascal에서 두 번째나 세 번째 방식으로 수행된다는 것을 의미한다.

Ada의 경우는 예약어에 의해 규정된다. 상수값의 전달을 위해서는 **in**, 결과의 전달을 위해서는 **out**, 그리고 매개변수의 타입에 의존하는 참조 호출(call-by-reference)이나 값-결과 호출(call-by-value-result)을 위해서는 **inout**을 사용한다. 그러나 Ada 83에서 **inout** 매개변수가 두 가지 방법 중 하나를 선택하여 구현하도록 정의하였기 때문에, 각각 다른 방법에 의해 구현된 경우 동일한 프로그램이 상이한 결과를 낼 수 있다. 이 문제 때문에 Ada 95에서는 매개변수 전달을 다음과 같이 개선하였다.

- 정수나 실수 같은 스칼라 타입의 **in** 매개변수는 값 호출(call-by-value), **out**이나 **inout**의 경우는 값-결과 호출(call-by-value-result) 방식에 의해 전달된다.
- 배열이나 레코드 같은 구조화 타입은 참조 호출(call-by-reference) 방식으로 전달된다.

8.3.1 값 호출(Call-by-Value)

다음과 같은 프로그램을 가정하자. 여기에서 x, y는 형식 매개변수이고, a, b는 실 매개변수이다.

```
procedure P(x, y)
    ...
end
...
P(a, b)
```

여기에서는 실 매개변수의 사본이 만들어진다. [그림 8-2]와 같이 사본을 위한 기억장소가 생성되고, 사본은 그 기억장소에 위치한다. 실 매개변수의 수가 많은 경우에는 비용이 많이 들 수 있다. 그러나 실 매개변수는 결코 변경되지 않는다. 실 매개변수의 r-값은 프로시져로 전달된다. C는 값 호출(call-by-value)을 이용한다.

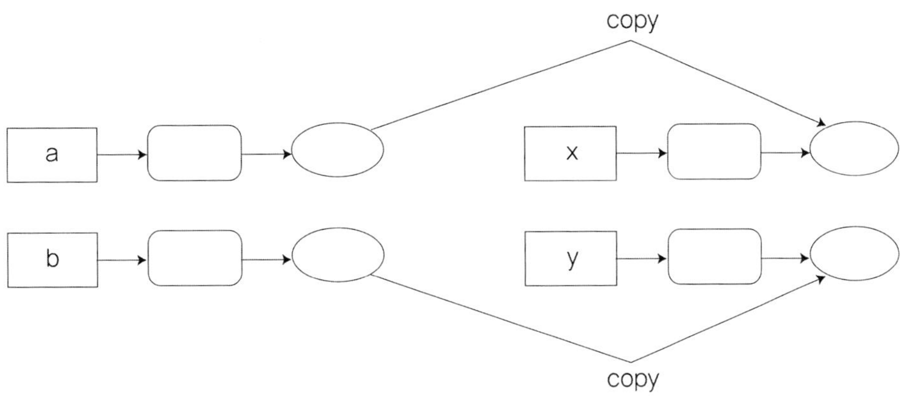

[그림 8-2] 값 호출(call-by-value)

다음과 같은 C 프로그램의 일부를 살펴보자. 우리의 원래 의도는 두 변수의 값을 서로 교환하는 것이다. C에서는 기본적으로 값 호출 방식으로 매개변수가 전달된다.

```
void swap(int x, int y)
{
      int z;
      z = x;
      x = y;
      y = z;
}
```

여기에서 swap(a, b)는 a와 b에 아무런 영향을 미치지 못하므로 a와 b의 값이 서로 교환되지 못한다. 이것은 우리가 바라는 바가 아니다. 다음과 같이 수정해 보자.

```
void swap(int *px, int *py)
{
      int z;
      z = *px;
      *px = *py;
      *py = z;
}
```

이제 swap의 매개변수는 정수에 대한 포인터이다. 실제의 호출은 교환될 원소의 주소를 전달하는 것으로 구성되고, swap(&a, &b)로 호출하면, 원하는 대로 동작하므로 a와 b의 값이 서로 교환된다.

값 호출의 장점은 스칼라 변수에 대해 연결 비용이 적게 들고 접근 시간이 빠르다는 점이다. 이 방식에서는 복사를 위한 부가적인 기억장소가 할당되어야 한다. 따라서 배열과 같이 매개변수의 개수가 많을 경우 비용이 많이 드는 단점을 가지고 있다.

8.3.2 참조 호출(Call-by-Reference)

마찬가지로 다음과 같은 프로그램을 가정하자. 여기에서도 x, y는 형식 매개변수이고, a, b는 실 매개변수이다.

```
procedure P(x, y)
      ...
end
...
P(a, b)
```

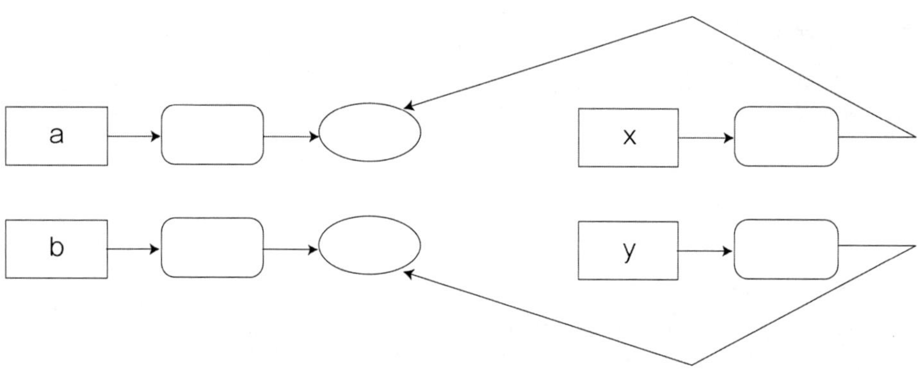

[그림 8-3] 참조 호출(call-by-reference)

[그림 8-3]과 같이 실 매개변수의 주소들이 형식 매개변수에 전달된다. 따라서 그 과정은 시간과 기억장소 관점에서 효율적이라는 장점을 가진다. 그러나 몇 가지 단점이 있다. 첫째, 형식 매개변수의 접근 과정은 존재하는 간접 수준(level of indirection)만큼 느리다. 즉, 한 단계 이상의 간접 주소를 요구하기 때문에 더 느리다. 둘째, 오류를 유발할 가능성이 있는 변경이 실 매개변수에 가해질 수 있다. 셋째, 가장 심각한 문제로 가독성과 신뢰성을 저하시킬 수 있는 별명이 생성될 수도 있다. Pascal의 경우는 다음과 같다.

```
procedure swap(var x : integer; var y : integer);
   var z : integer;
begin
   z := x;
   x := y;
   y := z;
end swap;
...
swap(a, b)
```

C++에서는 형식 매개변수의 타입을 **참조 타입(reference type)**으로 선언함으로써 참조 호출 방식의 매개변수 전달을 구현할 수 있다. 다음은 swap( ) 함수의 형식 매개변수 x, y를 정수 타입에 대한 참조 타입으로 선언해서, C에서처럼 포인터를 이용하여 주소를 전달해야 하는 단점을 극복한다. 이 때 실 매개변수의 값이 전달되는 것이 아니라, 이 실 매개변수의 참조(reference)가 형식 매개변수에 전달된다.

```
void swap(int& x, int& y)        // 형식 매개변수를 참조 타입으로 선언
{
      int z;            // 임시 변수 z
      // 참조 x, y를 이용하여 실 매개변수를 직접 접근
      z = x;
      x = y;
      y = z;
}
...
swap(a, b);      // a, b의 참조 호출
```

C#에서 참조 호출 방식으로 매개변수를 전달하기 위해서는 형식 매개변수와 실 매개변수 앞에 모두 예약어 **ref**를 붙이면 된다. 따라서 실 매개변수의 주소가 형식 매개변수에 전달이 되어 호출된 메소드에서 변경된 값이 호출한 메소드에서도 그대로 유지된다. 클래스는 참조 타입이므로 ref를 붙이지 않아도 참조 호출 방식으로 전달이 된다.

다음과 같은 Java의 코드를 살펴보자.

```
void swap(Object x, Object y)
{
      Object z;
      z = x;
      x = y;
      y = z;
}
```

Java에서는 매개변수가 참조 값을 가지는 변수(객체, 배열)인 경우에는 참조 호출 방식이 사용되고, 기본 값을 가지는 변수(기본 데이터 타입의 변수)인 경우 값 호출 방식이 사용된다.

8.3.3 값-결과 호출(Call-by-Value-Result)

값-결과 호출(call-by-value-result)은 실 매개변수의 주소를 기록하고, 실 매개변수를 복사하여 형식 매개변수에 전달한다. 호출된 프로시져의 종료 시에 지역 형식 매개변수들은 원래의 실 매개변수로 다시 복사된다. 따라서 때로는 copy-in, copy-out이라고 한다. 이 전달 방법은 어떠한 별명도 형성되지 않는다는 것을 제외하고는 참조 호출과 비슷한 결과를 가진다.

이 방법은 별명이 존재할 때만 참조 호출과 구별된다. 다음 프로그램에서 참조 호출이 이용되면 ex가 호출된 후의 a의 값은 3이다. 그러나 [그림 8-4]와 같은 값-결과 호출이 사용되면 ex가 호출된 후 a는 2를 가지게 된다.

```
procedure ex(x, y: integer);
begin
    x := x + 1;
    y := y + 1;
end;
begin
    a := 1;
    ex(a, a);
end.
```

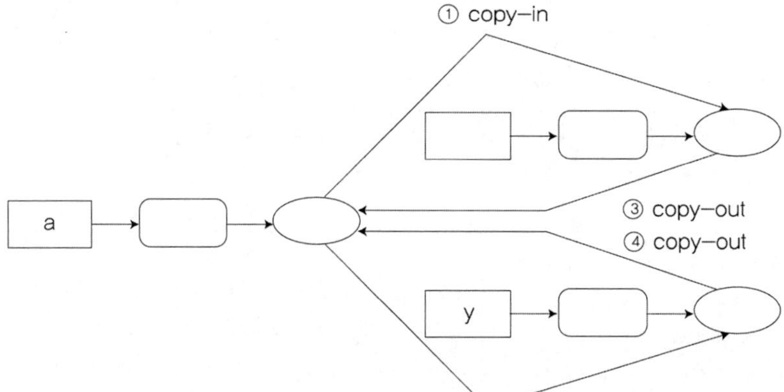

[그림 8-4] 값-결과 호출(call-by-value-result)

8.3.4 ALGOL 60의 이름 호출(Call-by-Name)

호출된 프로시져의 실행 중에 형식 매개변수를 만나면 실 매개변수는 원시 코드 상에 대응하는 형식 매개변수와 대치된다. 이름 호출(call-by-name) 방식은 후기 바인딩(late binding)의 예이다. 프로시져를 호출할 때 매개변수가 되는 식을 계산하지 않고 프로시져가 필요할 때 비로소 계산을 한다.

만일 실 매개변수가 상수이면, 이름 호출은 값 호출과 동일하고, 실 매개변수가 스칼라 변수이면, 이름 호출은 참조 호출과 동일하다. 또는 실 매개변수가 배열의 요소이면, 아래에 보인 것처럼 명백한 유사성이 존재하지 않는다.

다음의 swap 프로시져의 동작 실패는 이름 호출이 가진 심각한 문제이다.

```
procedure swap(a, b)
    real a, b;
    begin real t;
        t := a;
        a := b;
        b := t;
    end

swap(i, a[i]); comment try i = 2, a[1] = 10, a[2] = 20, a[3] = 30;
```

이 문제는 다음 코드처럼 작동한다.

```
t := i;
i := a[i];
a[i] := t;
```

a[i]가 세 번째 줄에서 계산될 때까지 i는 앞 줄에서 a[i] 값을 가지고 있고, i = a[i]인 경우에만 원래 i를 첨자로 하는 배열 a에 t가 배정될 것이라는 점을 주목해야 한다. 프로시져 호출 swap(a[i], i)는 두 값을 서로 교환할 수 있지만, 호출 swap(i, a[i])는 앞에서 설명한 대로 두 번째 배정문이 i의 값을 바꾸기 때문에 교환하지 못한다.

이러한 문제에도 불구하고 이름 호출이 강력한 메커니즘이 될 수도 있다. **Jensen's device**는 다음과 같이 식과 관련된 변수를 매개변수로 전달하는 것이다. 즉, 어떤 연산을 전체 배열에 적용하는데 이름 호출을 이용한다.

```
real procedure sigma(x, j, n);
    value n; real x; integer j, n;
    begin real s;
        s := 0;
        for j := 1 step 1 until n do s := s + x;
        sigma := s
    end
    ...
    sigma(a(i), i, 10)
    sigma(a(i)*b(i), i, 10)
```

앞에서 첫 번째 sigma 호출은 x가 a(i)로 대치됨에 따라 a(1) + a(2) + ... + a(10)을 리턴하게 되고, 두 번째 호출은 a(1)*b(1) + a(2)*b(2) + ... + a(10)*b(10)을 리턴한다.

이름 호출을 구현하는 전통적인 방법은 실 매개변수를 **thunk**라고 부르는 매개변수 없는 서브 프로그램으로 구현하는 방법이다. 서브 프로그램에서 형식 매개변수가 참조될 때마다 여기에 대응하는 실 매개변수 서브 프로그램이 적합한 참조 환경을 이용해서 수행되고 그 결과 값을 넘겨준다.

다음과 같은 프로시져를 생각하자.

```
procedure Increment2(u, inc);
real u, inc;
    begin
        u := u + inc;
    end;
```

만약 Increment2(x, y+z)라고 호출되면 다음과 같이 대치된다.

```
begin
    x := x + thunk;
end;
```

즉, 식 y+z에 대한 코드의 주소를 제공하는 **thunk**가 생성되어 **thunk**를 만날 때마다 해당 주소로 제어를 옮겨 y+z를 계산하고 그 값을 **thunk**의 값으로 리턴한다.

ALGOL 계열의 언어에서 이름 호출 방식을 더 이상 사용하지 않는다. 그러나 지연 바인딩은 함수 언어에서 매우 중요한 지연 평가(lazy evaluation) 방식으로 구현할 수 있다.

8.3.5 매개변수 전달 방법의 비교

```
var i : integer;
    A: array [1..3] of integer;
    procedure test(f, g: integer);
        begin
          g := g + 1;
          f := 5 * i;
        end
    begin for i :=1 to 3 do A[i] := i;
        i := 2;
        test(A[i], i);
        print(i, A[1], A[2], A[3]);
    end;
```

앞의 프로그램에서 여러 가지 매개변수 전달 방법에 의한 결과를 [표 8-4]에 요약하였고, [표 8-5]에는 각종 프로그래밍 언어에서 지원하는 전달 방법을 비교하였다.

[표 8-4] 매개변수 전달 방법의 비교

전달 방법	i	A[1]	A[2]	A[3]
값 호출(call-by-value)	2	1	2	3
참조 호출(call-by-reference)	3	1	15	3
값 결과 호출(call-by-value-result)	3	1	10	3
이름 호출(call-by-name)	3	1	2	15

[표 8-5] 각종 언어에서의 매개변수 전달 방법의 요약

언어	값 호출	값-결과 호출	참조 호출	이름 호출
ALGOL 60	○			○
ALGOL-W		○		
Pascal	○		○	
C	○		가능	
Ada	○	가능	가능	
초기 FORTRAN			○	
FORTRAN 90		○	○	
C++	○		○	
C#	○		○	
Java	○		가능(객체)	
PHP	○		○	
Python			○	
Ruby			○	

8.3.6 매개변수로 전달되는 배열

값 호출(call-by-value)로 전달되는 배열은 복사하는데 비용이 많이 들고, 실 매개변수인 배열을 변경시키지 않은 채로 놓아둔다. 일반적으로 배열은 참조 호출(call-by-reference)에 의해 전달된다.

```
program main
    type simple = array[1..3] of integer;
    var a, b : simple;
          i : integer;
    procedure test(c :simple; var d : simple);
        var i : integer
        begin
            c[2] := c[2] + 10;
            d[2] := d[2] + 10;
            for i := 1 to 3 do write (c[i]);
            for i := 1 to 3 do write (d[i]);
        end;
    begin
        a[1] := 6; a[2] := 7; a[3] := 8;
        b[1] := 6, b[2] := 7; b[3] := 8;
        test(a, b);
        for i := 1 to 3 do write (a[i]);
        for i := 1 to 3 do write (b[i]);
    end
```

앞의 프로그램 실행 결과로 프린트되는 값들을 살펴보자. test로부터 프린트되는 결과는, c = 6, 17, 8; d = 6, 17, 8 이고, main으로부터 프린트되는 결과는 a = 6, 7, 8; b = 6, 17, 8 이다. a는 값 호출(call by value) 방식에 의해 전달되고, c는 test에서 지역 배열이므로 더 이상의 접촉은 없다.

C는 배열 이름을 매개변수로 전달하면 전달되는 것은 배열의 처음 요소를 가리키는 포인터 즉, 첫 번째 요소의 주소가 전달되므로 배열 전체가 복사되는 것은 아니다.

8.3.7 매개변수로 전달되는 프로시저

많은 언어에서 프로시저를 실 매개변수로 사용할 수 있다. 다음과 같은 Pascal의 프로시저 정의가 가능하다.

```
procedure X(a: integer; function Y(b, c: integer): integer);
```

프로시져를 매개변수로 전달할 때, 프로시져의 이름뿐만 아니라, 프로시져 자체의 매개변수들도 전달해야 한다. 선언된 프로시져 매개변수는 매개변수의 수와 타입이 일치해야 한다. Pascal의 원래 정의는 단지, 함수 이름이 매개변수로 선언되는 것만을 요구하고, 형식 매개변수와 그들의 타입은 매개변수로 선언되는 것을 요구하지 않았다. 그러므로 **컴파일 시간 타입 검사를 수행하는 것은 불가능 했다.** 앞의 예에서는 X의 명세뿐만 아니라 형식 매개변수 Y 자체의 타입은 물론 매개변수와 결과의 수, 순서, 타입에 대한 정보가 필요하다. 이런 정보를 이용하여 컴파일 시 X에 있는 Y 호출문을 정적으로 검사하여 매개변수들이 적절하게 작성되었는가를 검사할 수 있다. 추가하여 X 호출문에서 Y에 대응하는 실 매개변수를 역시 검사할 수 있다.

프로시져를 매개변수로 취급하는데 있어서 두 번째 중요한 사항은 평가되는 프로시져 매개변수에 관해 정확하게 어떤 환경이 전달되어야 하는가이다. **비지역 참조**를 하는 **자유 변수**의 문제는 정적 영역 규칙을 사용하는 Pascal 같은 언어뿐만 아니라 동적 영역 규칙을 사용하는 LISP 같은 언어에서도 발생한다. 함수를 매개변수로 전달하였을 때 발생하는 자유 변수의 의미는 다음과 같이 해석한다. 즉, 매개변수로 전달된 프로시져가 호출될 때, 이 프로시져가 바로 호출되는 것이 아니라 **실 매개변수로 사용된 곳에서 호출되는 것으로 취급한다.**

다음을 살펴보자.

```
프로그램                                   참조 환경

function outer(a: integer);
   var j: char; k: real;
   function useful(m: integer);
      함수 몸체                            (outer, a, j, k, useful, m)
   end {useful}
   function f(function g(b: char); c: integer);
      ...
      x := g(i);                           (outer, a, j, k, useful, f, g, b, c)
      ...
   end {f}
   ...                                     (outer, a, j, k, useful, f)
   y := f(useful(j), k);                   {f를 호출하고 useful을 전달}
end outer
```

1. f가 호출된 곳의 환경: (*outer, a, j, k, useful, f*)
2. useful이 호출된 곳의 환경: (*outer, a, j, k, useful, f, g, b, c*). 이 방법은 동적이고 따라서 정적 영역 규칙이 사용되는 언어에서는 부적절하다.
3. useful이 선언된 곳의 환경: (*outer, a, j, k, useful, m*). 이 방법은 정적으로 영역이 결정되는 언어를 위해서 옳은 선택이다.

8.3.8 함수의 리턴 값

함수가 리턴하는 것은 문자 타입, 정수 타입, 실수 타입, 열거 타입과 같은 스칼라 타입들과 구조화 데이터인 배열이나 레코드이다.

프로시져는 만일 자신의 몸체 내에서 자신을 호출하면 **직접적인 재귀 프로시져**이다. 만일 적어도 두 번은 호출되는 원래의 프로시져 내에서 결과를 내는 일련의 호출이 존재하면 **간접적인 재귀 프로시져**이다. 두 프로시져 P와 Q에서 만일 P가 Q를 호출하고 Q가 P를 호출하면 **상호 재귀(mutually recursive) 프로시져**이다. 많은 프로그래밍 언어가 이름이 선언되기 이전에 사용될 수 없다고 주장하기 때문에, 상호 재귀 프로시져에 대해 문제가 발생한다.

Pascal은 **전방 선언**을 포함한다. 프로시져 호출 시 재귀는 Pascal의 설계 목적인 단일 경로(single pass) 컴파일러 개발에 문제를 일으킨다. 예를 들어, 프로시져 X가 Y를 호출하고 Y가 X를 호출할 경우, 만일 프로시져 X가 Y보다 먼저 정의되면 X가 Y를 호출하는 것이 Y의 정의에 앞서게 된다. 이 때 X와 Y의 정의 순서를 유지하는 것이 문제이다. 이를 해결하기 위해 뒤에서 정의될 것이라는 것을 알리는 것이 전방 선언이다. 그 방법은 매개변수 리스트 다음에 forward를 추가한다. 그러나 현재 저렴하고 속도가 빠른 마이크로프로세서 때문에 컴파일 속도를 중시하는 이러한 단일 경로 컴파일러가 반드시 중요한 것은 아니다.

Ada는 서브루틴 이름과 헤더가 정의 없이 나열되는 것을 허용한다. C는 프로토타입을 호출하는 함수 선언을 이용한다.

8.4 함수의 중복정의

중복정의(overloading)는 연산자 이외에 함수, 프로시져, 상수 이름 등 모든 식별자에서도 사용 가능한데, 이 경우 어느 의미를 가지는지의 결정은 문맥에서 알 수 있으면 컴파일러가 수행해주고, 문맥으로 구별이 될 수 없으면 사용자가 제약 조건을 규정하여 도움을 주는 방법도 있다.

다음에 Ada의 함수의 중복정의의 예를 보인다.

```
procedure MAIN is
. . .
package P is
   function F(X: REAL) return RANGE;
   function G(X: DOMAIN) return REAL;
   function K(X: DOMAIN) return BOOLEAN;
end P;
   function F(X: BOOLEAN) return RANGE;
   function G(X: DOMAIN) return BOOLEAN;
   function K(X: DOMAIN) return REAL;
     S: DOMAIN; T: RANGE;
     U: BOOLEAN; V: REAL;
   use P;
   . . .
   begin
      T := F(V);
      T := F(U);
      T := F(K(S));
      T := F(G(S));
   end
```

앞에서 패키지 P와 세 개의 함수 F, G, K가 기술되었고, 패키지 P는 함수 F, G, K의 정의를 포함하고 있어서 F, G, K가 중복정의 되었다. 첫 번째 배정문에서 F(V)는 실수 값을 리턴하고, 사용된 함수 F는 P의 함수 F(V)가 선택된다. 두 번째 배정문에서는 U가 불리안 타입이므로 MAIN의 함수 F가 선택된다. 세 번째 배정문에서는 함수 K의 사용이 MAIN의 K인지 P의 K인지를 모르므로 함수 F 역시 어느 함수인지 모르는 모호한 상태이다. 이 경우는 문맥을 보고 모호성을 해결할 수 없다. 네 번째 배정문도 마찬가지이다. 그 대신 F(P.K(S))와 같이 함수 K에 패키지 이름 P를 지정하는 방식으로 모호성을 해결할 수 있다.

C++에서는 함수가 서로 다른 개수 또는 다른 종류의 타입을 가진다면 같은 이름을 가질 수 있다. 그리고 이들 간의 구분은 매개변수의 개수와 매개변수의 타입으로부터 가능하게 된다.

다음의 예를 살펴보자.

```
extern void f(int);
extern void f(int, int);
extern void f(char *);
extern void f(double);
extern void f(long);
```

```
main( )
{
    f(10);          // 함수 f(int)가 호출됨.
    f("a");         // 함수 f(char *)가 호출됨.
    f(4.2);         // 함수 f(double)가 호출됨.
    f(11L);         // 함수 f(long)가 호출됨.
    f('a');         // 함수 f(int)가 호출됨.
}
```

앞의 예에서 전달되는 매개변수에 따른 적절한 함수 호출은 쉽게 알 수 있다. 그러나 f('a')는 함수 f(char)의 선언이 없으므로, 함수 호출 f('a')에 맞는 타입을 매개변수로 가지는 함수가 없다고 오류를 발생시키는 것이 아니라, 타입 변환을 이용하여 적당한 함수를 찾는다. 앞의 예는 정수 타입으로 승급되어 문자 타입 'a'가 정수 타입으로 변환되어 함수 f(int)를 호출한다. 그러나 만일 두 개 이상의 타입 변환이 가능하면, 모호성 오류가 발생한다.

다음의 예를 살펴보자.

```
extern void f(long);
extern void f(double);
main( )
{
    int i = 10;
    f(i);           // f(long)? 아니면 f(double)?
}
```

이 예에서는 정수 타입 변수 i가 long 타입과 double 타입의 두 형태 모두 변환이 가능하기 때문에, 이 경우에는 컴파일러가 오류를 발생한다.

C++에서는 이와 같은 오류를 발생시키지 않기 위해 동일한 이름을 가지는 여러 함수가 있을 때, 다음 순서에 따라 함수를 결정한다.

1. 정확하게 타입이 같은 함수를 찾는다.
2. 묵시적 타입 변환 중 하나인 정수 타입으로의 승급을 이용하여 적절한 함수를 선택한다.
3. 묵시적 타입 변환을 이용하여 적절한 함수를 선택한다. 만일 둘 이상의 함수가 선택되면 오류를 발생시킨다.
4. 사용자 정의 타입 변환을 이용하여 적절한 함수를 선택한다.

8.5 포괄 프로시저

일반적으로 정수 타입, 실수 타입, 문자 타입 등 각각의 데이터 타입에 따른 별도의 정렬 함수나 프로시저가 존재한다. 비록 데이터 타입을 제외한 모든 내용이 동일하더라도 별도의 서브 프로그램이 필요하다. **포괄(generic)** 기능은 이런 문제를 쉽게 해결하기 위한 목적을 가지고 있다. 포괄 프로시저는 프로시저의 틀(template)에 해당한다. 이 기능은 **코딩 오류를 감소시키고 프로그램의 길이를 짧게 한다는 점과 추상화의 개념을 장점으로 제공한다.**

8.5.1 Ada의 포괄 기능

Ada의 포괄 기능은 매크로의 확장된 개념으로 볼 수 있다. 즉, 포괄 프로시저는 프로시저를 생성할 수 있는 틀이지 그 자체가 호출 가능한 것은 아니다. 따라서 컴파일 시 실체화되어야 한다. 예를 들어 A와 B를 서로 교환하는 다음과 같은 포괄 프로시저를 살펴보자.

```
generic type EXAM is private;
procedure CHANGE(A, B: in out EXAM) is
     T: EXAM;
begin
     T := B;
     B := A;
     A := T;
end;
```

A와 B의 타입인 EXAM은 포괄 프로시저의 매개변수로 컴파일될 때 대치되어야 한다. 매개변수 EXAM이 지역 변수 T의 선언에서 사용되었다. 포괄 프로시저를 이용하여 실제의 프로시저를 실체화하기 위해서는 다음이 필요하다.

```
procedure INTCHANGE is new CHANGE(INTEGER);
procedure REALCHANGE is new CHANGE(FLOAT);
```

사용자는 실제로 생성된 프로시저를 정수 타입 변수 X, Y와 실수 타입 변수 W, Z에 대해 다음과 같이 사용한다.

```
INTCHANGE(X, Y);
REALCHANGE(W, Z);
```

포괄 프로시저 CHANGE를 중복정의하여 다음과 같이 하나의 프로시저 이름인 CHG로 실제 프로시저 여러 개를 대신할 수 있다.

```
procedure CHG is new CHANGE(INTEGER);
procedure CHG is new CHANGE(FLOAT);
procedure CHG is new CHANGE(BOOLEAN);
procedure CHG is new CHANGE(CHARACTER);
```

그리고 다음과 같이 호출하면 컴파일시 변수 X, Y의 타입에 따라 적절한 타입의 CHANGE를 호출한 것으로 해석한다.

```
CHG(X, Y);
```

8.5.2 C++의 포괄 함수

C++은 **템플릿**을 이용하여 포괄 함수와 포괄 클래스를 생성하는 것이 가능하다. 포괄 함수나 포괄 클래스에서는 사용되는 데이터 타입이 매개변수로 명시된다. 그러므로 함수나 클래스는 각기 다른 데이터 타입에 대한 버전을 명확하게 작성하지 않고도 몇 개의 서로 다른 데이터 타입들을 사용할 수 있다.

먼저 포괄 함수에 대해 살펴보자. 포괄 함수는 다양한 데이터 타입에 적용될 수 있는 일반적인 연산들의 집합을 정의해 준다. 포괄 함수는 처리할 데이터 타입을 매개변수로 전달받는다. 이 구조를 사용함으로써, 하나의 일반적인 프로시저를 광범위한 종류의 데이터에 적용할 수 있다. 이미 알고 있듯이, 많은 알고리즘들은 어떤 데이터 타입이 처리되든 관계없이 논리적으로 동일하다. 예를 들어, 퀵 정렬 알고리즘은 정수 타입 배열에 적용될 때나 실수 타입 배열에 적용될 때나 동일하다. 다만 정렬되는 데이터 타입만 상이할 뿐이다. 이것을 포괄 함수로 정의할 수 있다. 일단 포괄 함수가 정의되면, 컴파일러는 함수가 실행될 때 실제로 사용되는 데이터 타입에 따라 올바른 코드를 자동적으로 생성한다. 근본적으로 포괄 함수를 생성한다는 것은 자동적으로 자신을 중복정의하는 함수를 생성하는 것이다.

포괄 함수는 예약어 **template**를 사용해서 생성된다. template 함수 정의의 일반 형식은 다음과 같다.

```
template<class Type> 리턴_타입 함수_이름(매개변수 리스트)
{
    // 함수 몸체
}
```

다음은 두 변수의 값을 교환할 때 호출되는 포괄 함수를 생성한다. 두 값을 교환하는 일반적인 과정은 변수의 타입과는 독립적이기 때문에, 이 과정을 포괄 함수로 만든 것이 좋은 예가 된다.

```
template <class X> void swap(X &a, X &b)
{
    X temp;

    temp = a;
    a = b;
    b = temp;
}

void main(void)
{
    int i = 10, j = 20;
    float x = 10.1, y = 23.3;
    ...
    swap(i, j);     // 정수들을 교환
    swap(x, y);     // 실수들을 교환
    ...
```

8.5.3 C++의 포괄 클래스

포괄 함수처럼 포괄 클래스도 정의할 수 있다. 포괄 클래스를 정의한다는 것은 그 클래스에 의해 사용되는 모든 알고리즘을 정의해 주는 클래스를 생성하는 것이다. 그러나 처리될 데이터의 실제 타입은 포괄 클래스의 객체가 생성될 때 매개변수로 지정된다.

포괄 클래스는 클래스가 일반화될 수 있는 논리를 포함할 때 매우 유용하다. 예를 들어, 정수들의 큐를 유지하는 알고리즘은 문자들의 큐에서도 동일하게 동작한다. 포괄 클래스를 사용함으로써 큐, 연결 리스트, 그리고 그 밖이 어떠한 데이터 타입도 유지할 수 있는 클래스를 생성할 수 있다. 컴파일러는 객체가 생성될 때 명시된 타입을 기초로 객체의 올바른 타입을 자동적으로 생성한다.

포괄 클래스의 일반 형식은 다음과 같다.

```
template<class Type> class 클래스_이름 {
        ...
}
```

일단 포괄 클래스가 생성되었으면, 다음 형식을 사용하여 해당 클래스의 특정 인스턴스를 생성한다.

```
클래스_이름<타입> 객체;
```

다음은 포괄 클래스를 이용하여 여러 가지 타입의 vector 객체를 생성할 수 있는 일반적인 vector 클래스를 정의한 것이다.

```
template<class T> class vector{
        int size;
        T *p;
public:
        ...
        vector(int sz) {size = sz; p = new T[sz];}
        ...
}
```

즉, 객체 생성 시 매개변수로 T를 받아들여 T 타입의 vector를 생성해서 그 주소를 p에 배정하는 것인데, 다음과 같이 이 vector 클래스를 이용해서 정수 타입이나 complex 타입의 vector 객체를 생성할 수 있다.

```
vector<int> v1(20);
vector<complex> v2(10);
...
v2[1] = complex(v1[1], v2[2]);
```

8.5.4 C#의 포괄 메소드

C#도 마찬가지로 포괄 메소드와 포괄 클래스를 생성하는 것이 가능하다. 먼저 포괄 메소드에 대해 살펴보자. 타입 매개변수를 가지는 메소드를 포괄 메소드라고 부르며, 다음과 같이 메소드 이름 다음에 <>를 사용하여 타입 매개변수를 기술한다.

```
void Swap<Type> (Type a, Type b)
{
    Type temp = a;
    a = b;
    b = temp;
}
```

이와 같은 형식으로 정의된 포괄 메소드는 다음과 같은 방법으로 호출된다. 이때 실제의 데이터 타입을 <>안에 명시한다.

```
Swap<int>(i, j);           // 정수들을 교환
Swap<double>(x, y);     // 실수들을 교환
```

8.5.5 C#의 포괄 클래스

포괄 메소드처럼 포괄 클래스도 정의할 수 있다. 포괄 클래스란 해당 클래스의 정의 내에서 이용되는 타입의 종류가 결정되어 있지 않고 매개변수로 되어 있는 것이다, 구체적인 타입은 객체 생성 시에 지정한다.

포괄 클래스의 일반 형식은 다음과 같다.

```
class X<T> {
        public T a;
        public T b( ) {
                ...
        }
}
```

일단 포괄 클래스가 생성되었으면, 객체를 생성할 때 구체적인 타입을 지정한다.

```
X <string> x = new X<string> ( );
```

위와 같이 string을 지정하여 객체를 생성하면 class X의 내용은 다음과 같이 된다.

```
class X {
        public string a;
        public string b( ) {
                ...
        }
}
```

다음과 같이 여러 개의 매개변수를 설정하는 것도 가능하다.

```
class X<T, Z> {
        public T a;
        public Z b( ) {
                ...
        }
}

        ...
X <int, string> x = new X<int, string> ( );
        ...
```

8.6 프로시져의 구현

프로시져 호출을 구현하기 위해서는 **활성 레코드(activation record)**의 개념을 주로 사용한다. 활성 레코드는 프로시져 매개변수와 지역변수 등 프로시져의 활성화(activation)와 관련된 정보를 기록한 레코드이다. 활성 레코드의 기본 구조는 [그림 8-5]와 같다.

리턴 값
리턴 주소
지역 변수
매개변수
동적 링크
정적 링크

[그림 8-5] 호출된 프로시져의 활성 레코드 구조

활성 레코드 내부의 각 항목은 대부분 프로시져의 호출부터 종료 시까지 관리되어야 한다. 예를 들어, 리턴 주소는 호출된 프로시져가 자신을 호출한 프로시져로 적절하게 되돌아가기 위해 필요하다. 그리고 각 프로시져의 활성 레코드에는 두 종류의 링크를 가진다. **동적 링크(dynamic link)**라고 부르는 **제어 링크(control link)**는 자신을 호출한 프로시져의 활성 레코드를 가리킨다.

정적 링크(static link)라고 부르는 **접근 링크(access link)**는 문맥상 자신을 포함하는 프로시져 중에서 가장 가까이에 있는 프로시져의 활성 레코드를 가리킨다. 정적 링크는 비지역 변수를 접근하기 위해 사용한다. 정적 링크는 대개 한 프로시져가 다른 프로시져 내에서 정적으로 포함될 수 있는 언어에서만 필요하다. 따라서 프로시져의 중첩을 허용하지 않는 C 언어에서는 필요하지 않다. 그러나 ALGOL, Pascal, Ada, FORTRAN 95, Python, Java 등은 프로시져의 중첩이 가능하기 때문에 정적 링크가 필요하다.

프로시져 간의 중첩이 가능한 경우에 프로시져의 호출과 리턴 시 실행 시간 스택의 변화를 알아보기 위해 다음 예를 살펴보자[33].

```
program M;
    procedure P;
        var x, y, z;
        procedure Q;
            procedure R;
            begin (* R *)
                ... z := P; ...
            end R;
        begin (* Q *)
            ... y := R; ...
        end Q;
    begin (* P *)
        ... x := Q; ...
    end P;
begin (* M *)
    ... P; ...
end M;
```

앞의 프로그램에서 Q에 있는 비지역 변수 y와 R에 있는 z는 프로시져 P에 포함된다. 따라서 실행될 때 y와 z의 l-값은 P의 활성 레코드에 나타난다. 이 프로그램의 실행 시간 스택의 변화는 [그림 8-6]에 나타낸다.

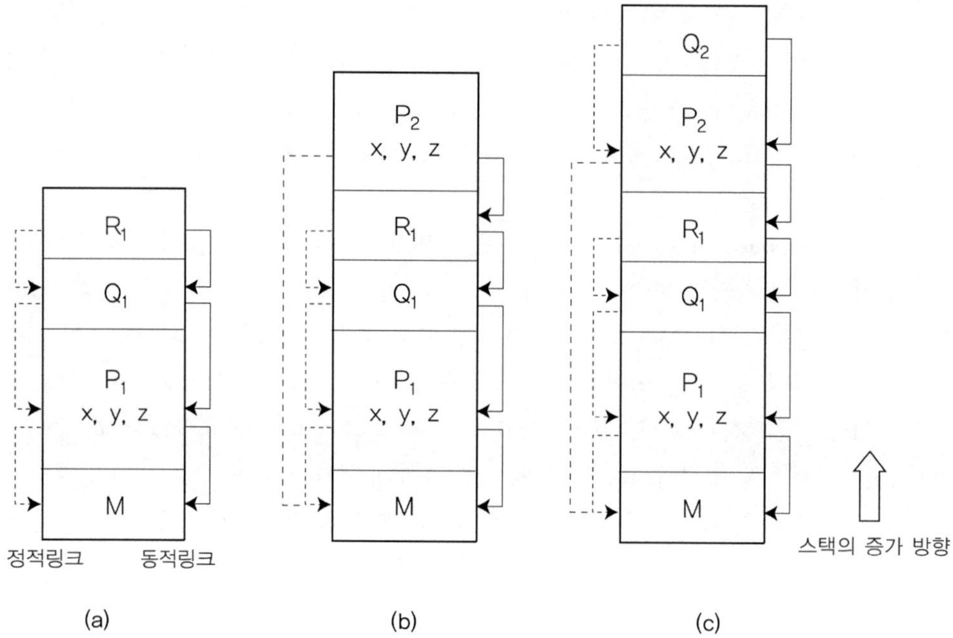

[그림 8-6] 실행 시간 스택의 변화

프로시저 이름 옆의 아래 첨자는 활성화된 프로시저를 구분하기 위해 사용된다. M이 P를 호출하고, P가 Q를 호출하고, Q가 R을 호출한 후의 스택은 [그림 8-6(a)]에 있다. 이러한 개개의 호출에서 호출되는 프로시저는 자신을 호출한 프로시저 내에서 문맥상 중첩되므로, 동적 링크와 정적 링크 모두 호출된 프로시저에서부터 자신을 호출한 프로시저의 활성 레코드를 가리켜야 한다. (b)는 R이 P를 호출한 직후의 스택이다. 즉, R_1이 P_2에 대한 재귀적인 호출을 시작한다. 활성 레코드 P_2로부터의 동적 링크는 자신(프로시저 P_2)을 호출한 프로시저 R_1의 활성 레코드를 가리킨다. 그리고 정적 링크는 문맥상 가장 가깝게 중첩된 프로시저에 해당하는 M의 활성 레코드를 가리킨다. (c)는 호출된 P가 다시 Q를 호출한 직후의 스택이다. 활성 레코드 Q_2로부터의 동적 링크와 정적 링크 모두가 P_2의 활성 레코드를 가리킨다.

정적 링크의 연결을 **정적 체인(static chain)**이라고 하는데, 직관적으로 볼 때 비지역 변수의 참조는 이 정적 체인을 따라 검색하여 먼저 발견된 변수를 참조하면 된다. 비지역 변수를 참조하기 위해 정적 체인을 따라 활성 레코드를 검색하는 작업은 시간이 많이 소모된다.

비지역 변수를 참조하기 위한 더 효율적인 방법으로 프로시저 사이의 중첩 깊이와 활성 레코드 내의 상대주소를 이용하는 방법이 있다. 중첩 깊이에 관계없이 비지역 변수를 상수 시간에 접근할 수 있는 가장 적합한 기법은 **디스플레이**이다. 디스플레이는 활성 레코드들을 가리키는 포인터들의 배열인 d를 말하며 중첩 깊이가 배열의 색인으로 사용된다. 배열 요소 d[i]는 중첩 깊이 i에 있는 프로시저의 가장 최근의 활성 레코드를 가리킨다.

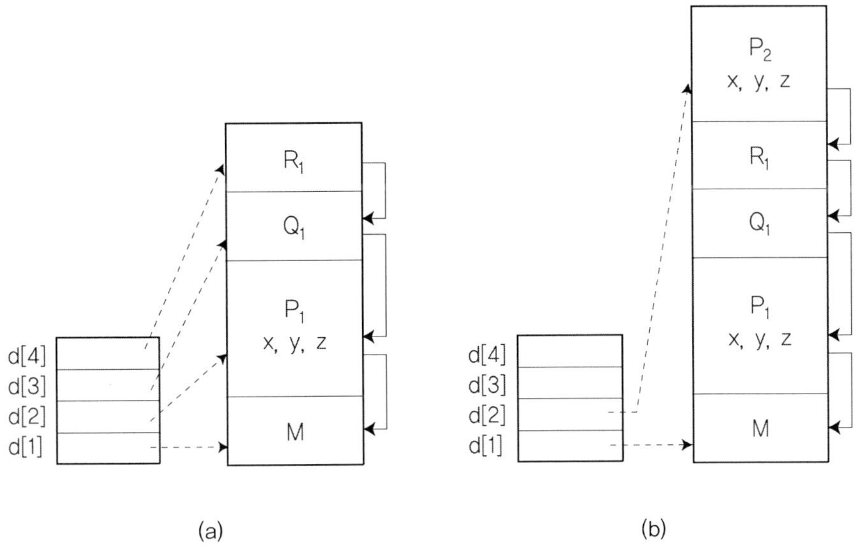

[그림 8-7] 중첩 깊이를 색인으로 사용하는 디스플레이

[그림 8-7(a)]의 디스플레이는 배열 d[1..4]를 나타내며 d[1]은 M의 활성 레코드, d[2]는 P_1의 활성 레코드를 가리킨다. P_2는 프로시져 내에서 선언된 변수들만을 참조하므로 (b)에는 디스플레이 요소들인 d[1]과 d[2]만이 나타난다. P_2에서 R_1으로 리턴될 때, 디스플레이는 (a)의 상태로 복구되어야 한다.

그러나 대부분의 프로그램에서 프로시져 호출 시 디스플레이를 유지하는 비용이 정적 체인을 유지하는 비용보다 약간 더 드는 경향이 있다. 동시에 현대의 컴파일러는 정적 체인을 역참조하는 비용을 감소시키고, 적절한 시점에 메모리 접근을 통해 레지스터로 캐싱하는 작업을 하기도 한다. 특히 C로부터 유래된 언어들처럼 프로시져가 중첩되지 않는 언어로의 흐름과 함께 이런 사항은 디스플레이가 1970년대에 비해 현재에는 인기가 없게 만들었다.

재귀를 허용하지 않는 언어는 활성 레코드를 정적으로 할당할 수 있다. 이 경우에는 지역 변수와 전역 변수를 모두 직접적으로 접근할 수 있기 때문에 시간적으로는 매우 효율적이다. 그러나 한 번도 호출되지 않을 수 있는 프로시져를 위해 기억 장소를 할당하는 경우에는 공간적으로 비효율적일 수 있다.

일반적으로 프로시져가 호출되면 활성 레코드를 스택에 할당하고 프로시져의 실행이 끝나면 스택에서 제거한다. 이렇게 스택을 이용하여 활성 레코드를 관리하므로 **스택 프레임**이라는 용어를 사용한다.

학습정리

- 프로그램을 처리할 작업 별로 함수나 프로시져와 같은 서브 프로그램 여러 개로 나누어 작성하는 경우, 같은 작업은 하나의 서브 프로그램에서 독립적으로 수행하게 되어 프로그램의 크기가 줄어들고 수정과 관리가 쉬울 뿐만 아니라 다른 프로그램도 서브 프로그램을 재사용할 수 있다.
- 프로시져는 형식 매개변수, 지역 변수, 그리고 전역 변수들을 가질 수 있다. 형식 매개변수와 지역 변수의 영역은 자신들이 선언된 프로시져 내부이다. 실 매개변수는 위치를 기준으로 대응되는 형식 매개변수와 결합된다. 위치에 따른 결합방식이다. 대안으로 키워드를 이용한 결합이 있다. 여기에서 실 매개변수는 형식 매개변수를 키워드로 이용하여 정의된다. 실 매개변수의 수는 항상 형식 매개변수의 수와 동일해야 한다. 만일 형식 매개변수보다 더 많은 수의 실 매개변수가 존재한다면 오류일 것이다. 그러나 일부 함수는 가변적인 수의 매개변수를 요구하기도 한다.
- 값 호출의 장점은 스칼라 변수에 대해 연결 비용이 적게 들고 접근 시간이 빠르다는 점이다. 이 방식에서는 복사를 위한 부가적인 기억장소가 할당되어야 한다. 따라서 배열과 같이 매개변수의 개수가 많을 경우 비용이 많이 드는 단점을 가지고 있다. 참조 호출은 실 매개변수의 주소들이 형식 매개변수에 전달된다. 따라서 그 과정은 시간과 기억장소 관점에서 효율적이라는 장점을 가진다. 그러나 몇 가지 단점이 있다.
- 일반적으로 정수 타입, 실수 타입, 문자 타입등의 각각의 데이터 타입에 따른 별도의 정렬 함수나 프로시져가 존재한다. 비록 데이터 타입을 제외한 모든 내용이 동일하더라도 별도의 서브프로그램이 필요하다. 포괄 기능은 이런 문제를 쉽게 해결하기 위한 목적을 가지고 있다.
- 활성 레코드는 프로시져 매개변수와 지역변수 등 프로시져의 활성화와 관련된 정보를 기록한 레코드이다. 각 프로시져의 활성 레코드에는 두 종류의 링크를 가진다. 동적 링크는 자신을 호출한 프로시져의 활성 레코드를 가리킨다. 정적 링크는 문맥상 자신을 포함하는 프로시져 중에서 가장 가까이에 있는 프로시져의 활성 레코드를 가리킨다.

연습문제

1. 다음의 프로시져를 가정하자.

```
procedure confusion(arg1, arg2)
    arg1 := arg1 + 1;
    arg2 := 2 * arg2;
end confusion
```

그리고 다음에 의해 호출된다고 가정하자.

```
confusion(foo, foo)
```

두 번째 foo가 가질 수 있는 값에 대해 논하라. 프로그래밍 언어의 설계 관점으로부터 논하라.

2. 다음 프로그램에서 매개변수가 값 호출(call-by-value), 참조 호출(call-by-reference), 값-결과 호출(call-by-value-result)에 의해 각각 전달될 때 출력되는 값을 보여라.

```
begin
    integer a
    procedure P(b);
        integer b
        begin
            b := b + 1;
            print(b, a)
        end
    a := 1;
    P(a);
    print(a);
end
```

3. 다음 프로그램에서 매개변수가 값 호출(call-by-value), 참조 호출(call-by-reference), 값-결과 호출(call-by-value-result), 이름 호출(call-by-name)에 의해 각각 전달될 때 프로그램의 결과를 제시하라.

```
program test;
var i: integer;
     a: array[1..2] of integer;
     procedure p(x, y: integer);
     begin
         x := x + 1;
         i := i + 1;
         y := y + 1;
     end;
begin
     a[1] := 1;
```

```
    a[2] := 1;
    i := 1;
    p(a[i], a[i]);
    writeln(a[1]);
    writeln(a[2]);
end.
```

4. FORTRAN은 매개변수 전달이 참조 호출(call-by-reference)에 의해 수행된다. 그러나 다음과 같이 식을 매개변수로 서브루틴을 호출할 수 있다.

```
CALL P(X, X+Y, 2)
```

(1) 이것이 참조 호출(call-by-reference)에 의해 수행되는 과정을 기술하라.
(2) FORTRAN에서 변수 X를 값 호출(call-by-value)에 의해 전달하는데 이 과정을 이용하는 방안에 관해 설명하라.

5. A[I]와 같은 첨자가 있는 배열의 참조는 별명의 일종으로 취급될 수 있다. 예를 들어 A[I]와 A[J]는 별명으로 생각할 수 있다. 프로그램 작성 시 별명으로 겪는 어려움이 이러한 배열의 참조에서도 나타날 수 있음을 설명하라.

6. C++에서 함수의 중복정의를 프로그램 예를 들어 설명하라.

7. C++의 템플릿 기능을 이용하는 프로그램 예를 제시하라.

8. Ada의 포괄 프로시져 기능과 C++의 템플릿을 비교하라.

9. C++의 포괄 함수와 포괄 클래스를 프로그램 예를 들어 설명하라.

10. 정적 링크와 동적 링크를 비교하라.

11. 비지역 변수를 참조하기 위한 디스플레이 기법과 정적 체인을 비교하라.

12. Java의 포괄 기능에 대하여 설명하라.

13. C#의 포괄 기능에 대하여 설명하라.

chapter 9 객체 지향 프로그래밍

[학습목표]

- 데이터 추상화, 상속, 다형성, 동적 바인딩 특성을 갖는 객체 지향 개념에 대해 알아본다.
- 다이어그램을 이용한 객체 모델링에 대해 알아본다.
- 객체 지향 언어 C++에 대해 알아본다.
- 객체 지향 언어 Java에 대해 알아본다.
- 객체 지향 언어 C#에 대해 알아본다.
- 객체 지향 언어 CLOS에 대해 알아본다.
- 객체 지향 언어 Smalltalk에 대해 알아본다.

모든 프로그래밍 언어는 추상화를 제공한다. 우리가 해결해야 하는 문제는 무엇을 추상화할 것인가에 달려 있다. 추상화와 프로그래밍 언어의 관계를 살펴보면, 어셈블리어는 컴퓨터를 추상화한 것이고, 그 다음에 나온 고급 언어는 어셈블리어를 추상화한 것으로 볼 수 있다. 이들 언어는 어셈블리어에 비해서는 많은 발전이 이루어졌지만, 추상화 수준이 낮아서 우리가 해결하는 문제 구조보다는 여전히 컴퓨터 구조의 관점에서 사고해야 한다. 따라서 실제로 해결해야 하는 문제 영역과 해답 영역 사이의 관계를 프로그래머가 만들어야 한다. 이로 인해 프로그램 개발과 유지보수가 어려운 문제가 야기된다.

객체 지향 접근 방식에서는 문제 영역의 요소들을 프로그래머가 직접 표현할 수 있는 도구를 제공한다. 문제 영역의 요소들을 해답 영역에 표현한 것을 객체라고 한다. 새로운 타입의 객체를 추가함으로써 실세계와 일치하는 프로그래밍이 가능하다. 따라서 해답을 기술한 코드가 바로 문제의 표현인 셈이다. 이것은 이전 언어들에 비해서 더욱 강력하고 융통성이 있는 언어의 추상화이다. 따라서 객체지향 프로그래밍에서는 해답이 실행되는 컴퓨터의 관점이 아닌 문제의 관점으로 프로그램을 기술할 수 있다.

객체 지향 언어의 시초는 Simula 67이다. 이 언어는 이름에서 느낄 수 있듯이 시뮬레이션을 위한 언어로 고안되었다. 이 언어가 채택한 가장 중요한 개념은 클래스의 도입으로, 클래스는 실세계의 객체를 표현하기 위한 기본 구조를 제공한다. 그러나 객체 지향 언어의 실질적 원조는 Smalltalk이다. 이 언어는 현재에도 가장 순수한 객체지향 언어로 인정을 받고 있으며 미국에서는 많은 사용자 계층을 가지고 있다. Smalltalk은 언어의 순수성과 독창성에 비하여 크게 성공하지는 못하였다. 더욱이 Smalltalk은 하드웨어와 개발 환경, 그리고 프로그래밍 언어의 조합으로 개발되었으므로 이식성이 부족하여 이러한 이유로 인해 많은 사용자를 확보하는데 지장을 초래하였다.

1980년대 초에 Ada가 객체 지향 언어로 또 하나의 관심의 대상이 되었다. Ada에서 도입된 객체 지향 기능은 패키지라는 이름을 가지는 클래스 구조이다. 그러나 Ada의 큰 단점은 상속 개념을 지원하지 못하였다는 것이다. 그 뒤 10여년의 시간이 지난 후에 Ada에도 상속의 개념이 도입되었다. Ada의 또 다른 단점은 정적 바인딩을 채택했다는 점이다. 정적 바인딩은 응용 프로그램이 적재될 때 함수 호출을 위한 주소가 완전히 결정되므로 프로그램의 융통성이 감소된다. 객체 지향 언어는 주로 동적 바인딩을 사용하고 있으므로 재사용 시 상당한 장점을 가진다.

이들 초창기의 객체 지향 언어로 인해 겪은 경험은 그 이후에 발표된 객체 지향 언어의 설계에 큰 영향을 끼쳤다. 그 결과로 1980년대 중반 이후에 개발된 객체 지향 언어들은 성능, 효율성, 신뢰성 측면에서 많은 개선이 이루어 졌고 아직도 계속 발전해 나가는 중이다.

9.1 객체 지향 개념

이들 객체 지향 언어가 가져야할 필수적인 속성으로 나열될 수 있는 것은 데이터 추상화, 상속, 다형성, 동적 바인딩이며 그 외에 부수적인 것으로 다중 상속, 추상 클래스 등이 있다. 각각에 대해 살펴보자.

데이터 추상화는 객체 지향의 기본이 되는 원리로 객체 정의 시에 데이터와 이 데이터에 적용 가능한 연산을 함께 정의하는 방식이다. 데이터 추상화는 구현 시에 데이터 캡슐화(data encapsulation)를 통해서 달성된다. 데이터 추상화를 이용하는 이유는 외부와 독립적으로 다루어질 수 있는 소프트웨어 컴포넌트를 구현하기 위한 것이다. 데이터 추상화의 주된 목적은 소프트웨어를 명세부와 구현부로 구분하는 정보 은닉(information hiding)이다. 데이터 추상화를 통한 객체의 구현은 변경의 파급 효과를 최소화하는 효과를 얻는다. 또한 객체의 구현에 관련된 상세한 정보들이 외부에 노출되지 않기 때문에 소프트웨어의 생산자와 소비자의 관계가 분명해질 수 있다.

데이터 추상화를 통해 정의되는 데이터 타입을 추상 데이터 타입(abstract data type)이라고 한다. 데이터 추상화의 관점에서 데이터 타입을 정의하면 그 의미가 명확해지고 간결해진다. 데이터 추상화를 사용하여 객체를 정의하기 위해서는 데이터 정의, 연산 정의, 공리, 예외 처리 등의 네 가지 요소가 필요하다. 데이터 정의는 대상이 되는 객체를 컴퓨터 내부에서 표현하고자 하는 데이터 구조로 그 객체의 구현 대상이 된다. 연산 정의는 객체가 제공하는 함수의 명칭과 시그니처를 나타내는 명세부이다. 공리는 연산 정의에서 나열된 함수들이 만족해야 할 조건을 수학적으로 기술한 것으로, 함수의 요구사항을 명시하는 것이다. 예외 처리는 발생할 수 있는 오류의 종류를 나열한 부분으로 10장에서 자세히 살펴볼 것이다. 그러나 데이터 추상화를 이론적인 관점이 아닌 실제로 구현하는 객체 지향 언어 관점에서는 이들을 모두 수용할 수는 없다.

객체 지향 언어에서 데이터 추상화를 지원하는 구조가 클래스이다. 클래스는 응용 분야와 관련된 중요한 특성들을 정의하기 위하여 객체들을 추상화시키고 중요하지 않은 내용은 감출 수 있는 도구로서 실질적으로는 관련된 데이터 구조와 연산을 정의할 수 있는 문법 구조이다. 클래스는 요구사항 분석 시에 전체 모델의 소규모 단위 분할이 가능하며, 기능상으로 독립적인 클래스는 재사용 단위로서의 의미를 가진다. 대부분의 객체 지향 언어는 클래스 정의 시에 서비스 공급자와 소비자 입장을 구분할 수 있도록 명세와 구현을 구분하는 기능을 지원한다.

상속은 클래스들의 관계에 있어서 공통적인 속성과 연산을 공유할 수 있게 하는 기능이다. 하나의 클래스는 분석 과정을 통해 더욱 상세하고 정제된 하위 클래스로 파생되며, 하위 클래스는 상위 클래스의 속성 및 연산을 물려받는다. 상속을 사용하는 근본적인 목적은 기존의 작성된 클래스를 재사용하기 위한 것이다.

다형성은 하나의 연산자나 함수를 여러 가지 데이터 타입의 객체에 적용할 수 있음을 말하며, 여러 가지 데이터 타입의 객체에 적용할 수 있는 연산자를 다형 연산자라 하고, 함수의 경우에는 다형 함수라고 한다. 사용자는 다형 함수나 다형 연산자를 적용할 수 있는 데이터 타입에 대해서는 자세히 알 필요가 없으며, 그 함수나 연산자의 구현에 관한 세부 사항은 무시하고 오직 그 함수나 연산자가 하는 일 만을 알면 된다. 5장에서 설명한 바와 같이, 일반적으로 다형성은 중복정의와 같은 특수 다형성, 상속을 통한 함수 재정의와 같은 서브타입 다형성, 그리고 템플릿과 같은 매개변수 다형성으로 구분된다.

객체 지향 프로그래밍에서 **동적 바인딩**이란 상속 관계가 있는 객체에 대한 함수 호출에 대응하는 함수가 동적으로 결정되는 것을 의미한다. 객체 지향 프로그래밍을 하는 중요한 이유 중의 하나는 요구사항 변경에 적절하게 대응할 수 있는 시스템을 만드는 것이다. 이를 위하여 공급자가 제공하는 서비스의 추가나 변경이 발생했을 경우 서비스 사용자가 영향을 받지 않도록 하는 방법이 필요하다. 이를 위해 도입된 객체 지향 언어의 주요 기능이 동적 바인딩이다. 정적 바인딩의 경우에는 호출될 함수의 주소가 컴파일 시에 혹은 링크 시에 완전히 결정된다. 그러나 동적 바인딩에서는 호출되어야 할 함수의 주소가 프로그램의 실행 시에 결정이 된다.

동적 바인딩의 도입은 프로그램 작성 방식에 큰 변화를 가져 왔다. 즉, 코딩 시에 메소드 선택에 따르는 부담이 시스템에 전가됨으로써 프로그래밍의 융통성이 향상되었다는 점이다. 사용자 관점에서의 직접적인 함수 선택은 시스템의 융통성을 낮추는 반면에 동적 바인딩에 의한 자동적인 함수 선택은 융통성을 높인다.

지금까지 살펴본 데이터 추상화, 상속, 다형성, 동적 바인딩의 네 가지 속성이 객체 지향의 핵심적인 속성들이다. 이들 개념은 상호 독립적으로 존재하는 것이 아니라 서로 맞물려 있다. 이들 네 가지 개념의 상호 관계를 나타내면 [그림 9-1]과 같다.

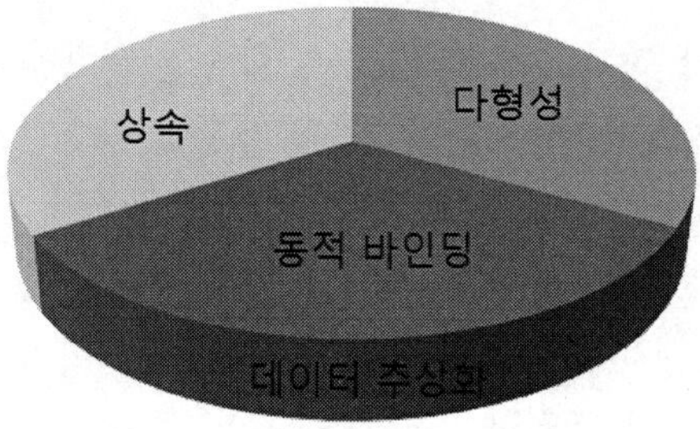

[그림 9-1] 객체 지향 개념의 상호 관계

[그림 9-1]에 나타나는 특징은 크게 두 가지이다. 하나는 데이터 추상화가 이들 개념의 기본이라는 점이고, 또 다른 하나는 나머지 세 개념이 서로 맞물려 있다는 점이다. 즉, 객체 지향 개념의 시작은 사용자와 공급자의 구분, 정보 은닉의 구현, 명세부와 구현부의 분리를 통한 복잡도 제어 등을 달성하기 위한 데이터 추상화의 도입이며 이를 기반으로 나머지 개념들이 복합적으로 사용되는 것이다. 따라서 상속. 다형성, 동적 바인딩의 관계가 서로 분리할 수 없는 요소이다.

9.2 객체 모델링

객체 지향 프로세스는 **분석, 시스템 설계, 객체 설계, 구현**의 단계를 거친다. 각각에 대해 살펴보자.

- 첫 번째 단계인 **분석**에서는 문제의 기술로부터 시작하여 중요한 성질들을 보여주는 실세계 상황의 모델을 만든다. 모델의 객체들은 컴퓨터 구현 개념이 아닌 응용 도메인 개념에 있어야 한다.
- 두 번째 단계인 **시스템 설계**는 전체적인 구조에 관한 고수준의 결정이 이루어지는 곳이다.

목적 시스템은 제안된 구조를 근거로 서브 시스템으로 구성된다. 여기에서 최적화할 성능 특성, 전략, 자원 할당을 결정한다.

- 세 번째 단계인 **객체 설계**는 분석 모델과 시스템 설계 전략을 이용하고 각 클래스를 구현하는데 필요한 데이터 구조와 알고리즘을 생성한다. 응용 도메인 객체들과 컴퓨터 도메인 객체들이 기술된다.
- 마지막 단계인 **구현**은 객체 설계 동안 개발된 객체 클래스들과 이들의 관계가 프로그래밍 언어로 번역되는 곳이다. 목적 언어는 일정 정도 설계 결정에 영향을 줄 수 있다.

설계 단계 동안 클래스, 객체, 결합, 링크를 기술하기 위해 다이어그램을 이용한 객체 모델링이 유용할 수 있다. 사용할 다이어그램의 특정 형태는 목적 프로그래밍 언어에 의해 영향을 받는다. 다이어그램의 개념은 언어의 개념으로 밀접하게 사상(mapping)되어야 한다.

객체 지향 프로그래밍은 하나의 스타일로서 간주될 수 있다. 객체 지향 프로그래밍에는 다음과 같은 여러 가지 중요한 아이디어들이 존재한다.

- 가능한 때마다 코드를 재사용 할 수 있어야 한다.
- 데이터 구조는 데이터 정의뿐만 아니라 그 데이터를 조작하는 연산을 포함해야 한다.
- 만일 가능하면, 객체와 연산의 명명(naming)은 구현의 상세한 내역을 포함하지 않아야 한다.
- 데이터나 연산과 같은 공통 원소를 가진 구조는 다시 선언되지 않아야 한다.
- 프로그램의 전체적인 구조는 문제 영역에서 임의의 자연적인 구조를 밀접하게 반영해야 한다. 만일 영역이 계층적이면, 마찬가지로 그러한 계층은 표현 가능해야 한다.

객체 지향으로 알려진 프로그래밍 언어들은 다양하게 존재한다. 가장 잘 알려지고, 상업적으로 활용 가능한 것은 C++, Eiffel, Objective-C, Smalltalk, CLOS, Java 그리고 최근에 많은 관심을 끌고 있는 C# 등이다.

클래스는 객체 지향 언어에서 데이터 추상화를 지원하기 위해 가장 흔히 사용되어지는 언어 구조이다. 클래스는 추상 데이터 타입의 구조뿐만 아니라 연산의 정의와도 관계된다. 그러므로 클래스는 추상 데이터 타입을 정의한다. 클래스로 묘사되는 객체들의 그룹에 속하는 원소들을 가리켜 그 클래스의 인스턴스라고 한다.

객체는 뚜렷한 경계를 가진 개념, 추상화, 사물이고 문제에 관한 의미이다. 다시 말하면, 클래스는 객체의 그룹을 기술한다.

클래스 다이어그램은 데이터의 가능한 많은 인스턴스를 기술하기 위한 템플릿이다. **인스턴스 다이어그램**은 특정 객체의 집합이 어떻게 서로 관련되는 가를 기술한다. [그림 9-2]에 한 가지 예가 있다.

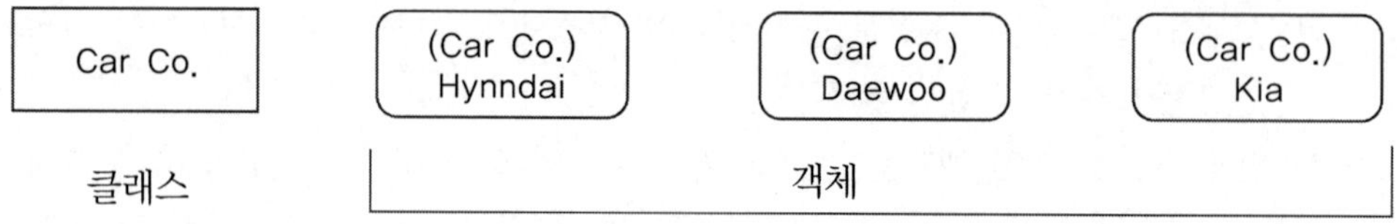

[그림 9-2] 클래스와 객체

속성(attribute)은 클래스에 속한 특성에 이름을 붙인 것으로 이것이 가질 수 있는 데이터 값의 범위를 설정한다. 클래스는 0개 이상의 속성을 가질 수 있다. 속성은 객체마다 특정한 값을 가지고 있다. 예를 들어, [그림 9-3]과 같이 Car Co. 객체의 이름, 설립 년도, 위치 등이다.

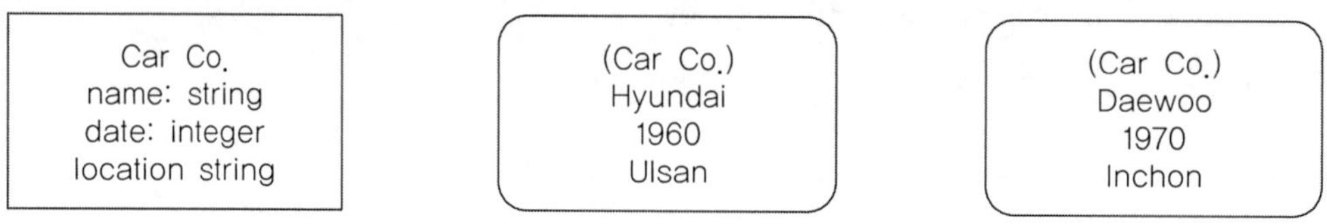

[그림 9-3] 속성

연산(operation)은 클래스 내의 객체에 혹은 객체에 의해 적용될 수 있는 함수이다. [그림 9-4]는 여러 객체에 대한 연산의 예이다.

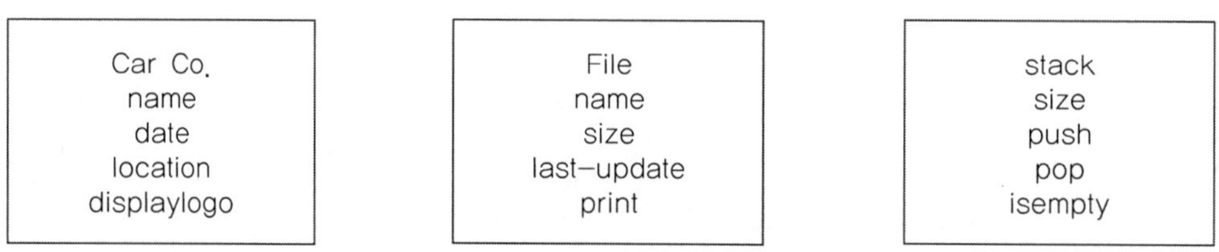

[그림 9-4] 연산

9.2.1 연관과 링크

링크는 객체 인스턴스들 사이의 물리적 혹은 개념적 연결이다. **연관(association)**은 공통적인 구조와 의미론을 가진 링크의 그룹을 기술한다. 연관은 본질적으로 양방향으로 대개 하나의 객체로부터 다른 객체로 향한 포인터에 의해 구현된다. 두 개 이상의 객체 간의 관계를 보이는 링크는 포인터에 의해 모델링될 수 없다. 링크는 객체의 일부분이 아니고 그들 모두에 종속된다는 사실을 감춘다. 클래스 간의 모든 연결은 연관으로 모델링되어야 한다. [그림 9-5]는 연관과 링크의 예이다.

객체 지향 프로그래밍 언어들은 클래스, 객체, 그리고 상속에 관해 확실하게 지원한다. 그러나 연관에 관해서는 명시적으로 지원하지 않기도 한다. 이것들은 포인터로 사상되나, 포인터들은 두 개의 객체나 클래스에 의해 공유되지 않고, 객체나 클래스의 부분이 되는 성질을 가진다.

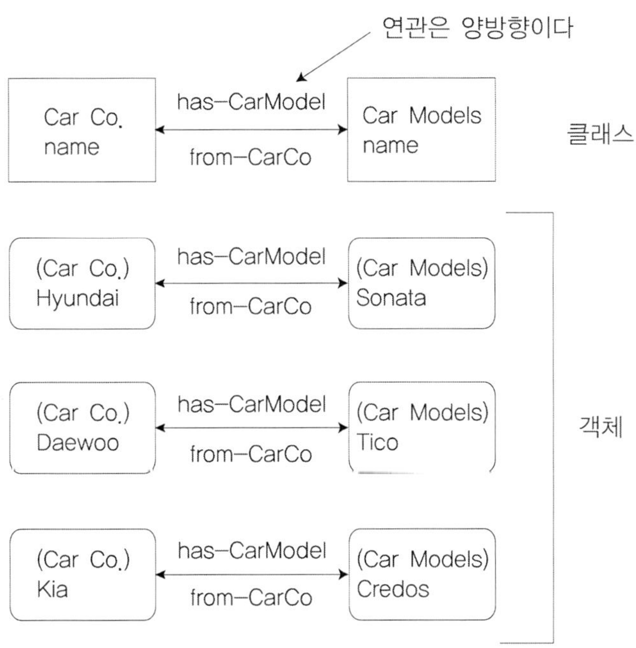

[그림 9-5] 연관과 링크

연관과 링크는 여러 형태가 있다. 예를 들어 Line 클래스는 Intersects라고 부르는 Circle 클래스와의 결합을 가진다. 직선과 원은 많아야 두 점에서 접할 수 있기 때문에, Intersect 연관은 [그림 9-6]과 같다.

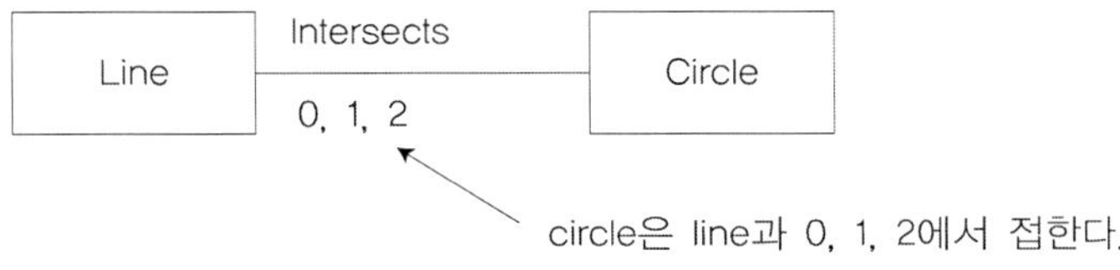

[그림 9-6] Intersects 연관

또 다른 예에서, 클래스 Car Co., Car Models, 그리고 Car Dealers는 상호 간의 연관

관계(mutual associations)를 가지므로, 그들은 [그림 9-7]과 같이 3원 연관으로 그려질 수 있다.

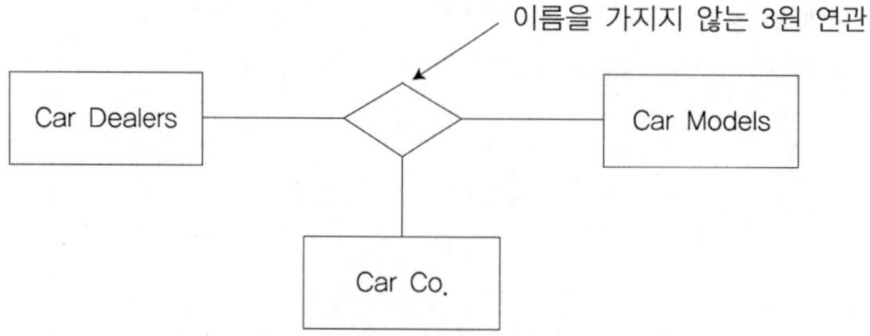

[그림 9-7] 다대다(many-to-many) 연관과 링크

이러한 클래스들의 객체 인스턴스들은 또한 함께 연결된 대로 [그림 9-8]과 같이 그려질 수 있다.

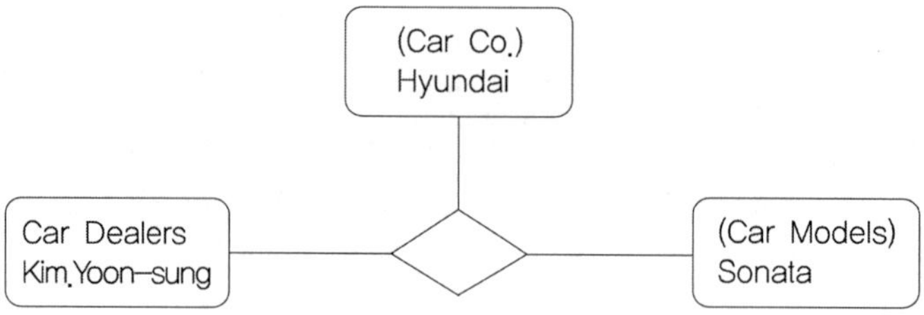

[그림 9-8] 객체 인스턴스들 사이의 관계

다중 연관은 한 클래스의 인스턴스가 그 클래스와 결합된 다른 클래스의 얼마나 많은 인스턴스와 관련되는가를 규정한다. "one"이나 "many"라는 용어가 종종 사용된다. 예를 들어, 자동차 회사는 여러 자동차 모델이나 혹은 단지 세 개의 자동차 모델만을 가질 수도 이다. 또는 일반적으로 승용차의 문의 개수는 2개 혹은 4개이다. 직선과 원은 0 또는 1, 혹은 2 점에서 접한다. 예를 들어, 객체 다이어그램에서는 결합의 다중 속성을 나타내기 위해 1, 1+, 3-5 등 임의의 수치 표기법을 사용할 수 있다. 다중 심벌이 없는 직선은 일대일을 의미한다.

9.2.2 링크 속성

링크 속성은 결합 내에 있는 링크의 특성이다. 예를 들면, 자동차는 [그림 9-9]와 같이 Owned by 링크의 속성인 소유주와 보유 햇수(years of ownership)를 가진다.

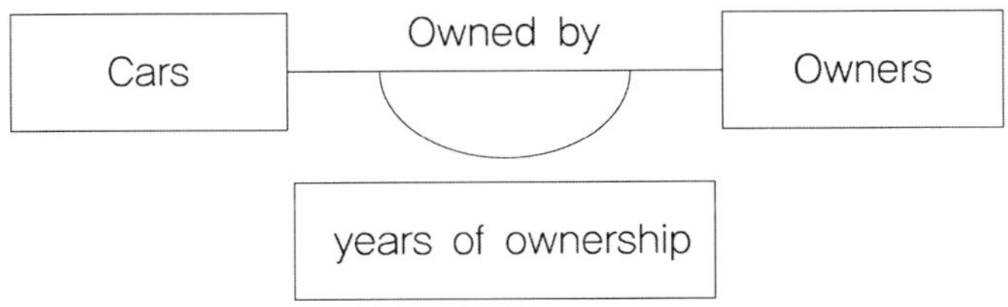

[그림 9-9] 다대다 관계의 링크 속성

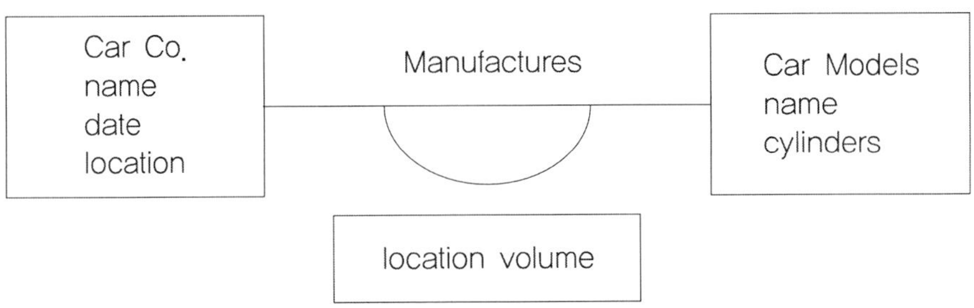

하나의 Car Co. 제작자(manufactures)는 여러개의 Car Models을 가지므로 일대다 관계이다.
Manufactures의 속성은 location과 volume이다.

[그림 9-10] 일대다 관계의 링크 속성

9.2.3 집합연관

간혹 하나의 클래스가 여러 개의 컴포넌트 클래스로 구성되어 있는 경우가 있다. 이러한 상황은 **집합연관(aggregation)**이라 부르는 특수한 관계이다. 즉, 집합연관은 상위 클래스가 자신의 컴포넌트를 기술하는 하위 클래스를 갖는 관계이다. 이것은 때때로 "PART-OF" 관계라고 부른다. 하위 클래스상의 집합은 이행적(transitive)이어서, 만일 클래스 C가 B의 부분이고 B는 A의 부분이면, C는 A의 부분이다. 집합연관은 또한 반대칭적인데, 이것은 만일 C가 B의 부분이면 B는 C의 부분이 아니라는 것이다. 집합은 [그림 9-11]과 같이 모든 하위의 컴포넌트에 관한 분기점 역할을 하는 다이아몬드를 가진 결합과 같이 그려진다.

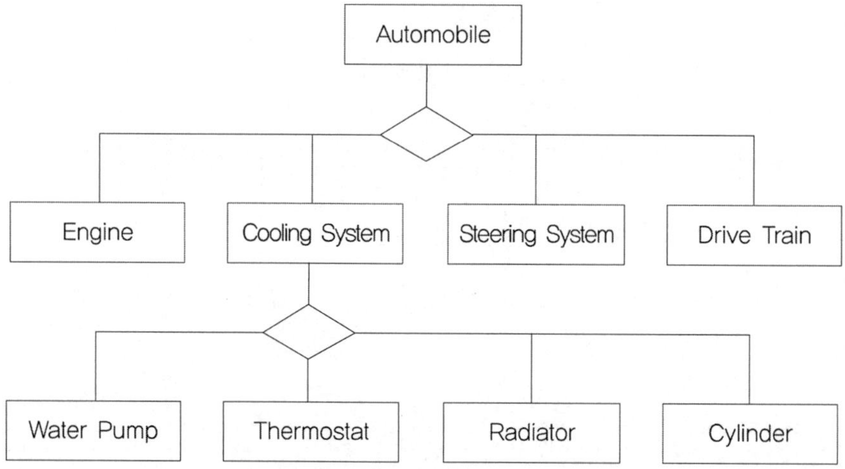

다단계 집합연관 - 자동차의 일부 구성 요소

[그림 9-11] 집합연관

일반적으로 만일 공통의 서브 컴포넌트를 가진 하나 이상의 컴포넌트가 존재한다면, 집합연관은 트리가 아니고 격자 형태(lattice)일 수 있다.

반면에 복합연관(composite)은 강한 집합연관에 의해 만들어진 클래스이다. 복합연관에서 각 컴포넌트 클래스는 오직 하나의 전체 클래스에만 속할 수 있다. 예를 들어 테이블이 복합연관의 예인데, 몸체와 다리로 구성되어 있다. 복합연관의 표기는 집합연관을 나타내는 방법과 동일하며, 단지 다이아몬드를 진하게 칠하는 것만 다르다.

9.2.4 일반화와 상속

객체 지향은 일상생활의 보편적인 특징을 자연스럽게 표현해낼 수 있다는 점에서 그 우수함을 찾을 수 있다. 어떤 사물이 속한 범주의 일반 특성을 알고 있으면, 이 범주의 다른 사물이 가진 특성을 유추할 수 있다. 또한 객체 지향은 소프트웨어 재사용성과 확장성도 얻으려 한다. 이러한 모든 능력을 제공하는 강력한 객체 지향 개념이 **일반화(generalization)** 혹은 **상속(inheritance)**이다. 일반화는 클래스와 하나 이상의 하위 클래스들 간의 관계이고, 여기에서 하위 클래스들은 상위 클래스보다 더욱 구체화된다. 일반화는 종종 "IS-A" 관계라고 부른다. 하위 클래스들은 자신들의 상위 클래스들의 특성을 상속받고 이러한 특성을 변경하거나 새로운 속성을 추가한다. 일반화는 [그림 9-12]와 같이 상위 클래스와 하위 클래스들 간에 직선으로 그려지며 하위 클래스들로부터 상위 클래스로 향하는 화살표가 그려진다.

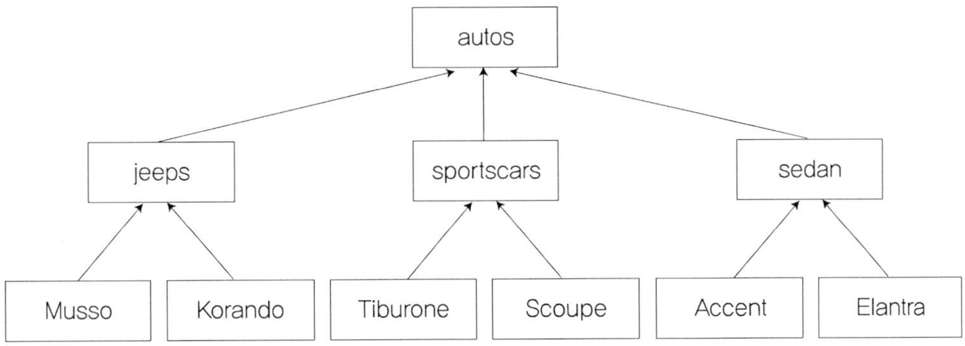

[그림 9-12] 상속과 일반화

예를 들어 하나의 상위 클래스와 세 개의 하위 클래스를 [그림 9-13]과 같이 나타낼 수 있다.

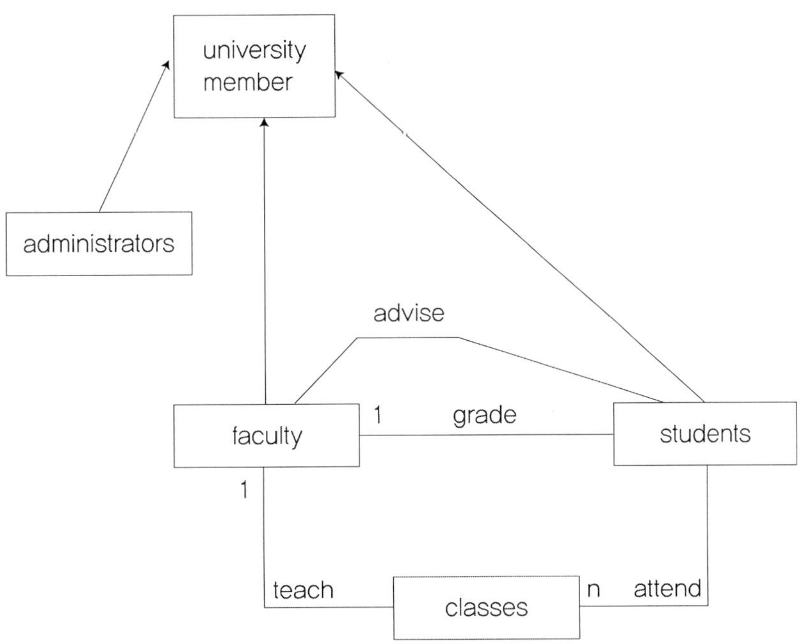

[그림 9-13] 상위 클래스와 하위 클래스

상속, **일반화**, 그리고 **구체화(specialization)**라는 용어는 모두 동일하거나 관련된 개념을 말하는 것이고 종종 서로 교환해서 이용된다. 일반화는 클래스들 사이의 관계를 말하는 것이고, 상속은 일반화 관계를 이용하여 속성과 연산을 공유하는 메커니즘을 말한다. 하위 클래스는 동일한 이름을 가진 특성을 정의하여 상위 클래스의 특성을 무시할 수 있다.

집합연관은 결합의 특별한 형태이다. 집합연관은 결합의 경우에는 존재하지 않는 의미 구조의 내포(semantic connotations)가 추가된다. 두 객체들이 "PART-WHOLE" 관계에 의해 밀접하게 연결되는 것이 집합연관이다. 만일 두 객체가 항상 독립적으로 간주되면, 비록 그들이 종종 연결된다고 해도, 그것은 결합으로 정의된다.

예를 들어, 상위 클래스 Block과 두 개의 하위 클래스 Simple과 Compound statement를 [그림 9-14]와 같이 나타낼 수 있다. Block은 많은 단문(simple statements)과 복문(compound statements)을 포함할 수 있다. 그것이 또한 Block을 포함하는 경우 일반화는 재귀적일 수 있다.

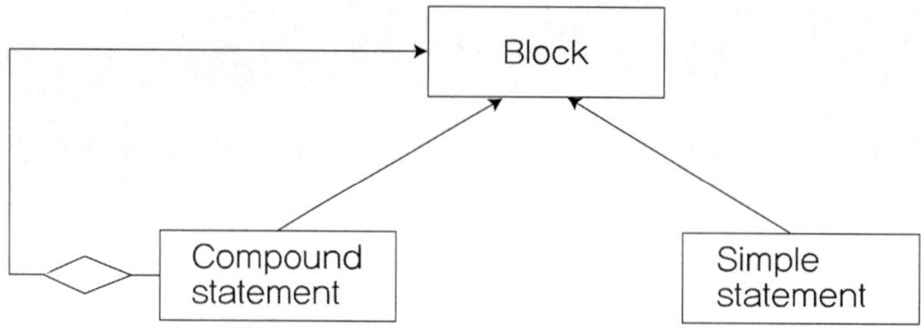

[그림 9-14] 재귀 연관의 예

추상 클래스(abstract class)는 직접적인 인스턴스는 가지지 않지만, 자신의 하위 클래스들은 직접적인 인스턴스들을 가진다. 이에 반해 **유형 클래스(concrete class)**는 인스턴스를 직접적으로 가질 수 있는 클래스이다. 추상 클래스들은 추상 연산들을 가질 수 있다. 이러한 연산들은 연산의 실체(substance)가 아닌 형식을 제공한다. 그것은 구현이 없는 C 함수 프로토타입으로 생각할 수 있다. 각 하위 클래스는 각 추상 연산에 대한 자신의 구현을 제공해야 한다. [그림 9-15]는 추상 클래스와 유형 클래스의 관계를 나타낸 것이다.

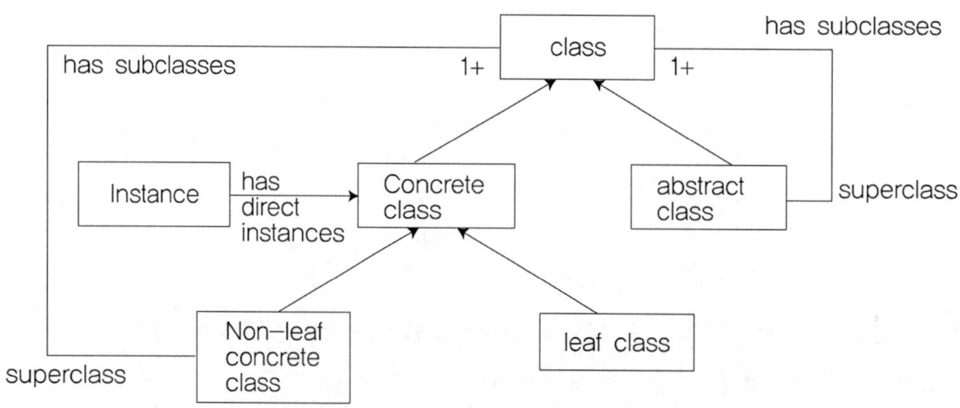

[그림 9-15] 추상 클래스와 유형 클래스

다중 상속은 [그림 9-16]과 같이 하나의 클래스가 두 개 이상의 상위 클래스를 가지고 모든 부모로부터 상속받는 것을 허용한다.

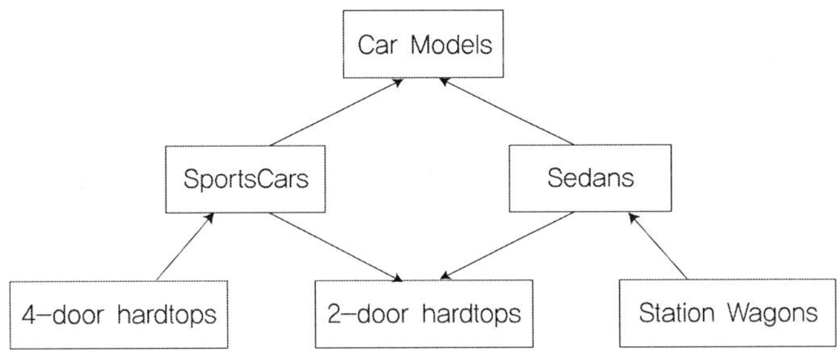

[그림 9-16] 다중 상속

[그림 9-17]에서는 Teaching Assistant 클래스가 두 개의 분리된 클래스 계층으로부터 상속받는 것을 볼 수 있다.

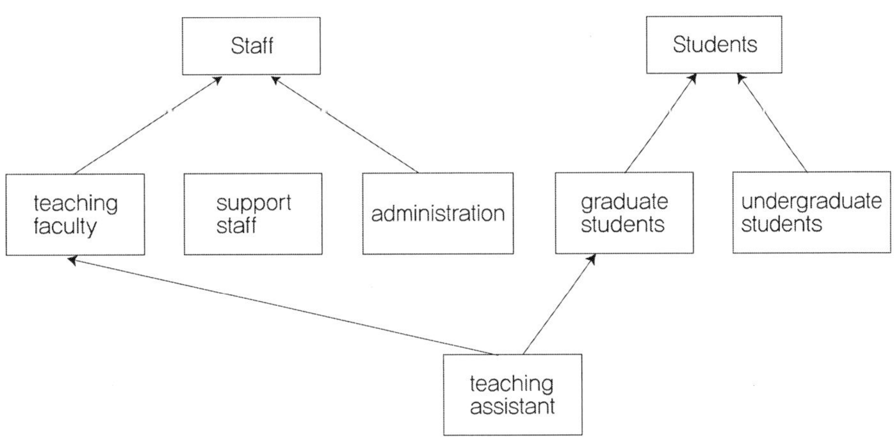

[그림 9-17] 분리된 클래스로부터의 다중 상속

앞에서 살펴 본 바와 같이 상속은 클래스의 재사용을 위한 필수적 기능이다. 그런데 실세계의 현상에서는 단순한 상속만으로는 표현하기가 매우 애매한 경우가 많다. 따라서 다중 상속을 이용함으로써 실세계에 대한 모델이 매우 단순해지며 이해하기 쉽게 된다. 그러나 다중 상속은 다소의 문제점이 있기 때문에 주의 깊게 사용되어야 한다.

다중 상속의 첫 번째 문제점은 프로그래밍 언어에 의존적인 기능이라는 점이다. 즉, 객체 지향 언어 중에서 다중 상속을 지원하는 언어도 있고 그렇지 못한 언어도 있으므로, 다중 상속을 이용하여 시스템을 모델링할 경우 구현하는 객체 지향 언어에 따라서 프로그래밍에 어려움이 생기게 된다. 다중 상속의 두 번째 문제점은 실세계에 대한 오해를 야기할 수 있다는 점이다. 상속은 클래스 간에 "IS-A" 관계가 성립하는가를 반드시 확인하여야 한다. 그러나 각 상위 클래스들의 데이터 구조와 연산 중 일부분만을 물려받는 다중 상속 의미는 실세계에서 성립하지 않을 수도 있다. 다중 상속의 세 번째 문제점은 다이아몬드형 다중 상속의 경우에 발생하는 메소드 충돌 문제이다. 다이아몬드형 다중 상속은 [그림 9-17]과 같이 다중 상속이 이루어진 상위 클래스들의 상위 클래스가 동일한 경우이다. 즉, 부모 클래스는 다른데 동일한 조부모(grandparent) 클래스로부터 상속 받는 경우이다. [그림 9-16]의 상속 관계에서 2-door hardtops 객체가 생성되면 이 객체는 Car Models 클래스에서 정의된 동일한 이름의 연산을 각각 하나씩 상속 받게 된다. 2-door hardtops 객체에서 이 연산을 구현 시에 물려받은 두 개의 연산을 구별하면서 프로그래밍해야 하는데, 이 때 많은 혼란이 있을 수 있다. 이러한 문제점은 속성을 상속 받는 경우에도 마찬가지로 나타나며 프로그래머의 신중한 주의를 필요로 한다. 다중 상속은 C++, CLOS, Python에서 나타난다. Simula, Smalltalk, Objective-C, Modula-3, Ada 95 등은 단일 상속만을 지원한다. Java, C#, Ruby는 다중 상속의 제한된 형태를 제공한다.

9.3 객체 지향 언어 C++

C++는 AT&T의 B. Stroustrop에 의해 개발된 언어로 C를 하위 집합으로 갖는 객체 지향 언어이다. 클래스는 데이터와 함수의 결합으로 선언된다. 객체 생성은 변수가 선언될 때 타입의 멤버로 발생한다. 특별한 생성자(constructor) 함수가 객체를 초기화하기 위해 이용되며 다중 상속이 지원된다. 하위 클래스내의 연산은 상위 클래스의 연산을 재정의(override) 할 수 있다. 메소드 충돌의 해결(method resolution)은 만일 원래의 함수가 가상(virtual)으로 선언되면 가능하다.

9.3.1 객체 지향 언어로서 C++의 특징

C++에서는 객체들의 공통적인 성질을 정의하는 클래스들을 통해서 데이터 추상화 기능을 제공한다. 이 클래스는 언어에서 제공하는 타입 이외에 사용자가 모델링하고자 하는 타입의 구조와 연산을 정의하여 사용자 정의 타입을 지원한다. 또한 기본적인 연산자들의 의미를 사용자가 정의하는 클래스에 맞게 재정의할 수 있게 하는 연산자 중복정의를 제공한다. 이로 인해 클래스 객체 간의 사칙 연산 및 입·출력이 간단하게 되었다. 그리고 이렇게 정의된 상위 클래스인 **기반 클래스(base class)**에서 새로운 하위 클래스인 **파생 클래스(derived class)**를 유도하는 것이 가능한 상속 기능을 지원함으로써 완전한 객체 지향 개념을 지원한다.

클래스의 멤버에 대한 접근을 제어함으로써 **캡슐화(encapsulation)**를 가능하게 한다. **공용 멤버(public member)**는 클래스 밖에서 접근이 가능하며, **보호 멤버(protected member)**는 파생 클래스에서 접근 가능하고, **전용 멤버(private member)**는 선언을 포함하는 클래스 정의에서만 사용될 수 있다는 의미이다. 프로그램의 크기가 커지고 사용자의 수가 증가하면서 요구되는 캡슐화를 다른 사용자나 하위 클래스에서 접근 가능한 멤버를 이와 같이 구분함으로써 효과적으로 지원한다.

C++는 객체 지향 프로그래밍을 지원하면서 C를 기반으로 하는 언어이므로 다른 객체 지향 언어에 비해서 성능이 우수하다. 즉, 객체 지향 개념을 이용하여 프로그래머가 실세계를 직접적으로 모델링할 수 있게 해 주며, 동시에 C나 어셈블리어와 같은 실행 효율성을 제공한다. 컴파일 시에 정적 타입 검사를 수행함으로써 규모가 큰 프로그램에서 상호 인터페이스 오류를 줄일 수 있다. 또한 **가상 함수(virtual function)**를 이용한 **동적 바인딩**도 제공한다.

9.3.2 클래스와 상속

클래스는 데이터 구조를 이루는 멤버와 이 데이터들에 연산을 수행하는 멤버 함수들로 구성된다. **멤버**는 기본적인 타입들뿐만 아니라, 이들에 대한 포인터, 배열, 구조체, 다른 클래스 및 클래스 자신에 대한 포인터 등이 가능하다. **멤버 함수**는 객체의 외부 인터페이스로 사용자들은 그 구현에 대해서는 알 필요가 없다. 멤버 함수의 몸체는 클래스 정의 외부에 놓여질 수도 있다. 동일한 이름의 멤버 함수가 다른 클래스에도 정의될 수 있으므로 소속 클래스를 구분하기 위해 다음과 같이 **클래스 한정(class qualification) 기호** ::를 이용할 필요가 있다.

```
class vector{
        int size;
        int *p;
public:  // 모든 공용 멤버는 여기에
        int readsize( );
        ...
};
int vector::readsize( ) {return size;}
```

C++는 멤버 함수를 위해서 공용, 전용, 보호로 구성되는 세 가지 수준의 접근 제어 명시자인 수정자(modifier)를 제공한다. public은 공용 멤버임을 나타내는 예약어로서 자신의 참조 영역 내에 이 클래스를 두고 있는 모든 함수에서 접근할 수 있다. 따라서 공용으로 선언된 부분은 외부에서 클래스를 참조할 수 있는 수단이다. private는 전용 멤버임을 표시하는 예약어이다. 전용 멤버는 이 클래스의 멤버 함수와 프렌드 함수만이 참조 가능하며, 클래

스 외부에서는 참조할 수 없다. 마지막으로 protected는 보호 멤버임을 나타내는 예약어로 파생 클래스 멤버 함수와 프렌드 함수로부터의 접근이 허용된다.

멤버 함수의 크기가 작아 매 호출 시 발생하는 비효율성을 막기 위해 함수 호출 대신 함수의 몸체를 삽입하면 효율적이다. C++에서는 이러한 기능을 **인라인 함수**로 제공한다. 클래스 정의 내에 함수의 몸체가 포함되면 자동적으로 인라인 함수로 선언되고, 멤버 함수의 몸체가 클래스 정의 외부에 위치하면 앞의 함수 정의 부분을 다음과 같이 수정한다.

```
inline int vector::readsize( ) {return size;}
```

클래스는 모델링하고자 하는 여러 객체의 공통적인 성질을 정의한 것으로 객체가 필요하면 변수 선언과 같은 방법으로 객체를 생성한다. C++는 객체의 생성과 초기화를 한꺼번에 해 주는 특수한 멤버 함수인 **생성자(construct)**를 제공한다. 클래스의 생성자는 클래스와 동일한 이름을 가진다.

하나의 클래스의 객체를 생성하기 위해 생성자가 필요한 것처럼, 사용을 다한 객체의 기억 장소 영역을 반환하기 위해 **소멸자(destructor)**가 필요하다. 소멸자는 클래스 이름 앞에 ~를 붙인다.

다음은 앞의 vector 클래스의 생성자와 소멸자의 예이다.

```
vector(int sz=10){size = sz; p = new int[10];}
~vector( ){delete[size] p;}
```

효율적인 프로그램을 위해 한 클래스의 멤버를 다른 클래스의 멤버나 다른 일반 함수가 접근하도록 허용할 필요가 있을 때에는 **프렌드 함수**로 선언한다.

C++에서는 기본적인 타입들에 정의된 내장 연산자의 의미를 변경하여 자신이 정의하는 클래스의 객체들이 이용할 수 있다. 간단한 산술 연산자 뿐만 아니라, 논리 연산자, 색인 연산자 등도 자신의 클래스에 맞게 정의할 수 있다. 또한 클래스의 객체 생성 시 객체 멤버의 타입을 매개변수로 받아들이는 템플릿을 지원한다.

상속은 이미 정의된 클래스로부터 속성과 연산에 관한 내용을 물려받고, 새로운 내용을 추가하거나 변경해서 새로운 클래스를 정의하는 것이다. 여러 클래스에 공통적인 속성을 모아서 상위 클래스에 정의함으로써 각 클래스 마다 중복해서 정의하는 것을 피하게 해 준다.

다음은 하나의 클래스로부터 다른 클래스를 정의하는 예를 보인 것이다.

```
class A {
        ...
public:
        ...
};
class B: public A {
        ...
public:
        ...
};
```

여기에서 클래스 A는 클래스 B의 **기반 클래스**이고, 클래스 B는 클래스 A의 **파생 클래스**이다. 이 때 상속된 멤버나 멤버 함수는 기반 클래스와 동일한 이름을 가진다.

: public A라고 선언함으로써 기반 클래스 A의 전용 영역은 파생 클래스 B의 전용 영역으로 상속되고, 공용 영역은 공용 영역으로 상속된다. 따라서 파생 클래스 B의 사용자들은 기반 클래스 A의 공용 영역과 클래스 B의 공용 영역만을 접근할 수 있지만, 파생 클래스 B의 멤버 함수들은 기반 클래스 A의 전용 영역과 공용 영역 모두를 접근할 수 있다. 이와 같이 기반 클래스가 공용으로 선언된 경우에는 기반 클래스로부터 상속 받은 멤버의 접근 모드가 변하지 않는다. 즉, 기반 클래스의 공용 멤버는 파생 클래스에서도 공용 멤버이고, 기반 클래스의 전용 멤버, 보호 멤버는 파생 클래스에서 각각 전용 멤버, 보호 멤버이다.

그러나 전용 기반 클래스나 보호 기반 클래스를 갖는 파생 클래스에서는 기반 클래스의 멤버가 상속되면서 접근 모드가 변한다. 만일 **: private A**로 선언되었다면, 클래스 A의 모든 멤버와 멤버 함수가 파생 클래스 B의 전용 영역으로 상속된다. 즉, 기반 클래스의 모든 멤버를 전용 멤버로 취급한다. 그 밖에 **: protected A**로 선언하는 방법도 있다. 이와 같이 기반 클래스가 보호 모드로 선언된 경우, 기반 클래스의 전용 멤버는 파생 클래스에서 그대로 전용 멤버로, 기반 클래스의 그 외 멤버는 파생 클래스에서는 모두 보호 멤버로 취급한다.

함수의 바인딩이란 함수 호출이 있을 때 이것을 어떤 함수에 대한 호출로 해석할 것인지를 결정하는 것을 말한다. 함수의 바인딩은 그 결정 시기에 따라 초기 바인딩과 후기 바인딩으로 구분할 수 있다. 초기 바인딩은 컴파일 시에 호출할 함수를 결정하는 것을 말하고, 후기 바인딩은 실행 시에 결정하는 것을 말한다. C++에서는 **가상 함수(virtual function)**라는 개념을 두어 컴파일 시 타입이 정확하게 배정되지 않은 객체의 멤버 함수를 실행 시 동적으로 선택해 주는 기능을 제공한다. 즉, 가상 함수란 기반 클래스의 멤버 함수를 파생 클래스에서 다시 정의할 수 있도록 하여 이 두 클래스의 함수를 실행 시 동적으로 선택할 수 있게 하는 것이다.

다음은 앞의 클래스 A의 vit_fun 함수를 가상 함수로 선언한 것이다.

```
class A {
      ...
public:
      virtual int vit_fun( );
      ...
};
```

클래스 B는 클래스 A로부터 유도되었으므로, IS-A 개념에 의해 모든 B의 객체는 클래스 A의 객체로 간주할 수 있다. 따라서 다음과 같은 코드의 작성이 가능하다.

```
A a;
B b;
...
A* ap = &a;
B* bp = &b
...
ap = &b;
```

앞의 처음 두 배정문에서 ap->vit_fun( ), bp->vit_fun( ) 각각은 A::vit_fun( )와 B::vit_fun( )을 나타낸다. 그러나 마지막 배정문을 수행한 후의 ap->vit_fun( )은 B::vit_fun( )을 호출한다. 그 이유는 A의 vit_fun( ) 함수가 가상 함수로 선언되었기 때문에 ap가 가리키는 소속 클래스에 따라 상이한 버전의 함수를 동적으로 호출한다.

이해를 돕기 위해 정적 바인딩과 동적 바인딩을 직접적으로 비교하도록 하자[38]. C++은 기본적으로 정적 바인딩을 지원하므로, 다음과 같이 기반 클래스의 함수에서 예약어 virtual을 이용하여 가상 함수 선언을 하지 않으면 정적 바인딩이 수행된다.

```
class A {
public:
      void Test( ) {
         printf("This is A's Test( ).\n"); }
};
class B: public A {
public:
      void Test( ) {
         printf("This is B's Test( ).\n"); }
};
```

main( ) 함수에서 다음과 같이 작성하였다고 가정하자.

```
A *a = new B( );
a -> Test( );
```

실행 결과는 다음과 같다.

```
This A's Test( ).
```

즉, a -> Test( );는 클래스 A의 Test( ) 함수가 호출되었다. 만약 동일한 프로그램의 기반 클래스 A의 함수를 다음과 같이 가상 함수로 선언했다고 가정하자.

```
class A {
public:
      virtual void Test( ) {
          printf("This is A's Test( ).\n"); }
};
class B: public A {
public:
      void Test( ) {
          printf("This is B's Test( ).\n"); }
};
```

main( ) 함수에서 동일한 방식으로 작성한 후에 실행한 결과는 다음과 같다.

```
This B's Test( ).
```

즉, a -> Test( );는 동적 바인딩에 의해 클래스 B의 Test( ) 함수가 호출된 것이다.

기반 클래스의 멤버 함수를 가상 함수로 선언하면 그것과 같은 함수 이름, 같은 매개변수 타입을 가지는 파생 클래스의 멤버 함수도 가상 함수가 된다. 이름은 같지만 매개변수 타입이 다르면 가상 함수가 아니며, 이름과 매개변수 타입은 같고 결과 타입만 다르면 오류이다. 또, 정적 멤버는 가상 함수가 될 수 없다.

순수 가상 함수(pure virtual function)는 기반 클래스에서 선언된 가상 함수이지만 어떤 정의도 갖지 않는 함수이다. 따라서 모든 파생 클래스는 이 함수를 정의하고 있어야 한다. C++에서는 순수 가상 함수를 다음과 같은 형식으로 나타낸다. 순수 가상 함수는 동적으로 바인딩될 뿐만 아니라 파생 클래스에서 재정의되어야 하므로 virtual로 선언되어야 한다.

```
virtual 타입 멤버_함수_이름() = 0;
```

이러한 순수 가상 함수가 하나 이상 있는 클래스를 추상 클래스라 한다. 추상 클래스는 9.2절에서 설명한 대로 객체화될 수 없다.

C++는 동적 바인딩의 처리를 위해 가상 함수 테이블을 이용한다. 컴파일 시 각각의 클래스를 위한 가상 함수 테이블을 구축하는데, 이 테이블에는 단순히 메소드 몸체의 주소만 기록된다.

가상 함수의 원리와 가상 함수 테이블의 구성을 설명하기 위해 다음 예를 살펴보자[74].

```
class A {
    ...
public:
    virtual void fct1( ) { ... }
    virtual void fct2( ) { ... }
    ...
};
class B {
    ...
public:
    virtual void fct1( ) { ... }
    void fct3( ) { ... }
    ...
};
main( ) {
    A *a = new A( );
    a -> fct1( );
    B *b = new B( );
    b -> fct1( );
    ...
}
```

main 함수에서 a 객체와 b 객체가 생성되고 나면, 각 객체의 멤버 중에는 A 클래스의 가상 함수 테이블을 가리키는 포인터와 B 클래스의 가상 함수 테이블을 가리키는 포인터 vptr이 각각 존재한다. a -> fct1( );에 의해서는 1000번지의 가상 함수 테이블의 정보를 이용하여 100번지의 함수가 실행이 된다. 또한, b -> fct1( );에 의해서는 1200번지의 가상 함수 테이블의 정보를 이용하여 500번지의 함수가 실행이 된다. [그림 9-18]에 이러한 가상 함수 테이블과 가상 함수와의 관계를 나타내고 있다[74].

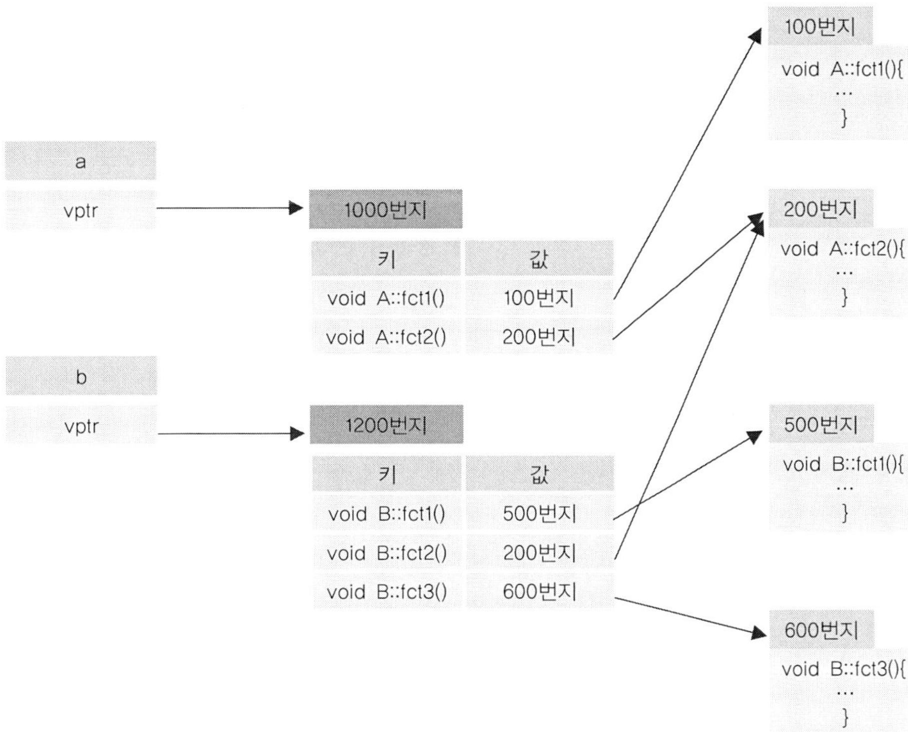

[그림 9-18] 가상 함수 테이블과 가상 함수와의 관계

객체 지향 언어가 단일 상속만을 지원하는 경우에는 코드의 중복이나 클래스 변경 시 유연하지 못하고 개념적으로 자연스럽지 못하다는 단점이 있다. C++는 **다중 상속**을 지원한다.

다음은 두 개의 기반 클래스 A1, A2에서 파생 클래스 B를 정의하는 예이다.

```
class B: public A1, public A2 { ... };
```

9.4 객체 지향 언어 Java

Java는 1995년 5월 23일 공식적으로 탄생했다. 미국 샌프란시스코에서 열린 SunWorld '95에서 공식 발표되었다. 그러나 실제로 Java의 역사는 훨씬 더 길다. Java에 관한 프로젝트는 1990년대 초반에 James Gosling에 의해 실시간 환경을 지원하는 단순한 객체 지향 분산 시스템을 구축하기 위해 시작되었다. 원래 이 프로젝트의 이름은 **Green 프로젝트**로 Java는 처음에 작은 가전 제품에 사용할 수 있는 분산 시스템 소프트웨어를 만드는 것이 목적이었다. 그러다 Mosaic과 Netscape가 인터넷을 보다 대중적으로 만들고, 클라이언트 서버 환경과 분산 시스템 환경이 무르익게 되자 Java의 구현을 인터넷으로 돌리게 되었다.

Java는 기본 데이터 타입과 객체를 동시에 포함하는 혼합형 언어이다. 기본 데이터 타입은 7장에서 설명한 복사 의미론을 사용하고 객체에 대해서는 참조 의미론을 사용한다. 모든 메소드는 임의의 클래스의 일부로 존재해야 하므로 기본적으로 가상 메소드이다. Java는 프로그래머를 기억 장소 관리 작업에서 해방시키기 위해 자동적인 가비지 수집 기능을 채택하였다.

9.4.1 객체 지향 언어로서 Java의 특징

Java의 모든 프로그램은 **클래스**와 **인터페이스**로 구성되고, 클래스들과 인터페이스들이 모여 패키지를 구성한다. 또한 클래스와 인터페이스는 변수들과 메소드들로 구성된다. C++와는 달리 Java에서는 클래스 내에 선언된 모든 메소드들과 인터페이스 내에 선언된 메소드들을 클래스 안에서 구현해야 한다. 클래스 외부에서는 변수나 메소드 등을 선언할 수 없고, 모두 클래스 내에서만 선언되고 사용될 수 있다.

먼저 Java의 특성을 파악하기 위해 다음과 같은 간단한 Java 프로그램을 살펴보자.

```
class Hello {
    public static void main(String args[ ]) {
        system.out.println("Welcome to Java World!!");
    }
}
```

우선 전체적인 구성을 보면 **클래스**가 선언되어 있고, 그 안에 main( ) 메소드가 구현되어 있다. 클래스의 선언은 **class**라는 예약어 뒤에 클래스의 이름을 쓴다. 클래스 내에 들어갈 내용은 반드시 블록({ })안에 있어야 한다. 두 번째 줄에는 Hello 클래스의 유일한 **main** 메소드가 있다. 이 메소드는 반드시 public static으로 선언되어야 한다. main 메소드는 String 타입의 배열을 매개변수로 가진다. 이 매개변수는 명령어 행의 인자들을 받아들인다. 세 번째부터 다섯 번째 줄까지의 내용은 main 메소드가 실행할 내용으로, **블록**으로 묶여 있어야 한다. 네 번째 줄의 System.out.println( ) 메소드의 의미는 System 클래스의 out 멤버 변수에 속한 println( ) 메소드를 호출하는 것이다.

Java는 아주 **간결한 언어**이며 객체 지향 개념을 잘 지원한다. 또한 C와 C++에서 많은 특성을 가져왔기 때문에 C와 C++ 프로그래머에게도 친숙한 언어가 될 수 있다. 그러나 이들 언어와는 달리 포인터와 사용자에 의한 기억 장소 관리 기능을 제거하여 **견고**하며 **보안성**이 있다.

Java는 **중립적**이고 **이식성**이 강하다. 즉, 분산된 환경과 다양한 하드웨어 구조에서도 실행될 수 있도록 설계되었기 때문에 Java가 설치된 시스템이라면 어떤 시스템으로도 이식이 가능하다. 또한 네트워크의 어느 곳에서나 필요한 파일을 다운받아 수행시킬 수 있으므로 응용 프로그램의 업그레이드가 쉽고, 개발자는 더욱 강력하고 좋은 소프트웨어를 만들 수 있게 된다.

9.4.2 클래스와 상속

간단한 클래스의 선언은 앞에서 살펴보았다. 클래스의 선언에는 **class 예약어**와 **클래스 이름**, 그리고 블록으로 묶여 있던 클래스의 **몸체**가 있다. 이외에도 생략 가능한 부분으로 특징을 배정하는 **수정자** 부분과 상위 클래스를 표시하는 **extends** 부분, 구현할 인터페이스가 있음을 표시하는 **implements** 부분이 있다. 이를 정리하면 다음과 같다.

```
<수정자> class 클래스 이름 <extends 상위 클래스> <implements 인터페이스 이름> {
    클래스 몸체
}
```

수정자를 선언하는 부분은 클래스의 특징을 지정해 주는 부분으로 클래스의 종류는 abstract, final, public 클래스의 세 가지가 있다.

abstract 클래스는 적어도 하나 이상의 abstract 메소드를 가진다. abstract 메소드는 선언 시 그 메소드가 어떤 일을 하는지에 대한 것은 정의하지 않고 메소드의 호출 형식만 기술하는 메소드이다. 즉, 아직 구현이 되지 않은 메소드를 포함하고 있기 때문에 객체를 생성시킬 수 없으며 상속만 가능하다. 이 메소드의 구현 내용은 하위 클래스에서 정의를 하므로 하위 클래스를 가져야 한다. 그 이유는 상속되는 메소드가 여러 하위 클래스마다 하는 일이 다르게 될 때 보다 안전하게 새로 구현될 수 있도록 하기 위한 것이다.

final 클래스는 하위 클래스를 가질 수 없다. 즉, 다른 클래스 선언에서 extends 절에 위치할 수가 없다. 다시 말하면 상속될 수 없는 클래스이다. 따라서 abstract와 final을 같이 선언하면 오류이다.

public 클래스는 자신이 선언된 패키지 밖에서 사용할 수 있는 클래스이다. 즉, 다른 패키지에서 선언된 클래스들이 public으로 선언된 다른 패키지의 클래스로 접근하도록 해주는 것이다. 따라서 public 수정자가 없는 클래스는 그것이 선언된 패키지 내로 사용이 제한된다. public 클래스의 멤버 변수나 메소드들도 직접적으로 사용 가능한 것은 아니고 별도의 접근 수정자에 의해 사용할 수 있다. 수정자를 표시하지 않으면 패키지 안에서만 사용할 수 있다. 앞에서 설명한 클래스와 인터페이스의 모임인 패키지는 다시 컴파일 단위로 나눌 수 있다. 즉, 패키지는 컴파일 단위로 구성되어 있다. 컴파일 단위는 하나의 원시 파일이고, 그 안에 여러 개의 클래스와 인터페이스가 있을 수 있으나, 많아야 하나의 public 클래스나 인터페이스를 선언할 수 있다.

인터페이스는 호출 방식만 선언된 메소드들과 상수들만 가지고 있는 것으로 인터페이스 내에 선언된 메소드들의 구현은 클래스에서 이루어진다. 임의의 클래스에서 가능한 것은 아니고 클래스의 선언 시 implements 절에 인터페이스 이름을 표시해야 클래스 내에서 구현할 수 있다.

다음은 인터페이스 선언의 예이다.

```
interface Information {
    public boolean Add(Human Data);
    public boolean Delete(Human Data);
    public boolean Search(Human Data, boolean state[ ]);
}
```

클래스 선언의 마지막은 블록으로 형성된 클래스의 몸체가 위치한다. 블록은 멤버 변수들의 선언과 클래스 안에서 정의되는 메소드들, 그리고 인터페이스를 구현한 경우 인터페이스 안에서 선언된 메소드들을 정의하는 부분으로 구성된다. 변수나 메소드들이 선언된 곳을 필드라고 한다.

Java의 변수는 크게 **멤버 변수**와 **지역 변수**로 구분된다. 멤버 변수는 클래스의 필드에서 선언된 변수이고, 지역 변수는 메소드나 블록 내에서 선언된 변수이다. 멤버 변수의 특성을 규정하기 위해 사용되는 수정자는 다음과 같다.

```
public    protected    private    static    final
```

- **public 변수**: public으로 선언된 변수는 어느 곳에서나 직접적인 사용이 가능하다. 예를 들어 class Y에서 class X의 객체 x를 만들었다면 X 안에서 public int로 선언된 멤버 변수 z는 Y안에서 x.z = 10;처럼 직접적인 사용이 가능하다. 물론 Y가 X의 하위 클래스가 아닌 경우이다.

```
public class X {
     public int z;
     ...
}
class Y {
     X x;
     x.z = 10;
     ...
}
```

- **protected 변수**: protected로 선언된 변수는 하위 클래스와 그 변수를 선언한 클래스가 있는 패키지 안에서만 사용이 가능하다. 앞의 경우에 z가 protected로 선언되고 class X와 Y가 동일한 패키지가 아니면 x.z = 10;처럼 사용할 수 없다. 물론 Y가 X의 하위 클래스가 아닌 경우이다.
- **private 변수**: private로 선언된 변수는 오직 선언된 클래스 내에서만 사용이 가능하고 상속이 되지 않는다. 앞의 경우 z가 private로 선언되었다면 단지 class X내에서만 z를 사용할 수 있다.
- **static 변수**: static 변수는 클래스가 적재될 때 생성되고 초기화된다. 다른 변수들은 인스턴스 변수라고 하는데, 이들은 새로운 클래스의 객체가 할당될 때 클래스 내의 변수들이 생성된다. 인스턴스 변수는 각 객체마다 가지고 있는 변수이므로 객체가 할당될 때 생성되고, static 변수는 한 클래스의 모든 객체들이 공유하므로 클래스가 적재될 때 생성된다. 예를 들어, 클래스 A의 필드 a가 static으로 선언되었다면 A로부터 여러 개의 객체를 생성하더라도 필드 a는 하나만 만들어지고 생성된 객체들이 이를 공유하게 된다. 즉, 생성된 객체가 A1, A2, A3일 때 A1.a, A2.a, A3.a는 모두 하나의 값을 나타낸다. static 필드는 하위 클래스로 상속된다.
- **final 변수**: final 변수는 선언 시에 반드시 초기 값을 지정해야 한다. 그 외의 값을 배정하는 것은 오류이다. 즉, 상수로 사용하는 것이다.

메소드의 수정자는 다음과 같다.

```
public    protected    private    static    abstract    final    synchronized
```

- public: 클래스를 참조할 수 있는 곳이라면 어디서든지 호출 가능하며 상속된다.
- protected: 동일한 패키지 내부, 선언된 클래스 안에서 호출이 가능하며 상속된다.
- private: 선언된 클래스 안에서만 호출이 가능하며 상속되지 않는다.
- static: static 필드처럼 객체가 생성되지 않아도 클래스 이름을 통해 호출될 수 있다. static 메소드는 클래스를 참조할 수 있는 곳이면 어떤 곳에서든지 호출될 수 있어야 하므로 그 안에 static이 아닌 필드를 참조하거나 static이 아닌 메소드를 호출할 수 없도록 되어 있다. 따라서 일반적으로 static 필드를 제어하는 기능을 static 메소드로 구현한다.
- abstract: 메소드의 구현이 없고 시그니처만 있는 것을 말한다. 메소드의 시그니처란 메소드의 이름, 리턴 타입, 매개변수 리스트를 말한다. 내부 메소드 중의 하나가 abstract이면 그 메소드를 갖는 클래스도 abstract로 선언되어야 한다. abstract 메소드는 하위 클래스에서 반드시 구현되어야 한다.
- final 변수: 일단 구현되면 상속은 가능하지만 하위 클래스에서 재성의(overriding)는 불

가능한 메소드가 된다. 따라서 abstract와 함께 사용될 수 없다.

- synchronized: 스레드 클래스에서 동기화해야 할 메소드를 표시한다. 한 프로그램에서 동시에 실행될 수 있는 메소드가 서로 동기화되어 있으면 하나의 메소드가 실행되고 있는 동안에는 다른 메소드가 실행될 수 없다.

C++에서는 클래스의 멤버 앞에 수정자를 생략하면 가장 위쪽으로 가까운 멤버의 수정자를 따르지만, Java에서는 각 필드와 메소드마다 수정자를 따로 명시해 주어야 한다. [표 9-1]은 Java의 수정자와 접근 제어 방식을 요약한 것이다.

[표 9-1] Java의 수정자와 접근 제어 방식

수정자 / 위치	public	protected	없는 경우	private
같은 클래스 내부	○	○	○	○
같은 패키지의 클래스	○	○	○	
다른 패키지의 상속한 클래스	○	○	×	×
다른 패키지의 다른 클래스	○	×	×	×

Java에서 모든 클래스들은 **Object** 클래스의 하위 클래스들이다. 프로그래머가 명시적으로 선언하지 않더라도 시스템 라이브러리에 있는 클래스뿐만 아니라 모든 클래스는 Object로부터 상속된다. 예를 들어 하위 클래스 MyClass와 상위 클래스 Applet의 상속 관계를 표시하기 위해서는 다음과 같이 extends 예약어를 이용한다.

```
class MyClass extends Applet { ... }
```

어떤 변수의 이름이 상위 클래스에서 선언된 멤버 변수의 이름과 동일하면 상위 클래스의 멤버 변수는 상속되지 않는다. Java에서는 이 경우 shadow되었다고 한다. 즉, 상위 클래스의 멤버 변수가 그늘졌다는 의미이다. 이렇게 그늘진 변수는 super 키워드나 상위 클래스의 필드 접근 표현에 있는 데이터 타입으로 참조할 수 있다. 그리고 private로 선언된 필드와 생성자, 그늘진 것은 상속될 수 없다.

Java는 자동적으로 가비지 수집이 지원되기 때문에 C++와 달리 소멸자가 존재하지 않는다. 또한 클래스의 다중 상속을 허용하지 않는다. 클래스의 상속과는 달리 인터페이스를 상속하는 클래스를 정의할 경우에는 여러 개의 인터페이스로부터 상속받는 다중 상속이 가능하다.

다음의 인터페이스가 정의되었다고 가정하자.

```
interface Movable {
    void add(double dx, double dy);
    void sub(double dx, double dy);
}
interface Scalable {
    void mul(double s);
    void div(double s);
}
```

다음과 같은 다중 상속이 가능하다.

```
class MovablePoint implements Movable, Scalable {
    double x, y;
    public void add(double dx, double dy) {x += dx; y += dy;}
    public void sub(double dx, double dy) {x -= dx; y -= dy;}
    public void mul(double s) {x *= s; y *= s;}
    public void div(double s) {x /= s; y /= s;}
 }
```

Java의 변수는 C++의 변수처럼 항상 정적으로 바인딩된다. 그리고 C++의 함수는 virtual을 사용하지 않으면 정적으로 바인딩되지만, Java의 피호출 메소드들은 final로 정의되어 있지 않다면, 항상 동적으로 바인딩된다. final인 경우에는 모든 바인딩이 정적이다. 즉, Java 변수의 이름에 대한 실제 변수는 컴파일 시간에 결정되고, final이 아닌 메소드의 경우는 실행 시간에 결정된다. 9.3.2절에서 C++의 동적 바인딩을 설명하기 위해 사용한 예제를 Java로 변환하면 다음과 같다[38].

```
class A {
public  void Test( ) {
        System.out.println("This is A's Test( )."); }
};
class B: extends A {
public void Test( ) {
        System.out.println("This is B's Test( )."); }
};
```

main( ) 함수에서 다음과 같이 작성하였다고 가정하자.

```
A a = new B( );
a.Test( );
```

실행 결과는 다음과 같다.

```
This B's Test( ).
```

즉, C++와는 달리 상위 클래스에서 가상 함수로 선언하지 않아도 a.Test( );는 동적 바인딩에 의해 클래스 B의 Test( ) 함수가 호출된 것이다.

9.5 객체 지향 언어 C#

C#은 Java처럼 단순한 콘솔 응용 프로그램부터 인터넷 및 분산 환경 시스템을 위한 응용 프로그램에 이르기까지 다양한 응용 프로그램을 쉽게 작성할 수 있도록 개발된 언어이다. C#은 2000년 6월 마이크로소프트사가 .NET 환경을 위해 개발한 언어로서, 목표는 간단하며 현대적이고 객체 지향적이며 타입 안정적인 언어를 만드는 것이다. C#은 C언어와 유사한 간결하고 강력한 문장 구조를 가지고 있으며 C++에 기반을 두고 Visual Basic과 Java의 장점을 가진 언어이다. 또한 C++와 Java의 객체 지향 특성과 Java의 분산 환경 처리에 적합한 특성을 가지고 있으며 컴포넌트 기반의 소프트웨어 개발 패러다임을 지원한다. C#에서는 클래스 이름과 메소드 이름은 대문자로 시작하여야 한다.

C#의 특징은 데이터 추상화, 델리게이트와 이벤트, 멀티스레드, 그리고 예외 처리 등을 들 수 있다. C#은 다른 객체 지향 언어와 마찬가지로 클래스를 통하여 데이터 추상화를 이룰 수 있다. 메소드를 다른 객체에 전달해야 하는 프로그래밍 기법을 위해 델리게이트를 지원하며 이벤트를 형식적으로 정의하고 사용할 수 있는 방법론을 제공한다. 또한 병행 처리를 위해 멀티스레드 기능을 지원하고 있으며 오류를 언어 수준에서 체계적으로 다룰 수 있는 예외 처리 기능을 제공한다.

9.5.1 객체 지향 언어로서 C#의 특징

C#의 모든 프로그램은 Java와 마찬가지로 **클래스**와 **인터페이스**로 구성된다. 클래스와 인

터페이스는 변수들과 메소드들로 구성된다.

먼저 C#의 특성을 파악하기 위해 다음과 같은 간단한 C# 프로그램을 콘솔 애플리케이션으로 살펴보자.

```
using System;
class Hello {
    public static void Main() {
        Console.WriteLine("Welcome to C# World!!");
    }
}
```

우선 전체적인 구성을 보면 **클래스**가 선언되어 있고, 하나의 응용 프로그램이 되기 위해서는 반드시 Main( ) 메소드가 존재해야 한다. 클래스의 선언은 **class**라는 예약어 뒤에 클래스의 이름을 쓴다. 클래스 내에 들어갈 내용은 반드시 블록({ })안에 있어야 한다. Main 메소드는 반드시 public static으로 선언되어야 한다. 네 번째부터 여섯 번째 줄까지의 내용은 Main 메소드가 실행할 내용으로, **블록**으로 묶여 있어야 한다. 네 번째 줄의 Console.WriteLine( ) 메소드는 화면에 메시지를 출력하는 기능을 하며, Console 클래스에 속하고 .NET 프레임워크에서 제공하는 System이라는 네임스페이스에 속한 WriteLine( ) 메소드를 호출하는 것이다. 따라서 Console.WriteLine( ) 메소드를 사용하기 위해서는 using을 사용하여 System 네임스페이스를 소스 코드 내에 포함시켜야 한다. 만일 using System; 문장을 기술하지 않았다면 System.Console.WriteLine( )과 같은 형태로 네임스페이스까지 함께 명시해야 한다. 윈도우 응용 프로그램을 작성하기 위해서는 윈폼 애플리케이션을 작성해야 한다. 윈폼 애플리케이션은 반드시 System.Windows.Forms 네임스페이스에 있는 Form 클래스를 상속 받아야 한다.

C#도 Java와 마찬가지로 아주 간결한 언어이며 객체 지향 개념을 잘 지원한다. 또한 C와 C++에서 많은 특성을 가져왔기 때문에 C와 C++ 프로그래머에게도 친숙한 언어가 될 수 있다.

프로그래밍 언어 측면에서 C#은 C와 유사하고 간결하고 강력한 문장 구조를 가지고 있으며, C#나 Java와 같이 객체 지향뿐만 아니라 Visual Basic과 같이 사용자 인터페이스를 쉽게 만들 수 있는 컴포넌트 기능을 제공하고 있다. 따라서 기존의 언어를 접해본 프로그래머는 쉽게 C#을 이용하여 응용 프로그램을 개발할 수 있다. 또한 C#은 .NET 환경에 최적화되어 있고 C# 언어를 위한 많은 클래스 라이브러리가 개발됨에 따라 응용 프로그램 작성이 더욱 용이해 졌다.

9.5.2 클래스와 상속

간단한 클래스의 선언은 앞에서 살펴보았다. 클래스의 선언에는 **class 예약어**와 **클래스 이름**, 그리고 블록으로 묶여 있던 클래스의 **몸체**가 있다. 이외에도 생략 가능한 부분으로 특징을 지정하는 **수정자** 부분과 상위 클래스를 표시하는 콜론(:) 부분이 있다. 이를 정리하면 다음과 같다.

```
<수정자> class 클래스 이름 < : 상위 클래스> {
    클래스 몸체
}
```

수정자를 선언하는 부분은 클래스의 특징을 지정해 주는 부분으로 수정자의 종류는 public, abstract, static, sealed 등이 있다.

클래스를 public으로 선언하면 다른 프로그램에서도 사용할 수 있지만 internal로 선언한 경우에는 같은 프로그램에서만 사용할 수 있다. 클래스 수정자가 생략된 경우에는 internal로 선언한 것과 동일하다.

static으로 선언된 정적 클래스는 모든 멤버가 정적 멤버가 된다. 이것은 객체 단위로 존재하는 것이 아니라 클래스 단위로 존재하게 된다.

클래스를 abstract로 선언하면 추상 메소드를 가진 추상 클래스가 된다. 여기에서 추상 메소드란 실제의 구현을 가지지 않고 메소드 선언만 있는 경우를 말한다. 클래스가 단 한 개라도 추상 메소드를 가지고 있으면 추상 클래스가 된다. 추상 클래스는 객체를 가질 수 없으며 반드시 하위 클래스에서 모든 추상 메소드를 구현한 후에 객체를 생성할 수 있다. 추상 클래스는 외양만을 제공하므로 반드시 다른 클래스에 의해 상속된 후에 사용되어야 한다. 추상 클래스의 abstract 수정자는 virtual 수정자의 의미가 포함되어 있으므로, 추상 클래스를 상속 받은 하위 클래스는 override 수정자를 이용하여 추상 메소드를 재정의할 수 있다.

C#은 Java와 마찬가지로 다음과 같이 추상 클래스를 선언한다.

```
abstract class car {
    ...
    public abstract void print_label( );
    ...
}
```

앞에서 살펴본 것처럼, C++은 C#에 비해 다소 직관적이지 않은 상이한 표기법을 가진다는 것을 기억하자.

```
class car {
    ...
public:
    virtual void print_label( ) = 0;
    ...
}
```

클래스를 sealed로 선언하면 봉인 클래스가 되고, 봉인 클래스 내에 있는 모든 메소드는 파생 클래스에서 재정의(override)하는 것을 허용하지 않는 봉인 메소드가 묵시적으로 된다.

클래스 선언의 마지막은 블록으로 형성된 클래스의 몸체가 위치한다. 블록은 멤버 변수들의 선언과 클래스 안에서 정의되는 메소드들, 그리고 인터페이스를 구현한 경우 인터페이스 안에서 선언된 메소드들을 정의하는 부분으로 구성된다.

클래스의 형태에서 객체의 구조를 기술하는 데이터 부분은 변수들의 선언으로 구성되며 각각을 클래스의 필드라고 한다. 필드 수정자는 다음과 같다.

```
public    protected    internal    private    new    static    readonly    volatile
```

이 중, 다른 클래스에서 필드의 접근 허용 정도를 나타내는 속성인 접근 수정자는 private, protected, internal, protected internal이 있다.

- **public** : 모든 클래스 및 네임스페이스에서 자유롭게 접근하여 이용할 수 있다.
- **protected** : 하위 클래스에서만 참조가 가능하며 protected internal은 하위 클래스와 동일 네임스페이스 내에서도 자유롭게 접근할 수 있다.
- **private** : 접근 수정자가 생략된 것은 private로 선언된 것과 동일하고, 단지 정의된 클래스 내에서만 필드 접근이 허용된다. 따라서 다른 클래스에서는 전혀 참조가 불가능하기 때문에 필드에 저장된 값을 외부에서 변경하는 것을 방지할 수 있다.
- **internal** : 같은 네임스페이스 내에서 자유롭게 접근할 수 있다. 즉, 동일한 네임스페이스 내에 존재하는 모든 클래스에서 필드를 자유롭게 참조할 수 있도록 허용하고 있다.

[표 9-2]는 C#의 수정자와 접근 제어 방식을 요약한 것이다.

[표 9-2] C#의 수정자와 접근 제어 방식

위치 \ 수정자	public	protected internal	internal	protected	private
동일 클래스	○	○	○	○	○
하위 클래스	○	○	×	○	×
네임스페이스	○	○	○	×	×
모든 클래스	○	×	×	×	×

- **static** : static 수정자를 사용하여 선언한 필드를 정적 필드라고 한다. 정적 필드는 클래스 단위로 존재하며 생성된 객체가 없는 경우에도 존재하는 변수이다. 이것은 각 객체마다 가지는 인스턴스 필드와는 의미가 다르다. 인스턴스 필드는 예약어 static이 없이 선언한 필드를 말하며 생성된 객체를 통하여 참조한다. 정적 필드를 참조하는 방법은 반드시 클래스 이름을 통해서만 가능하다.
- **new** : 수정자 new는 상속 계층에서, 하위 클래스에서 선언된 멤버를 하위 클래스에서 새로이 재정의하기 위해 사용된다.
- **readonly** : 수정자 readonly는 읽기 전용 필드를 선언하기 위해 사용된다. 즉 실행 중에 값이 변할 수 없는 속성을 가진다. 그러나 상수 멤버와는 차이가 있다. 상수 멤버는 컴파일 시에 값이 결정되지만 읽기 전용 필드는 실행 중에 값이 결정된다. 따라서 읽기 전용 필드는 상수 멤버로 선언할 수 없는 타입이거나 컴파일 시간에 값을 결정할 수 없을 때 사용된다.

메소드의 수정자는 접근 수정자와 new, static, virtual, sealed, override, abstract, extern 등이 있다. 메소드의 접근 수정자는 다른 클래스에서 메소드의 접근 허용 정도를 나타내는 속성으로 필드의 접근 수정자의 의미와 같다.

메소드가 static으로 선언되면 정적 메소드가 되고 전역 함수와 같은 역할을 한다. 정적 메소드는 해당 클래스의 정적 필드나 다른 정적 메소드만 참조할 수 있다. 정적 메소드는 정적 필드와 마찬가지로 객체 이름이 아닌 클래스 이름으로만 참조할 수 있다. 따라서 각 객체마다 가지는 인스턴스 메소드와 구분된다.

메소드가 abstract 혹은 extern으로 선언되었다면, 메소드 몸체 대신에 세미콜론(;)이 나온다. 즉 메소드가 하위 클래스나 외부에서 정의된다는 의미이다.

상위 클래스로부터 메소드를 상속 받을 때 하위 클래스 내에 동일한 이름의 메소드가 있는 경우에 시그니처가 다르면 중복정의(overloading)가 되고 시그니처가 같으면 재정의(overriding)가 된다. 즉, 시그니처가 다른 메소드를 하위 클래스에서 정의하면 다른 메소드로 간주되지만 시그니처가 동일한 경우에는 같은 메소드가 되어 기반 클래스에 있는 메소드를 대치하게 된다.

예약어 virtual로 선언된 메소드는 하위 클래스에서 재정의하여 사용할 것임을 알려주는 역할을 한다. 이러한 가상 메소드는 하위 클래스에서 new나 override 수정자를 이용하여 재정의할 수 있는데, new인 경우에는 객체 타입에 따라 호출이 되고 override인 경우에는 객체 참조가 가리키는 객체에 따라 호출이 된다.

수정자 seadled로 선언된 봉인 메소드는 하위 클래스에서 재정의하는 것을 허용하지 않는다. 또한 abstract로 선언된 추상 클래스는 실제의 구현을 가지지 않고 메소드 선언만 있는 메소드이다. 단 한 개의 추상 메소드라도 가진 클래스는 앞에서 설명한 것처럼 추상 클래스가 되고, 자신의 객체를 생성할 수 없으며 반드시 하위 클래스에서 모든 추상 메소드를 구현한 후에 객체를 생성할 수 있다.

인터페이스는 사용자 접속을 기술할 수 있는 프로그래밍 단위이다. 다시 말하면, 구현되지 않은 멤버들로 구성된 순수한 설계의 표현이다. C#에서 클래스는 단일 상속만 가능하기 때문에 인터페이스를 통해 다중 상속을 지원하고 있다.

다음은 인터페이스의 문법적인 구조이다.

```
[인터페이스_수정자] [partial] interface 인터페이스_이름 {
    인터페이스 몸체
}
```

인터페이스_수정자는 public, protected, internal, private, new가 있으며 각 수정자의 의미는 필드 수정자의 의미와 같다.

상위 인터페이스인 기반 인터페이스(base interface)로부터 멤버들을 상속받을 때, 하위 인터페이스인 파생 인터페이스(derived interface) 내에 동일한 이름의 멤버가 있는 경우에는 상위 인터페이스의 멤버는 감추어진다. 이 경우에는 예약어 new를 이용하여 재정의할 수 있다. 또한 여러 개의 상위 인터페이스로부터 다중 상속이 될 때 중복된 이름의 멤버들을 상속 받을 수 있다. 이 때 상위 인터페이스 이름과 함께 사용하면 상위 인터페이스에 있는 멤버들을 참조할 수 있다. 다음과 같은 인터페이스를 가정하자.

```
interface IMovable {
    void Add(int dx, int dy);
}
interface IScalable {
    void Add(int dx, int dy);
}
```

다음과 같은 다중 상속이 가능하다.

```
interface IMovablePoint : IMovable, IScalable {
    void IMovable.Add(int dx, int dy);
    void IScalable.Add(int dx, int dy);
}
```

상위 클래스를 상속하고 동시에 인터페이스를 구현하여 클래스를 만들 수 있다. 이런 경우 클래스와 인터페이스로부터 다중 상속이 이루어진다.

C#도 Java와 마찬가지로 모든 클래스는 단일 루트 클래스인 Object로부터 상속된다.

C#에서 메소드 호출의 동적 바인딩을 허용하기 위해 상위 클래스와 하위 클래스에 있는 해당 메소드는 특별한 지정을 한다. 앞에서 설명한 대로 상위 클래스의 메소드는 virtual로 지정하고, 하위 클래스의 해당 메소드는 override로 지정한다.

지금까지 설명한 대부분의 코드는 문장들이 순서대로 실행되는 것을 가정했다. 이것은 일반적인 시나리오이지만, 가끔씩 현재의 실행을 중단하고 다른 중요한 작업을 수행해야 할 경우가 있다. 이러한 작업이 완료되면 프로그램은 중단된 위치에서 계속해서 실행된다. 이러한 종류의 프로그램을 처리하기 위해서는 어떤 급한 일이 발생했다는 것을 나타내는 수단과 일이 발생했을 때 실행되어야 하는 코드를 나타내는 방식의 두 가지 기능이 C#에서 제공된다. 전자는 이벤트이며 후자는 델리게이트이다.

델리게이트는 메소드의 포인터이며, 메소드를 호출하는 것과 동일한 방식으로 호출될 수 있다. 델리게이트를 호출하면 실제로 델리게이트가 가리키는 메소드를 실행하게 된다. 델리게이트에서 가리키는 메소드는 동적으로 변경될 수 있으므로 델리게이트를 호출하는 코드는 실제로 실행될 때마다 다른 메소드를 실행하게 된다. C++의 함수 포인터와 유사하지만, 델리게이트의 고유 식별자와 일치하는 메소드만을 가리킬 수 있으며 유효한 메소드를 가리키지 않는 델리게이트는 호출할 수 없으므로 더욱 안전하다.

9.6 객체 지향 언어 CLOS

CLOS는 Common LISP Object System의 약자로 그 이름이 의미하는 대로 객체 지향 개념을 추가하여 특정 연구 분야에 국한되지 않고 다양한 응용에 적합한 Common LISP의 확장이다. 이 확장에는 객체 지향 개념 중에서 이해가 용이하고 유용한 특성과 기법만이 포함되었다. 그 결과 CLOS는 프로그램 개발에 적절한 인터페이스와 확장성 있는 프로토콜을 가지게 되었다. CLOS는 코드를 LISP 코드로 변환하는 함수와 매크로의 집합으로 구현된다. CLOS는 결과적으로 인공 지능 분야만이 아닌 범용 언어로 쓰일 수 있는 기반을 형성하였다.

9.6.1 객체 지향 언어로서 CLOS의 특징

CLOS의 객체 지향 특성은 **클래스**, **객체 생성**, **다중 상속**, **메소드 결합**, **포괄 함수**, 클래스와 메소드의 **동적인 재정의** 등이다. LISP와 마찬가지로 CLOS는 약한 타입(weakly typed) 언어이다. 일부 내장 타입이 존재하고 클래스는 사용자 정의 타입과 같지만, 특정 타입의 변수를 선언해서는 안되고, 타입 검사가 거의 존재하지 않는다.

CLOS는 클래스의 정의를 허용한다. 클래스 선언은 기억 장소를 즉각적으로 할당하지 않는다. 그러나 그것은 클래스의 인스턴스를 생성한다. 클래스들은 상위 클래스로부터 상속되고 여러개의 상위 클래스를 가질 수 있다. CLOS에서 클래스 정의는 명시적으로 자신의 메소드들을 포함하지 않는다. 이것들은 선언될 때 클래스 내에 포함된다.

9.6.2 클래스와 상속

클래스의 구조는 **슬롯**으로 이루어진다. 각 슬롯은 이름과 값을 가진다. 슬롯의 이름은 표현하고자 하는 특성을 나타내고, 값은 슬롯의 상태를 표시한다. 슬롯의 값은 accessor라는 포괄 함수를 통해 판독하거나 기록할 수 있다. 슬롯은 지역 슬롯과 공유 슬롯으로 구분된다. 전자는 하나의 인스턴스가 고유하게 참조하는 내용이고, 후자는 동일 클래스의 모든 인스턴스들이 공통으로 참조하는 내용이다.

클래스 정의, 슬롯과 계층의 일반적인 형식은 다음과 같다.

```
{class name : [parent-list]
   {member-slots-or-functions}*}
```

판독과 기록을 위해 슬롯을 액세스하는 함수를 선언할 수 있고, 그 결과 암시적으로 함수에 대한 **private** 혹은 **public** 액세스를 생성한다. 슬롯은 문서화 속성, 초기 디폴트 값, 그리고 할당 태그를 가질 수 있다. 할당 태그는 데이터 값이 클래스에 할당되거나 인스턴스에 할당된다. 데이터가 인스턴스에 유일하게 되기를 바란다면 값들을 변경할 수 있다. 또는 상수가 되기를 바랄 수 있고, 그렇다면 기억 장소는 반복적으로 할당되지 않는다.

CLOS는 **다중 상속**을 지원함으로써 클래스 정의에 유연성을 부여하여 다양한 클래스 모델을 만들 수 있다. 객체를 생성할 때는 **make-instance 함수**를 이용하여 사용자가 이해하기 쉽게 구현된다. generic 함수는 그 함수가 적용되는 클래스와 함수의 적용, 리턴 값 등을 기록해 둔다. 실제의 실행은 람다 리스트가 일치되는 메소드에서 이루어진다. 메소드의 실행 순서는 포괄 함수가 호출되면 특정 규칙에 따라 정해지고 이를 **메소드 결합**이라고 한다.

CLOS의 메소드는 다중 클래스를 위한 것이 될 수 있다. CLOS는 매개변수의 실행 시간 타입에 기초한 주어진 매개변수들의 집합에 어떠한 메소드가 적당한지를 결정한다. 예를 들어, 다음의 내용은 그들의 호출이 매개변수들에 좌우되는 fun의 네 가지 정의이다.

```
1. (defmethod fun(object1 object2)
     (. . .))
2. (defmethod fun(object1 car) object2)
     (. . .))
```

```
3. (defmethod fun(object1 summation) (object2 input))
   (. . .))
4. (defmethod fun(object1 object2 data))
   (. . .))
```

사용된 메소드는 가장 구체적인 메소드이고, 이는 실행 시간에 매개변수들이 이름이 fun으로 선언된 모든 메소드들에 대해 왼쪽에서 오른쪽으로 검사된다는 것을 의미한다. 위의 메소드 1은 디폴트 메소드와 같은 일반적 메소드이다. 메소드 2는 첫 번째 매개변수를 구체화하나 두 번째 매개변수에 대해서는 그렇지 않다. 메소드 3은 매개변수 모두를 구체화한다. 메소드 4는 두 번째 인자를 구체화한다. 지역적으로 메소드는 클래스의 부분인 함수가 아니고, 매개변수가 일치할 때 적용되는 객체의 영역에 있는 객체이다.

CLOS 매개변수에 관한 일반적인 문법 구조는 다음과 같다.

```
(defmethod func_name (arg-list)
   body)
   arg-list ::= arg | arg-list | null
   arg ::= arg-name | specialized-arg
   specialized-arg ::= (arg-name object-type)
```

따라서 (object1 car)는 매개변수의 이름인 object1이 car가 되어야 한다는 것을 의미한다. 자신이나 조상 중의 하나가 타입이 car가 되어야 한다.

메소드의 호출은 다음과 같이 임의의 LISP 함수의 호출과 동일하다.

```
(func_name arg1, arg2, ...)
```

그러나 매개변수 리스트는 어떠한 함수가 선택될 지를 결정한다.

다음으로 +, −, *, / 등과 같은 기본적인 연산자들이 내장 클래스가 아닌 클래스들에 대해서도 정의가 가능한가를 살펴보기 위해 **연산자 중복정의**에 관해 알아보자.

CLOS에서 이것은 쉬운 주제로, 모든 함수들이 (func_name arg1, arg2, ...)와 같이 전위 형태로 선언되고, 그 결과 임의의 연산자를 직접적으로 중복정의할 수 있다.

다음은 * 연산자를 두 행렬에 적용되도록 중복정의한다.

```
(defmethod * ((m1 matrix) (m2 matrix))
   (body))
```

또한 다음은 * 연산자를 정수나 실수 같은 단일 스칼라 값을 행렬의 모든 원소의 수만큼 중복정의하는 예이다.

```
(defmethod * ((m1 matrix ) (s scalar))
   (body))
```

CLOS의 **타입**에 관해 알아보자. 식별자는 LISP에서 타입이 없으므로 CLOS도 마찬가지이고 그 결과로 포괄 함수가 직접적으로 정의된다. 다음과 같은 함수는 정수, 실수, 또는 문자 타입의 리스트에 대해 동작한다.

```
(defun merge (arg1 arg2 target)
   (body))
```

복소수들에 대해 동작하는 동일한 코드를 만들기 위해서는 복소수에 대한 클래스 정의를 다음과 같이 해야 한다.

```
(defclass complex (number)
   ((realpart : accessor realpart : initform 0.0 : type 'float)
    (imagpart : accessor imagpart : initform 0.0 : type 'float)))
(defmethod > ((c1 complex) (c2 complex))
   (> (magnitude c1) (magnitude c2)))
(defmethod magnitude ((c1 complex))
   (sqrt (+ (sqr (realpart c1)) (sqr (imagpart c1)))))
```

요약하자면, 새로운 클래스와 > 연산자를 정의하여, merge 함수를 적용할 수 있다.

LISP와 같이 CLOS는 **효율성이 결여**된 문제가 있다. 만일 메소드가 호출되면, 우리는 객체를 얻을 수 있고 메소드가 그것에 대해 정의되었는지의 여부를 알 수 있다. 만일 그렇지 않다면, 우리는 적용된 메소드를 찾아 상속 계층을 올라가야 한다. 이것은 많은 시간을 소비한다. 이에 비해, C++는 객체가 표에 있는 자신의 슬롯과 메소드를 인식하는 2 바이트 태그를 갖는 것을 요구한다. 메소드의 참조는 단지 하나의 특별한 역참조만을 요구한다. 만일 객체의 정확한 타입을 알지 못한다고 하더라도 일단 타입이 결정되면, 그것이 속한 계층에서 알 수 있다.

9.7 객체 지향 언어 Smalltalk

Smalltalk은 Xerox Parc의 A. Kay 그룹에 의해 개발된 언어로 어느 정도의 대중성을 가지고 등장한 첫 번째 객체 지향 언어로, 그 뒤를 따르는 언어들에게 큰 영향을 끼쳤다. Smalltalk은 완전한 객체 지향 언어이다. 이것은 Smalltalk이 객체, 클래스, 메시지, 메소드 등으로 표현되는 객체 지향 개념을 완벽하게 실현하였기 때문이다. Smalltalk의 탄생에 즈음한 시점의 소프트웨어 산업계의 정황을 여기에서 간과할 수 없다. Smalltalk의 탄생은 1969년부터 그 직접적인 기원을 찾을 수 있다. 당시까지 하드웨어 분야는 지속적인 발전에 힘입어 계산 능력을 꾸준히 향상시키고 있었다. 다른 한편으로 소프트웨어 분야는 하드웨어의 성능을 충분히 활용하기 위해 구조적 프로그래밍 등의 기법을 도입하여 소프트웨어 제작 기술이 발전되었으나, 프로그램이 점차 대형화하면서 기존의 방법에 한계가 노출되기 시작했다. 즉, 소프트웨어 위기를 극복하기 위한 노력으로서 객체 지향 프로그래밍 기법이 출현하게 되었고, 이것이 Smalltalk의 설계 철학의 근간을 형성하게 된 것은 결코 우연이라 할 수 없을 것이다. 이렇게 출발한 Smalltalk은 Smalltalk-72, Smalltalk-76을 거쳐 Smalltalk-80으로 발전되었다.

9.7.1 객체 지향 언어로서 Smalltalk의 특징

Smalltalk에서는 모든 요소를 객체화했고, 객체를 식으로 나타낼 수 있다. 식은 일련의 문자들로 식의 값이 어떤 객체를 나타낸다. 리터럴, 변수, 메시지 식, 그리고 블록 식의 네 가지 형태의 식이 존재한다.

Smalltalk의 **리터럴**은 숫자, 문자, 스트링, 기호, 배열 등이다. 각각을 살펴보자.

```
5    -34    8r244    16rFE    1.586e-3
$b    $K    $3    $$
'hello'    'object-oriented'    'system'
#world    #T55
#(4 5 6)    #(('long' 5) ('que' 'word') 0 -4)
```

변수는 문자들과 문자로 시작하는 일련의 숫자이다. **전용(private) 변수**는 객체에 대해 지역적이고 **공유(shared) 변수**들은 그것들이 선언된 객체 바깥에서 가시적이다. 전자는 하나의 객체에 의해 참조되며, 후자는 하나 이상의 객체에서 참조된다. 변수들은 타입이 없고, 실제로 임의의 객체를 가리킨다.

Smalltalk은 C와 Pascal의 전통을 따라 계산은 다음과 같이 변수에 대한 배정에 의해 수행된다. **배정문**은 왼쪽을 가리키는 화살표 <- 에 의해 표시된다.

```
total <- 50
first <- final
sum <- 4 + 8
```

배정문에 의해 값이 바뀌지 않는 **의사(pseudo) 변수**는 nil, true, false, self, super가 있다.

새로운 객체를 할당하기 위해 **메시지**가 클래스 객체로 전송된다. 객체들은 메시지를 통해 통신한다. 메시지는 자신의 이름과 매개변수로 구성된다. 메시지 식은 메시지를 수신할 객체의 명세와 메시지의 두 부분을 가진다. 메시지들은 C에서의 프로시저 호출과 같다. self라고 부르는 미리 정의된 변수는 메시지의 수신자를 참조한다.

다음 각각은 단항 메시지, 키워드 메시지, 이항 메시지의 예이다.

```
theta sine
index max: limit
3 + 4
```

블록은 클래스 블록의 인스턴스로 일련의 메시지들을 포함한다. 블록들은 변수에 배정될 수 있고 변수에 "value" 메시지를 송신하여 실행될 수 있다. 블록들은 자신이 정의된 환경에서 실행된다. 이것은 수행을 이름 호출(call-by-name)과 동등하게 만든다. 다음은 블록의 예이다.

```
[index <- index + 1] value
```

기본적으로 식들은 순차적으로 실행된다. 대부분의 비순차적 제어 구조는 블록을 통해 구현된다. 이들 구조는 블록에 메시지를 보내거나 하나 이상의 블록을 매개변수로 메시지를 보낸다. 다음은 블록을 이용한 단순 반복 제어 구조의 예이다.

```
7 timesLoop:[sum <- sum + sum]
```

조건 제어 구조는 불리안 객체에 메소드 ifTrue:, ifFalse: 와 두 개의 블록 매개변수로 된 메시지를 보내는 것으로 구성된다. 앞의 두 메소드를 받아들일 수 있는 객체는 true와

false이다. true는 첫 번째 매개변수에 값을 보내고 두 번째 매개변수는 무시하며, 반대로 false는 첫 번째 매개변수는 무시하고 두 번째 매개변수에 값을 보낸다. 메소드 ifFlase:는 두 개의 매개변수를 가질 수 있는데 하나는 if 문의 then 절이고 또 하나는 else 절이 된다. 이 메소드는 불리안 식으로 송신된다. 식은 평가되고 결과는 두 매개변수 중에 어느 것이 실행되는가를 결정한다.

다음은 조건 제어 구조의 예이다.

```
(count \\ 4) = 0
    ifTrue:[result <- 0]
    ifFlase:[result <- 1]
```

Smalltalk에는 절차적 언어의 while 루프, for 루프와 동등한 **반복 제어 구조**가 존재한다. 이는 어떤 블록에 메소드 whileTrue:와 또 다른 블록이 매개변수로 이루어진 메시지를 보내는 것으로 구성된다. 수신자 블록은 자신에게 값을 보낸 값이 true이면 동작을 실행하고, 그 값이 false가 될 때까지 반복한다.

다음은 반복 제어 구조의 예이다.

```
control <- 1.
[control <= list amount]
        whileTrue:[list at: control put: 0.
                control <- control + 1]
```

9.7.2 클래스와 상속

Smalltalk은 **Object**라고 부르는 초기 클래스를 가진다. 모든 클래스들은 Object로부터 유도된다. 클래스 객체에 적용되는 연산은 새로운 객체를 생성한다. 기억 장소가 할당되고 유일한 식별자가 내부적으로 생성된다. 클래스의 각 연산은 메소드를 통해 기술되고, 클래스에는 자신의 인스턴스 변수를 기술한다. 각 클래스의 이름은 시스템 전체에서 공유하는 변수가 된다.

클래스를 기술하기 위해서는 클래스의 **인스턴스 변수**와 **메소드**를 정의해야 한다. 그 구성 요소는 다음과 같다.

- 클래스 이름
- 상위 클래스

- 인스턴스 변수 이름
- 인덱스된 인스턴스 변수
- 클래스 메소드
- 인스턴스 메소드

다음은 클래스를 기술한 예이다. 여기에는 상위 클래스와 클래스 메소드가 명시되어 있지 않다.

```
class name                    FinancialHistory
instance varaible name        cashOnHand
                                incomes
                                expenditures
instance methods
transaction recording
   receive: amount from: source
      incomes at: source
               put: (self totalReceivedFrom: source) + amount:
      cashOnHand <- cashOnHand + amount
   spend: amount for: reason
      expenditures at: reason
                    put: (self totalSpentFor: reason) + amount.
      cashOnHand <- cashOnHand - amont
inquiries
   cashOnHand
       ↑ cashOnHand
   totalReceivedFrom: source
      (incomes includesKey: source)
         ifTrue: [ ↑ incomes at: source]
         ifFalse: [ ↑ 0]
   totalSpentFor: reason
      (expenditures includesKey: reason)
         ifTrue: [ ↑ expenditures at: reason]
         ifFalse: [ ↑ 0]
initialization
   initialBalance: amount
      cashOnHand <- amount.
      incomes <- Dictionary new.
      expenditures <- Dictionary new
```

클래스 안의 메소드는 메시지 형식과 마침표로 분리된 일련의 식으로 형성된다. 메소드는 **전용 변수**로 인스턴스 변수와 임시 변수를 사용할 수 있고, **공용 변수**로 클래스 변수, 전역 변수, 풀 변수의 다섯 가지 변수를 사용할 수 있다. 메소드는 클래스에서 정의되고 이름, 형식 매개변수를 가지고, 리턴 값을 가지는 것도 가능하다. 여기에서 메시지 형식은 메시지 선택자와 매개변수 이름들로 구성된다. 메시지를 받아 메소드가 수행된 결과인 리턴 값은 ↑를 앞에 붙여서 구체적으로 결과식을 표현한다. 표시가 없는 경우는 수신자 자신이 리턴 값이 된다.

다음은 메소드 정의의 예이다.

```
spend: amount for: reason
        expenditures at:reason
                put: (self totalSPentFor: reason) + amount.
        cashOnHand <- cashOnHand - amount
```

Smalltalk에서 새로운 클래스는 항상 기존에 존재하는 다른 클래스의 하위 클래스로서 생성된다. 시스템 클래스 Object에는 시스템 안의 모든 객체들이 가지는 공통점이 기술되어 있으므로 모든 클래스는 Object의 하위 클래스가 된다.

Smalltalk-80에서는 **단일 상속**만 지원한다. 즉, 하나의 클래스에 속한 인스턴스들은 단지 하나의 상위 클래스로부터 상속받는다. 시스템 안의 모든 클래스들은 나무 구조 형태의 완전한 계층 구조를 형성한다. 상속은 상위 클래스들을 나열함으로써 기술된다. 하위 클래스는 단지 클래스에 유일한 연산들을 규정하기 위해서만 필요하다. 상위 클래스의 모든 속성들은 하위 클래스에서 활용가능하다.

다음은 앞의 클래스 FinancialHistory의 하위 클래스인 DeductibleHistory의 정의이다.

```
class name                      DeductibleHistory
superclass                      FinancialHistory
instance varaible names          deductibleExpenditures
instance methods
transaction recording
    sepndDeductible: amount for: reason
        self spend: amount for reason.
        deductibleExpenditures <-
            deductibleExpenditures + amount
    spend: amount for: reason deducting: deductibleAmount
        self spend: amount for reason.
        deductibleExpenditures <-
            deductibleExpenditures + deductibleAmount
inquiries
    totalDeductions
        ↑ deductibleExpenditures
```

```
initialization
    initialBalance: amount
        super initialBalance: amount.
        deductibleExpenditures <- 0
```

어떤 메소드가 메시지를 수신하게 되면 그 인스턴스의 클래스에서 해당 메소드를 찾는다. 해당 메소드가 발견되지 않으면, 해당 메소드를 찾을 때까지 상위 클래스 체인을 따라 계속 탐색한다. 해당 메소드를 찾지 못하면 프로그래머에게 오류가 발생했음을 알린다.

대부분의 객체 지향 언어에서, 목적(target) 객체는 묵시적인 매개변수로써 메소드에 전달된다. 클래스와 메소드가 정의될 때, 목적 객체는 미리 정의된 변수를 이용하여 참조될 수 있다. C++에서 이 변수는 this라고 부르고, Smalltalk에서는 self라고 부른다.

Smalltalk은 단순한 하나의 언어가 아니라 언어와 환경 모두이다. 환경은 인터프리터와 클래스 브라우저를 지원한다. 변수와 속성들은 타입이 없다. 모든 것은 클래스를 포함하는 객체이다. 자동적인 가비지 수집이 수행된다.

학습정리

- 객체 지향은 문제 영역의 요소들을 프로그래머가 직접 표현할 수 있는 도구를 제공한다. 새로운 타입의 객체를 추가함으로써 실세계와 일치하는 프로그래밍이 가능하다. 이것은 이전 언어들에 비해서 더욱 강력하고 융통성이 있는 언어의 추상화이다. 따라서 객체지향 프로그래밍에서는 해답이 실행되는 컴퓨터의 관점이 아닌 문제의 관점으로 프로그램을 기술할 수 있다.
- 데이터 추상화, 상속, 다형성, 동적 바인딩의 네 가지 속성이 객체 지향의 핵심적인 속성들이다. 이들 개념은 상호 독립적으로 존재하는 것이 아니라 서로 맞물려 있다. 이 장에서는 대표적인 객체 지향 언어들인 C++, CLOS, Smalltalk, Java, C#를 중심으로 이 네 가지 속성에 대해서 각각 살펴보았다.

연습문제

1. 프로그래밍 언어에서 상속이 제공하는 장점을 기술하라.

2. 프로그래밍 언어에서 단일 상속과 다중 상속을 지원하는데 따르는 각각의 장단점을 논하라.

3. 본문에서 소개하지 않는 객체 지향 언어로 Eiffel, Objective-C 등이 있다.

   - Eiffel은 B. Meyer에 의해 개발된 언어로 강한 타입 언어이다. 프로그램은 선언의 모임인데, 데이터뿐만 아니라 메소드를 포함한다. 다중 속성이 지원된다. Eiffel 컴파일러는 플랫폼 사이의 호환성을 위해 C로 번역한다. 클래스 선언은 데이터와 연산을 포함한다. 모두에 대한 액세스는 "feature"를 이용하여 행해진다. Feature는 밖으로 전해질 수 있다. 조상(ancestor) 클래스들은 feature 선언의 리스트와 함께 나열된다.
   - Objective-C는 Cox에 의해 개발되고 Next computer에 이용된 언어로 강한 타입 언어이다. 클래스 내의 데이터와 함수를 액세스하기 위한 영역 규칙을 가지나, 하위 클래스를 통하는 것은 금지된다. 다중 상속은 지원되지 않는다. 동적인 기억 장소의 명시적인 관리인 할당과 해제가 요구된다.

   이들 언어에 관해 설명한 문헌을 찾아 객체 지향 개념을 구체적으로 어떻게 지원하는가를 살펴보라.

4. 객체 지향 관점에서 C++와 Objective-C를 비교하라.

5. 데이터 추상화 관점에서 C++, Java, C#를 비교하라.

6. 상속 관점에서 C++, Java, C#를 비교하라.

7. 동적 바인딩 관점에서 C++, Java, C#를 비교하라.

8. 다형성 관점에서 C++, Java, C#를 비교하라.

chapter

10 예외 처리

[학습목표]

- 예외 처리 기능을 설계할 때 고려할 주제에 대해 알아본다.
- 예외 처리 특성을 최초로 도입한 PL/I의 예외 처리에 대해 알아본다.
- exception과 when 예약어를 이용하는 Ada의 예외 처리에 대해 알아본다.
- try와 catch 예약어를 이용하는 C++의 예외 처리에 대해 알아본다.
- try, catch, finally 예약어를 이용하는 Java의 예외 처리에 대해 알아본다.
- Setjmp, Longjmp와 시그널을 이용하는 C의 오류 처리 방안에 대해 알아본다.

컴퓨터는 특정 오류 조건이 탐지되었을 때 프로그램의 진행을 중단시킨다. 따라서 프로그래밍 언어가 그러한 동작을 취하고 프로그래머에게 그것들을 효과적으로 처리하도록 하는 능력을 제공하는 것은 자연스러운 것이다. 예를 들면, 0으로 나누는 것은 프로그램의 진행을 중단 시키는 실행 시간 오류이다. 또한 입력문은 파일의 끝을 탐지하고, 적절한 동작을 수행할 것이다.

예외(exception)는 정상적인 처리 상태로부터 벗어나는 이상(anomaly)으로 정의된다. 이것은 소프트웨어에 의해 탐지되는 비정상적인 조건뿐만 아니라 하드웨어에 의해 탐지되는 오류들을 포함한다. 특히, 프로그램이 실 시간으로 실행되고 있을 때 이런 예외가 적절히 처리되는가는 매우 중요한 문제이다. 만일 우주 비행사가 화성으로 향하던 도중에 스크린에 "배열 색인이 범위를 벗어난 12번 오류가 발생했습니다. 프로그램을 중단합니다."라는 메시지를 보게 된다면 심각한 상황이 발생할 것이다. 또 은행 업무 프로그램에는 선언된 입력 범위를 벗어나는 거액의 돈이 예금되거나 출금되는가를 감시하는 특별한 루틴이 포함되어야 할 것이다.

오류를 처리하는데 사용되는 방법들은 여러 가지가 있다. 가장 흔한 것은 코드 곳곳에 오류 처리 부분을 흩어놓는 방법이다. 오류는 오류가 일어난 그 지점에서 처리된다. 이 방법의 장점은 코드를 해석하는 프로그래머의 관점에서 봤을 때, 오류 처리 부분이 오류가 발생하는 코드 주변에 있기 때문에 오류 검사 부분이 제대로 구현되었는지의 여부를 쉽게 판단할 수 있다는 점이다. 이 방법의 단점은 코드 자체가 오류 처리 부분으로 인해 지저분해 질 수 있다는 점이다. 이런 오류 처리 부분 때문에 프로그램의 본래 기능이 제대로 구현되었는지 여부를 확인하기가 어렵게 된다. 그 결과로 프로그램을 이해하거나 유지보수하는 것이 어렵게 될 수 있다.

예외가 탐지될 때, 예외가 **제기(raise)**되었다 혹은 **신호(signal)**가 왔다고 한다. **예외 처리기(exception handler)**는 예외가 탐지되었을 때 실행되도록 설계된 프로시져 또는 일련의 코드로써 다시 정상적으로 실행될 수 있도록 하는 것이라고 할 수 있다. 예외를 일으킨 블록 내에서 처리되지 않으면 그 예외는 전달되어 예외를 일으킨 블록을 포함하는 블록으로 제어가 이동한다.

예외 처리는 오류나 인터럽트의 유형에 따라 미리 정해진 곳으로 프로세서가 제어를 자동적으로 옮기는 하드웨어 인터럽트나 오류 트랩과 같은 기능을 프로그래밍 언어에서 구현하려는 시도이다. 예외의 발생으로 인해 실행이 끝나거나 정상적으로 실행되지 않는 프로그램은 프로그래밍 언어의 설계 원리 중 보안과 신뢰성의 부분인 견고성(robustness)을 가질 수 없다. 바람직한 프로그램은 오류를 복구하여 실행을 계속해야 한다.

예외 처리의 또 다른 이점은 오류 처리 코드의 복잡성을 줄이는 것이다. 예외 처리를 사용하면 더 이상 특정 오류를 일일이 검사할 필요가 없다. 예외 처리기가 오류의 검사와 처리를 하도록 보장하기 때문이다. 이렇게 하면 코드 크기를 줄일 수 있고, 정상적인 실행 시에 하고자 하는 일을 나타내는 코드와 문제가 생겼을 때 실행될 코드를 분리할 수 있다. 일반적으로 예외를 사용해서 코드를 읽고, 작성하고, 디버깅하면 예외 처리 기능이 제공되지 않는 C나 더 이전 언어의 오류 처리 방식을 사용할 때보다 보안과 신뢰성을 더 향상시킬 수 있다.

예외 처리는 1960년대 PL/I에서 처음 도입되었고, Ada, C++, Java, C# 등의 최근 언어에서 더욱 세련된 방법의 예외 처리를 제공하고 있다.

10.1 설계 주제

예외 처리 기능을 설계하기 위해서는 이 기능 없이 예외가 어떻게 처리되는가를 연구하면 도움이 된다. 이러한 언어의 예외 상황은 오류의 발생 이전에 탐지되어야 하고 이것은 검사가 가능함을 가정하고 있다. Horowitz가 제안한 예외 처리에 관한 연구 주제는 다음과 같다.

- 컴퓨터의 인터럽트 기능에 대한 액세스 방법이 존재하는가? 하드웨어가 발견하고 기록하는 동작을 지원해야 한다.

- 시스템 동작이 무시될 수 있는가? 그것은 하드웨어 오류 조건을 탐지하는데 충분하지 않다. 제어는 프로그램에서 적절한 코드의 부분으로 전달되어야 한다.
- 사용자가 예외를 정의하는 것이 가능한가? 중요한 기능은 사용자가 예외를 정의하는 능력을 제공하는 것이다. 이것은 예외를 정의하기 위한 문법 구조와 예외를 제기하기 위한 문법 구조가 필요하며 다음 형태를 취할 수 있다.

```
exception error_on_size;        /* 예외 선언 */

if x > 1000.0 then raise error_on_size  /* 예외 제기 */
```

- 발생 가능한 예외에 대한 영역 규칙은 무엇인가? 그 단위가 문장, 블록, 프로시저, 또는 식인가? 예외가 제기될 때, 그 이름은 영역을 가져야 한다. 예외의 영역은 그것이 선언된 지역일 수 있지만, 예외가 제기된 프로그램의 부분을 포함해야 한다.
- 예외 처리기에 관한 영역 규칙과 수명 규칙은 무엇인가? 예외가 제기될 때, 제어는 예외 처리기에 전달된다. 만일 예외 처리기가 예외의 영역 내에 있으면, 제어의 전달은 지역 goto 문과 같다.
- 시그널 예외가 매개변수를 가질 수 있는가? 단순히 제기되는 예외는 충분한 정보를 제공하지 않는다. 만일 매개변수가 제공되면, 관련된 정보가 예외 처리기에게 제공되어 더욱 복잡한 처리를 수행할 수 있도록 할 수 있다.
- 예상하지 못하고 제기된 모든 예외를 포착하기 위한 메커니즘이 존재하는가?
- 예외 처리기 내에서 또 다시 예외가 제기될 수 있고, 그 결과의 동작은 무엇인가?
- 예외 처리기가 종료된 후에, 복구가 요구되거나 복구가 가능한가? 예외 처리기가 끝난 후 프로그램을 종료하는 것이 합리적일 수 있다. 혹은 오류를 야기한 코드로 리턴하고 나서 코드를 다시 시도하는 것이 합리적일 수도 있다. 또는 오류 메시지를 프린트하고 나서 종료하는 일부 다른 루틴으로 분기하는 것도 합리적일 수 있다. 예외 처리를 위해 잘 설계된 메커니즘은 위의 모든 것이 표현되도록 허용할 것이다.
- 내장 예외를 위한 디폴트 동작이 존재하거나 프로그래머가 모든 내장 예외를 위한 처리기를 제공하여야 하는가?
- 내장 예외 혹은 사용자 정의 예외를 무력하게 하는 것이 가능한가?

여기에서 우리는 예외 처리기의 영역과 예외들과 그들의 처리기와의 결합을 흥미 있게 다룬다. 아래에서 우리는 세 개의 예외 처리기를 가진 프로시저 X를 정의한다. 하나는 단문에 부착되고, 다른 하나는 복문에 부착되고, 세 번째는 프로시저에 부착된다.

```
procedure X(a,b,c)
    statement1 with ex_handler1
    statement2
    begin
        statement3
        statement4
        statement5
    end with ex_handler2
    statement6
end X with ex_handler3
```

만일 예외가 statement3이나 4, 또는 5에서 제기되면, 이 예외는 예외 처리기 ex_handler2의 영역에 있게 된다. statement1에서 제기된 예외는 예외 처리기 ex_handler1에 의해 처리된다. statement2나 statement6에서 제기된 예외는 예외 처리기 ex_handler3에 의해 처리된다.

만일 프로시져 X가 예외 처리기를 가지지 않고 예외가 제기된다고 가정하자. 프로그램은 어디에서 예외 처리기를 찾는가? 두 가지 명백한 선택이 있다.

- X의 영역을 비롯하여 자신을 포함하는 모든 프로시져에서 예외 처리기를 찾을 때까지 가장 내부의 것을 먼저 살펴본다. 예외 처리기를 발견할 수 없으면, 예외 처리기가 존재하지 않고 프로그램의 실행이 중단된다고 결론을 맺는다. 이것이 **정적 영역 해결책**이다. 예외 처리기의 바인딩은 텍스트에서 정적으로 결정되고, CLU, Ada, Modula 3, Python, C++, Java, C#, ML을 포함하는 최신의 언어들이 사용하는 방식이다.
- 실행 시간 스택에서 활성화된 프로시져를 살피고 예외 처리기를 그것들에서 탐색한다. 이것은 **동적 영역 해결책**이다. 예외 처리기의 바인딩은 동적으로 실행 시간 중의 제어의 흐름에 의존한다. PL/I이 사용하는 방식이다.

예외 처리 이론에는 [그림 10-1]과 같이 두 가지 기본 모델이 있다[57].

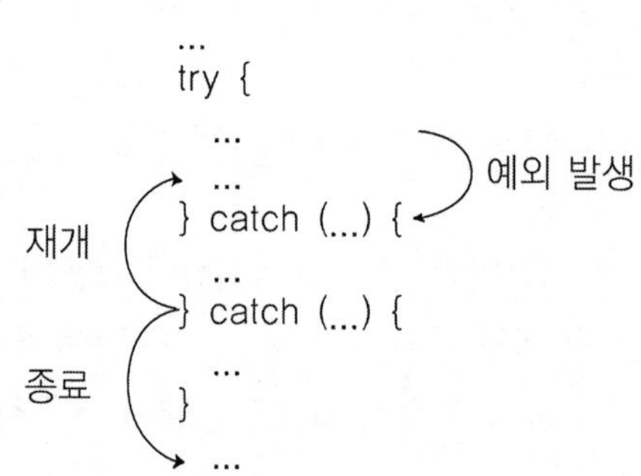

[그림 10-1] 예외 처리 모델

Ada, C++, Java는 **종료(termination) 모델**을 지원하는데, 오류가 중대한 것이라서 예외가 발생한 곳으로 돌아갈 수 있는 방법이 없다고 가정하는 것이다. 예외를 발생시킨 코드는 더 이상 실행되지 않는다. 누가 예외를 던졌든지 그 상황을 극복할 수 있는 방법이 없다고 판단했기 때문에 돌아오기를 원하지 않는 것이다. PL/I이 사용하는 다른 모델로는 **재개(resumption) 모델**이 있다. 즉, 그 상황을 호전시키기 위해 무슨 일을 할 것이라고 예외 처리기가 기대하면서, 예외가 발생된 코드를 재시도하는 것이다. 재개를 원한다는 것은 예외가 처리된 후에도 여전히 실행하고자 한다는 것을 의미한다. 운영 체제에서 인터럽트 처리기는 재개 모델에 해당한다. 즉, 인터럽트를 처리하고 나서 인터럽트가 발생한 코드의 실행을 재개하는 것이다.

재개 방식은 종료 방식에 비해 유용하지 않다. 재개 방식의 예외 처리기는 예외가 어디에서 던져졌는지 알 필요가 있으며, 예외가 던져지는 곳에 국한된 코드를 포함하기 때문이다. 이것은 코드 작성과 유지보수를 어렵게 한다. 예외가 발생한 지점의 프로그램 상태를 저장해 두어야만 재개가 가능하기 때문이다. 실행 시간 스택을 되돌아가서 다시 복원해야 한다. 특히 여러 곳에서 예외가 발생할 수 있는 대형 시스템의 경우에 더욱 문제가 어려워진다. 종료 모델은 이러한 어려움이 없다. PL/I 프로그래머는 예외 처리기에 return이나 전역 goto 문을 이용하여 종료 모델을 흉내 낼 수 있다. Ada, C++, Java 프로그래머도 재개 모델을 흉내 내는 코드를 작성할 수도 있다.

프로그래머는 예외 처리를 이용하여, 오류의 발생으로 인한 장애가 없도록 하고, 그 오류들 잡아내어 처리할 수 있다. 예외 처리는 프로그램의 동작에 반응하는 동기적 오류(synchronous error)를 처리하도록 설계되어야 한다. 예를 들면, 0으로 나누려는 시도와 같은 경우이다. 예외 처리를 사용하게 되면 나누기를 실행하기 전에 분모를 검사하여, 만약 분모가 0이면 예외를 던진다. 예외 처리는 프로그램 코드의 실행에 대한 반응이 아니라 아무 때나 발생할 수 있는 비동기적 오류(asynchronous error)를 위해 설계되지는 않는다. 이런 오류로는 하드웨어 장치의 고장, 메모리 할당 문제, 통신 문제 등이 있다.

10.2 PL/I의 예외 처리

PL/I은 예외 처리 특성을 도입한 최초의 언어였다. ON 조건을 이용하여 시스템 오류들과 사용자 정의 오류들을 처리한다. 프로그래머는 다음을 이용하여 운영 체제가 통상적으로 하던 실행을 무시할 수 있다.

```
ON <조건> On-unit
```

예를 들면, ON ZERODIVIDE Q:=-99;에 의하여 0으로 나누는 시도가 있을 때마다 Q에 -99가 배정된다. 또는 다음과 같이 예외를 직접 발생시킬 수 있다.

```
IF TEMP < 0.01 THEN SIGNAL ZERODIVIDE;
```

여기에서 ZERODIVIDE 루틴은 변수 TEMP가 0.01 보다 작아질 때마다 호출되어 Q는 -99를 배정받게 된다.

PL/I의 예외 처리는 시스템에서 제공하는 인터럽트 이름만을 예외 이름으로 사용할 수 있는데, 미리 정의된 오류들의 리스트는 다음과 같다.

```
1   CONVERSION
2   FIXEDOVERFLOW
3   OVERFLOW
4   UNDERFLOW
5   ZERODIVIDE
6   SIZE
7   SUBCRIPTRANGE
8   STRINGRANGE
9   CHECK
10  AREA
11  ATTENTION
12  CONDITION
13  ENDFILE
14  ENDPAGE
15  ERROR
16  FINISH
17  KEY
18  NAME
19  PENDING
20  RECORD
21  TRANSMIT
22  UNDEFINEDFILE
```

다음은 ON 조건을 이용한 PL/I 프로그램의 예이다.

```
TEST: PROCEDURE OPTIONS (MAIN);
DECLARE (CLASS, FIVE, SUM) FIXED;
DECLARE LAST FIXED INIT(0)
DECLARE RESULTS (0:5, 0:4) FIXED
ON ENDPAGE (SYSPRINT) /* 첫 번째 ON 조건, 오류 메시지 제목 출력 */
   PUT LIST(' ', 'LISTING OF ERROR');
ON SUBSCRIPTRANGE BEGIN /* 두 번째 ON 조건 */
   IF LAST = 0 THEN SIGNAL ENDPAGE(SYSPRINT);
/* 첫 번째 오류 발견 시 제목 출력 */
  IF I NOT = LAST THEN /* 새로운 검사 */
     PUT SKIP DATA (I, CLASS, SUM);
     LAST = I;
  END;
ON ENDFILE(SYSIN) BEGIN; /* 세 번째 ON 조건 */
   PUT PAGE LIST(' ', ' ', 'OUTPUT OF TEST');
   PUT SKIP LIST(' ', ' ', 'RESULTS');
   PUT SKIP LIST
   (' 0-19', ' 20-39', ' 40-59', ' 60-79', ' 80-99');
   PUT SKIP(2) LIST(RESULTS);
   IF LAST NOT = 0 THEN PUT SKIP(4) LIST
      ('SOME RESULTS ARE WRONG, SEE ABOVE');
   STOP; END;
 RESULTS = 0;
A: DO I = 1 BY 1;
   GET LIST(CLASS, SUM);
   FIVE = SUM/20;
   RESULTS(CLASS, FIVE) = RESULTS(CLASS, FIVE) + 1;
   END A;
/* RESULTS 배열은 0으로 설정된다. 두 개의 고정 정수들이 입력이다.
 RESULTS 배열은 점수를 포함하고 하나의 셀은 1 증가된다. */
END TEST;
```

앞에서 본 것처럼 PL/I에는 20개 이상의 내장 예외가 존재한다. 예외를 정의하는 것은 다음에 의해 행해진다.

```
CONDITION ex_name;
```

이것은 ex_name을 제기될 수 있는 예외로 정의한다. 예외는 다음에 의해 제기된다.

```
SIGNAL ex_name;
```

내장 예외는 묵시적으로 제기되고, 사용자 정의 예외 처리기는 다음 형식을 가진다.

```
ON condition BEGIN;
                . . .
                END;
```

예외 처리기의 환경은 ON 조건이 부착된 환경이다. 매개변수들은 존재하지 않는다. 예외와 처리기의 바인딩은 동적이다. 실행 중에 도달한 ON 문의 발생은 처리기가 예외에 반응하도록 한다. 주어진 블록 내에서 제기된 예외에 대해 하나 이상의 예외 처리기가 존재할 수 있다.

일부 예외에서는 처리기가 실행된 후에 제어는 제기된 예외 문으로 리턴된다. 다른 예외에서 프로그램은 종료된다. 사용자 정의 예외는 프로그램의 임의의 문으로 분기될 수 있다. 매개변수가 없으므로 예외 처리기가 리턴하는 곳을 정확하게 알 수 있는 방법이 없다.

PL/I은 일반적으로 강력하고 융통성이 있으나, 예외가 일어난 후의 처리를 일관성 있게 하지 못한다. 특히 앞의 처음의 예에서 0으로 나누려는 시도 다음에 어떤 Q가 -99가 되는지 분명하지 않다. 또 프로그래머는 발생한 예외를 무시하고 계속하여 프로그램을 실행시킬 수 있다. 예외에 따라서는 결과적으로 비상식적인 경우가 발생될 수도 있다.

예외 처리기에 대한 동적 바인딩은 이해하기 어렵다. 예외 처리기의 영역 규칙은 동적이므로, 프로그래머가 임의의 주어진 시간에 어떤 바인딩이 효과적인지 결정하기 어렵다. 예외가 제기된 곳과 텍스트 상으로 매우 떨어져 있을 경우, 예외 처리기가 의도하지 않은 채로 호출되는 것이 가능하다.

10.3 Ada의 예외 처리

10.3.1 개요

Ada에는 다음과 같은 다섯 개의 내장 예외들이 존재한다.

1 CONSTANT_ERROR
2 NUMERIC_ERROR
3 PROGRAM_ERROR
4 STORAGE_ERROR
5 TASKING_ERROR

첫 번째 오류는 배열의 범위를 넘어선다든지 가변 레코드에 잘못된 부분을 사용한다든지 하는 제약 조건을 어길 때 발생한다. 수치 오류는 0으로 나눈다든지 시스템이 연산 결과를 충분히 정확한 값으로 표현하지 못하는 경우에 발생한다. 프로그램 오류는 아직 마무리 되어 있지 않은 서브 프로그램을 호출하려 하는 경우에 발생하며, 사용 가능한 기억 장소가 없는 경우에 기억 장소 오류가 생긴다. 동시에 수행되는 타스크 사이에 가장 많이 발생하는 오류는 두 개 이상의 타스크가 통신에 실패한 때이다.

Ada는 다음 두 가지 방법으로 예외 처리 기능이 확장되었다.

- 프로그래머가 자신의 예외를 정의하고 발생시키고 처리할 수 있다.
- 다음과 같은 경우에 예외 처리 기능이 처리기를 찾을 때까지 실행의 동적 체인을 거슬러 올라 갈 수 있도록 한다.

```
MAIN:
declare
   A: INTEGER;
   function FUN return INTEGER is
     EX: exception;            -- 예외 정의
     B: INTEGER;
   begin
     . . .
     raise EX;                  -- 사용자 정의 예외를 발생
     . . .
     return B;
   end FUN;
begin                          -- MAIN
   A := FUN;                   -- FUN 호출
   . . .
   exception                   -- 예외 처리기
     when EX =>
       begin
       PUT("Trouble with EX!");
       return 0;
     end exception;
end MAIN;
```

MAIN의 실행 시 먼저 예외 EX가 발생하는 함수 FUN을 호출한다. FUN이 실행되고 나면 제어는 MAIN으로 돌아간다. 예외는 자동적으로 발생하거나 프로그래머가 발생시킬 수 있다. 예외 처리기의 return 문에 의해 A는 값을 가지고 실행은 예외 처리기가 위치한 코드의 윗 부분에서 계속된다. 예외 처리기는 함수 FUN의 마지막에 예외 처리기를 포함한 것과 같이 처리된다. 만일 다른 환경에서 호출되었다면 다르게 처리될 수 있다.

예외 처리기는 그것이 발생한 장소와 관련된 영역을 가진다. 환경을 참조하는 예외 처리기의 영역은 예외를 제기한 문장의 영역과 동일하다. 따라서 영역내의 모든 변수를 예외 처리기가 액세스 할 수 있으므로 매개변수들이 필요하지 않다.

10.3.2 예외 처리 구조

예외 처리기의 구조는 다음과 같은데, ex_name1, 2, 3 등 이외에 가능한 그 밖의 값은 "others"이다. 이것은 명시적으로 언급되지 않은 모든 예외들에 적용된다.

```
exception
    when ex_name1 | ex_name2 | ex_name3 =>
      statements
```

프로그래머가 예외를 발생시키려면 raise ex_name, 혹은 단순히 raise라고 할 수 있다. raise라고만 한 경우에는 예외 처리 루틴에서만 사용할 수 있는데 현재 처리 중인 예외를 처리 후에 다시 발생시킨 상태로 호출한 프로그램으로 리턴하고자 할 때 사용한다.

예외 처리기들은 블록, 프로시져, 패키지 혹은 타스크에 부착될 수 있다. 예외 처리기와 제기된 예외간의 바인딩은 Ada에서 정적으로 행해진다. 만일 예외가 예외 처리기를 가지지 않는 블록이나 unit 내에서 제기되면, 예외는 호출한 unit이나 자신을 포함하는 블록으로 전파된다. 이러한 전파는 예외 처리기가 발견될 때까지 계속되거나, 혹은 예외 처리기가 존재하지 않는다고 결정하고 프로그램은 종료된다.

10.3.3 예외 전파

예외가 패키지 몸체에서 제기되고 예외 처리기가 존재하지 않으면, 예외는 패키지 명세부분으로 전파된다. 만일 이것이 예외 처리기를 가지지 않으면, 프로그램은 종료된다.

예외가 타스크 몸체에서 제기되고 몸체가 예외 처리기를 가지지 않으면, 타스크는 완성되었다고 표시한다. 그러나 예외는 전파되지 않는다.

모든 경우에 일단 모든 unit 들이 제기한 예외는 처리되지만, 종결된 예외는 처리하지 않는다. 따라서 제어는 그것들 중 임의의 것으로 자동적으로 리턴되지 않는다. 정상적으로 예외 처리기를 벗어난 제어는 예외 처리기 다음에 바로 나오는 문장에서 계속된다.

Ada에서는 다음과 같이 시스템에서 미리 정의된 예외의 발생을 억제할 수도 있다.

```
pragma SUPPRESS(OVERFLOW_CHECK);
```

앞의 문장은 이 pragma의 영역에서는 오버플로우 검사를 할 필요가 없음을 알리는 것이다. 물론 이 영역 밖의 다른 장소에서 오버플로우가 발생하여 이 영역으로 전파될 수도 있고, 또한 raise 문으로 이 영역에서 발생될 수도 있다. 그러나 앞의 문장이 사용된 영역에서 오버플로우가 발생하면 그 결과는 예측할 수 없다.

Ada의 예외 처리는 여러 경우에 사용된다. 즉, 예상되는 오류의 처리, 예외 조건의 종료, 다양한 동작의 재시도, 특정 정리 작업의 실행 등이다. 그러나 Ada는 다음과 같은 예외 처리의 문제점을 가지고 있다.

- 예외가 발생할 때 예외 처리 루틴에 매개변수를 전달할 수 없다. 따라서 프로그래머는 전역 변수를 통해서만 통신할 수밖에 없는데, 이것은 모듈화에 위배된다.
- 발생된 예외가 예외 처리 루틴을 찾기 위해 동적 체인의 마지막까지 전파된다. 만일 프로그래머가 적절한 위치에 예외 처리 루틴을 기술하지 못하면, 예상하지 못한 곳에서 예외가 처리되어 결국 디버깅이 어렵게 된다.

10.4 C++의 예외 처리

예외 처리는 앞에서 설명한 것처럼, 오류를 비롯한 예외가 발생했을 때 이것을 처리하거나 고장 내성(fault-tolerant) 능력을 제공하기 위한 목적을 가진다. 이를 위해서 예외 처리는 예외 상황이 발생했을 때, 그 이전까지의 실행 정보를 예외 처리기에 전달한다. C++의 예외 처리에서는 예외 상황이 발생한 시점에 이 같은 정보를 예외 처리기에 전달할 목적으로 예외 클래스를 둔다.

10.4.1 개요

C의 경우는 예외 처리를 하지 않고 오류가 발생하면 exit( ) 함수를 이용하여 간단하게 프로그램을 종료시키는 방법이 있다. 이 방법은 간단하지만 너무 무책임한 방법이다. 또는 10.6.1절의 Setjmp와 Longjmp를 이용한 예외 처리 방법과 10.6.2절의 시그널을 이용한 방법은 매우 까다롭고 자연스럽지 못한 방법이다. 혹은 오류가 발생했을 때 적당한 오류 처리를 위한 값을 반환하는 방법이 있지만 항상 가능한 방법은 아니다. 어떠한 오류가 발생했는가를 검사하기 위하여 프로그램에 여분의 코드를 첨가시켜야 하는데, 만일 모든 종류의 가능한 오류에 대해 오류 처리를 해야 하는 경우에는 첨가시켜야 하는 코드의 길이가 크게 증가하므로 그렇게 효율적이지 않은 방법이다.

이와는 달리 프로그램을 비 적합한 상태에 남겨두고 적법한 값을 반환하는 방법이 있을 수 있다. 프로그램 전체에서 각각의 오류 상태를 나타내는 데이터 구조를 하나만 지정하여, 이 데이터 구조에 적당한 오류 값을 지정하고 오류를 처리하는 방법을 구현할 수 있다. 그러나 이 방법은 동시에 여러 함수들이 병행적으로 실행될 경우에는 데이터 구조를 일관성 있게 유지하는데 어려움을 가지게 된다. 이 외에도 오류만을 처리하는 함수를 사용하는 방법이 있을 수 있다. 비교적 효율적으로 오류를 처리할 수 있으나 편리한 해결 방법은 되지 못한다.

10.4.2 예외 처리 구조

C++의 예외 처리는 어떤 함수에서 발견된 오류를 그 함수가 처리할 수 없는 상황에 관련된 것이다. 그런 함수는 예외를 던진다(throw). 던져진 종류의 오류를 처리기가 받을 것이라는 보장은 할 수 없다. 만약 처리기가 있다면 예외를 잡아서(catch) 처리할 것이고, 없다면 프로그램은 종료될 것이다. C++에서는 예외 처리를 위하여 **throw**, **catch**, **try** 등의 예약어를 준비하고 있다.

프로그래머는 예외를 일으킬 수 있는 오류가 발생할 가능성이 있는 코드를 **try** 문 내부에 넣는다. **try** 문 뒤에는 하나 이상의 **catch** 문이 온다. 각 **catch** 문은 예외 처리기를 포함한다. 만약 예외가 **catch** 문들 중의 매개변수와 일치하면 그 **catch** 문이 실행된다. 적합한 예외 처리기가 없으면 디폴트로 **abort** 함수를 호출하도록 되어 있는 **terminate** 함수가 호출된다.

예외는 **try** 문의 실행 중에 예외 상황이 발생하면 예외가 발생했다는 것을 알려주는 객체를 **throw** 명령을 이용하여 예외 처리기에 던진다. 예약어 **throw**는 signal과 raise가 모두 ANSI C 표준 라이브러리의 함수이기 때문에 차선책으로 선택되었다. 예외는 또한 **try** 문 안에서 직간접적으로 호출된 함수에서 던져질 수도 있다. **throw**가 실행되는 지점을 **throw** 포인트라고 하는데, 일단 예외가 던져지면 제어는 **throw** 포인트로 되돌아갈 수 없다.

다음은 C++에서 예외 처리를 사용하여 오류를 처리하는 간단한 프로그램의 예이다.

```
#include <iostream.h>
class Complex {
    double real;
    double imag;
public:
    class Exception { };
    Complex(double, double);
};
Complex::Complex(double a = 0, double b = 0)
{
    if (a <= 0 || b <= 0)
```

```
            throw Exception( );
        real = a;
        imag = b;
}
main( )
{
    try {
        Complex x;
        // . . .
    }
    catch(Complex::Exception) {
        // . . .
        cout << "틀린 값입니다!";
    }
}
```

앞의 프로그램의 예외 처리 방식을 살펴보자. 먼저 예외 상황을 나타내는 클래스 Exception을 하나 설정한다. 오류가 발생할 수 있는 곳에서 **throw**를 이용하여 예외 클래스를 전달한다. 클래스 Complex의 객체 생성 시 양의 실수로 실수부와 허수부의 값을 가져야 하지만 객체 생성 시에 0의 값이 각각 초기화되므로 오류이다. 오류의 발생 여부는 if 문에서 검사된다. 클래스 Complex의 객체 x는 **try** 문 내에서 실행되고, 예외 상황이 발생하면 **throw**가 예외 클래스 Exception을 예외 처리기에 전달한다. **try** 문 아래의 최초의 **catch** 문에서 이 예외 클래스를 받아서 실행된다. **catch** 문은 여러 개가 있을 수 있으나 예외는 한 번에 하나의 **catch** 문에서만 실행된다.

10.4.3 예외 전파

예외를 잡은 처리기가 그 예외를 처리할 수 없다고 판단할 수 있다. 또한 다른 처리기가 예외를 처리하기 전에 단지 자원을 해제하고만 싶을 수 있다. 이런 경우 예외 처리기는 다음 문장을 이용하여 예외를 다시 던질 수 있다.

```
throw;
```

예외는 예외가 발생한 순간에 예외 처리기로 즉시 보내져서 처리되기 때문에 예외 처리기의 실행 도중에 보내진 어떠한 예외라도 **try** 블록의 호출자에 의해 처리되어야 한다. 즉, **catch** 문 내에서 보내진 예외 클래스는 그 **catch** 문이 다시 받지 않고 **try** 문을 호출한 곳으로 전달된다.

예외 처리를 위한 **catch** 문은 switch 문과 유사하지만, break 문이 필요하지 않다. switch 문은 단순히 특정 조건에 의해 제어의 흐름이 바뀌지만 **catch** 문은 자신이 예외를 처리할 수 없다면 **try** 문을 호출한 함수로 제어를 옮겨서 다시 예외를 처리한다. 만약 최초로 호출한 곳에서 이 예외를 처리하지 못하면, 프로그램의 진행은 중단되고 종료한다.

예외 처리기는 다음과 같이 중첩될 수도 있다.

```
try {
    // . . .
}
catch(exception)
{
   try {
       // . . .
   }
   catch(exception) {
                  // . . .
   }
}
```

만일 예외 처리기에 좀 더 많은 정보를 주어야 한다면 예외 처리기에 전달하는 객체에 필요한 정보를 삽입하여 전달하면 된다. 이를 예외에 이름을 붙인다고 하는데, 그 의미는 이러한 예외 클래스를 어떻게 정하는가에 대한 것과, 예외 클래스에 어떤 멤버들을 포함시켜 정보를 전달하는가를 프로그래머가 정해야 한다는 것이다.

10.4.4 예외 명세

이러한 오류 상황 외에도 조건문이나 반복문의 종료 조건으로서 예외 처리를 이용할 수 있다. 또한 어떤 함수에 그 함수가 보낼 수 있는 예외를 지정함으로써 예외의 인터페이스를 제어할 수 있다. 예외의 인터페이스를 제어하기 위해서는 함수의 이름 뒤에 **throw** 문과 그 함수가 전달할 수 있는 예외를 지정한다.

catch의 형식 매개변수로 생략 기호(ellipsis) ...가 올 수 있는데, 이것을 "catch-all" 처리기라고 하고 모든 예외를 받아들이는 의미를 가진다. catch(...)와 같이 정의되는 예외 처리기는 다른 예외 처리기 다음에 가장 마지막에 위치해야 한다. 만약 다른 예외 처리기에 앞서서 가장 먼저 위치하면 그 뒤에 위치한 예외 처리기들은 실행될 수 없으므로 아무 의미가 없게 된다.

C++의 예외 명세(exception specification)는 다음과 같이 지정된 함수가 발생시킬 수

있는 예외를 열거하는 것이다. 즉, 함수를 정의하는데 있어서 전달될 수 있는 예외의 종류를 명시해 줄 수 있다.

```
int f(double h) throw(int) // f 함수는 int 타입 예외를 전달 가능
{
    // 몸체
}
```

이 함수는 int 타입 예외가 전달될 수 있음을 선언하고 있는 것이다. 따라서 만약에 int 타입이 아닌 다른 타입의 예외가 발생할 경우, 헤더 파일 stdlib.h에 선언되어 있는 abort 함수가 호출되면서 프로그램은 종료하게 된다.

전달될 수 있는 예외의 종류가 둘 이상이 될 경우에는 다음과 같이 선언하면 된다. 그 이외의 예외가 전달될 경우 역시 abort 함수가 호출이 된다.

```
int f(double h) throw(int, double, char *)
{
    // 몸체
}
```

다음 선언과 같이 예외를 명시하는 부분이 비게 되면 이 함수는 어떠한 예외도 발생시키지 않는다는 것을 의미한다. 만약에 예외가 전달된다면, abort 함수가 호출되면서 프로그램은 종료하게 된다.

```
int f(double h) throw( )
{
    // 몸체
}
```

다음과 같이 함수에 예외 명세가 생략되면, 어떤 타입의 예외라도 발생시킬 수 있다는 의미이다.

```
int f(double h)
{
    // 몸체
}
```

C++의 예외 처리 개념은 간단하다. 앞에서 살펴 본 사용자가 정의하는 예외만이 존재한

다. 디폴트 예외 처리기는 존재하지 않고, 시스템이 제공하는 예외를 처리할 수 없고 예외를 무력화시킬 수 없다. C++의 예외 처리기와 예외의 바인딩은 정적이다. 예외 처리기가 없는 예외는 호출한 프로그램으로 전파된다.

10.5 Java의 예외 처리

여기에서 다시 한 번 예외 처리의 필요성을 살펴보자. 다음은 예외 처리 없는 오류 처리 방법을 나타낸 것이다.

```
if (status == FUNNY_VALUE){
    . . .        // 비정상적인 상황이 발생하면, 이를 처리한다
    switch(GlobalErrorIndicator) {
        . . .        // 더욱 구체적인 문제의 처리
    }
} else {
   . . .        // 모든 것이 정상적으로 실행되는 부분
}
```

만일 함수가 정상적인 결과로 정수를 리턴한다면, 오류를 표시하기 위해 특정한 정수 FUNNY_VALUE와 정상적인 실행 결과인 정수 값과 구분해야 한다. 그러나 만일 함수가 모든 정수를 필요로 한다면 어떻게 될 것인가? 비록 C 언어에서 포인터에 대해서는 NULL 값을 그리고 정수에 대해서는 -1을 배정하는 등 구분 가능한 값을 선택한다고 하더라도, 만일 동일한 함수에 의해 여러 오류들이 발생한다면 어떻게 될 것인가? 종종 전역 변수들이 오류 표시기로 이용된다. 함수는 이 변수에 값을 부여하고 호출자가 오류를 처리하기 이전에 아무도 그 값을 변경하지 않기를 기도할 뿐이다. 이 방법을 커다란 프로그램이나 복잡한 오류에 대해 일반화시키는데 많은 문제점들이 생기게 된다.

따라서 그 대안으로 예외 처리를 이용하여, 예외적인 조건을 처리하여 정상적으로 실행되게 하고, 더욱 읽기 쉽고 명료하게 만들 수 있다. Java에서 오류가 메소드 안에서 발생하면 메소드는 예외 객체를 생성하고 생성된 예외 객체를 실행 시간 시스템에 넘겨주게 된다. 예외 객체는 발생한 예외의 종류와 오류가 발생한 프로그램의 상태에 대한 두 가지 정보를 가진다.

10.5.1 개요

Java에서도 C++와 마찬가지로 예외 객체를 생성하고 실행 시간 시스템에 예외를 전달하는 것을 **예외를 던진다(throw)**라고 한다. 일단 실행 시간 시스템이 예외를 넘겨받게 되면, 예외 처리를 포함하는 메소드인 예외 처리기를 즉시 찾으려고 시도한다. 예외 처리기의 집합은 오류가 발생한 메소드의 **호출 스택(call stack)**에 있는 메소드의 집합이다. 실행 시간 시스템은 오류가 발생한 곳의 메소드부터 적당한 예외 처리를 포함하고 있는 메소드를 찾을 때까지 계속해서 호출 스택에서 찾는다.

던져진 예외의 데이터 타입과 예외 처리기가 처리하는 예외의 데이터 타입이 같으면 적합한 예외 처리로 취급된다. 이렇게 해서 선택된 예외 처리기는 **예외를 잡았다(catch)**라고 한다. "예외를 잡았다"라는 표현의 의미는 그 예외 객체에 적합한 예외 처리기를 가지는 메소드를 발견하여 그 예외 객체를 전달하였다는 것이다.

Java에서 **호출 스택**이란 Java 인터프리터가 메소드 호출을 추적하기 위해 사용하는 실행 시간 데이터 구조이다. 인터프리터는 호출 스택에 메소드 호출에 관한 정보를 저장한다. 메소드 호출당 하나의 프레임이 존재한다. 인터프리터가 호출을 처리할 때 새로운 프레임을 스택에 저장하고, 메소드가 리턴될 때 스택에서 프레임이 꺼내진다. 각 호출 프레임은 호출된 메소드가 완료되었을 때 리턴해야 하는 주소를 포함하고, 호출된 메소드의 지역 변수들을 위한 영역을 포함한다. 인터프리터가 try/catch 블록을 만나면 호출 스택에 예외 처리기 프레임을 저장한다. 예외 처리기 프레임은 호출 프레임처럼 저장되고 꺼내진다.

Java에서도 마찬가지로 예외 처리를 이용하는 경우의 장점은 다음과 같이 크게 세 가지인데 각각에 대해 구체적으로 알아보자.

- 첫 번째, 정상적인 코드와 오류 처리 코드를 분리할 수 있다.
- 두 번째, 호출 스택을 이용하여 오류를 전달할 수 있다.
- 세 번째, 오류의 종류와 차이를 이용해 그룹화할 수 있다.

먼저, **오류 처리 부분을 다른 부분과 분리할 수 있다.** 정상적인 흐름을 방해하는 것이 오류인데, 오류를 처리하는 코드를 정상적인 코드 내에 두게 되면 나중에 가서 어떤 코드가 정상적인 코드이고 어떤 코드가 오류 처리 코드인지를 구분하기 매우 힘들게 된다.

다음으로, **호출 스택 상의 메소드들에게 오류를 전파할 수 있다.** 다중으로 호출되는 메소드들 사이에 오류가 발생하게 되면, 어떤 곳에서 오류가 발생했는지를 알기 위해 오류 코드를 전달하게 프로그램을 구성해야 한다. 그러나 이 결과로 구조가 복잡해지고 실제로 필요한 값은 리턴할 수 없게 된다. 한 가지 데이터나 클래스만을 리턴할 수 있기 때문에 신중하게 리턴할 값의 종류를 결정해야 하는 것을 방해받는다. Java에서는 예외가 발생하면 실행 시간 시스템이 호출 스택을 검사하여 발생된 오류에 적합한 예외 처리기를 갖는 메소드를 찾아준다. 메소드는 호출 스택을 이용해 자신에게 던져진 예외를 자신을 호출한 메소드에게 넘겨

줄 수 있다. 결과적으로 오류를 처리할 수 있는 메소드만이 그 오류의 발생을 탐지할 수 있으면 된다. 그러나 예외 객체가 그 예외를 처리할 수 있는 메소드에게 최종적으로 전달되도록 하는 방법이 필요하다. 메소드가 던질 수 있는 예외의 종류를 반드시 메소드 선언부의 throws 절에서 지정해야 한다.

마지막으로, **오류의 종류들을 묶거나 세분화할 수 있다.** 파일 입출력에서 발생할 수 있는 오류는 파일 개방 실패, 기록 실패, 검색 실패, 판독 실패, 디스크 용량 초과 등이다. 이러한 오류들을 파일 입출력 오류의 하위 클래스로 만들면 일관성 있고, 다른 종류의 오류와 구분할 수 있어 오류 관리에 편리하다. Java에서 모든 예외는 기본적인 클래스 객체이므로 그룹화는 자연히 클래스와 상위 클래스의 구분이다. Java에서 예외는 Throwable 클래스의 인스턴스이거나 **Throwable 클래스**의 하위 클래스의 인스턴스이다. 다른 클래스처럼 Throwable의 하위 클래스나 하위 클래스의 하위 클래스를 만들 수 있다.

10.5.2 예외 처리 구조

Java에서 예외 처리를 구현하는 문법 구조는 앞에서 살펴 본 C++의 경우와 유사하고, **finally** 문이 추가되었다. try는 예외가 발생하는 부분을 다음과 같이 블록으로 묶어주면 된다.

```
try {
    문장들;
}
```

문장들은 하나 이상의 적법한 문장들로, 예외를 발생시킬 수 있는 문장들을 포함할 수 있다. **try**는 예외 처리기와 관련된 범위를 결정하는 문장이다. 따라서 발생한 예외를 처리할 예외 처리기를 **try** 블록 다음에 하나 이상의 **catch** 블록을 사용해서 예외를 처리하게끔 할 수 있다. 일반적인 **catch**의 사용법을 나타내면 다음과 같다.

```
try {
    예외에 관계된 문장들;
} catch (Throwable 클래스 변수 이름) {
    예외를 처리하는 문장들;
} catch (Throwable 클래스 변수 이름) {
    예외를 처리하는 문장들;
} catch (Throwable 클래스 변수 이름) {
    예외를 처리하는 문장들;
}
```

앞에 제시한 것처럼 **try** 다음에 바로 **catch**가 시작되어야 한다. 또한 **catch**는 항상 매개변수로 Throwable 클래스 또는 Throwable 하위 클래스를 가져야 한다. 호출 스택으로부터 어떤 예외가 발생했는지를 전달받기 위해서 꼭 필요하다. 여러 개의 **catch**가 사용되면 정확하게 전달받는 것 역시 매우 중요한 문제가 된다.

throw를 이해하기 위해서는 Throwable 클래스를 먼저 알아야 한다. Throwable 클래스의 형식은 다음과 같다.

```
public class Throwable extends Object
```

즉, Throwable 클래스는 Java의 가장 기본적인 클래스인 Object 클래스에서 상속 되었으며, Throwable이 public으로 선언되었기 때문에 모든 클래스가 사용할 수 있다. 이 클래스가 하는 일은 예외적인 상황이 일어났다는 신호를 보내는 객체이다.

Java에는 미리 정의된 예외가 있고, 사용자가 직접 예외를 정의할 수도 있다. 앞에서 설명한 것처럼, Java의 예외는 Throwable 클래스의 하위 클래스 인스턴스이다. Throwable의 하위 클래스에는 Error와 Exception이 있다. 그리고 Exception의 하위 클래스에는 RuntimeException과 IOException이 있으며, 사용자가 직접 정의한 예외도 Exception의 하위 클래스로 정의된다.

Java에서 전달해야 하는 예외의 종류를 선택하는 방법은 두 가지가 있다. 첫 번째로, 이미 만들어진 예외 클래스를 사용한다. Java 개발 환경은 많은 예외 클래스들을 제공한다. 두 번째로, 사용자가 필요한 예외 클래스를 새로이 작성한다.

다음의 질문에 모두 옳다고 답하게 되면, 두 번째 방법을 택해야 한다.

- Java 개발 환경에서 제공되는 예외 클래스로 표현할 수 없는 종류의 예외 클래스가 필요한가?
- 자신이 작성한 예외 클래스에 속한 예외들과 기존의 예외 클래스들에 속한 예외들을 서로 구분하는 것이 사용자들에게 도움이 되는가?
- 작성된 코드가 둘 이상의 관련된 예외들을 전달하는가?
- 만일 자신이 만든 예외 클래스가 남이 만들어 놓은 예외 클래스들을 사용한다면, 자신의 예외 클래스의 사용자도 그 예외 클래스들을 사용할 수 있는가? 유사한 질문으로 자신의 패키지는 독립적이고 다른 패키지를 필요로 하지 않아야 하는가?

다음은 try 블록에서 0으로 나누는 ArithmeticException 예외가 발생하면 catch 절의 예외 처리기가 실행되는 예이다.

```
try {
        System.out.println(dividend/divisor);
}
catch(ArithmeticException zd) {
...
}
```

10.5.3 예외 명세와 전파

사용자 정의 예외를 직접 발생시키는 것은 매우 단순하다. 예를 들어, 새로이 정의된 예외를 발생시키는 메소드는 throw를 이용하여 정의한다. 또한 예외 명세 기능은 **throws** 문을 이용한다. 그 내용은 다음 예를 참고한다.

```
class MyException extends Exception {
        public MyException( ) {super();}
        public string toString( ) {System.out.println("MyException");}
}
class MyExceptionTest {
         public void testFunc(int x) throws MyException { // 예외 명세
              if (x > 10) throw new MyException( );   // 예외 발생
         }
}
```

예외 명세 측면에서 Java의 throws 절은 C++의 throw 절과 외양은 유사하지만 그 의미는 완전히 다르다. Java 메소드의 throws 절에 나타나는 예외 클래스 이름은 그 예외 클래스나 하위 예외 클래스가 그 메소드에 의해 발생될 수 있다는 것을 명시한다.

Java에서도 C++와 마찬가지로 예외를 다시 발생시킬 수 있다. 즉 예외 처리기가 예외를 잡은 뒤 자신이 처리하지 않거나 혹은 다른 예외 처리기가 처리하도록 예외를 전파할 수 있다. 이런 경우 예외 처리기는 받은 예외를 다음과 같이 다시 전달하면 된다.

```
throw 예외 이름;
```

중첩된 **try/catch** 블록은 스택에 여러 개의 예외 처리기 프레임이 저장되게 한다. 만일 예외가 실제로 발생하면, 인터프리터는 예외를 잡을 적절한 예외 처리기를 역순서로 검색한다. 다시 말하면, 스택에 마지막으로 들어간 **try/catch** 블록이 예외가 실제로 발생했을 때 인터

프리터가 찾게 되는 첫 번째 프레임이다. 인터프리터는 예외를 위한 처리기를 찾을 때까지 거꾸로 스택을 추적한다.

어떤 경우에 둘 이상의 예외가 단일 코드 부분에 의해 발생할 수 있다. 이 상황을 처리하기 위해 각각이 다른 형의 예외를 잡는 두 개 이상의 **catch** 절을 지정할 수 있다. 예외가 전달되면 각 **catch** 문은 순서대로 검사되고 타입과 일치하는 첫 번째 문장이 실행된다. 하나의 **catch** 문을 실행 한 후에 다른 문장들은 무시되고, **try/catch** 블록 다음이 계속 실행된다.

다음으로 Java에 추가된 **finally** 블록에 대해 알아보자. **finally**는 더욱 깔끔하게 예외를 처리해 주는 단계로 최종적으로 뒤처리를 하는 역할을 담당한다. Java에서는 **try** 블록에서 무슨 일이 일어나 제어가 어떻게 흐르더라도 제어가 메소드 밖으로 나가기 전에 **finally** 블록내의 문장들이 수행되도록 되어있다. **finally** 블록을 사용하여 파일을 닫거나 기타 시스템 자원들을 반환한다.

Java는 디폴트 예외 처리기를 가지지 않으며, 예외를 무력하게 하는 것도 가능하지 않다.

10.5.4 다른 언어와의 비교

Java의 예외 처리는 C++의 예외 처리에 기반을 두었지만, 그 이후의 언어이므로 몇 가지 측면에서 개선이 이루어졌다. Sebesta는 그 결과를 네 가지를 측면에서 다음과 같이 요약하였다.

첫 번째, C++ 프로그램은 프로그램에서 정의된 임의의 타입의 예외를 발생할 수 있다. 반면에 Java는 Throwable의 인스턴스나 그 하위 클래스의 인스턴스인 객체만이 예외로 전달될 수 있다. 이것은 예외로 전달될 수 있는 객체와 프로그램에 있는 객체 혹은 비객체를 구분한다.

두 번째, C++는 예외 명세인 throw 절을 포함하지 않는 어떠한 예외라도 발생시킬 수 있지만, 프로그램을 읽는 사람에게는 예외에 관한 정보를 제시하지 못한다. 반면에 throws 절을 포함하지 않는 Java 메소드는 임의의 검사 예외(checked exception)를 전달할 수 없으므로, Java 메소드의 헤더 부분을 보면 전달되어 처리될 수 있는 예외를 알 수 있다. 여기에서 검사 예외란 발생한 예외에 대한 예외 처리기가 존재하는지 컴파일러가 검사하는 프로그래머 정의 예외를 의미한다. 응용 프로그램 수준의 예외이다. 예를 들면, 입출력 관련 예외, 네트워크 관련 예외 등이다. 반면에 비검사 예외(unchecked exception)란 컴파일러가 검사하지 않는 시스템 정의 예외를 말한다. 예를 들면, 부분 문자열 또는 배열 색인 초과, 널 객체 접근, 0으로 나누기 등이다.

세 번째, Java에서 finally 절이 추가된 것이 어떤 상황에서는 매우 편리할 수 있다. 이것은 복합문이 어떻게 종료되는가에 상관없이 일종의 정리 작업이 이루어지는 것을 허용한다.

마지막으로, Java 실행 시간 시스템은 IndexOutOfBoundsException과 NullPointer_Exception과 같이 사용자 프로그램에서 처리될 수 있는 다양한 시스템 정의 예외를 묵시적으로 발생시킨다. 반면에 C++는 사용자가 명시적으로 전달하는 예외만을 처리한다.

Java의 예외 처리를 Ada의 예외 처리와 개략적으로 비교할 수도 있다. Java의 throws 절은 프로그램의 가독성에 도움을 주는 반면에, Ada는 이에 해당하는 특성이 없다. Java는 시스템이 탐지하는 예외를 프로그램이 처리하도록 허용하는 측면에서는 C++보다는 Ada에 분명히 더 가깝다. C#은 throws 절을 가지지는 않지만, Java와 매우 유사한 예외 처리 기능을 가진다.

10.6 C의 예외 처리

C가 예외를 처리하는 한 가지 방법은 다음과 같이 함수로부터 오류 코드를 리턴하는 것이다. 호출 프로그램은 그것들을 검사하거나 무시할 수 있다.

```
void filesetup( ) {
  int age, code;
  char *name;
  FILE *infile, *outfile;
  if (!(infile = fopen("myinfile", "r")) {
      fprint(stderr, "Cannot open input file \n");
      exit(1);
    }
  if (!(outfile = fopen("myoutfile", "w")) {
      fprint(stderr, "Cannot open output file \n");
      exit(1);
    }
  if (fscanf(myinfile, "%s%d", name, &age) < 2)
      fprintf(stderr, "bad data record, ignored\n");
  if (fprintf(myoutfile, "%s, I see you are %d years old\n", name, age) == EOF) {
      fprintf(stderr, "Cannot write to file myoutfile \n");
      exit(1);
  }
}
```

10.6.1 Setjmp와 Longjmp를 이용한 C의 예외 처리

setjmp는 점프 버퍼에 작업 상태인 호출자 환경을 기록하고, 호출자에게 0을 리턴한다. longjmp는 setjmp에 의해 채워지는 점프 버퍼와 정수 상태 값을 취하고, setjmp로 리턴하도록 한다. 만일 setjmp가 0이 아닌 값을 리턴하면, 정적 변수는 longjmp 시간에 값을 가지고, setjmp를 호출하는 함수의 자동 지역 변수는 volatile로 규정되었거나 값이 변경되지 않았을 때에만 정확한 값을 가진다는 것을 함축한다.

```
#include <setjmp.h>
jmp_buf ErrorEng;              /* jmp_buf는 typedef이다 */
...
int guard()                    /* 만일 성공적이면 0을 리턴하고,
                                  아니면 longjmp code */
{ int status = setjmp(ErrorEnv);  /* 호출자의 환경을 기록 */
  if (status != 0) return status;  /* 오류 */
  process();
}
int process()
{ ...                                /* 오류가 발견될 때 longjmp가 호출 */
  if (error_happened) longjmp(ErrorEnv, error_code);
...                              /* 프로그램은 호출로부터 setjmp로 다시 오류 코드를 status로
                                    전달하며 리턴한다. process에 대해 모든 지역 변수를 잃는
                                    다. */
}
```

10.6.2 시그널을 이용한 C의 예외 처리

시그널은 특별한 처리를 요구하는 비동기적인 이벤트일 수 있다. 시그널은 정수값으로 명명된다. 각 구현은 signal.h에 정의된 일부를 가진다.

```
#include <signal.h>
#define SIG_IGN                 /* 이 시그널은 무시된다. */
#define SIG_DFL
#define SIG_ERR
#define SIGxxx
. . .
```

```
void (* signal                          /* 시그널 처리기를 sign과 결합 */
      int sig,                          /* 시그널 값 */
      void (*func) (int))) (int );      /* 시그널 처리기에 대한 포인터 */
int raise (int sig);                    /* 시그널을 제기 */
typedef . . . sign_atomic_t;
```

시그널 sig에 대한 시그널 처리기는 sig가 제기될 때 호출되는 사용자 함수이다. 시그널이 제기된 지점으로 처리기가 리턴되는 것을 가정한다. 처리기는 exit나 longjmp를 호출할 수 있다.

```
void my_handler(int the_signal)
{ . . . }
Sandard Signals
SIGABRT                 비정상적인 종료
SIGFPE                  잘못된 산술 연산
SIGILL                  불법적인 컴퓨터 명령
SIGINT                  주의 시그널, 예 keystroke
SIGSEGV                 부적합한 메모리 액세스
SIGTERM                 종료
```

signal(sig, SIG_IGN) 호출은 이 시그널을 무시하라는 것을 의미한다. signal(sig, SIG_DEL) 호출은 시그널 sig가 자신의 디폴트 처리를 수신하는 것을 의미한다. 처리기가 존재하는 곳에서 시그널이 제기될 때, 처리기에 제어가 주어진다. ANSI C는 재귀를 막기 위해 제어가 주어지기 전에 처리기를 SIG_DFL로 재설정한다. 처리기는 실행이 계속되는 경우에 인터럽트 시점에 예외를 리턴한다. 만일 시그널이 raise에 의해 제기되었으면, 이 함수는 호출자로 리턴한다. 만일 시그널이 abort에 의해 제기되었으면, ANSI C 프로그램은 종료된다. 만일 처리된 시그널이 SIGFPE였으면, 동작은 정의되지 않는다.

시그널들은 kill 시스템 호출을 이용하여 사용자가 생성하거나, 시스템이 생성한다. 시그널 시스템 호출을 이용하는 세 가지 방법으로 프로세스를 종료하기 위해 시스템 디폴트를 받아들이거나, 무시하거나, 시스템 동작을 무효로 한다.

```
int pid, sig;
int kill(pid, sig)은 process(es) pid에 sig을 송신한다.
                      pid는 단일 프로세스이거나 프로세스들의 그룹이다.
                      sig은 1에서 19 사이이다.
                      - 인터럽트 = SIGINT 2
                      - 시스템 호출의 잘못된 매개변수 = SIGSY3 12
                      - 판독기없이 pipe에 출력 = SIGPIPE 13
                      - 사용자 정의 시그널 1, 2 = SIGUSR 16, SIGUSR 17
                      - child의 종료 = SIGCLD 18
                      만일 성공적이면 0을 리턴, 오류이면 -1을 리턴.

int sig, (*func)( )
int (*signal (sig, func))( ) - 호출 프로세스가 시그널을 처리하기 위해 3가지 방법 중에서
                            하나를 선택하도록 한다.
                            sig는 kill 예외 SIGKILL 9 에 의해 허용되는 임의의 시그널이다.
                      func - 인터럽트를 처리하는 방법을 선택
                           - SIG_DFL : 프로세스의 종료
                           - SIG_IGN : 시그널을 무시
                           - 함수 주소 : 규정된 함수를 수행함으로써 시그널을 처리
                      만일 성공적이면 규정된 sig에 대한 func의 이전 값을 리턴,
                      만일 오류가 발생하면 -1을 리턴
```

학습정리

- 예외 처리는 1960년대 PL/I에서 처음 도입되었고, Ada, C++, Java, C# 등의 최근 언어에서 더욱 세련된 방법의 예외 처리를 제공하고 있다.
- 예외 처리기를 가지지 않고 예외가 제기되는 경우 예외 처리기를 찾기 위한 방안은 정적 영역 해결책과 동적 영역 해결책이 있다.
- 예외 처리의 기본 모델인 종료 모델은 오류가 중대한 것이라서 예외가 발생한 곳으로 돌아갈 수 있는 방법이 없다고 가정하는 것이고, 재개 모델은 그 상황을 호전시키기 위해 무슨 일을 할 것이라고 예외 처리기가 기대하면서 예외가 발생된 코드를 재시도하는 것이다.
- Java의 예외 처리는 C++의 예외 처리에 기반을 두었지만, 몇 가지 측면에서 개선이 이루어졌다. C++ 프로그램은 프로그램에서 정의된 임의의 타입의 예외를 발생할 수 있다. 반면에 Java는 Throwable의 인스턴스나 그 하위 클래스의 인스턴스인 객체만이 예외로 전달될 수 있다.
- C++는 예외 명세인 throw 절을 포함하지 않는 어떠한 예외라도 발생시킬 수 있지만, throws 절을 포함하지 않는 Java 메소드는 임의의 검사 예외를 전달할 수 없다.
- Java에서 finally 절이 추가된 것이 어떤 상황에서는 매우 편리할 수 있다. 이것은 복합문이 어떻게 종료되는가에 상관없이 일종의 정리 작업이 이루어지는 것을 허용한다.
- Java 실행 시간 시스템은 사용자 프로그램에서 처리될 수 있는 다양한 시스템 정의 예외를 묵시적으로 발생시킨다. 반면에 C++는 사용자가 명시적으로 전달하는 예외만을 처리한다.
- Java의 예외 처리를 Ada의 예외 처리와 개략적으로 비교할 수도 있다. Java의 throws 절은 프로그램의 가독성에 도움을 주는 반면에, Ada는 이에 해당하는 특성이 없다. Java는 시스템이 탐지하는 예외를 프로그램이 처리하도록 허용하는 측면에서는 C++보다는 Ada에 분명히 더 가깝다. C#은 throws 절을 가지지는 않지만, Java와 매우 유사한 예외 처리 기능을 가진다.

연습문제

1. 일반적인 오류 처리를 하지 않고 예외 처리를 하는 이유는 무엇인가?

2. 예외 처리기를 찾기 위한 정적 영역 규칙과 동적 영역 규칙을 비교하라.

3. 예외 처리의 종료 모델과 재개 모델을 비교하라.

4. PL/I의 예외 처리에 대해 기술하라.

5. Ada의 예외 처리 방식의 문제점을 기술하라.

6. C++의 예외 명세에 대하여 기술하라.

7. C++의 예외 처리의 유용성을 입증하는 프로그램을 작성하라.

8. Java에서 예외 처리를 이용하는 경우의 장점에 대하여 기술하라.

9. Java의 예외 명세에 대하여 기술하라.

10. Java의 예외 처리의 유용성을 입증하는 프로그램을 작성하라.

11. Java의 예외 처리를 다른 언어들과 비교하라.

12. C#의 예외 처리에 대하여 기술하라.

chapter

11 병행성

[학습목표]

- 프로그래밍 언어에서 병행성 특성을 필요로 하는 이유를 알아본다.
- 병행성에 관한 용어 및 기본 개념을 알아본다.
- 병행성의 구현 방안에 대해 알아본다.
- Java의 스레드에 대해 알아본다
- C#의 스레드에 대해 알아본다.

프로그래밍 언어의 **병행성(concurrency)**과 하드웨어의 **병렬성(parallelism)**은 독립된 개념이다. 하드웨어의 연산들이 시간상으로 겹쳐진다면 이들 연산들은 병렬적이라고 한다. 프로그램에 있는 연산들이 병렬적으로 실행될 수 있으면 연산들이 병행적이라고 한다. 연산들이 시간상으로 차례 차례 실행되면 순차적이라고 한다. 병렬 하드웨어 없이 프로그래밍 언어가 병행성을 가질 수 있고, 언어는 병행성이 없이 병렬 실행될 수 있다. 요약하자면 병행성은 병렬성의 가능성을 말한다.

병행성의 근본적인 개념은 프로세스의 의미이다. 프로세스는 자신의 제어 스레드를 가지는 순차적인 계산에 해당한다. 순차적 계산의 스레드는 제어가 프로그램 텍스트를 지날 때 도달하는 일련의 지점이다. 병행성을 연구하기 위해 순차적 프로세스들이 이용되어 왔다. 프로세스들 사이의 상호 작용은 통신과 동기화의 형태를 취한다. 통신과 동기화의 필요성은 프로세스들 사이의 경쟁과 협동으로 나타난다.

11.1 병행성의 필요성

우리는 왜 프로그래밍 언어에서 병행성 특성을 필요로 하는가? 그 이유를 다음에 살펴보자.

첫 번째, **컴퓨터의 비동기적인 성능을 이용하기 위한 것이다.** 지금까지 다룬 모든 내용은 프로그램이 실행될 때 한 순간에 하나의 문장만이 수행된다는 기본적인 가정에서 언급되었다. 이러한 가정은 단일 프로세서를 가지는 폰 노이만 형의 컴퓨터에서는 문제가 없으나 현재의 상황은 달라졌다. 프로시져도 마찬가지로 주어진 시간에 하나의 프로세서만이 수행된다는 가정을 했다. 프로시져의 개념은 순차적으로 수행되는 컴퓨터의 추상화의 한 단계일 뿐이다. 다중 프로세서의 발전에 따라 그 성능을 충분히 발휘하도록 다중 프로세서의 병렬 계산 기능을 이용할 수 있는 언어가 필요하다. 실제로 현재 많은 컴퓨터들이 동시에 상이한 타스크들을 실행할 수 있는데, 이것은 대개 비동기적 연산이다. 예를 들어, 중앙 처리 장치가 명령을 실행하는 동시에 입출력이 수행될 수 있고, 이것이 병행성의 초기 형태이다.

두 번째, **운영 체제의 다중 프로그래밍 특성을 이용하기 위한 것이다.** 운영 체제는 동시에 여러 작업들을 부분적으로 완성된 상태에서 처리한다. 한 작업은 입력 연산을 수행하고 다른 작업은 출력 연산을 수행하고, 또 다른 작업은 중앙 처리 장치를 이용하는 동안에 나머지 작업들은 대기하게 된다. 고급 언어로 운영 체제를 구성할 때, 다중 프로그래밍에서의 사용자 작업들과 채널을 제어하는 입출력 프로그램, 그리고 인터럽트 처리 루틴 등의 프로세스들의 병렬 실행을 기술할 수 있어야 한다. 또한 운영 체제의 설계 시 컴퓨터 자원들이 모두 프로세스로 간주되어 비동기적으로 동작할 수 있으므로 운영 체제는 이들 자원의 요청에 잘 대처해야 한다. 처리율을 최대화하거나 응답 시간을 최소화하기 위한 자원 할당이 중요한 쟁점이 된다. 따라서 프로세스 동기화 기능을 제공하는 고급 언어가 어셈블리어보다 운영 체제 구성에 있어서 더욱 유용한 도구이다.

세 번째, **분산 시스템을 이용하기 위해서이다.** 다중 프로세서들은 기억 장치를 공유하거나 전용 기억 장치를 가질 수 있으며, 어떤 시스템은 두 가지의 기억 장치를 모두 가질 수도 있다. 이처럼 상이한 형태의 구성도 모두 목적은 동일하다. 여러 가지 상이한 문제들을 풀거나 동일한 문제의 상이한 부분들에 대해 작업하기 위해 고도의 병행성을 제공한다. 이러한 컴퓨터 구조에 분산 컴퓨터 시스템이라는 용어를 붙인다.

네 번째, 이산 시스템 시뮬레이션과 공정 제어와 같은 **병렬 시스템을 기술하기 위함이다.** 시뮬레이션은 여러 가지 상호 작용들이 병렬로 발생하는 복잡한 네트워크의 요소들 사이의 반복을 모델로 만들려는 시도이다. 이 컴퓨터 모델의 목적은 시뮬레이션을 수행하여 다양한 가설들을 시험하는 것이다. 종래의 언어에서 시뮬레이션을 쉽게 기술하고자 하는 노력으로 시뮬레이션용의 언어가 개발되었으나, 병행성을 기본적인 특징으로 하는 언어라야 이산 시스템 시뮬레이션을 더욱 잘 설계하고 프로그램을 작성할 수 있다. 시뮬레이션에서의 각 요소들을 나타내는 프로세스는 실세계의 경우처럼 다른 프로세스들과 병렬로 실행되고 상호 작용해야 한다. 공정 제어도 마찬가지로 모든 요소들이 실시간에 병렬적으로 발생한다는 것이며 반응이 즉각적으로 요구된다.

마지막으로, **계산에 관한 완전히 새로운 접근 방식 때문이다.** 이러한 사고 방식은 오래된 문제들의 새롭고 더 나은 해결책과 과거에 매끄럽게 해결되지 않았던 문제들을 푸는 방법을 발견하게 한다.

11.2 병행성의 정의

우선 병행성에 관련된 용어를 다음과 같이 정의하자.

- **프로세스(process)**: 순차적인 프로그램에 의해 수행되는 일련의 명령
- **프로세스 통신(process communication)**: 서로 간에 데이터를 전달하는 프로세스
- **동기화(synchronization)**: 프로세스가 실행되는 순서를 제어하는 메커니즘
- **레이스 조건(race condition)**: 계산의 결과가 프로세스들의 수행 속도에 좌우되는 경우
- **임계 구역(critical region)**: 다른 프로세스에 의해 공유되는 변수를 참조하는 일련의 문장
- **다중 프로그래밍(multiprogramming)**: 여러 프로세스들이 하나 이상의 프로세서를 공유
- **다중 프로세싱(multiprocessing)**: 각 프로세스가 자신의 프로세서 상에서 수행되고 공통 메모리를 공유
- **교착 상태(deadlock)**: 모든 프로세스들이 대기 중이고 프로그램이 진행을 할 수 없는 상태
- **무한 반복(livelock)**: 모든 프로세스들이 루프를 수행하고 프로그램은 전체적으로 계산이 진행이 되지 않는 상태로 교착 상태는 아니나 아무런 프로세스가 진행되지 못하는 상황
- **공평성(fairness)**: 수행되기 원하는 모든 프로세스가 유한 시간 내에 수행될 수 있는 상태

앞에 정의한 용어를 분명하게 기술하기 위해, 병행성에 관한 대표적인 문제인 **식사하는 철학자(Dining Philosopher)** 문제를 살펴보자.

> 다섯 명의 철학자가 [그림 11-1]과 같이 원형 식탁에 둘러 앉아 있다. 다섯 철학자 각각은 생각하거나 스파게티를 먹는 작업을 교대로 행하는 단순한 행동을 반복한다. 각 철학자의 앞에는 한 접시의 스파게티가 있으며, 이는 계속적으로 보충된다. 식탁에는 정확히 다섯 개의 포크가 있으며 인접한 철학자들 사이에 각각 하나씩 놓여 있다. 스파게티를 먹기 위해 한 철학자는 두 개의 포크를 동시에 사용해야 한다. 문제는 두 사람 사이에 단 하나의 포크만 있어서 한 사람이 먹는다면 그 옆에 있는 사람은 먹을 수 없다는 것이다. 철학자는 생각을 하기 전에 두 포크를 모두 내려놓는다. 우리들의 목표는 이들 철학자의 행동을 흉내 내는 병행 프로그램을 개발하는 일이다. 그렇지 않으면 하나 이상의 철학자가 굶게 될 것이다. 또한 두 철학자가 동일한 포크를 동시에 사용할 수는 없다.

[그림 11-1] 식사하는 철학자들의 식탁 배열

병행 프로그램은 모든 프로세스가 기다리는 상태로 진행할 수 없다면 **교착 상태**에 있게 된다. 교착 상태의 예로서 각 철학자가 다음과 같은 코드를 수행한다고 가정하자.

```
loop
    (왼쪽 포크를 든다)
    (오른쪽 포크를 든다)
    (스파게티를 먹는다)
    (포크를 내려놓는다)
    (생각을 한다)
end;
```

둘 이상의 철학자를 가지는 병행 시스템은 철학자 모두가 왼쪽 포크를 든 후에 오른쪽 포크를 쓸 수 있기를 기다린다면 교착 상태에 빠지게 된다. 포크는 자원에 해당하며 포크를 드는 것은 자원을 봉쇄(lock)하는 것에 해당한다. 교착 상태는 하나의 프로세스가 다음 프로세스가 소유한 자원을 기다리는 것과 같은 일련의 기다림에 해당한다. 다섯 명의 철학자를 갖는 시스템에서 첫 번째 철학자의 왼쪽 포크가 마지막 철학자의 오른쪽 포크에 해당한다.

위의 문제에서 나타나는 또 다른 상황은 시스템이 교착 상태는 아니지만 어떠한 프로세스도 진행되지 못하는 **무한 반복** 상황이다. 철학자 프로그램이 오른쪽 포크를 사용할 수 없다면 왼쪽 포크를 제자리에 놓도록 변경된다고 가정하자. 만일 모든 철학자들이 다음을 무한정 반복한다면 무한 반복이 발생한다.

```
(왼쪽 포크를 든다)
(왼쪽 포크를 내려놓는다)
(왼쪽 포크를 든다)
(왼쪽 포크를 내려놓는다)
 ...
```

여기에서는 진행이 유한하다는 가정을 하고 있다. 다시 말하면 실행을 원하는 프로세스들이 한정된 시간 내에 실행할 수 있다는 것이다. 즉, 프로세스들이 무한정 기다릴 수 없다는 의미이다. **공평성** 가정은 스파게티를 먹기 원하는 철학자는 언젠가는 먹을 수 있다는 것이다. 공평성이 없는 해결책은 한 철학자만 먹고 다른 철학자는 기다리게 되는 것이다. 프로세스들의 속도가 상이하기 때문에 공평성은 해결하기 어려운 문제이다. 두 프로세스를 P, Q, P, Q, P, Q, ...와 같이 엄격하게 반복시킨다고 하더라도 P가 Q보다 10배 이상 빠를 때에는 P는 Q 때문에 필요 이상으로 지연되므로 공평하지 못하다.

병행성을 지원하는 프로그래밍 언어는 다음과 같은 기능을 제공해야 한다.

(1) 병렬로 실행 될 수 있는 코드를 서술하는 방법 - 프로세스, 타스크의 표현
(2) 시작될 수 있는 프로세스를 기술하는 방법 - 병렬 수행을 직접 구현하는 fork 기법
(3) 공유 데이터의 상호 배제를 보장하는 방법: 공유 데이터를 보호하는 언어적인 메커니즘인 세마포어 기법과 모니터 기법, 혹은 공유 데이터의 통신을 위한 메시지 전달 기법
(4) 프로세스를 동기화하는 방법 - 모니터의 wait-signal 연산이나 Ada의 랑데뷰(rendezvous) 기법
(5) 프로세스에 우선순위를 부여하는 방법
(6) 프로세스를 지연시키는 방법 - 병행 프로세스를 지연시키는 join 기법

11.3 구현 방법

11.3.1 Atomic Operations

먼저 우리는 기억 장소에 대한 단일 참조(single reference)가 분리될 수 없다고 가정해야 한다. 예를 들어 다음과 같은 상황을 생각하자.

x := 0	
프로세스 1	**프로세스 2**
x := x + 1	x := x + 2

프로세스 1과 프로세스 2의 실행 후에 x의 값이 3인가? 답은 1, 2, 또는 3이 될 수 있다. 즉, 세 가지 시나리오가 존재한다.

- 프로세스 1은 x의 값을 읽은 후에 프로세스 2가 시작된다. 프로세스 2는 x의 값을 읽고, 프로세스 2는 x에 2를 저장한다. 다음으로 프로세스 1은 x에 1을 저장한다. 결과적으로 x의 값은 1이다.
- 프로세스 1은 x의 값을 읽은 후에 프로세스 2가 시작된다. 프로세스 2는 x의 값을 읽고, 다시 프로세스 1이 실행을 계속하여 프로세스 1은 x에 1을 다시 저장한다. 다음으로 프로세스 2가 실행을 계속하여 프로세스 2는 x에 2를 저장한다. 결과적으로 x의 값은 2이다.
- 프로세스 1은 x의 값을 읽고, 프로세스 1은 x에 1을 저장한다. 다음으로 프로세스 2가 시작되어 프로세스 2는 x의 값을 읽고, 그 다음 프로세스 2는 x를 2 증가시킨다. 그 결과 x에 3을 저장한다. 최종적인 x의 값은 3이 된다.

11.3.2 Fork와 Join

Fork와 Join 기법은 60년대 중반에 개발되었다.

```
procedure T1                    procedure T2
    ...
    fork T2                        ....
    ...
    join T2                       end
    ...
end
```

fork는 병행 프로세스 T2를 시작한다. **join**은 T2가 완료될 때까지 병행 프로세스 T1을 지연시킨다. 이것은 UNIX, PL/I, 그리고 Mesa에서 사용된다.

```
cobegin S1 || S2 || ... || Sn coend
```

위의 표기법은 60년대에 Dijkstra에 의해 도입되었다. 그것은 모든 Si가 동시에 시작되도록 한다. 모든 Si가 완료되었을 때에만 문이 완료된다. 이 방법은 ALGOL 68, CSP, Edison, Argus에 통합되었다.

11.3.3 Test와 Set

공유 변수의 **test**와 **set** 기법은 묵시적인 동기화를 위해 사용될 수 있지만, 상호 배제를 구현하기가 어렵다. 이것은 변수가 자신의 값을 변경할 때까지 프로세스가 지연되는 것으로 **분주한 대기 상태(busy-waiting)**라고 부른다. 프로세서 시간을 소비하고 프로그래머가 자신의 프로그램의 정확성을 설정하는 것을 요구한다.

```
process P1
   loop
      entry protocol;
      critical section; -- 공유 변수에 대한 액세스는 여기에서 행해진다
      exit protocol;
      non-critical section;
   end
end

process P2
   loop
      entry protocol;
      critical section; -- 공유 변수에 대한 액세스는 여기에서 행해진다
      exit protocol;
      non-critical section;
   end
end
```

11.3.4 상호 배제의 구현

만일 한 프로세스가 유한 시간 내에 임계 구역을 항상 완료할 수 있으면 이 프로세스는 종료된다고 한다. 만일 한 프로세스가 유한 시간 내에 임계 구역에 진입할 수 있으면, 이 프로세스는 공평한 스케쥴링을 따른다고 말한다. 하나의 프로세스가 임계 구역에서 실행 중일 때 다른 어떤 프로세스도 이 임계 구역에서 실행될 수 없다. 다시 말하면 임계 구역 내의 코드를 실행하는 프로세스는 그 프로세스가 임계 구역을 빠져나올 때까지 공유된 자원들에 대한 독점적인 액세스를 가진다. 일단 임계 구역이 실행에 들어가면 임계 구역에서 나올 때까지 경쟁하는 다른 프로세스에 의해 방해받지 않는다. 바로 이 개념이 상호 배제를 지원한다. 다음의 프로그램을 살펴보자.

```
program mutex
   var enter_1, enter_2 : boolean initial {false, false};
       turn : integer inital {"P1"};
   process P1;
      loop
```

```
        entry protocol
            enter_1 := true            {진입할 의사를 알림}
            turn := "P2";              {다른 프로세스에 우선순위 설정}
            while (enter_2 and turn = "P2")
                do skip                {다른 프로세스가 안에 있고 그의 차례이면 대기}
            critical section
        exit protocol
            enter_1 := false;          {진입할 의사를 알림}
        noncritical section
    end loop
end process P1;
process P2
    loop
        entry protocol
            enter_2 := true
            turn := "P1"
            while (enter1 and turn = "P1") do skip
                critical section
        exit protocol
            enter_1 := false
        noncritical section
        end loop
end process P2;
```

Pi가 자신의 진입 프로토콜이나 임계 구역을 수행하는 중 enter_i는 참이다. 이 때 i는 1 또는 2이다. 변수 turn은 임계 구역으로의 진입이 보장되는 다음 프로세스의 이름을 기록한다. 두 프로세스가 거의 동일한 시간에 자신들 각각의 진입 프로토콜을 실행할 때 turn이 사용된다. 해결책은 turn에 의해 보장되는 교착 상태 면제이다. 이 해결책은 어떤 프로세스도 영원히 진행되지 않음으로써 공평성을 유지한다.

11.3.5 세마포어

상호 배제를 위해 제공된 프로세스 사이의 동기화를 위한 **세마포어**가 Dijkstra에 의해 제안되었다. 세마포어는 일반적으로 P와 V로 부르는 wait 연산과 signal 연산에 의해 병행 프로세스들 사이에 시간 신호를 교환하는데 이용되는 변수이다. 두 개 이상의 병행 프로세스들에 공유되는 변수인 s라는 세마포어가 선언되었다고 가정하자. 이 때 허용되는 두 연산 wait(s)과 signal(s)은 다음과 같이 정의된다.

```
wait(s) : if s =1 then s := 0
                    else place process P into the queue
signal(s) : if queue <> empty then remove a process from the queue
                                         and schedule it for execution
                                  else set s := 1;
```

연산 wait(s)과 signal(s)은 세마포어 s를 공유하지만, s에 동시에 액세스하고 기록해서는 안된다. 세마포어를 이용하여 상호 배제를 구현하는 방법을 알아보기 위해, 한 프로세스는 공통의 데이터베이스를 판독하고 다른 프로세스는 이 데이터베이스에 기록하는 다음의 두 프로세스를 살펴보자.

```
procedure READER                    procedure WRITER
   begin                                begin
     ...                                  ...
     wait(mutex)                          wait(mutex)
        read the database                    write the database
     signal(mutex)                        signal(mutex)
      ...                                  ...
   end                                  end
```

앞에서 READER와 WRITER는 wait(mutex)와 signal(mutex) 사이의 임계 구역을 수행하는 동안 세마포어 mutex는 언제나 0의 값을 가지고 다른 프로세스가 임계 구역에 진입하기 원하면 큐에서 대기해야 한다. 각 단계별 진행 과정을 다음과 같이 추적해 보자.

```
mutex의 초기값은 1
READER는 wait 실행              mutex에는 0이 배정
                                READER는 임계 구역에 진입
WRITER는 wait 실행              WRITER는 큐에서 대기
READER는 signal 실행            WRITER는 임계 구역에 진입
READER는 wait 실행              WRITER는 큐에서 대기
WRITER는 signal 실행            READER는 임계 구역에 진입
READER는 signal 실행            mutex에는 1이 배정
```

(1) 두 개의 세마포어를 가진 예

상호 배제의 구현에 이어서 두 프로세스가 서로 신호를 주고 받는 방법을 알아보자. 다음은 두 개의 세마포어를 가지는 경우이다. 이 경우는 동기화를 필요로 하는 **생산자 소비자 문제**에 적용될 수 있다. 하나의 프로세스는 한 번에 하나의 레코드를 생산하고 다른 프로세스

는 생산된 레코드를 한 번에 하나씩 소비한다. 버퍼는 단 하나의 레코드만을 저장할 수 있다고 가정한다. 소비자는 자원이 생산될 때까지 소비할 수 없다. 즉, 소비자는 한 레코드가 생산된 후 동작하고 생산자는 버퍼가 비었을 때에만 동작하도록 생산자와 소비자를 동기화시켜야 상호 배제가 보장된다. 두 개의 세마포어 각각을 ok와 fin이라고 가정하자. ok는 0으로 초기화되고, fin는 1로 초기화되었다고 하자.

```
procedure PRODUCER
    while there are more input records do
        wait(fin)
        write a record do the buffer
        signal(ok)
end

procedure CONSUMER
    loop
        wait(ok)
        read a record from buffer to output
        signal(fin)
        write ouput
    repeat
end
```

각 단계를 추적한 결과는 다음과 같다.

PRODUCER는 wait(fin) 실행, fin에는 0이 배정, PRODUCER는 임계 구역에 진입
CONSUMER는 wait(ok) 실행, CONSUMER가 큐에 위치
PRODUCER는 signals(ok) 실행, CONSUMER가 임계 구역에 진입
PRODUCER는 wait(fin) 실행, PRODUCER가 큐에 위치
CONSUMER는 signals(fin) 실행

(2) 계수형 세마포어

생산자 소비자 문제의 발전된 형태는 버퍼가 여러 개의 레코드를 저장할 수 있는 상황이다. 이 경우에 생산자는 버퍼가 가득 차면 새로운 레코드를 넣지 않아야 하고, 소비자는 버퍼가 비게 되면 레코드를 제거하지 않도록 생산자와 소비자를 동기화시켜야 한다. 이러한 경우 2진 세마포어에서 **계수형 세마포어**로 확장된다.

계수형 세마포어는 동일한 자원들의 풀에서 몇 개를 골라 원하는 프로세스에게 할당할 때 유용하다. 세마포어의 초기값은 최초에 풀에 있는 자원의 수가 된다. wait 연산을 할 때마

다 세마포어는 1씩 감소되므로 자원 하나가 풀에서 빠져나와 프로세스에 의해 사용된다는 것을 나타내고 signal 연산을 할 때마다 세마포어는 1씩 증가되므로 자원 하나가 다시 풀에 돌아왔다는 것을 나타낸다. 만일 세마포어가 0일 때 wait 연산을 하게 되면 signal 연산에 의해 새로운 자원이 풀에 들어올 때까지 기다려야만 한다. 두 연산 wait과 signal은 다음과 같이 정의된다.

```
wait(s) ::= s := s-1
            if s < 0 then suspend P and place it in the queue
                     else P continues execution

signal(s) ::= s := s+1
              if s <= 0 then remove a process from the queue
                             and start it executing
```

다음은 계수형 세마포어에 의해 해결된 **유한 버퍼 문제**이다. 버퍼의 레코드인 mutex는 1로, recin은 0으로 초기화된다. 버퍼에 남은 영역인 space는 버퍼의 크기이다.

```
procedure PROCEDURE                    procedure CONSUMER
  while more input records do            begin
    read a record                          loop
    wait(space)                              wait(recin)
    wait(mutex)                              wait(mutex)
    write a record into the buffer           read a record from buffer
    signal(mutex)                            signal(mutex)
    signal(recin)                            signal(space)
  repeat                                   repeat
end                                    end
```

(3) ALGOL 68의 세마포어

앞의 세마포어를 모델로 sema라는 내장 모드가 ALGOL 68에 구현되었다. 여기에는 sema mutex와 같은 세마포어 변수가 선언되고 다음의 두 연산이 제공된다.

```
down mutex : if mutex = 0 then place process in queue
                          else mutex := mutex - 1
up mutex : mutex := mutex + 1
           all programs in the queue are removed
```

다음은 ALGOL 68에서 계수형 세마포어를 이용하여 구현한 생산자 소비자 문제이다. ALGOL 68에서는 구성 요소들을 동기화시킬 필요가 있는 병렬절(parallel clause)은 예약어 **par**를 이용하여 표시한다.

```
begin
    [50] int buffer;
    int input := 0, output := 0;
    sema spacetaken := 0, spaceleft := 50;
    par(do down spaceleft;
          input := input mod 50 + 1;
          read(buffer[input]);
          up spacetaken;
    od
    do down spacetaken;
          output := output mod 50 + 1;
          print(buffer[output]);
          up spaceleft;
    od)
end
```

앞의 프로그램은 버퍼의 크기가 50이고, spacetaken과 spaceleft라는 두 계수형 세마포어 변수를 선언한다. 정수 input과 output은 0으로 초기화되었다. 버퍼 안으로 데이터를 읽어 들이고 버퍼의 내용을 하나씩 출력하는 두 개의 구(phrases)로 병렬절이 구성된다. 버퍼에 공간이 있으면 spaceleft는 양수가 되고, 한 문자가 버퍼에 놓이게 되면 spacetaken이 1 증가된다. 유사하게 spacetaken이 양수이면 버퍼의 한 요소가 출력될 수 있고, 그 후 spaceleft는 1 증가된다.

(4) 세마포어의 문제점

Hansen은 세마포어는 이상적인 프로그래머에게는 좋은 도구이지만, 부정확하게 사용하는 경우 그 결과는 매우 심각할 수 있다고 경고했다. 그는 세마포어의 문제점을 다음과 같이 요약하였다.

① wait가 signal이 서로 반대로 되면 하나 이상의 프로세스가 동시에 임계 구역에 위치할 수 있다.
② signal이 wait으로 잘못 대치되면 교착 상태가 발생한다.
③ 컴파일러가 부정확한 초기화를 알 수 없다.
④ 컴파일러가 임계 구역 외부의 공유 변수에 대한 액세스 가능 여부를 알 수 없다.
⑤ 대개 커널에 대한 시스템 호출에 의해 구현된다.

⑥ 만일 signal이 임계 구역을 액세스 한 후에 잃어버리면, 타스크는 영원히 대기할 수도 있다.
⑦ 만일 wait을 잃고 임계 구역에 진입하면, 하나 이상의 타스크가 공유 변수를 동시에 갱신할 수 있고, 이는 오류를 야기한다.
⑧ 프로그램은 세마포어 주변으로 분기하여 그 목적을 무시할 수 있다.

11.3.6 모니터

세마포어의 문제점을 해결하기 위해 P. Binch Hansen과 C.A.R. Hoare에 의해 개발된 더욱 신뢰할 수 있는 기법은 임계 구역의 공유 데이터를 **모니터**라고 부르는 곳으로 위치시키는 것이다. 모니터 객체는 공유 변수와 프로시져를 포함할 수 있고, 단지 하나의 프로세스가 한 번에 하나의 모니터를 수행하도록 허용된다는 제한 하에서 동작한다. 이것은 언어가 검사하는 것을 허용하고 공유 데이터에 대한 동기화된 액세스를 하도록 한다. 일반적인 형태는 다음과 같다.

```
monitor NAME
   begin
           지역 데이터의 선언
           프로시져의 선언
           초기화
   end NAME
```

모니터의 특성을 요약하면 다음과 같다.

① 프로시져 이름이 외부로 전달된다.
② 단지 하나의 프로세스가 모니터에서 프로시져를 수행할 수 있으므로 상호 배제를 확실히 보장한다.
③ 모니터는 추상 데이터 타입의 모듈과 같은 닫힌 영역이다. 모니터 내의 프로시져들이 지역 데이터와 실 매개변수를 액세스할 수 있다.
④ 모니터는 지역 프로시져를 가지고, 이 프로시져는 외부에서 액세스할 수 없다.
⑤ 모니터는 정적 변수를 가진다.

모니터는 프로세스가 모니터 내에 있고 봉쇄(blocked)될 때 문제점을 가진다. 프로세스가 독점적인 액세스를 가지므로, 다른 프로세스는 진입할 수 없고 따라서 교착 상태에 빠지게 된다.

다음은 확장된 PL/I과 Concurrent Pascal을 이용한 모니터 구현의 사례들이다.

(1) PL/I

모니터의 입구는 **이름: ENTRY**라고 정의된다. 따라서 다음 프로그램에는 모니터 CRITICAL과 입구 COUNT와 WATCH가 있다. 유사한 방법으로 두 개의 프로세스 COUNTER와 WATCH가 정의되었다.

```
EXAMPLE : PROCEDURE OPTIONS(CONCURRENT)
    CRITICAL : MONITOR
        DECLARE (SUM) BINARY FIXED;
            DO : SUM = 0;
            END;
        COUNT : ENTRY;
            SUM = SUM + 1;
            END;
        WATCH : ENTRY;
            PUT SKIP LIST (SUM);
            SUM = 0;
            END;
    END CRITICAL;
    COUNTER : PROCESS;
        /* DO SOMETHING */
            CALL COUNT;
        /* DO SOMETHING */
        END COUNTER;
    WATCHER : PROCESS;
        /* DO SOMETHING */
            CALL WATCH;
        /* DO SOMETHING */
    END WATCHER;
END EXAMPLE;
```

(2) Concurrent Pascal

Concurrent Pascal은 Hansen이 Pascal을 확장한 언어로 프로세스, 모니터, 클래스 개념을 추가하였다. 다음 프로그램에는 두 개의 프로세스 producer와 process, 모니터 cbuffer가 정의되었다.

```
type buffer = array(1..80) of char,
producer = process
    var card : buffer
    begin card(1) := 'N'
        while card(1) <> 'E' do
            begin read(card); spool(card);
            end;
    end,
consumer = process
    var line : buffer
    begin line := 'N'
        while line <> 'E' do
            begin unspool(line); write(line);
            end;
    end,
cbuffer = monitor
    var pool = array(1..5) of buffer
    front, rear, nobuf, noful : inteer
    procedure entry spool(contents : buffer)
        begin if noful = nobuf then delay;
            pool(rear) := contents;
            rear := rear mod nobuf + 1;
            nobuf := nobuf + 1;
            continue
        end;
    procedure entry unspool(contents : buffer)
        begin if noful = 0 then delay
             contents := pool(front);
             front := front mod noful + 1;
             noful := noful - 1;
             continue
        end
begin front := 1; rear := 1, nobuf := 5; noful := 0
end
var x : producer, y : consumer, z := cbuffer
begin int x,y,z
end
```

11.3.7 메시지 전달

모니터 개념은 단일 프로세서에서 실행되는 언어나, 공통 기억 장소를 공유하는 다중 프로세서에서 실행되는 언어에 이상적이다. 따라서 하드웨어가 각각의 전용 기억 장소를 가지고 공통의 기억 장소를 공유하지 않는 별개의 프로세서들로 구성된 경우에는 자연스럽지 못하다.

이 문제를 해결하기 위해 Hansen과 Hoare는 각각 DP와 CSP를 제안하였다. 이들은 모두 병행 프로그램의 기본 수행 단위로 프로세스를 선택했다. 이들 언어에서 프로세스들은 메시지를 송신하고 수신한다. 통신은 메시지에 있는 값을 통해 이루어진다. CSP와 DP의 공통점은 프로그램의 비결정적 부분을 제어하기 위해 **가드 명령어**를 이용한다는 점이다. 차이점은 통신 프로세스들을 동기화시키는 방법이다. 통신이 시작되어 성공적으로 메시지가 전달되면, CSP에서 두 프로세스는 각자의 일을 병행해서 계속한다. Ada의 경우도 마찬가지이다. 그러나 DP에서는 수신 프로세스가 호출된 프로시져를 완전하게 실행시킬 때까지 송신 프로세스가 기다려야 한다. 호출된 프로시져의 실행이 끝나야만 두 프로세스는 병행 실행을 재개한다.

이러한 **메시지 전달(message passing)**에 관한 문제는 발생지(source)와 목적지(destination)가 어떻게 규정되는가 하는 것과 통신이 어떻게 동기화되는가 하는 것이다. 이것은 두 프로세스 모두 정보 교환을 요구하는 문장까지 도달해야 된다는 의미이다. 한 프로세스가 먼저 도달하더라도 다른 프로세스가 대응하는 문장에 도달할 때까지 기다려야 한다. 두 프로세스가 모두 적절한 곳에 도달했을 때 동기화되고 통신이 이루어진다. 간단한 한 가지 해결책은 상대방 이름의 직접적인 명명(direct naming)이다.

다음에서 send 출력은 printer로, receive 출력은 program으로부터 전달된다.

```
program batchsystem
    process keyboard
        var line : lineimage
        loop read line from keyboard
            send line to processline
        end
    end
    process processline
        var line : lineimage; pim : printerimage;
        loop receive line from keyboard
            process line into pim
            send pim to priner
        end
    end
    process printer
        var pim : prinerimage
        loop receive pim from processline
            print pim on lineprinter
        end
    end
end
```

11.4 Dijkstra의 가드 명령문

7장에서 소개한 **비결정적 문**은 1970년대에 Dijkstra가 프로그램 개발과 증명을 쉽게 하기 위해 제안한 것이다. 이러한 **비결정성**이 소프트웨어 설계를 쉽게 할 수도 있다. 비결정적 문에서는 문장들의 실행 순서가 여러 가지 존재한다. 이러한 상황은 병행 프로그램들의 실행에서 빈번하게 일어난다. 실행될 수 있는 n개의 프로세스가 있는 시스템에서 그 중 어떤 프로세스가 다음에 실행될 지 항상 분명한 것은 아니다. 대부분의 언어가 비결정적인 실행을 지원하는 도구인 프로그래밍 언어의 문장 형식이 존재하지 않으므로 이러한 문제는 일반적인 프로그램을 개발할 때보다는 운영 체제를 설계할 때 만나는 문제이다.

가드는 ->으로 표기하고, **가드 명령문**은 다음 형식의 순차적인 문장의 집합이다.

```
가드 -> 문장
불리안 식 -> 메시지
```

그 의미는 가드가 참일 때 문장이 수행 가능하다는 뜻이다. 이러한 가드는 가드를 가진 if 문과 가드를 가진 반복문에서 사용된다.

가드를 가진 if 문은 다음과 같다. Gi가 조건들의 집합이고 Si가 문장들의 집합이다.

```
if G1 -> S1 □ G2 -> S2 □ ... □ Gn -> Sn fi
```

만일 적어도 하나의 가드가 참이면, 참인 가드를 가진 문장이 비결정적으로 선택된다. 즉, 참값을 가지는 가드 Gi에 의한 비결정적 문 Si가 임의로 선택된다. 만일 모든 가드가 성공하지도 실패하지도 않으면, 실행을 지연한다.

가드를 가진 반복문은 다음과 같다.

```
do G1 -> S1 □ G2 -> S2 □ ... □ Gn -> Sn od
```

실행 과정은 참인 가드가 존재하면 그에 해당하는 Si 하나가 실행되고, 이 과정이 프로세스를 모든 가드가 실패할 때까지 위의 프로세스를 반복한다.

어떤 가드도 초기에 참을 가지지 않는다면, 일반적인 while 문처럼 do 문은 실행되지 않는다. 가드를 가진 if 문에서처럼 비결정적 실행은 하나 이상의 가드가 동시에 참이면 실행된다. Dijkstra에 의해 제안된 가드 명령문을 정확히 구현한 언어는 아직까지 없지만, 비결정적 실행 개념은 운영 체제를 설계할 때 필수적이다.
다음은 가드 명령문을 이용한 사례들이다.

```
process buffer
    var slots : array[0..N-1] of T;
        head, tail : 0..N-1;
        size : 0..N;
    head := 0; tail := 0; size := 0;
    do size < N; receive slots[tail] from producer
                    -> size := size + 1; tail := (tail + 1) mod N
    □ size > 0; send slots[head] to consumer
                    -> size := size - 1; head := (head + 1) mod N
    od
end
process producer
    var stuff : T
        loop generate stuff
            send stuff to buffer
        end
end
process consumer
    var stuff : T
        loop receive stuff from buffer
            use stuff
        end
end
```

다음에서 클라이언트는 send(time, my_id)를 실행하여 request_port에 요구를 하게 된다. shortest_allocator로부터 할당을 받게 되고, release_port에 release를 송신하는 자원을 이용하여 완료되었음을 표시한다.

```
process shortest_allocator
    var free : boolean
         client : process_id
         declarations of a priority queue
    free := true
    do true; receive(time, client_id) from request_port
        -> if free -> free := false
                      send allocation to client_id
           not free -> save client_id on priority_queue
           fi
```

```
   not free; receive release from release_port
      -> if not priority queue empty ->
           remove client_id with smallest time from queue
           send allocation to client_id
           priority queue empty -> free := true
         fi
   od
end
```

11.5 Java와 스레드

Java는 **스레드**를 사용하고, 이 스레드를 이용하여 **멀티스레드**를 구현할 수 있다. 스레드는 프로그램 내에서 단일한 연속적인 제어의 흐름을 말한다. 단일 스레드는 10장까지 언급한 기존의 프로그램과는 차이가 없다. 단일 스레드 또한 시작과 끝을 가지고 있고, 프로그램 상의 하나의 지점에서 실행되고 있는 것이기 때문이다. 그러나 스레드는 멀티스레드를 구현하기 위한 중요한 기본적인 객체이다. 단일 스레드 프로그램의 실행 흐름과 멀티스레드 프로그램의 실행 흐름을 비교하면 [그림 11-2]와 같다[47].

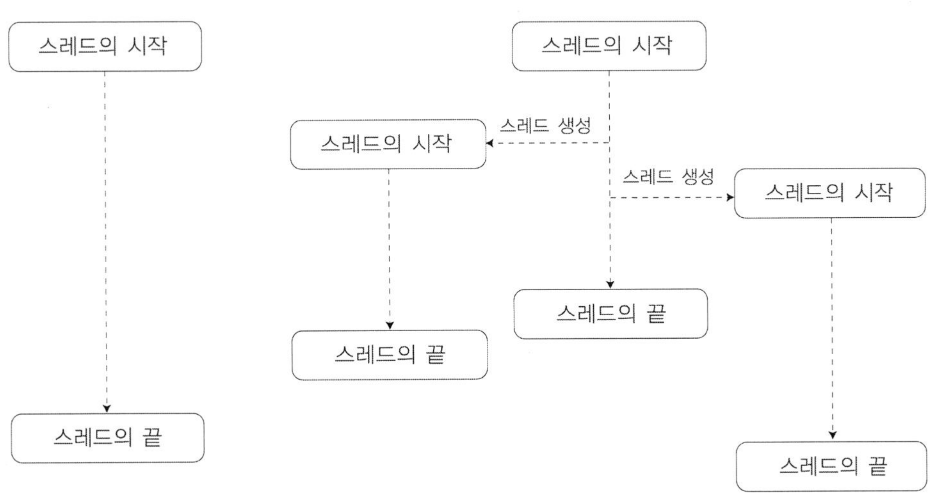

(a) 단일 스레드 프로그램의 실행 흐름 (b) 멀티스레드 프로그램의 실행 흐름

[그림 11-2] 단일 스레드 프로그램과 멀티스레드 프로그램의 실행 흐름 비교

스레드는 run( ) 메소드가 있어야 동작한다. 스레드가 생성되고 초기화되고 나면 Java의 실행 시간 시스템은 스레드의 run( ) 메소드를 호출한다. 스레드는 for, while 등의 반복 구조를 가질 수 있으며, 만약 ftp 등을 구현한 경우라면 오랜 시간 동안 지속적으로 동작하게 된다.

스레드는 Java에서는 단일 상속만을 지원하므로 두 가지 방법으로 구현한다.

- 첫 번째 방법은 Thread 클래스의 하위 클래스를 만들어 스레드의 run( ) 메소드를 재정의(override)하는 방법이다.
- 두 번째 방법은 Runnable 인터페이스를 구현한 클래스를 이용하는 방법이다. Runnable 인터페이스는 java.lang의 패키지에 포함되어 있다. 이런 Runnable 객체는 run( ) 메소드를 스레드에게 제공한다. 특히, 애플릿을 만든 경우는 상속을 'extends java.applet.Applet'으로 해야 하므로 Thread를 상속할 수 없으므로 이 방법을 이용한다.

11.5.1 스레드 상태와 우선순위

모든 객체가 그렇듯이 스레드도 하나의 객체이므로 생성하여 사멸하는 과정을 겪는다. 스레드는 **생성(new), 시작(start), 실행(run), 중단(exit), 사망(dead), 휴식(not runnable)** 등의 상태를 옮겨 다니며 주어진 역할을 하고 사라진다. 각각의 상태를 알아보자.

- **스레드의 생성**: 새로운 스레드를 생성한다. 그러나 생성만하고 아직 시작되지 않은 채로 남아 있다. 이 상태에서는 생성된 스레드를 시작하게 하는 start( ) 메소드를 호출한다. 스레드 클래스에서 start( )는 run( )을 호출한다. 즉, 생성된 스레드가 동작하게 해주는 역할을 한다.
- **실행 가능 상태**: 실행 가능 상태로 오기 위해서는 스레드 객체를 실행시켜야 한다. 이를 위해서는 run( )을 호출한다. 현재 실행 가능 상태에 있다면 run( ) 메소드가 연속적으로 동작하고 있는 중이다.
- **휴식 상태**: 휴식 상태로 들어가게 하는 메소드는 sleep( ), wait( )이고 스레드가 입출력에 의해 막힌 때이다. sleep( ) 메소드는 지정된 시간만큼 Thread의 실행을 쉬게 한다. 스레드가 wait( ) 메소드를 사용할 때 지정된 시간만큼 스레드를 대기하게 만든다. 만약 wait( ) 메소드를 매개변수 없이 사용하면 계속해서 대기하게 된다. 대기 중인 스레드를 다시 동작시키려면 notify( ) 또는 notifyAll( )을 사용하여 조건이 변했음을 통보받아야 한다. 스레드가 입출력에 의해 막혀 있을 때는 현재 동작 중인 입출력이 완전히 종료될 때까지 기다리다가 입출력이 종료되면 스레드가 정상적으로 동작한다.
- **사망 상태**: 스레드가 종료된 상태를 말한다. 종료된 스레드가 다시 시작되기 위해서는 반드시 실행 가능 상태를 거쳐야 한다.
- **생존 상태**: isAlive( )는 Thread 클래스에 포함되어 있는 메소드로서 스레드가 활성화되어

있다면 true를, 아니면 false를 리턴하는 불리안 타입의 메소드이다. 따라서 특정 스레드가 실행 가능 상태인지를 확인하기 위해서는 isAlive( )를 사용한다.

스레드에는 **우선순위**가 있다. Java에서는 우선순위를 최솟 값 1부터 최댓 값 10까지, 정상적인 우선순위값으로는 5를 Thread 클래스 정의에 가지고 있다. 우선순위에 관계된 메소드는 setPriority(int)와 getPriority( )가 있다. setPriority(int)는 스레드의 우선순위를 매개변수로 정한다. 우선순위가 허용된 최솟 값과 최댓 값을 벗어나면, IllegalArgumentException이 발생한다. getPriority( )는 스레드의 우선순위를 얻어서 정수 값으로 리턴한다.

11.5.2 멀티스레드

다른 두 스레드가 동시에 하나의 자원에 접근하여 변경하려고 하는 경우, 원치 않는 결과가 생길 수 있다. 공유 자원을 상호 배제적으로, 즉 한 번에 한 스레드씩만이 접근하도록 하는 것이 동기화의 기본이라고 할 수 있다. 앞에서 언급한 것처럼 모니터는 공유 자원과 함께 이에 접근하기 위한 메소드를 모아 놓은 것이다. 이 모니터의 메소드를 호출하는 것을 **모니터에 들어간다**라고 표현하면, 한 번에 단 하나의 스레드만이 모니터에 들어갈 수 있다. 만약 하나의 스레드가 성공적으로 모니터에 들어갔다면, 그 스레드가 **모니터를 얻었다**고 표현할 수 있다. 두 번째부터 들어오는 스레드는 멈추어서 기다리고 먼저 들어간 스레드가 모니터로부터 나와야만 자신이 모니터에 들어갈 기회를 얻게 된다.

Java의 모니터는 다름 아닌 객체들이다. 객체의 필드가 공유 자원이고, 메소드들에는 **synchronized**를 붙여 한 번에 하나의 스레드만이 공유 자원에 접근할 수 있도록 통제하는 역할을 한다. 즉, synchronized 메소드 안의 코드가 그 객체의 데이터에 대한 임계 구역이 되는 셈이다.

Java의 스레드간의 동기화를 설명하기 위해 앞에서 예로 들었던 **판독자 기록자** 문제를 살펴보자. 하나의 공유 변수가 있고 그 값을 읽기만 하는 판독자와 쓰기도 하는 기록자가 있다고 가정하자. 판독자는 여럿이 동시에 값을 읽어도 상관없지만, 기록자가 하나라도 작업 중이면 판독자든 다른 기록자든 절대로 공유 변수에 접근해서는 안된다.

다음은 Java로 구현한 판독자 기록자 문제의 부분이다. 우선 판독자 스레드가 다음과 같이 클래스 Thread로부터 상속된다고 가정하자.

```
class Reader extends Thread {
    private Blackboard blackboard;
    public Reader(Blackboard blackboard) {
        this.blackboard = blackboard;
    }
```

```
    public void run( ) {
        while (true) {
            try {
                sleep((int)(Math.random( ) * 1000));
            } catch (InterruptedException e){ }
            System.out.println(blackboard.getContent( ));
        }
    }
}
```

다음은 기록자 스레드이다.

```
class Writer extends Thread {
    private Blackboard blackboard;
    private String content;
    public Writer(Blackboard blackboard, String content) {
        this.blackboard = blackboard;
        this.content = content;
    }
    public void run( ) {
        while (true) {
            try {
                sleep((int)(Math.random( ) * 1000));
            } catch (InterruptedException e){ }
            blackboard.write(content);
        }
    }
}
```

앞에서 Reader 객체는 잠시 쉬고 칠판에서 글을 읽는 작업을 계속하며, Writer 객체 역시 Reader와 비슷하게 잠시 쉬고 칠판에 글을 쓰는 일을 반복한다. 예를 들어, 만약에 5개의 Reader와 3개의 Writer가 동시에 작업을 하게 되는 경우를 가정하자. 다음과 같이 모니터를 이용하여 공유 자원 Blackboard를 구현하면 정상적으로 동작시킬 수 있다.

```
class Blackboard {
private StringBuffer content = new StringBuffer("Nothing");
private int numReaders = 0;
public String getContent( ) {
    synchronized (this) {
```

```
            numReaders++;
        }
        System.out.println("There are " + numReaders + " readers.");
        try {
            Thread.sleep(20);
        } catch (InterruptedException e) { }
        synchronized (this) {
            numReaders--;
            if (numReaders == 0)
                notifyAll( );
        }
        return content.toString( );
    }
    public synchronized void writeContent(String newContent) {
        if (numReaders > 0) {
            try {
                wait( );
            } catch (InterruptedException e) { }
        }
    ...
```

앞에서는 synchronized (this) {...} 형식의 동기 블록을 이용했다. 일반적으로는 메소드 단위로 동기화를 하지만, 필요한 경우보다 세밀하게 동기화를 제어하기 위해 Java에서 제공된다. 여기에서는 getContent( ) 메소드 안에서 꼭 필요한 부분만을 임계 구역으로 만들기 위해 동기 블록을 이용했다. 동기 블록에는 ( )안에 블록안의 코드가 어느 객체에 대해서 임계 구역이 되는지를 결정할 수 있도록 되어 있는데, 이를 사용하면 사실상 특정 객체의 변수에 대해 다른 객체에 속한 메소드 내에 임계 구역을 설정할 수 있다.

우선 Reader들은 getContent( )로 칠판을 보기 시작하면 numReaders를 증가시키고 나가면서 다시 이 값을 감소시킨다. 한편 Writer는 writeContent( )로 칠판에 글을 쓰기 시작하는데, 우선 그 전에 Reader가 들어와 있는지를 보고 혹시 있으면 wait( )를 호출한다. 일반적으로 wait( )메소드는 호출되면 즉시 모니터를 다른 스레드에게 넘겨주고, 다른 스레드가 notify( )나 notifyAll( ) 메소드로 깨워줄 때까지 기다린다. 앞의 예에서는 마지막 Reader가 나가면서 혹시 기다리고 있을지 모르는 Writer를 notifyAll( )로 깨워준다. 여러 Reader가 동시에 칠판을 읽을 수 있다.

단순히 모니터가 임계 구역을 설정할 수 있도록 해주는 이외에 어떤 조건에서 여러 스레드가 서로를 기다리거나 어떤 상황의 발생을 알리고자 깨워줄 필요가 있는 경우 wait( )와 notifyAll( ) 혹은 notify( )를 적절히 사용할 수있다.

Java에서 모니터를 사용할 때 유의할 점이 있다.

- 동기 블록은 불가피한 경우에만 사용한다. 왜냐하면 코드가 복잡해지고 오류가 발생할 소지가 높아지기 때문이다. 가능한 한 synchronized를 메소드에 붙여서 메소드 전체를 임계 구역으로 설정한다.
- synchronized가 붙은 메소드에서 다시 동일한 객체 안에서 synchronized가 붙은 메소드를 실행해도 무방하다. 이미 자신이 가진 모니터를 기다리는 교착 상태에 빠지지 않는다.

11.6 C#과 스레드

C#의 스레드는 Java의 스레드에 비교하면 부분적으로 상당한 차이가 있다. C#에서 스레드는 객체이며 스레드가 실행하는 단위는 메소드이다. 스레드 객체를 위해 Thread 클래스를 제공하고 있으며 메소드 연결을 위해 ThreadStart 델리게이트를 제공해 주고 있다. 이와 관련된 클래스 라이브러리는 System.Threading 네임스페이스에 들어 있다. 따라서 스레드 프로그래밍을 할 때에는 반드시 포함해야 한다.

C#의 스레드 프로그래밍 순서는 다음과 같다. 첫째, 스레드 몸체에 해당하는 메소드를 작성한다. 이것이 스레드가 실행할 부분이며 동시에 실행되는 프로그램이다. 둘째, 작성된 메소드를 ThreadStart 델리게이트에 연결한다. 셋째, 생성된 델리게이트를 이용하여 스레드 객체를 생성한다. 이 때, 델리게이트 객체는 Thread 클래스 생성자의 매개변수가 된다. 넷째, 스레드의 실행을 시작한다. 이를 위해 Start( ) 메소드를 호출한다. Start( ) 메소드는 독립된 메소드를 생성하고 그 스레드를 활성화하는 기능을 한다.

11.6.1 스레드 상태와 우선순위

C#의 스레드도 Java의 스레드와 마찬가지로 하나의 객체이므로 생성하여 사멸하는 과정을 겪는다. C#에서 스레드는 시작(Unstarted), 실행(Running), 대기(Suspended), 중단(Stopped)과 같은 네 개의 상태를 가진다. 처음에 스레드 객체가 생성되면 스레드는 시작 상태가 된다. 그 후에 Start( ) 메소드에 의해 실행 상태가 되며 해당 메소드가 종료되거나 Abort( ) 메소드가 실행되면 중단 상태가 된다. 실행 중에 블록킹 상황이 발생하면 대기 상태가 되며 그 상황이 종료되면 다시 실행 상태로 되어 실행이 계속된다.

어떤 주어진 시간에 여러 스레드가 실행을 기다리고 있을 때, 이들 중에서 우선순위가 가장 높은 스레드가 실행 권한을 가진다. 실행 권한을 가진 스레드가 종료되거나 다른 이유로 대기 상태가 되면 다음 우선순위를 가진 스레드의 실행 이 시작된다. 스레드가 생성될 때 해당 스레드를 만든 스레드의 우선순위가 상속되고 Thread.Priority 속성을 통해 참조 및 변경될 수 있다. C#에서 스레드의 우선순위는 ThreadPriority 열거 타입에 정의된 값으로 표현된다.

11.6.2 멀티스레드

11.5.2절에서 설명한 것처럼, 다른 두 스레드가 동시에 하나의 자원에 접근하여 변경하려고 하는 경우 원치 않는 결과가 생길 수 있다. 공유 자원을 상호 배제적으로, 즉 한 번에 한 스레드씩만이 접근하도록 하는 것이 동기화의 기본이라고 할 수 있다. 이와 같은 문제를 해결하기 위해 C#에서는 Interlock 클래스, lock 문, 그리고 Monitor 클래스를 제공하고 있다.

Interlock 클래스는 동기화가 필요한 연산이 정수의 증가와 감소일 때 사용된다. 이 연산은 Interlock의 2개의 메소드인 Increment와 Decrement로 자동적으로 수행된다.

lock 문은 스레드 코드의 임계 영역을 나타내기 위해 사용된다. 즉, 동일한 객체에 대해 여러 스레드의 중첩 실행을 방지한다. 다시 말하면, 같은 객체에 대해 한 스레드가 lock 문을 실행하고 있으면 다른 스레드는 그 객체를 실행할 수 없다는 뜻이다. 따라서 lock 문은 11.3절에서 설명한 atomic operation이 되어 실행 순서를 제어할 수 있다. lock 문의 일반 형식은 다음과 같다.

```
lock(식) {
// 임계 영역
}
```

여기에서 식은 스레드가 실행하고 있는 객체 즉, 잠그고자 하는 객체의 참조이다. lock 문은 한번 실행하면 제어를 다른 스레드에게 뺏기지 않고 계속 실행되기 때문에, 하나의 스레드가 시작하면 스레드가 종료할 때까지 실행된다.

Monitor 클래스는 임의의 객체의 특정 작업을 동기화하기 위해 사용되는 클래스로 4개의 메소드인 Enter, Wait, Pulse, Exit를 가진다. 동기화가 필요한 작업을 시작할 때 Enter( ) 메소드를 호출하고, 동기화 작업이 끝나면 Exit( ) 메소드를 호출한다. Wait( ) 메소드는 스레드의 실행을 일시적으로 중단하고, Pulse( ) 메소드는 Java의 notifyAll( ) 메소드처럼 대기 스레드에게 다시 실행할 기회를 가진다고 통지한다.

Monitor 클래스와 lock 문의 동기화는 기능상 유사하지만, 동기화 범위를 나타내는 방법이 서로 다르다. lock 문은 블록 구조 형태로 범위를 표시하는 반면에 Monitor 클래스는 Enter( )와 Exit( )을 이용하여 동기화 범위를 나타낸다.

C#의 스레드는 Java의 스레드에 비해 다소 발전되었다. C#의 임의의 메소드는 자신의 스레드로 실행될 수 있고, Abort( ) 메소드를 이용하여 종료될 수 있으며, 특정 응용에 따라 각기 다른 동기화 구조를 가질 수 있다.

학습정리

- 프로그래밍 언어에서 병행성 특성을 필요로 하는 이유는 컴퓨터의 비동기적인 성능, 운영체제의 다중 프로그래밍 특성, 분산 시스템을 이용하기 위해서이다. 또한 병렬 시스템을 기술하기 위한 것과 계산에 관한 완전히 새로운 접근 방식 때문이다.
- 병행성을 지원하는 프로그래밍 언어는 병렬로 실행 될 수 있는 코드를 서술하는 방법, 시작될 수 있는 프로세스를 기술하는 fork 기법, 공유 데이터의 상호 배제를 보장하는 세마포어 기법과 모니터 기법, 공유 데이터의 통신을 위한 메시지 전달 기법, 프로세스를 동기화하는 모니터의 wait-signal 연산이나 Ada의 랑데뷰 기법, 프로세스에 우선순위를 부여하는 방법, 프로세스를 지연시키는 방법, 병행 프로세스를 지연시키는 join 기법 등을 포함해야 한다.
- Java의 스레드는 두 가지 방법으로 구현한다. 첫 번째 방법은 Thread 클래스의 하위 클래스를 만들어 스레드의 run( ) 메소드를 오버라이드하는 방법이다. 두 번째 방법은 Runnable 인터페이스를 구현한 클래스를 이용하는 방법이다. Runnable 인터페이스는 java.lang의 패키지에 포함되어 있다. 이런 Runnable 객체는 run( ) 메소드를 스레드에게 제공한다.
- C#의 스레드는 Java의 스레드와 부분적으로 상당한 차이가 있다. C#에서 스레드는 객체이며 스레드가 실행하는 단위는 메소드이다. 스레드 객체를 위해 Thread 클래스를 제공하고 있으며 메소드 연결을 위해 ThreadStart 델리게이트를 제공해 주고 있다. 이와 관련된 클래스 라이브러리는 System.Threading 네임스페이스에 들어 있다. 따라서 스레드 프로그래밍을 할 때에는 반드시 포함해야 한다. C#의 스레드는 Java의 스레드에 비해 다소 발전되었다. C#의 임의의 메소드는 자신의 스레드로 실행될 수 있고, Abort( ) 메소드를 이용하여 종료될 수 있으며, 특정 응용에 따라 각기 다른 동기화 구조를 가질 수 있다.

연습문제

1. 프로그래밍 언어가 병행성 특성을 필요로 하는 이유를 기술하라.

2. 상호 배제를 구현하는 각종 기법들을 서로 비교하고 장단점을 논하라

3. 어떤 시스템에서는 2진 세마포어만 지원한다. 이러한 시스템에서 2진 세마포어를 이용하

여 계수형 세마포어를 구현하라.

4. 모니터와 세마포어 연산을 사용하는 것을 비교하라.

5. 모니터를 호출하는 프로세서에 의해 자원이 반납될 때, 모니터는 새로 도착하는 요구 프로세스들보다 기다리고 있는 프로세스에 우선권을 준다. 그 이유를 설명하라.

6. 병행 프로그램에 대한 검사, 오류 수정 및 프로그램 정확성 증명이 순차 프로그램보다 훨씬 어려운 이유를 설명하라.

7. Ada에서 타스크 동기화, 타스크간의 통신 및 상호 배제를 위해 사용되는 랑데뷰 기법을 설명하라.

8. Java를 이용하여 식사하는 철학자 문제를 구현하라.

9. C#을 이용하여 식사하는 철학자 문제를 구현하라.

10. 모니터를 사용하여 식사하는 철학자 문제에 대해 최대한 4명의 철학자만이 동시에 식사하거나 또는 식사하려고 시도하도록 허용하는 해결안을 Java를 이용하여 구현하라. 이 해결안의 효율성에 대해 언급하라.

11. Java와 C#의 스레드를 비교하라.

chapter

12 함수 프로그래밍

[학습목표]

- 함수 언어의 기본 개념이 되는 람다 수식에 대해 알아본다.
- 순수한 함수 언어인 LISP에 대해 알아본다.
- C와 C++의 문법과 데이터 구조를 도입한 함수 언어인 ML에 대해 알아본다.
- 간단하고 가장 많이 사용되는 함수 언어 중의 하나인 Scheme에 대해 알아본다.

순수한 함수 프로그래밍은 식의 값은 그 식을 구성하는 부분식에 의해서만 결정될 수 있다. x+y와 같은 식의 값은 x의 값과 y의 값의 합으로 간단히 구할 수 있다. 이러한 원칙에는 부작용을 고려하지 않기 때문에 순수한 함수 프로그래밍은 배정문이 없는 프로그래밍으로 정의할 수 있다. 부작용이 없는 경우에는 동일한 식은 계산 시마다 항상 같은 값을 내게 된다. 그러나 많은 함수 프로그래밍 언어들이 배정문을 허용하여 명령형 언어의 특성을 결합하였다. 또 다른 함수 프로그래밍 언어의 특성은 사용자가 데이터에 관한 기억 장소 관리를 고려할 필요가 없다는 점이다. 기억 장소 관리를 위한 부분이 없기 때문에 프로그램은 더욱 간단하게 규모가 작아질 수 있다. 그러나 자동적인 가비지 수집 기능이 제공되어야 한다. 함수 프로그래밍은 함수가 최우선(first class) 값이 된다. 함수는 식의 값이 될 수 있고, 매개변수로 전달될 수도 있으며, 데이터 구조의 일부가 될 수도 있다. 배정문이 없는 함수 언어는 명령형 언어의 상태 개념이 없다. 함수의 값이 매개변수 값에만 의존하고 이전의 어떤 계산이나 매개변수 값의 계산 순서에 무관한 성질을 **참조 투명성(referential transparency)**이라고 한다.

함수 언어들 사이의 주요 차이는 대부분 함수를 평가하는 방법에 있다. Scheme과 같은 언어는 함수의 모든 매개변수들이 호출 시점에 평가된다. 이 방법을 **우선 평가(eager**

evaluation) 혹은 8장에서 논의한 값 호출(call-by-value) 방식이라고 한다. 함수 언어에서 적극 평가란 함소 호출 시점에 함수의 모든 매개변수를 평가하는 방식이다. 적극 평가의 장점은 함수에 전달되는 매개변수가 한 번만 평가되는 효율성에 있다. 적극 평가의 반대되는 개념은 **지연 평가(lazy evaluation)**로 함수 매개변수의 값이 실제로 필요할 때까지 평가되지 않는 방식이다. 지연 평가 방식은 이름 호출(call-by-name) 방식과 유사하다.

12.1 람다 수식

람다(lambda) 수식이라는 이름은 그리스 문자 λ에서 유래되었다. $\lambda x \cdot M$이라고 표기하는 것은 매개변수가 x이고 몸체가 M인 함수를 의미한다. 람다 수식에서 모든 함수는 이름을 가지지 않고 λ로 대체된다. $\lambda x \cdot M$ 형식으로 된 추상화는 몸체 M 안에 나타나는 x의 역할을 제한하므로 변수를 x를 바인딩한다고 한다. 이러한 x를 **바운드 변수(bound variable)**라고 하고, M에 나타나면서 식에 의해 역할의 제한을 받지 않는 변수를 **자유 변수(free variable)**라고 한다. 다음 예에서 x는 바운드 변수이지만 y는 자유 변수이다.

$$\lambda x .*(+\ 1\ y)x$$

람다 수식이 계산을 위해서는 세 개의 규칙 α−변환, β−변환, η−변환이 있다. α−변환은 변수들의 이름이 서로 충돌하는 것을 방지하기 위하여 변수들의 이름을 바꾸는 것을 허용한다. 이 규칙은 다음과 같다. 여기에서 “식 E 안에 있는 모든 x는 y로 치환”이라는 의미로 $[y/x]E$ 표기법을 사용한다.

α-변환 : $\lambda x \cdot E \leftrightarrow \lambda y \cdot [y/x]E$

β−변환은 특별한 인자에 의해서 λ−추상화 함수를 적용하는 것을 허용한다. 예를 들어 식 $((\lambda x.\ +\ x\ 1)\ 4)$는 $(+\ 4\ 1)$로 축소된다. 이 규칙은 다음과 같다.

β-변환 : $(\lambda x \cdot E_1)E_2 \leftrightarrow [E_2/x]E_1$

마지막으로 η−변환은 불필요한 λ−추상화를 제거한다. 예를 들어 다음의 왼쪽과 오른쪽 함수는 동일한 함수이다.

> η-변환 : $(\lambda x. + 1\ x) \leftrightarrow (+\ 1)$

람다 수식이 가지는 가장 큰 장점은 람다 추상화만 있다면 특별한 내장 함수가 없어도 된다는 것이다. 람다 수식의 다른 장점은 임의의 재귀 함수는 동등한 비재귀적 함수를 가진다는 점이다. 또 다른 장점은 람다 식을 임의의 순서로 평가할 수 있다는 것이다. 이것은 명령형 언어에서의 순차 실행과는 대조적이다. 임의 순서로 평가가 가능한 이유는 함수 언어가 부작용이 없기 때문이다.

람다 수식은 함수 프로그래밍 언어의 기본으로 사용될 수 있는 특성들을 가지고 있다. 첫째, 람다 수식으로 표현 가능한 임의의 재귀 함수는 비재귀적 람다 추상화와 동일하다. 둘째, 두 함수가 동등하다면, α, β, η 변환을 통해 **정규형(normal form)**으로 축소시킬 수 있다. 정규형이란 더 이상 축소될 수 없는 람다 수식을 말한다. 셋째, 정규형으로 축소할 수 있는 임의의 식에 대해서는 정규 순서(normal order)의 축소가 가능하다.

위의 세 번째 특성은 정규형을 구하는 방식에 관한 것이다. 여기에는 왼쪽에서 오른쪽 순서대로 식에 대해 가능한 축소를 해 나가는 **정규 순서 축소(normal order reduction)**와 가장 안쪽의 식부터 먼저 축소하는 **적용 순서 축소(applicative order reduction)** 방식이 있다. 정규 순서 축소가 가장 효율적인 방식은 아니지만, 정규형이 존재하는 경우 이 순서를 지키면 정규형을 반드시 생성할 수 있다. 적용 순서 축소 방식은 계산 가능한 수식을 먼저 계산하는 **우선 평가(eager evaluation)**와 관계가 있다. 일반적으로 정규 순서 축소 방식은 적용 순서 축소 방식에 비해 비효율적이다. 이 방식은 계산이 필요할 때까지 연기하는 **지연 평가(lazy evaluation)**와 관련이 있다.

정규 순서 축소 방식에 따라 정규형으로 축소할 수 있는 식의 경우에도 적용 순서 축소 방식을 따르면 구할 수 없는 경우가 발생한다. 그러나 적용 순서 축소 방식을 따르면 결과를 얻을 수 있는 경우에는 정규 순서 축소 방식보다 더욱 효율적이다. 즉, 보다 더 적은 축소 단계를 거치고도 결과를 얻을 수 있기 때문에, 일반적으로 우선 이 방식을 따르고 결과를 구할 수 없는 경우에 정규 순서 축소 방식을 따른다.

람다 수식은 함수 언어 외에도 다양한 언어에서 구현될 수 있다. 예를 들어, 객체 지향 언어인 C# 3.0부터 C# 2.0의 익명의 메소드 기능에 이어 람다 수식이 추가되었다. C#에서는 람다 수식을 통해 람다 해석의 문법과 의미를 확장시켰으나, 기존의 많은 원칙들은 그대로 적용된다. C#에서 사용할 수 있는 람다 수식의 다양한 형태는 다음과 같다[73]. 여기에서 =〉 연산자는 C# 컴파일러에게 람다 수식이라는 것을 알려준다.

```
x => x * x            // 매개변수의 제곱을 리턴하는 간단한 식
                      // 매개변수 x의 타입은 문맥에 따라 추정된다.
x => {return x * x;}          // 의미상으로는 위의 예와 동일하지만,
                              // 하나의 식이 아닌 C# 블록을 사용한다.
(int x) => x / 2      // 매개변수를 2로 나눈 값을 리턴하는 간단한 식
                      // 매개변수 x의 타입을 직접 지정한다.
( ) => folder.stopFolding(0)  // 메소드 호출
                              // 식에서는 매개변수를 사용하지 않는다.
                              // 식에서는 값을 리턴하거나 리턴하지 않을 수 있다.
(x, y) => {x++; return x / y;}             // 여러 개의 매개변수
                                           // 컴파일러는 매개변수 타입을 직접 추정한다.
                                           // 매개변수 x는 값 호출 방식을 따르므로,
                                           // ++ 연산자의 결과는 영향을 주지 않는다.
(ref int x, int y) {x++; return x / y;}    // 타입을 지정한 여러 개의 매개변수
                                           // x는 참조 호출 방식을 따르므로,
                                           // ++ 연산의 결과는 영향을 준다.
```

12.2 LISP

1960년경에 John McCarthy와 MIT 그룹에서 개발하였다. 이 언어는 주로 로보틱스, 자연어 처리, 정리 증명, 지능 시스템 등의 인공지능 분야에서 이용되었다. LISP는 여러 가지 측면에서 일반 언어들과는 차이점이 있다. 가장 특징적인 것은 제어 구조로서 프로그램과 데이터가 동일한 형태를 가진다는 점이다. 또 다른 특성으로는 제어 구조로 반복을 사용하지 않고 재귀를 사용한다는 점이다.

12.2.1 데이터 객체

데이터 객체의 기본 타입은 **리스트**와 **원자(atom)**로 함수 정의와 속성 리스트는 리스트의 특별한 형태이다. 원자는 데이터 객체의 가장 기본적인 타입이고 숫자 원자와 문자 원자로 구성된다. 문자 원자는 문자로 시작하고 문자와 숫자로 구성된다. 대소문자의 구별은 없다. 원자는 변수 이름, 함수 이름, 매개변수 이름으로 사용된다. 수치 원자는 정수나 실수 타입이 있다.

리스트 (1 2 3)은 [그림 12-1]과 같은 단순 연결 구조를 가진다. 리스트의 각 요소들은

데이터 항목에 대한 포인터와 다음 리스트 요소에 대한 포인터로 구성된다. 리스트의 마지막 요소는 다음 요소를 위한 포인터로 nil로 표시된다. 리스트의 각 요소에 있는 포인터는 **car** 포인터와 **cdr** 포인터이다. 즉, car 포인터는 데이터 항목에 대한 포인터이고 cdr 포인터는 리스트의 다음 요소에 대한 포인터이다.

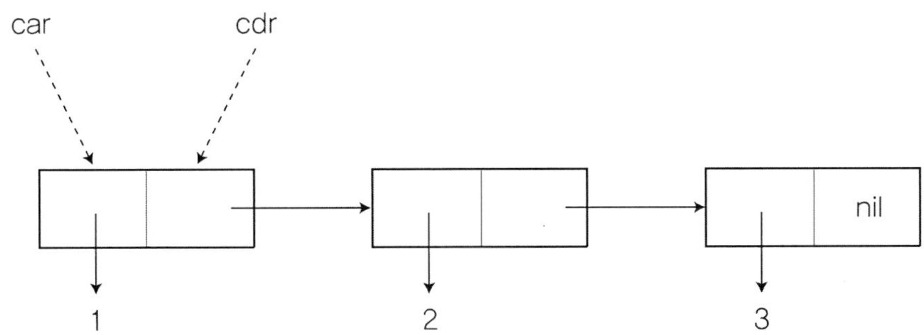

[그림 12-1] 리스트 (1 2 3)의 데이터 구조

리스트 요소에는 문자나 숫자 원자로 구성되는 데이터 객체를 포함할 수도 있고, 다른 리스트에 대한 포인터를 포함할 수도 있다. 리스트의 요소가 또 다른 리스트를 가리키는 포인터일 수 있으므로 임의의 복잡한 리스트 구조를 정의할 수 있다.

명령형 언어와는 다르게 함수 언어인 LISP에서는 직접적인 배정이 그리 중요한 역할을 하지 않는다. 대부분의 LISP 프로그램은 배정문이 없고 간접적으로 동일한 효과를 얻기 위해 재귀와 함수 적용 시 매개변수 전달 등을 사용한다. LISP 프로그램이 순차적인 처리를 하는 경우에는 **prog** 문에서 배정문이 올 수 있다. 식 (**setq** a result)은 변수 a의 값으로 result를 배정하고 식의 결과는 result의 값이 된다. 연산자 set은 변수를 사용하지 않는다는 점을 제외하고는 seq와 동일하다. 예를 들어, a가 리스트 K의 첫 번째 요소인 경우 (**set** (**car** K) result)와 (**setq** a result)는 동일하다.

12.2.2 순서 제어

LISP 프로그램은 일련의 함수 정의로 구성된다. 택일 구조를 지원하는 조건식의 예는 다음과 같다. (listp x)가 참으로 평가되면 (**car** x)을 실행한다.

```
(cond ((listp x) (car x)))
```

원자의 연산은 원자에 대한 포인터를 구분하는 atom, 문자 원자 혹은 숫자 원자 여부를 검사하는 numberp, 두 문자 원자의 일치 여부를 검사하는 eq, 원자를 삽입하는 intern, 원자를 삭제하는 remob 등이 있다.

LISP의 기본적인 **산술 연산자**는 +, -, *, / 등이 있다. LISP에서는 전위식의 형태로 (+ x (* y z))와 같이 표현한다. 모든 산술 연산자는 실수나 정수 타입을 매개변수로 취한다. 0 값인가를 검사하는 연산자는 zerop이고, 크기 비교 연산자는 greaterp와 lessp이다. 연산 결과가 참이면 T를 리턴하고 거짓이면 nil을 리턴한다.

LISP에서는 **논리 연산자**인 and, or, not도 함수로 제공한다. and 연산자는 임의의 리스트의 요소 각각을 평가하여 모두가 nil이 아닌 경우에만 T를 리턴하고, 하나라도 nil을 리턴하면 결과는 nil이 된다. or 연산자는 임의의 리스트의 요소 각각을 평가하여 모두가 nil인 경우에만 nil을 리턴하고, 하나라도 T를 리턴하면 결과는 T가 된다.

리스트의 **기본 연산자**인 car과 cdr은 앞에서 설명한 대로 리스트의 첫 번째 요소와 첫 번째 요소를 제외한 리스트를 각각 리턴한다. car과 cdr의 예는 다음과 같다. 여기에서 사용된 (') 기호는 함수를 평가하지 않도록 하는 quote 함수로 사용된다.

```
-> (car '(a b c))
a
-> (cdr '(a b c))
(b c)
-> (car '((a b)))
(a b)
-> (cdr (car '((a b c) (d e f)))
(b c)
-> (car (car '((a b c) (d e f))))
a
```

cons 연산자는 두 개의 포인터로 구성되는 피연산자를 가지며, 두 번째 피연산자가 리스트인 경우 이 리스트의 앞 부분에 첫 번째 피연산자를 추가하는 기능을 한다. 결과적으로 cons 명령에 의해 요소들의 리스트가 생성된다. 다음 예는 리스트 (a b c)를 생성한다.

```
(cons a (cons b (cons c nil)))
```

list 연산자는 cons 연산자와 마찬가지로 요소들을 이용하여 리스트를 생성한다. replaca 연산자는 car 포인터 필드를 바꾸는데 사용되고, replacd는 cdr 포인터를 대치하는데 사용된다. null 연산자는 리스트가 공백인지를 검사하고, append 연산자는 두 개의 리스트를 연결하며, equal 연산자는 두 리스트의 모든 요소가 동일한지 검사한다.

LISP는 함수의 적용을 통해 실행되므로 문장 실행의 개념이 존재하지 않는다. 표준 함수의 집합은 제어 구조의 집합이다. prog 함수는 문장, 분기 구조 등을 가진 전통적인 프로그래밍과 같이 코드를 작성할 수 있게 해준다. prog의 일반 형식은 다음과 같다. 여기에서 각 식이 순서대로 실행되고, 마지막 연산까지 실행 한 후에 종료하거나 연산자 return에 의해 종료 한다.

```
(prog (지역 변수) 식1, 식 2 ...식n)
```

새로운 함수를 생성하기 위해서는 defun 함수를 사용한다. defun 함수의 일반적인 형식은 다음과 같다. 여기에서 형식 매개변수인 v1부터 vn은 단지 원자의 리스트이며, 코드의 몸체는 식이 된다.

```
(defun 함수_이름(v1 v2 ... vn)
   (... 코드 1의 몸체 ...)
   (... 코드 2의 몸체 ...) ...)
```

defun 함수의 사용 예는 다음과 같다.

```
-> (defun list-of-lists (x)
   (list (list (car x)) (list (cadr x))))
list-of-lists
-> (list-of-lists '(a b))
((a) (b))
-> (list-of-lists '(1 2))
((1) (2))
```

12.3 ML

ML은 1970년대 중반에 Edinburgh 대학의 Robin Milner에 의해 만들어진 함수 프로그래밍 언어의 일종이다. 1983년에 모듈의 개념을 도입하여 다시 설계된 후에 표준 ML인 SML이 발표되었다. ML은 강 타입 언어이고, 타입 검사가 정적으로 이루어진다. ML은 람다 수식에 기초한 LISP의 영향을 많이 받았지만, C나 C++의 문법과 데이터 구조를 도입한 함수 언어이므로 발전된 데이터 타입의 개념을 지원한다. 구체적으로 ML은 데이터 추상화, 상속, 함수 프로그래밍, 예외 처리, 다형성 등을 지원한다.

표준 ML은 1980년대 후반에 프로그래밍 언어론 연구자들 사이에 큰 관심을 끌게 되었고, 점차 컴퓨터 과학의 교육과 연구 분야에서 중요성이 더욱 높아가고 있으며, 이 언어의 발전 과정을 지켜보는 것은 흥미로운 일이 될 것이다.

12.3.1 데이터 객체

ML은 타입 검사를 엄격하게 하는 언어이므로 모든 데이터가 타입을 가지고 있다. ML 프로그래밍을 할 때 문법에 맞는 유효한 식을 입력하면 인터프리터는 적절한 응답을 하는데, 결과의 데이터 타입도 포함되어 출력된다. 다음 예를 살펴보자. 여기에서 - 문자는 인터프리터의 프롬프트이고, 한 문장의 끝에는 세미콜론 문자가 필요하다.

```
- 7 ;
val it = 7 : int
```

위에서 다만 7이라는 정수를 입력했는데에도 불구하고 해당 값과 함께 데이터 타입이 정수라는 것을 알려주는 int가 함께 출력된다. 여기에서 it는 식에 어떤 이름도 지정되지 않았다는 의미이다. 변수의 값을 지정하거나 함수를 정의할 때 it 대신 변수나 함수 이름이 출력된다.

ML은 정수, 실수, 불리안, 문자열 등과 같은 일반적인 타입이 지원되고, 정수와 실수의 음수 표현을 위해 ~를 사용한다. ML은 대소문자를 구별한다. 식별자는 문자, 숫자, 밑줄 문자의 조합으로 구성되고 문자나 (')로 시작한다.

구조적 객체로 투플과 리스트를 제공한다. 투플은 (88, “hyolee”, 5)와 같이 서로 다른 데이터 타입을 가지는 객체들의 연속이다. 투플의 원소는 #i로 접근 가능하다. 예를 들어 #3(1, 3, 9)는 9와 같다. 반면에 리스트는 동일한 데이터 타입을 가지는 객체들의 연속으로 함수 프로그래밍에서 상당히 중요한 데이터 타입 중의 하나이다. 하나의 리스트에 4개의 문자열이 있는 경우 문자열 리스트라고 하고, [“apl”, “lisp”, “pascal”, “ada”]와 같이 표현한다. 정수 리스트의 리스트는 [[2, 4], [6, 8]]와 같고 함수 nil은 공백 리스트를 나타낸다.

순수 함수 언어에서는 기억 장소에 값을 배정하는 개념이 없지만, ML에서는 val 명령에 의해 변수를 정의할 수 있다. 변수를 정의할 때에는 다음과 같은 형식을 따른다.

```
val 변수_이름 = 식
```

예를 들어, val a = 3은 val a = 3 : int를 출력한다.

let 문의 구문은 다음과 같은데, let 다음에 정의된 변수 값들이 in 다음에 있는 식을 계산할 때 적용된다.

```
let 변수_정의 in 식
```

다음의 let 문에서 a의 값은 7로, b의 값은 21로 정의되었으므로 a * b의 값은 147이 된다.

```
let val a = 7 val b = (7 * 3) in a * b ;
```

기본적으로 제공되지 않는 새로운 데이터 타입을 datatype 명령을 이용하여 정의할 수 있다. 사용자 정의 데이터 타입을 정의하기 위한 datatype 명령의 형식은 다음과 같다.

```
datatype 타입_이름 = 타입_식 | ...
```

동, 서, 남, 북 네 방향을 나타내는 데이터 타입 direction의 정의는 다음과 같다. 여기에서 north, south, east, west는 direction 타입의 변수가 가질 수 있는 값을 나다내는 상수이다.

```
datatype direction = north | south | east | west ;
```

다음은 ML에서 이진 트리 데이터 타입을 재귀적으로 정의한 것이다.

```
datatype inttree = empty | node of inttree * int * intree ;
```

inttree는 공백 트리를 나타내는 empty라는 상수값을 가지거나, 정수값과 함께 왼쪽과 오른쪽 서브트리를 가질 수 있다.

ML에서 대부분의 데이터 접근은 값에 의한 호출이지만, 다음과 같이 ref를 이용한 참조 변수도 제공한다.

```
val a = ref 7 ;
```

앞의 선언은 값 7 자체가 아니라 7이 있는 위치에 대한 참조를 나타낸다. ML은 역참조 연산자 !를 이용하여 값 7을 참조할 수 있다. !a는 값 7이므로, a의 값을 하나 증가시키려면 a := !a + 1와 같이 사용한다.

12.3.2 순서 제어

ML의 **산술 연산자**는 ~, *, /, div, mod, +, −가 있고, **관계 연산자**는 =, 〈〉, 〉=, 〈=, 〈, 〉가 있다. **불리안 연산자**는 andalso, orelse, not으로 구성되는데 andalso는 왼쪽 피연산자가 참일 때에만 오른쪽 피연산자가 평가되고, orelse는 왼쪽 피연산자가 거짓일 때에만 오른쪽 피연산자가 평가된다. ^ 연산자는 문자열을 연결한다.

LISP의 car 및 cdr과 유사한 연산자로 **hd** 및 **tl**이 있다. 또한 LISP의 cons 연산자에 해당하는 ML 연산자는 ::이므로, hd(x) :: tl(x) = x이다. 두 개의 리스트를 합치는 연산자는 @이므로, [1, 3]@[5, 7] = [1, 3, 5, 7]이다.

ML은 함수 계산에 의해 프로그램이 구성되고, 함수를 정의할 때에는 다음 두 가지 형식 중의 하나를 따르면 된다.

```
val [rec] 이름 = fn 형식_매개변수 => 식
fun 이름 형식_매개변수 = 식
```

앞에서 첫 번째 형식에 있는 rec은 재귀 함수를 의미하는 것으로 재귀 함수를 정의할 때에는 반드시 함수 정의 문장에 포함시켜야 한다. 식은 함수의 몸체이다.

다음은 함수 정의의 예로, 첫 번째 함수는 매개변수의 값을 그대로 리턴하는 동등 함수이며, 두 번째 함수는 재귀적으로 정의된 팩토리얼 함수이다.

```
fun equality(a) = a ;
val rec factorial = fn a => if a <= 1 then 1 else a * (factorial(a-1)) ;
```

함수 f를 매개변수 a에 적용할 때에는 f(a)라고 하거나 f a라고 하면 된다. 함수의 적용은 왼쪽부터 결합하므로 f a b x라고하면 (((f a) b) c)와 동일한 의미가 된다.

리스트를 매개변수로 사용해서 그 리스트가 포함하고 있는 요소들의 수를 리턴하는 함수 length는 다음과 같이 정의된다.

```
val rec length = fn lst => if null lst then 0 else 1 + (length (tl lst)) ;
```

ML은 함수를 정의하는 다른 방법을 제공하는데, 다음과 같은 패턴 매칭 구문을 이용하는 것이다.

```
fun 이름 형식_매개변수_패턴1 = 식1
  | 이름 형식_매개변수_패턴2 = 식2
      ...
  | 이름 형식_매개변수_패턴n = 식n
```

함수를 실제로 사용할 때에는 함수 정의에 주어진 형식 매개변수의 패턴들을 차례대로 실 매개변수의 패턴과 비교하면서 실 매개변수의 패턴과 일치하는 형식 매개변수의 패턴이 발견되면 해당하는 식이 실행된다. 앞에서 정의한 length 함수를 패턴 매칭 형태로 정의하면 다음과 같다.

```
fun length [ ] = 0 | length (x::y) = 1 + (length y) ;
```

ML은 재귀 함수를 제공하지만, x가 y를 호출하고 y가 x를 호출하면 어느 쪽을 먼저 선언해야 하는지에 관한 간접적인 재귀에 따르는 문제점을 가진다. 8.7절에서 설명한 것처럼, Pascal에서는 전방 선언에 의해 이를 해결한다. ML은 정적 타입 검사를 수행하기 때문에 함수의 타입은 식에 사용하기 전에 미리 알려져야 한다. 간접적인 재귀는 함수를 동시에 효과적으로 선언하는 방법인 **and**를 이용한다.

12.4 Scheme

Scheme은 1975년에 MIT의 Guy Steel과 Gerald Sussman이 개발하였는데, ALGOL 60과 LISP의 영향을 받은 언어이다. Scheme은 LISP와 같이 단순한 구문 구조를 가지며, 프로그램을 리스트로 표현할 뿐만 아니라 가비지 수집 기능을 가지고 있다. Scheme은 ALGOL 60의 영향으로 어휘 영역 규칙과 블록 구조를 적용한다. ML처럼 배정을 허용한다는 점에서 비함수적 특성을 가지고 있기도 하지만, 언어의 핵심부는 식에 기반을 둔 순수한 함수 프로그래밍 언어이다. 표준 ML과 Scheme와의 근본적인 차이점은 ML은 타입 검사가 강하지만 Scheme은 타입 검사가 전혀 필요 없다는 것이다. 이 점을 제외하면 둘 다 어휘 영역 규칙을 적용하고, 함수를 최우선 값으로 처리하고, 묵시적인 기억 장소 관리를 실행하며, 동일한 문제들을 해결하기 위해 사용될 수 있다.

12.4.1 데이터 객체

Scheme의 기본적인 데이터 타입에는 **숫자 타입, 불리안 타입, 문자 타입, 심벌 타입** 등이 있다. 숫자는 정수, 실수, 분수, 복소수를 모두 포함하는 데이터 타입이다. 숫자 타입에 대한 기본 연산자는 +, -, *, / 등이 있다. 불리안 타입은 #t, #f로 각각 참과 거짓을 나타낸다. 불리안 타입에 대한 기본 연산자는 not, and, or가 있다. 문자 타입은 문자 앞에 #\를 붙여서 표시한다. 예를 들어, 문자 x, %은 #\x, #\%로 각각 나타낸다. 문자들이나 문자를 " "로 묶으면 문자열이 되는데, 문자열에 대한 기본 연산자는 string-length, string-append, string->number, string->list 등이 있다. 심벌은 값을 나타내는 식별자로 심벌로 나타낼 데이터 앞에 '를 붙이거나 quote 명령을 이용한다.

리스트는 일련의 값들의 연속이다. 그러므로 어떤 값도 리스트의 요소가 될 수 있다. ML에서는 리스트의 모든 요소들이 같은 타입을 가지지만 Scheme은 다른 타입의 요소들을 가질 수 있다. Scheme에서 (* a (+ b c d))은 3개의 서로 다른 타입의 요소들을 가진다. *은 연산자, a은 변수이고, (+ b c d)는 또 다른 식이다. 이렇게 타입들을 혼합함으로써 식의 리스트의 리스트 대신 식의 리스트를 전달함으로써 야기되는 오류를 추적하기 어렵다. 여기에 대응하는 ML의 표현은 product [a, sum [b, c, d]]이다.

리스트는 그 리스트를 형성하는 요소들을 괄호 안에 나열함으로써 표기한다. 리스트 (i love you)는 3개의 심벌 i, love, you를 리스트 요소로 가진다. 리스트 ((i love you) you (like) me)는 4개의 리스트 요소를 가지는데, 첫 번째 요소와 세 번째 요소가 리스트가 된다. 리스트 (x ( ))는 첫 번째 요소가 심벌 x이고 두 번째 요소는 공백 리스트( )로 2개의 요소로 이루어져 있다. 따라서 한 개의 요소를 가지는 (x)는 (x ( ))과 다르다는 것을 알 수 있다. (+ 1 2)는 식일 수도 있고 리스트일 수도 있다. Scheme 인터프리터에서는 (+ 1 2)를 식으로 처리하여 계산 결과인 3을 응답하지만, '를 사용하여 '(+ 1 2)와 같이 하면 계산된 값이 아닌 리스트 자체를 나타낸다.

리스트의 요소들을 검사하여 새로운 요소들의 리스트를 구성하기 위해서는 리스트를 처리하는 연산이 필요하다. null?은 공백 리스트에 적용하면 참이 되고 그렇지 않으면 거짓이 되는 술어이다. car은 공백이 아닌 리스트의 첫 번째 요소인 머리를 추출하고, cdr은 첫 번째 요소를 제외한 리스트의 모든 부분으로 이루어진 꼬리를 추출한다. cons는 리스트를 구축하는 연산으로, (cons x y)는 머리가 x이고 꼬리가 y인 값을 만들어낸다. (cons x y)를 점을 이용하여 나타내면 (x . y)이므로 cons 연산은 피연산자로부터 점으로 표기된 쌍을 구축한다. list 연산자를 각 요소에 적용함으로써 여러 요소들을 가지는 리스트를 구축할 수도 있다. 따라서 아래의 두 구문은 서로 동일하다.

```
(list 'i 'love 'you)
(cons 'i (cons 'love (cons 'you ' ( ))))
```

12.4.2 순서 제어

Scheme에서는 조건식을 나타내기 위해서는 cond 식을 이용하는데, 다음 형식으로 정의된다.

```
(cond (술어1 식1)
      (술어2 식2)
      ...
      (술어n 식n)
      (else 식n+1))
```

여기에서 술어는 불리안 값을 리턴하는 함수나 식을 의미한다. 식에서 나타나는 술어는 차례대로 계산되는데, 참을 리턴하는 술어가 나타나면 대응하는 식의 결과가 조건식 전체의 결과로 리턴되고 다음 술어들은 더 이상 계산되지 않는다. 모든 술어들이 거짓을 리턴하면 else 다음의 식n+1의 결과가 전체의 결과로 리턴된다.

if 식을 이용하는 또 다른 조건식이 있다. **(if** 술어 식1 식2)의 의미는 **if** 술어 **then** 식1 **else** 식2와 같다.

조건식과 술어를 이용하여 함수를 정의할 수 있다. 다음은 절대값을 리턴하는 함수를 cond 식과 if 식, 그리고 람다 수식의 세 가지 방식을 이용하여 정의한다.

```
(define (abs a) (cond ((< a 0) (- a)) (else a)))
(define (abs a) (if (< a 0) (- a ) a))
(define abs (lambda (a) (if (< a 0) (- a) a)))
```

Scheme은 리스트의 각 요소에게 함수를 적용할 수 있는 기능을 가진 map 함수를 제공한다. 다음은 매개변수가 a일 때 a^2을 리턴하는 함수 square에 map을 적용한 예이다.

```
(define (square a) (* a a)
> (map square '(1 3 5 7 9))
(1 9 25 49 81)
```

Scheme은 이름을 가지지 않는 익명의 함수를 정의하기 위해 람다 수식을 이용한다. 람다 수식의 일반적인 형식은 다음과 같다.

```
(lambda 형식_매개변수 식)
```

따라서 형식 매개변수가 a이고 몸체가 (* a a)인 함수는 다음과 같이 정의한다.

```
(lambda (a) (* a a))
```

이제 square 함수는 아래와 같이 정의할 수 있다.

```
(define square (lambda (a) (* a a)))
```

Scheme에서는 변수와 함수 이름들이 영역을 한정하기 위하여 let과 let*를 사용한다. define 명령을 사용하는 경우 전역 변수를 정의하게 되는데 반해, let은 지역 변수 정의를 가능하게 한다. let의 일반적인 형식은 다음과 같다.

```
(let ((변수1 식1)(변수2 식2) ... (변수n 식n)) 몸체)
```

Scheme 인터프리터는 각 식의 값을 모두 계산하여 대응하는 변수의 값으로 지정한 후에 몸체 내의 각 변수를 해당 값에 바인딩해서 결과를 계산한다. let 식 전체의 결과는 몸체 부분을 계산한 결과가 되고, 이 때 각 변수의 영역은 let 식 내로 한정된다. let* 식은 let과 달리 모든 식들의 계산이 끝날 때까지 바인딩이 지연되지 않고, 바인딩이 식의 순서대로 진행되므로 앞에서 실행된 바인딩이 그 뒤의 바인딩에 적용될 수 있다.

let과 let*의 차이는 다음에 나타낸 대로 인터프리터의 응답에 의해 알 수 있다.

```
> (define a 0)
a
> (let ((a 2) (b a)) b)      ; a를 재지정하기 전에 b를 바인딩
0
> (let* ((a 2) (b a)) b)     ; a를 재지정한 다음에 b를 바인딩
2
```

팩토리얼 함수를 다음과 같이 두 가지 방식으로 정의할 수 있다. 두 번째 방식은 람다 수식을 이용한 것이다.

```
(define (factorial a) (if (= a 0) 1 (* a (factorial (- a 1)))))
(define factorial (lambda (a) (if (= a 0) 1 (* a (factorial (- a 1))))))
```

학습정리

- 함수 프로그래밍은 배정문이 없는 프로그래밍으로 정의할 수 있지만 많은 함수 언어들이 배정문을 허용하여 명령형 언어의 특성을 결합하였다. 또 다른 함수 언어의 특성은 사용자가 데이터에 관한 기억 장소 관리를 고려할 필요가 없으므로 자동적인 가비지 수집 기능이 제공되어야 한다. 함수 프로그래밍은 함수가 최우선 값이 된다.
- 람다 수식은 함수 언어의 기본으로 사용될 수 있는 특성들을 가지고 있다. 첫째, 람다 수식으로 표현 가능한 임의의 재귀 함수는 비재귀적 람다 추상화와 동일하다. 둘째, 두 함수가 동등하다면, α, β, η 변환을 통해 정규형으로 축소시킬 수 있다. 셋째, 정규형으로 축소할 수 있는 임의의 식에 대해서는 정규 순서의 축소가 가능하다.
- LISP의 가장 특징적인 것은 제어 구조로서 프로그램과 데이터가 동일한 형태를 가진다는 점이다. 또 다른 특성으로는 제어 구조로 반복을 사용하지 않고 재귀를 사용한다는 점이다. 데이터 객체의 기본 타입은 리스트와 원자로 함수 정의와 속성 리스트는 리스트의 특별한 형태이다. 원자는 데이터 객체의 가장 기본적인 타입이고 숫자 원자와 문자 원자로 구성된다.
- ML은 강 타입 언어이고, 타입 검사가 정적으로 이루어진다. ML은 람다 수식에 기초한 LISP의 영향을 많이 받았지만, C나 C++의 문법과 데이터 구조를 도입한 함수 언어이므로 발전된 데이터 타입의 개념을 지원한다. 구체적으로 ML은 데이터 추상화, 상속, 함수 프로그래밍, 예외 처리, 다형성 등을 지원한다.
- Scheme은 LISP와 같이 단순한 구문 구조를 가지며, 프로그램을 리스트로 표현할 뿐만 아니라 가비지 수집 기능을 가지고 있다. Scheme은 ALGOL 60의 영향으로 어휘 영역 규칙과 블록 구조를 적용한다. ML처럼 배정을 허용한다는 점에서 비함수적 특성을 가지고 있기도 하지만, 언어의 핵심부는 식에 기반을 둔 순수한 함수 언어이다. 표준 ML과 Scheme와의 근본적인 차이점은 ML은 타입 검사가 강하지만 Scheme은 타입 검사가 전혀 필요 없다는 것이다.

연습문제

1. 함수 프로그램의 특징을 기술하라.

2. 정규형을 구하기 위한 정규 순서 축소 방식과 적용 순서 축소 방식을 비교하라.

3. C#에서 사용하는 람다 수식의 형태를 예를 들어 설명하라.

4. LISP의 리스트 타입에 대하여 설명하라.

5. LISP의 연산자에 대하여 설명하라.

6. ML에서 기억 장소에 값을 배정하는 명령에 대하여 설명하라.

7. ML에서 함수를 정의하는 방식에 대하여 설명하라.

8. 리스트를 중심으로 Scheme과 ML을 비교하라.

9. Scheme에서 let과 let*의 차이점을 설명하라.

chapter

13 논리 프로그래밍

[학습목표]

- 수학과 증명 이론에 기반을 두고 있는 논리 프로그래밍의 역사에 대해 알아본다.
- 대표적인 논리 언어인 PROLOG의 기본 구조에 대해 알아본다.
- PROLOG의 재귀와 데이터 구조에 대해 알아본다.
- 논리 프로그래밍의 되돌림과 절단 개념에 대해 알아본다.

논리는 과학적 사고와 그 시작을 같이 하고 있으므로 목적이나 지식, 그리고 가정들을 분명하게 표현할 수 있는 정확한 언어를 제공한다. 논리는 또한 전제로부터 결론을 추론할 수 있는 기본 원리를 제공한다. 즉, 어떤 문장들의 참 또는 거짓에서 다른 문장의 참 또는 거짓을 연구하거나, 주장의 무결성을 입증하고 주장의 유효성을 검증하기 위한 원리를 제공한다.

논리 프로그래밍은 함수 프로그래밍과 마찬가지로 전통적인 명령형 언어와는 근본 개념이 다르다. 즉 폰 노이만 모델과 명령어 집합에서부터 추상화와 재구성의 연속에 의해 파생된 것이 아니라, 특정 기계 모델에 직접 관계되거나 종속되지 않은 추상 모델에서 유도되었다. 이것은 구현이 쉽고 개발 비용이 적게 드는 방식이었던, 컴퓨터 연산을 통해서 생각하도록 인간을 학습시킨 대신 컴퓨터가 인간이 제공하기 용이한 명령어들을 수행해야 한다는 믿음에 바탕을 두고 있다. 논리와 프로그래밍은 모두 사람의 지식과 방법을 명백하게 표현할 것을 요구한다. 사람의 지식을 명백하게 하는 것은 지루하지만, 사람의 지식을 논리로 정형화하는 것은 지적으로 가치 있는 행위이며 어떤 통찰력을 추가할 수 있다.

논리 프로그래밍은 문제에 대한 지식과 문제를 푸는데 충분한 가정들을 논리 공리로서 명백하게 표현한다. 문제를 목표(goal) 문이라고 하는 증명할 문으로 정형화하여 줌으로써 프로그램이 수행될 수 있게 한다. 이에 따라 실행은 논리 프로그램에 주어진 가정과 함께 문제를 푸는 시도가 되는 것이다.

13.1 논리 프로그래밍의 역사

논리 프로그래밍에서 사용되는 논리의 특별한 측면은 **목표 문**이 보통 존재 한정화되어 있다는 점이다. 즉, 어떤 특성을 가지는 어떤 개체가 존재한다는 것을 주장한다. 목표 문의 한 예로는 "리스트 [3,1,2]를 정렬하면 X가 되는 리스트 X가 존재한다"는 것이다. 이 예에서 논리 프로그램이 정렬 관계를 정의하는 적절한 공리들을 포함하고 있다고 가정하면 계산의 결과는 X=[1,2,3]이 될 것이다. 이러한 생각은 다음의 식으로 요약할 수 있다.

```
프로그램 = 공리의 집합
계산 = 프로그램으로부터 목표 문에 대한 증명
```

이러한 식이 의미하는 생각들은 20세기 초의 수학과 증명 이론에 그 기원을 두고 있다. 즉, 논리와 집합론의 공리에서 출발하여 수학 지식 전체를 논리에 기반을 두고, 그 이론을 이용하여 증명을 시도한 Hilbert의 이론과 관련되어 있다. 실제 계산에 이러한 방식을 처음으로 사용한 것은 Robinson의 **단일화(unification)** 알고리즘과 **resolution** 원리의 결과로 나온 것들이다. 논리 프로그래밍은 Kowalski와 Colmerauer에 의해 시작되었다. Kowalski는 **Horn 논리절**의 절차적 해석을 정형화하였다. 그는 다음의 공리를 재귀적 프로그래밍 언어의 절차로 이해하고 수행할 수 있음을 보였다.

```
A if B1 and B2 and ,,, Bn
```

즉, A는 절차 이름이고 Bi들은 그 몸체로 볼 수 있다. Bi들이 참이면 A가 참이라고 읽는 대신, A를 풀기 위해서는 B1과 B2 그리고 Bn까지 차례로 수행한다고 본다. 이런 해석에 따라 Horn 논리의 증명은 언어의 해석기가 되며, 단일화 알고리즘은 변수 지정, 매개변수 전달, 데이터 선택 등과 같은 기본적 데이터 조작 연산을 수행한다.

PROLOG는 가장 대표적인 논리 프로그래밍 언어로서 1972년 Kowalski의 연구에 기반을 두어 Colmerauer와 Roussel에 의해 개발되었다. 논리 프로그래밍의 가능성과 구현의 실용성에도 불구하고 대부분의 서구 학자들과 인공지능 연구 커뮤니티는 논리 프로그래밍에 무지하였고 무관심하였다. 1981년 10월에 시작안 일본의 5세대 컴퓨터 프로젝트의 발표가 없었다면 논리 프로그래밍은 더욱 오랫동안 미미한 영역으로 남아 있었을 가능성이 있다. 일본의 연구 프로그램은 체계적이지 못하고 한계가 있었지만, 다음 세대 컴퓨터 시스템에 있어서 논리 프로그래밍은 큰 역할을 하였다. PROLOG는 논리 프로그래밍의 이상을 전적으로 만족시키지는 못하지만 나름대로 강력하고 생산성이 있으며 실용적인 프로그래밍 형식이다. PROLOG는 주로 자연어 처리, 지식 표현 등과 같은 제한된 영역의 인공지능 분야에 주로 사용되고 있다.

13.2 PROLOG의 구조

PROLOG 프로그램은 [그림 13-1]과 같이 객체 사이에 성립하는 관계를 기술하는 수단인 **사실(fact)**, 객체들과 그들의 관계에 대한 **규칙(rule)**, 객체와 그들의 관계에 대한 **질문(question)**으로 구성된다. 사용자가 등록된 데이터베이스를 대상으로 질문을 하면, 프로그램이 실행되어 응답을 하게 된다.

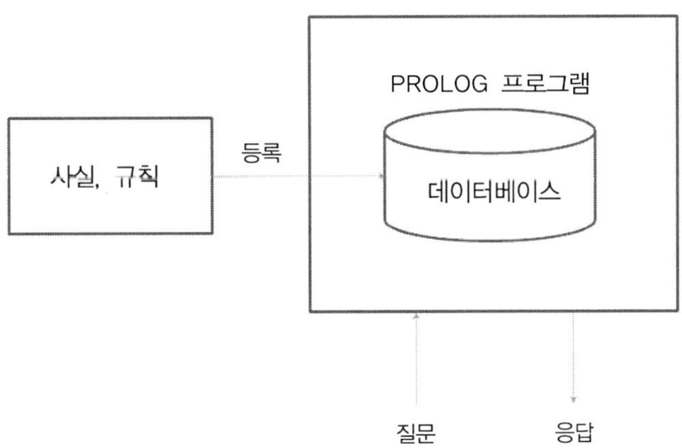

[그림 13-1] PROLOG 프로그램의 구조

13.2.1 상수 및 변수

PROLOG 프로그램은 **항(term)**으로 이루어지는데, 한 항은 다시 **상수(constant)**이거나 **변수(variable)**, 혹은 **구조(structure)**일 수 있다.

상수는 특정 객체나 객체 사이의 관계를 이름 짓는 것으로 볼 수 있는데, 이에는 **원자(atom)**와 **정수(integer)**의 두 가지 종류가 있다. 원자의 예로는 다음과 같은 객체 혹은 객체 간의 이름을 들 수 있다.

```
a, void, likes, book, ie245, hyolee
```

또한, PROLOG에서는 질문을 표시하는 ?-과 규칙을 표시하는 :-도 원자로 취급한다. 원자는 두 가지 방법으로 구성할 수 있는데, 첫째 문자와 숫자로 구성할 수 있으며, 둘째 부호 문자로 구성할 수 있다. 대문자나 숫자로 시작하는 원자를 쓸 경우에는 인용 부호 '를 사용하여 나타낸다.

상수의 한 종류인 정수는 소수점이 없는 수를 표시하는 것으로 산술 연산자의 피연산자로 사용된다.

PROLOG에서 사용하는 두 번째 종류의 항은 변수이다. 변수는 원자와 거의 유사하며 대문자나 밑줄 문자로 시작한다는 차이가 있다. 변수는 우리가 이름을 붙일 수 없는 어떤 객체를 나타낸다고 생각할 수 있다. 변수의 예는 다음과 같다.

```
X, Y, Answer, Gross_Pay, _2_PM
```

하나의 밑줄 문자를 이용하여 실제 프로그램의 수행에는 사용하지 않지만 프로그램의 작성에는 필요한 어떤 변수가 있을 수 있다. 이를 익명의 변수라고 하며 다음과 같이 나타낸다.

```
?- likes(_, mary).
```

PROLOG 프로그램에서 사용하는 세 번째 종류의 항은 구조인데, 이것은 관련된 여러 객체들을 모아 단일 객체로 나타낼 수 있도록 한다. 여기에서 관련된 객체들을 컴포넌트라고 하고, 이것들을 나타내는 단일 객체를 **함수 이름(functor)**이라고 한다. 다시 말하면, 구조는 여러 객체들을 하나의 객체로 나타내어 다루기 쉽게 해주는 항이라고 볼 수 있다. 예를 들면, 에밀리 브론테의 폭풍의 언덕을 John이 소유하고 있다는 것은 다음이 사실로 나타낼 수 있다.

```
owns(john, book(wuthering_heights, bronte)).
```

위에서 owns 사실 내에 book이라는 함수 이름을 가지고 도서명과 저자명의 두 컴포넌트로 이루어진 구조를 사용하고 있다. 여기에서 book 구조는 owns의 매개변수들 중에서 하나로, 소유 관계에 있는 두 객체 중의 한 객체로 사용되고 있다.

13.2.2 사실

"John이 Mary를 좋아 한다"라는 **사실**은 두 개의 객체인 Mary와 John, 그리고 likes라는 관계로 구성되며 다음과 같은 표준형으로 작성된다.

```
likes(john, mary).
```

사실을 작성하는 데에는 다음 사항을 유의해야 한다. 첫째, 모든 관계와 객체들의 이름은 likes, john, mary와 같이 소문자로 작성한다. 둘째, 관계가 먼저 나타나고 객체들은 괄호 안에서 쉼표로 구분하여 하나씩 나타난다. 셋째, 사실의 끝에는 마침표가 나온다.

괄호 안의 객체들이 쉼표를 사이에 두고 그 순서는 임의로 될 수 있지만, 어떤 순서를 결정한 후에는 일관성이 있어야 한다. 따라서 likes(john, mary)라는 사실과 likes(mary, john)이라는 사실은 동일한 의미가 아니다. 다음에 사실에 대한 여러 예를 그 해석과 함께 나타낸다.

```
female(mary).          Mary가 여성이다.
owns(john, book).      John이 책을 소유하고 있다.
father(john, mary).    John은 Mary의 아버지이다.
```

이와 같이 사실은 female(mary)와 같이 객체를 설명할 수도 있고, father(john, mary)와 같이 두 객체 사이의 간계를 나타낼 수도 있다. 이와 같은 사실들의 집합을 데이터베이스라고 한다.

13.2.3 규칙

만일 John이 모든 사람을 좋아한다는 사실을 기술하고자 가정하자. 이를 위한 한 가지 방식은 개별적인 사실들을 아래와 같이 모든 사람에 대해 데이터베이스 내에 작성해가는 것이다.

```
likes(john, a).
likes(john, b).
  ⋮
```

그러나 만일 PROLOG 프로그램에 많은 사람이 있을 경우 지루하고 무의미한 작업이다. 이 경우는 John이 모든 사람을 좋아한다고 말하는 또 하나의 방법은 "John은 사람이라면 누구든지 좋아한다"라고 말하는 것이다. 이 사실은 John이 좋아하는 모든 사람을 나열하는 대신 John이 좋아하는 것에 관한 규칙으로 유도할 수 있기 때문에 다음과 같이 작성할 수 있다.

```
likes(john, X) :- person(X).
```

규칙은 우리가 어떤 사실이 다른 사실들의 모임에 의존한다는 것을 말하고 싶을 때 사용할 수 있다.

PROLOG에서 규칙은 결론부와 조건부로 구성된다. 결론부와 조건부는 :- 기호로 연결된다. :-는 영어로 if라고 읽는다. 예를 들어, "John은 X가 와인을 좋아하면 X를 좋아 한다"라는 의미는 다음과 같은 규칙으로 작성할 수 있다.

```
likes(john, X) :- likes(X, wine).
```

규칙의 결론부도 마침표로 끝나야 하며, 규칙이 정의하고자 하는 사실이 무엇인지 기술한다. 조건부에는 결론부가 참이기 위해 만족해야 하는 목표의 논리곱을 조건부 사이에 쉼표를 사용하여 다음과 같이 기술한다.

```
likes(john, X) :- likes(X, wine), likes(X, food).
```

즉, "John은 와인과 음식을 좋아하는 누구든지 좋아한다"라는 의미이다.

다음은 자매를 표현하는 규칙을 살펴보자.

```
sister_of(X, Y) :- female(X), parents(X, M, F), parents(Y, M, F).
```

위 프로그램의 의미는 X가 여성이고 X와 Y가 모두 M과 F를 동일한 부모로 가지게 되면 X와 Y는 자매가 된다는 것이다.

13.2.4 질문

우리가 어떤 사실을 가지게 되면 그에 대한 질문을 할 수 있다. **질문**의 형식은 맨 앞에 붙이는 ?- 기호를 제외하고는 사실의 형식과 동일하다. 예를 들어, "John이 Mary를 좋아하는가"를 묻는다고 가정하자. 이 경우 다음과 같은 질문이 필요하다.

```
?- likes(john, mary).
```

질문이 주어지면 우선 데이터베이스를 탐색한다. 그래서 질문의 사실과 부합하는 사실을 데이터베이스에서 찾는다. 두 사실은 괄호 앞에 나오는 관계의 이름인 **술어(predicate)**가 동일하고, 대응하는 매개변수들이 서로 같아야 부합한다. 질문과 부합하는 사실을 찾아내면 yes라고 응답한다. 그와 같은 사실에 데이터베이스에 있지 않으면 no라고 응답할 것이다.

다음과 같은 데이터베이스를 생각하자.

```
likes(joe, fish).
likes(mary, book).
likes(john, money).
```

만일 질문이 다음과 같다면 yes라고 응답하게 된다.

```
?- likes(mary, book).
```

우선 데이터베이스에서 likes라는 술어를 찾고, 데이터베이스에 likes라는 술어가 있기 때문에 다음은 매개변수를 mary와 book의 순으로 찾아 yes라고 응답하는 것이다.

다음으로 13.2.3절에서 살펴본 자매 규칙과 데이터베이스가 아래와 같이 정의되었다고 가정하자.

```
sister_of(X, Y) :- female(X), parents(X, M, F), parents(Y, M, F).

female(alice).
parents(edward, victoria, albert).
parents(alice, victoria, albert).
```

다음 질문이 주어졌다고 하자.

```
?- sister_of(alice, edward).
```

먼저 female(alice)를 찾아 부합하면, 다음 parents(alice, M, F)를 만나게 되어 데이터베이스에서 우선 M의 값을 victoria, F의 값을 albert로 놓고, parents(edward, M, F)를 계산한다. 이 때 M의 값인 victoria, F의 값인 albert를 삽입하여 데이터베이스에 있는 parents(edward, victoria, albert)와 비교하여 서로 부합하므로 최종적으로 yes를 응답하게 된다.

그러나 유사한 다음 질문을 고려하자.

```
?- sister_of(alice, X).
```

먼저 female(alice)이 성공된 후, parents(alice, M, F)가 데이터베이스를 검색하여 M은 victoria, F는 albert를 얻어 parents(X, victoria, albert)의 사실을 생성하고 이 사실은 데이터베이스를 통하여 X의 값을 edward로 치환하므로 데이터베이스와 부합하게 되고 그 답은 edward가 되게 된다. 만일 또 다른 X의 값이 존재하는 경우 답을 얻은 다음 세미콜론을 치면 데이터베이스에 있는 또 다른 X의 값을 출력한다.

13.3 재귀와 데이터 구조

재귀는 비수치 응용 분야의 프로그래밍에서 많이 사용하는 기법으로, PROLOG에서는 두 가지 목적으로 사용하고 있다. 첫째, 다른 구조를 컴포넌트로 하는 구조를 기술할 때 사용한다. 둘째, 성공하기 전에 자신의 사본을 먼저 만족시켜야 하는 프로그램을 기술할 때 사용한다.

13.3.1 리스트 구조

리스트는 비수치 응용 프로그램의 기본적인 데이터 구조로서 원소들의 순서화된 열을 나타내며 길이에는 제한이 없다. 리스트의 원소는 항, 즉 상수, 변수 그리고 구조일 수 있으며, 더 나아가 또 다른 리스트일 수도 있다. 리스트는 크기가 얼마나 될 것인지, 혹은 리스트에 어떤 정보가 저장될지 미리 예측할 수 없는 경우에도 사용할 수 있다. 더욱이 리스트는 기호 처리 분야에서 사용되는 어떠한 구조도 표현할 수 있다. LISP는 데이터 구조를 상수와 리스트만을 사용하여 표시하는데 비해, PROLOG에서는 훨씬 더 넓은 의미의 데이터 구조이다.

리스트는 원소를 하나도 가지지 않는 공백 리스트이거나 머리(head)와 꼬리(tail)의 두 컴포넌트로 이루어진다. 공백 리스트는 '[]'으로 나타내며, 리스트의 머리와 꼬리는 함수 이름 '.'의 컴포넌트로 생각한다. 따라서 한 원소 a를 가진 리스트는 구조 .(a,[])로 생각할 수 있다. 또한 a, b, c 세 원소를 가진 리스트는 .(a,.(b,.(c,[])))으로 나타낼 수 있다. 마침표 함수 이름을 연산자로도 정의할 수 있으며, 이렇게 하면 앞의 두 리스트는 각각 a.[]과 a.(b.(c.[])))으로 나타낼 수 있다. 마침표는 우결합성 연산자이므로 두 번째 리스트는 a.b.c[]으로 나타낼 수도 있다.

다음의 예는 리스트의 머리와 꼬리를 나타낸다.

리스트	머리	꼬리
[a, b, c, d]	a	[b, c, d]
[a]	a	[]
[[the, cat], sat]	[the, cat]	[sat]
[the, [cat, sat]]	the	[[cat, sat]]
[the, [cat, sat], down]	the	[[cat, sat], down]
[X+Y, x+y]	X+Y	[x+y]

일반적으로 리스트의 기본 연산이 한 리스트를 머리와 꼬리로 나누는 연산이므로, 머리 X와 꼬리 Y를 가진 리스트를 표현하기 위하여 특수한 기호를 제공한다. 이 기호는 '|'으로 [X|Y]로 쓰면 X는 리스트의 머리로 Y는 꼬리를 나타낸다. 다음의 예는 이 사실을 보여준다.

```
p([1, 2, 3]).
p([the, cat, sat, [on, the, mat]]).
?- p([X|Y]).
X = 1            Y = [2, 3];
X = the          Y = [cat, sat, [on, the, mat]]
?- p(_, _, _, [_|X]]).
X = [the, mat]
```

13.3.2 리스트의 처리

여기에서는 리스트의 처리 과정을 설명하기 위해 소속 관계(membership) 검사, 리스트 검사, 그리고 리스트 추가(append)의 두 가지의 예를 들기로 한다.

먼저 어떤 객체와 이 객체가 속한 리스트 사이에 어떤 관계가 있다는 것을 인식한다. 이런 관계를 소속 관계라고 하는데, 보통 일상생활에서 많이 접하는 개념이다. 소속 관계를 나타내기 위해 술어 member를 정의하여 목표 member(X, Y)를 X가 리스트 Y의 원소이면 참이 되도록 한다. 여기에서 검사해야 할 조건은 두 가지로 첫째는 X가 리스트 Y의 머리와 같으면 원소 X가 리스트 Y에 속한다는 것을 나타내는 사실을 다음과 같이 선언해야 한다.

```
member(x, [X|_]).
```

두 번째 조건은 원소 X가 리스트의 꼬리 Y에 있으면 그 리스트에 속한다는 규칙이다. 여기에서 원소 X가 리스트의 꼬리에 있다는 것을 알기 위하여 member 자신을 사용한다. 이것은 재귀를 사용하여 다음과 같이 술어를 정의하는 것이다.

```
member(X, [_|Y]) :- member(X, Y).
```

앞의 뜻은 만일 X가 리스트의 꼬리에 속하면, 그 리스트에 속한다는 것이다. 예를 들어 다음의 질문에 대해서는 yes의 응답을 얻게 된다.

```
?- member(c, [a, b, c, d, e]).
```

어떤 과정을 통하여 답이 나왔는지 살펴보면 다음과 같다.

```
member(c, [a, b, c, d, e])
          |            ; 첫 번째 규칙 실패, 두 번째 규칙 시도
member(c, [b, c, d, e])
          |            ; 첫 번째 규칙 실패, 두 번째 규칙 시도
member(c, [c, d, e])
          |            ; 첫 번째 규칙 부합
member(c, [c|[d, e]])
          |
         yes
```

두 번째 예는 두 리스트를 결합하여 새로운 리스트를 만드는 append 술어에 대한 것이다. 예를 들어, 다음과 같은 append는 참이 된다.

```
append([a, b, c], [3, 2, 1], [a, b, c, 3, 2, 1].
```

보통 append 술어는 다음과 같이 두 리스트를 연결하여 새 리스트를 만드는데 이용된다.

```
?- append([alpha, beta], [gamma, delta], X).
X = [alpha, beta, gamma, delta]
```

그러나 append 술어를 다음과 같이 사용하면 한 리스트를 분할할 수 있다.

```
?- append(X, [b, c, d], [a, b, c, d]).
```

이와 같이 동작하기 위해서는 append 술어를 다음과 같이 정의하면 된다.

```
append([ ], L, L).
append([X|L1], L2, [X|L3]) :- append(L1, L2, L3).
```

예를 들어 다음의 질문에 대해서는 yes의 응답을 얻게 된다.

```
?- append([a, b], [2, 1], [a, b, 2, 1]).
```

어떤 과정을 통하여 답이 나왔는지 살펴보면 다음과 같다.

```
append([a, b], [2, 1], [a, b, 2, 1])
          |            ; 두 번째 규칙 부합
append([b], [2, 1], [b, 2, 1])
          |            ; 두 번째 규칙 부합
append([ ], [2, 1], [2, 1])
          |            ; 첫 번째 규칙 부합
         yes
```

13.4 되돌림(Backtracking)과 절단(Cut)

목표를 만족시키려고 할 때 데이터베이스를 차례대로 검색하여 목표와 부합하는 논리절을 찾아간다. 만약 부합되는 사실이나 규칙이 없는 경우에는 원래 목표의 왼쪽 목표를 재차 만족시켜야 한다. 또한 절단은 이전의 선택들을 다시 고려하지 않아도 된다는 것을 알려주는 역할을 한다.

13.4.1 되돌림

목표 문의 수행 과정을 다음과 같이 정리할 수 있다. 첫째, 목표를 만족시키려는 시도를 한다. 목표를 만족시키려고 할 때 데이터베이스의 처음부터 검색하여 목표와 부합하는 논리절을 찾아나간다. 목표가 부합되면 데이터베이스에 그 위치를 표시하고 부합된 변수들을 실제의 값으로 대치한다. 만일 목표가 규칙과 부합되었다면 먼저 규칙의 조건부에 나타나는 부목표들을 만족시켜야 한다. 원래의 목표가 성공하면 다음 목표를 시도해야 하는데, 다음 목표는 목표가 논리곱으로 연결되었을 때 원래 목표의 오른쪽에 있는 목표를 말한다.

둘째, 부합되는 사실이나 규칙이 없는 경우이다. 이 경우는 목표가 실패한 것인데, 논리곱으로 표현되었을 때 원래 목표의 왼쪽 목표를 재차 만족시켜야 한다. 만약 어떠한 부목표도 재차 만족시킬 수 없으면 원래 목표의 대안 논리절을 찾아야 하며, 이전의 논리절을 선택했을 때 이전에 얻은 값을 버리고, 모든 작업을 원래의 상태로 다시 **되돌려 놓아야 한다.** 그리고 나서 이전에 기록한 위치 표시가 있는 그 다음 부분부터 다시 데이터베이스를 검색한다. 이 새로운 목표도 성공하거나 실패할 수 있고, 앞의 과정인 (1)이나 (2)를 각각 수행해야 한다.

예를 들어, 다음 질문의 실행 과정을 살펴보자.

```
?- likes(joan, X), likes(paul, X).
```

① 첫 번째 목표인 likes(joan, X)는 데이터베이스에서 성공하여 X의 값은 food가 되고 이 사실에 위치를 표시한다. 두 번째 목표인 likes(paul, X)는 likes(paul, food)가 된다.

② 두 번째 목표인 likes(paul, food)를 만족시키려고 시도는 실패하여 위치 표시를 이용하여 첫 번째 목표로 되돌림이 발생한다.

③ 따라서 첫 번째 목표인 likes(joan, X)를 위치 표시 다음 부분의 데이터베이스에서 재차 부합을 시도하여 X의 값은 wine이 된다. 이 사실에 위치 표시를 한다.

④ 다시 두 번째 목표가 likes(paul, wine)가 되고 데이터베이스에서 부합하여 성공하게 된다. 따라서 X의 값은 wine으로 질문의 답이 된다.

13.4.2 절단

절단(cut)은 만족된 목표들로 되돌림이 일어날 때 그전의 대안을 해결할 필요가 없다는 것을 시스템에 알리고 싶을 때 사용한다. 이렇게 하는 이유는 다음과 같다. 첫째, 미리 실제의 해를 구하지 못하는 목표를 지정함으로써 이 목표를 만족시키려는 시도를 하지 않기 때문에 프로그램이 실행이 빠르게 실행된다. 둘째, 추후의 실행을 위해 되돌아가는 위치를 기록할 필요가 없어서 기억 장소를 효율적으로 사용할 수 있다.

절단이 미치는 효과를 기술하는 방법은 다양하다. 즉, 선택을 버리거나 다른 해를 무시하는 것으로 볼 수 있으며, 절단 기호인 '!'를 목표를 구분하는 담으로 생각할 수 있다.

다음의 논리곱을 살펴보자.

```
go :- a, b, c, !, d, e, f.
```

여기에서 시스템은 목표 c가 성공해서 절단 기호를 지나 목표 d에 도달할 때까지 목표 a, b, c 사이에서 정상적으로 되돌림을 수행한다. 그 다음 목표 d, e, f 사이에도 되돌림이 정상적으로 이루어져 전체 논리곱을 여러 차례 만족시킬 수 있다. 그러나 목표 d가 실패하면 절단 기호를 지나 왼쪽으로 가도록 하기 때문에 목표 c를 재차 만족시키려는 시도는 일어나지 않는다.

예를 들어 다음의 규칙을 가정하자.

```
sum_to(1, 1).
sum_to(N, R) :- N1 is N - 1, sum_to(N1, R1), R1 is R - N.
```

만약 질문 ?- sum_to(1, 1)이 발생하면 규칙에 의해 부합이 되지만, 질문이 ?- sum_to(1, X)라면 이러한 것을 방지하기 위한 시도로 다음과 같이 작성한다.

```
sum_to(1, 1) :- !
```

만일 목표가 성공하면 절단에 의해 위치 표시가 없으므로 더 이상 sum_to(1, 1) 시도는 하지 않는다.

13.4.3 절단과 fail의 결합

절단의 중요한 응용 분야 중의 하나는 **fail** 술어와 함께 사용하는 것이다. fail 목표는 항상 실패하여 되돌림을 인위적으로 발생하지 않게 하는데 사용한다. 즉, 이것은 사실이나 규칙을 정의하지 않은 술어에 대한 목표를 만족시키려는 시도에 대한 결과와 같다.

절단 다음에 fail 목표가 나타나면 절단의 영향으로 인해 되돌림이 정상적으로 발생하지 않는다. 이런 특성으로 절단과 fail을 결합하여 매우 유용하게 사용할 수 있다.

먼저 세금 계산을 하는 프로그램을 예로 들자. 우선 어떤 사람이 평균적인 납세자인가에 대하여 알아야 한다. 평균적인 납세자는 예외 경우를 다루지 않으므로 세금 계산을 간단하게 할 수 있다. 이를 위해 average_taxpayer(X) 술어를 X가 평균적인 납세자인 경우 참으로 정의한다. 외국인은 자신의 조국에서 납세 의무가 있으므로 외국인에게는 특별 조세법이 있어야 한다. 따라서 어떤 사람이 평균적인 납세자라고 할지라도 외국인이면 평균 납세자로 취급하지 않는다. 이것은 다음 규칙으로 표현 가능하다.

```
average_taxpayer(X) :- foreigner(X), fail.
average_taxpayer(X) :- ...
```

위에서 첫 번째 규칙은 만일 X가 외국인이면 average_taxpayer(X) 목표가 실패한다는 것을 나타내고 있으며, 두 번째 규칙은 X가 내국인일 경우 적용하는 평균적인 납세자의 요건을 나타낸다.

여기에서 문제가 일어나는 것은 Tom이라는 외국인에 대한 다음과 같은 질문이다.

```
?- average_taxpayer(tom).
```

위의 첫 번째 규칙에서 X의 값이 tom으로 되면서 foreigner(tom)는 성공하며 fail이 성공하면서 average_taxpayer(tom)는 실패하지만, 두 번째 average_taxpayer가 시도되어 Tom이 세금을 내게 된다. 그러나 외국인에게 세금을 면제시키려면 다음과 같이 규칙에 절단을 삽입하여야 한다.

```
average_taxpayer(X) :- foreigner(X), !, fail.
average_taxpayer(X) :- ...
```

이와 같이 절단을 사용하면 Tom의 경우 절단(!)과 fail에 걸려 average_taxpayer의 규칙은 실패가 되며 더욱이 절단에 의해 모든 average_taxpayer 목표는 시도가 금지된다. 따라서 Tom은 세금 프로그램에서 빠지므로 세금이 면제가 된다.

13.4.4 닫힌 세계의 가정

PROLOG의 탐색 방법은 때로는 잘못된 결과를 낼 수도 있다. 그 이유는 PROLOG 세계에서는 자신의 데이터베이스를 이용하여 증명할 수 있는 것만 참으로 인정하기 때문이다. 자신의 데이터베이스 외부에 있는 세계는 전혀 상관하지 않는다. 따라서 데이터베이스에서 충분하지 않는 정보에 대한 질문은 거짓으로 가정한다. 즉, 데이터베이스 외부 세계에서는 참이 되더라도 이를 올바로 증명할 수 없다. 따라서 PROLOG는 주어진 목표가 참이라는 것은 증명할 수 있으나, 거짓이라는 것은 증명하지 못하고 단지 증명할 수 없으면 거짓으로 가정해 버리는 것이다. 이와 같은 PROLOG에서의 가정을 **닫힌 세계의 가정(the closed world assumption)**이라고 한다.

학습정리

- 논리 프로그래밍은 문제에 대한 지식과 문제를 푸는데 충분한 가정들을 논리 공리로서 명백하게 표현한다. 문제를 목표 문이라고 하는 증명할 문으로 정형화하여 줌으로써 프로그램이 수행될 수 있게 한다. 이에 따라 실행은 논리 프로그램에 주어진 가정과 함께 문제를 푸는 시도가 되는 것이다.
- PROLOG는 가장 대표적인 논리 프로그래밍 언어로서 논리 프로그래밍의 이상을 전적으로 만족시키지는 못하지만 나름대로 강력하고 생산성이 있으며 실용적인 프로그래밍 형식이다. PROLOG는 주로 자연어 처리, 지식 표현 등과 같은 제한된 영역의 인공지능 분야에 주로 사용되고 있다.
- PROLOG 프로그램은 객체 사이에 성립하는 관계를 기술하는 수단인 사실, 객체들과 그들의 관계에 대한 규칙, 객체와 그들의 관계에 대한 질문으로 구성된다. 사용자가 등록된 데이터베이스를 대상으로 질문을 하면, 프로그램이 실행되어 응답을 하게 된다.
- PROLOG에서는 재귀는 다른 구조를 컴포넌트로 하는 구조를 기술할 때 사용하고, 성공하기 전에 자신의 사본을 먼저 만족시켜야 하는 프로그램을 기술할 때 사용한다.

연습문제

1. 논리 프로그래밍의 특징에 대하여 설명하라.

2. PROLOG의 기본적인 구조에 대하여 설명하라.

3. 사실과 규칙의 차이점을 설명하라.

4. 형제 관계를 PROLOG 프로그램으로 작성하라.

5. PROLOG의 리스트 구조에 대하여 설명하라.

6. 되돌림과 절단의 유용성에 대하여 설명하라.

참고문헌

[1] Abelson, H., Sussman G.J., and Sussman, J., *Structure and Interpretation of Computer Programs*, Cambridge, MA: MIT Press, 1985.

[2] Aho, A.V. and Ullman, J.D., *Principles of Compiler Design*, Reading, MA: Addison-Wesley, 1979.

[3] Appleby, K., *Programming Languages: Paradigm and Practice*, New York: McGraw-Hill, Inc., 1991.

[4] Backus, J., "Can programming be liberated from the von Neumann style?," *CACM*, 21(8), pp. 613-641, 1978.

[5] Booch, G., *Software Engineering with Ada*, 2nd Ed., Menlo Park, CA: Benjamin/Cummings, 1986.

[6] Clocksin, W.F. and Mellish, C.S., *Programming in Prolog*, 2nd Ed., Berlin: SpringerVerlag., 1984.

[7] Date, C.J., *A Guide to the SQL Standard*, 2nd Ed., Reading, MA: Addison-Wesley, 1989.

[8] Deitel, H.M., *An Introduction to Operating Systems*, 2nd Ed., Reading, MA: Addison-Wesley, 1990.

[9] Dijkstra, E.W., "Go to statement considered harmful," *CACM*, 11(3), pp. 17-148, 1968.

[10] Feuer, AR., and Gehani, N.H., "A comparison of the programming languages C and Pascal," *ACM Computing Surveys*, 14(1), pp. 73-92, 1982.

[11] Ghezzi, C. and Jajayeri, M., *Programming Languages Concepts*, 2nd Ed., New York: John Wiley, 1987.

[12] Goldberg A. and D. Robson, *Smalltalk-80: The Language and Its Implementation*, Reading, MA: Addison-Wesley, 1983.

[13] Gosling, J., B. Joy and G. Sreele, *The Java Language Specification*, Reading, MA: Addison-Wesley, 1986.

[14] Hellerman, H. and I.A. Smith, *APL/360 Programming and Applications*, New York: McGraw-Hill, Inc.,1976.

[15] Holub, A.I., The *C Companion*, Englewood Cliffs, NJ: Prentice Hall, 1987.

[16] Horowitz, E., *Fundamentals of Programming Languages*, 2nd Ed., Rockville, MD: Computer Science Press, 1984.

[17] Horowitz, E., *Programming Languages: A Grand Tour*, 3rd Ed., New York: W.H. Freeman,

1987.

[18] Horowitz, E., *Fundamentals of Programming Languages Transparencies*, University of Southern California, 1995.

[19] Hughes, J.K. *PL/I Structured Programming*, 2nd Ed., New York: John Wiley , 1979.

[20] Kernighan, B.W. and Ritchie, D.M., The *C Programming Language*, Englewood Cliffs, NJ: Prentice Hall, 1978.

[21] Koffman, E.B., *Problem Solving and Structured Programming in PASCAL*, Reading, MA: Addison-Wesley, 1981,

[22] Lemay, L. and C.L. Perkins, *Teach Yourself JAVA in 21 Days*, Sams.net Publishing, 1996.

[23] Lesk, M.E., "LEX-a lexical analyzer generator," Murray Hill, NJ: BellLabs, 1975.

[24] Louden, K.C., *Programming Languages: Principles and Practice*, Boston, MA: PWS-Kent, 1993.

[25] Louden, K.C., *Compiler Construction: Principles and Practice*, Boston, MA: PWS-Kent, 1997.

[26] Lumbaugh, J., M. Blaha, W. Premerlani, F. Eddy and W. Lorensen, *Object-Oriented Modeling and Design*, Englewood Cliffs, NJ: Prentice Hall, 1991.

[27] Marcotty, M. and H.F. Ledgard, *Programming Language Landscape*, SRA, 1985.

[28] Martin, J., *Fourth Generation Languages*, Englewood Cliffs, NJ: Prentice Hall, 1985.

[29] Pratt, T.W and M. Zelkowitz, *Programming Languages: Design and Implementation*, 3rd Ed., Englewood Cliffs, NJ: Prentice Hall, 1996.

[30] Schreiner, A.T. and H.G. Freidman, Jr., *Introduction to Compiler Construction with UNIX*, Englewood Cliffs, NJ: Prentice Hall, 1985.

[31] Sebesta R. *Concepts of Programming Languages*, 5th Ed., MA: Addison-Wesley, 2002.

[32] Sethi, R. *Programming Languages: Concepts and Constructs*, Reading, MA: Addison-Wesley, 1988.

[33] Sethi, R. *Programming Languages: Concepts and Constructs*, 2nd Ed., Reading, MA: Addison -Wesley, 1996.

[34] Stroustrup, B., The *C++ Programming Language, Reading*, MA: Addison-Wesley, 1986.

[35] Tennent, R.D., *Principles of Programming Languages*, Englewood Cliffs, NJ: Prentice Hall, 1981.

[36] Wasserman, A.L., *Tutorial Programming Language Design*, IEEE Computer Society, 1980.

[37] http://en.wikipedia.org/wiki/Static_scope, 2009.

[38] http://thx4alice.tistory.com/134, 2009.

[39] 강병욱, 김인규, 오길호, 장덕성, 최영미 역, *C++ How To Program*, 제3판, 피어슨 에듀케이션

코리아, 2002.

[40] 강성재, 강보람, 엄준일, 최흥배, "새로운 기능과 향상된 생산성 Visual Studio 2010," *마이크로소프트웨어*, 8월호, pp. 118-123, 2009.

[41] 곽용재, 오종범 역, *초보자를 위한 UML 객체지향 설계*, 제3판, 정보문화사, 2004.

[42] 권기태, 남영광 역, *소프트웨어공학*, 제8판, 피어슨 에듀케이션 코리아, 2008.

[43] 권기태, 우치수, *프로그래밍 언어론*, 이한출판사, 1998.

[44] 김도형, "쓰레드를 조율하자," *마이크로소프트웨어*, 11월호, pp. 439-445, 1997.

[45] 김도형, 이수현, 창병모 역, *프로그래밍 언어*, 제2판, 사이텍미디어, 2005.

[46] 김영택, 한상영, *프로그래밍 언어 개론*, 개정판, 홍릉과학출판사, 1986.

[47] 김윤명, *뇌를 자극하는 Java 프로그래밍*, 한빛미디어, 2008.

[48] 김재우, 안윤호, 김수정, 김정민 역, *컴퓨터 프로그램의 구조와 해석*, 제2판, 인사이트, 2008.

[49] 김종훈, 김종진, *프로그래밍 언어론*, 한빛미디어, 2008.

[50] 김태균, *K교수의 객체지향 이야기*, 배움터, 2004.

[51] 김태석, *프로그래밍 언어론*, 홍릉과학출판사, 1997.

[52] 김형주, *알기 쉬운 객체 지향 시스템*, 동아출판사, 1993.

[53] 김형주, *쉽게 배우는 C++*, 교학사, 1993.

[54] 김형주 역, *객체 지향*, 제2판, 교학사, 1998.

[55] 김희천, 정재헌, *완벽 자바 프로그래밍*, 생능출판사, 2005.

[56] 닷넷 엑스퍼트 역, *Microsoft Visual C# .NET*, 정보문화사, 2002.

[57] 도경구, 신승철, 안준선, 이욱세 역, *프로그래밍 언어론*, 생능출판사, 2008.

[58] 민병호, 김진혁 역, *새로 보는 프로그래밍 언어*, 에이콘, 2008.

[59] 박상훈 역, *C 프로그래밍 완벽 가이드*, 프리렉, 2003.

[60] 변태경, 하경화, 황성록, *이론 · 예제를 중심으로 한 ADA*, 연학사, 1991.

[61] 서환수 역, *Head First Java*, 한빛미디어, 2004.

[62] 손진곤, 이관용, *누구나 배울 수 있는 Visual Basic Programming*, 북드림미디어, 2007.

[63] 신정호, 제갈영, 조국, *자바를 자바라*, 미래정보사, 1996.

[64] 심재철, 최정국 역, *Thinking in Java*, 제4판, 사이텍미디어, 2007.

[65] 오성균, 이언배, *단계별로 따라하는 델파이 프로그래밍*, 좋은 소프트, 2003.

[66] 오세만, *컴파일러 입문*, 개정판, 정익사, 1994.

[67] 오세만, 이양선, 김정숙, 이창환, *C# 입문*, 생능출판사, 2005.

[68] 우균, 창병모, *Playing with C*, 교보문고, 2008.

[69] 우진운, 유해영 역, *알기 쉽게 해설한 C++*, 이한출판사, 1998.

[70] 우치수 고건, *FORTRAN*, 정익사, 1985.

[71] 우치수, 김규년, *C 프로그래밍 완성*, 이한출판사, 1994.

[72] 유원희, 하상호 역, *프로그래밍 언어론*, 제8판, 피어슨 에듀케이션 코리아, 2008.

[73] 윤석현 역, *Microsoft Visual C# 2008*, 정보문화사, 2009.

[74] 윤성우, *열혈강의 C++ 프로그래밍*, 프리렉, 2007.

[75] 워터앤오일 역, *Java How To Program*, 제4판, 피어슨 에듀케이션 코리아, 2002.

[76] 원유헌, *프로그래밍 언어론*, 정익사, 1997.

[77] 원유헌, *프로그래밍 언어론*, 개정판, 정익사, 2003.

[78] 이광근, "*우리말 논문쓰기의 원칙*," http://compiler.kaist.ac.kr/~kwang/paper/hpaper.html, 1997.

[79] 이지선, 장병옥, *C# Programming with a Workbook*, 이한출판사, 2007.

[80] 이지영, *C로 배우는 쉬운 자료구조*, 한빛미디어, 2008.

[81] 임동혁, *게임을 만들며 배우는 자바 프로그래밍*, 제우미디어, 2002.

[82] 정경희 역, *Teach Tourself C++*, 비앤씨, 1997.

[83] 정성민, 조일래, *C 프로그래밍 완성*, 상조사, 1994.

[84] 조국현, 안병호 역, *C++ 완벽해설서*, 이한출판사, 1997.

[85] 조영임, 길준민, 한연희 역, *자바 프로그래밍 언어*, 홍릉과학출판사, 2001.

[86] 조정현 역, *C#이 보이는 그림책*, 성안당, 2009.

[87] 주우석, *C · C++로 배우는 자료구조론*, 한빛미디어, 2008.

[88] 최재영, 최종명, 유재우, *프로그래머를 위한 JAVA2*, 제2판, 홍릉과학출판사, 2001.

[89] 편집실 편역, *PROLOG 프로그래밍*, 정익사, 1987.

[90] 한상영, *프로그래밍 언어*, 홍릉과학출판사, 2001.

[91] 한정환, *알기 쉽게 해설한 C# 프로그래밍*, 프리렉, 2002.

찾아보기

[영 문]

Ada 39
ALGOL 25
APL 28
BASIC 31
BNF 58
C 35
C# 42
C++ 39
COBOL 28
EBNF 58
FORTRAN 25
Java 41
LISP 37
Modula-2 35
Pascal 34
Perl 40
PL/I 33
PROLOG 40
Python 41
reduce/reduce conflict 80
shift/reduce conflict 80
Simula 33
Smalltalk 38
SNOBOL 29

[한 글]

ㄱ

가독성 9
가드 명령어 344
가변 레코드 144
가비지 156
가비지 수집 158
가상 함수 269
값 호출 230
값-결과 호출 234
강제 변환 161
객체 259
객체 지향 255
객체 지향 언어 46
계수형 세마포어 338
고정 스택 동적 배열 140
고정 힙 동적 배열 140
공리 의미론 9
공용 멤버 269
공용체 144
공평성 331
교착 상태 331
구문 메타 언어 56
구문 차트 68
구조 동등 164
구조체 142
구조화 타입 124, 132
구체화 265
기본 데이터 타입 124
기억 장소 의미론 190
기억 장소 클래스 113
기초 타입 124
깊은 바인딩 105
꼬리 재귀 함수 224

ㄴ~ㄷ

논리 언어 46
다중 배정문 189
다중 상속 267
다형 연산자 169

다형 함수 170
다형성 162, 169, 257
단말 기호 56
단순성 11
단축 평가 184
닫힌 세계의 가정 387
데이터 추상화 256
데이터베이스 질의어 47
동기적 오류 305
동기화 331
동적 링크 249
동적 바인딩 94, 257
동적 변수 106, 108
동적 수명 106
동적 영역 규칙 102
동적 할당 113
되돌림 384
디폴트 매개변수 227

ㄹ

람다 수식 358
레이스 조건 331
레코드 142
링커 16
링크 260

ㅁ

매개변수 다형성 170
멀티스레드 347
메모리 누수 148, 156
메소드 결합 289
메시지 전달 344
메타 기호 58
명령어 언어 47
명령형 언어 44
명명 인자 229
명백한 상수 118
명시적 선언 94
모니터 341
모호성 64
묘비 기법 155
무한 반복 331
무한 수명 106
무한 영역 106
묵시적 선언 94
문맥 민감 문법 58
문맥 자유 문법 57
문자 126
문자열 141
미결합 else 66, 192

ㅂ

바운드 변수 358
바인딩 92
바인딩 시간 92
반복문 188, 202
배열 133
배정문 188
범용 언어 46
변수 89
별명 91
병렬 언어 47
병렬성 329
병행성 329
보호 멤버 269
복합연관 264
부동 소수점 수 127
부분범위 타입 131
부수 효과 182
부작용 91, 182
불리안 타입 127
블록 96
비단말 기호 56
비동기적 오류 305

ㅅ

사용상의 편리 169
상속 257, 264
상향식 파싱 71
상호 재귀 240

생산자 소비자 문제 337
생성 57
생성 규칙 57
생성자 270
서브루틴 224
서브타입 다형성 170
선언 90
선언 동등 164
세마포어 336
소멸자 270
속성 260
수명 90, 107
순수 가상 함수 273
순차문 188
스레드 347
스택 기반 할당 113
스택 동적 배열 140
스택 동적 변수 108
스프레드시트 프로그래밍 언어 47
슬롯 289
식사하는 철학자 331
식자 언어 47
실 매개변수 224
실행 시간 92

ㅇ

얕은 바인딩 105
어셈블러 16
어휘 분석기 생성기 75
어휘 영역 99
어휘 요소 51
역참조 111
연관 260
연산 260
연산 의미론 9
연산자 중복정의 167
열 우선 순서 139
열거 타입 129
영역 89, 95
영역 구멍 101
영역 한정자 102
영역 해결 연산자 102
예약어 8, 53
예외 명세 314
예외 전파 310, 313
예외 처리기 302
외부 영역 97
우선 평가 357
우우선 유도 64
유도 59
유도된 타입 124
유형 클래스 266
유효범위 95
의미 트리 14
의미론 8
이름 동등 163
이름 상수 115
이름 호출 235
익명의 변수 147
인터페이스 276, 278
일반화 264
임계 구역 331

ㅈ

자동 할당 113
자물쇠-열쇠 기법 155
자유 공용체 145
자유 변수 99, 358
재개 모델 305
적용 222
적용 순서 축소 359
적용형 언어 45
전방 분기 211
전용 멤버 269
절단 385
접근 링크 249
정규 순서 축소 359
정규형 359
정보 은닉 256
정수 125
정적 링크 249
정적 바인딩 94

정적 배열 140
정적 변수 106, 108
정적 영역 규칙 100
정적 체인 250
정적 할당 108
제어 링크 249
조건문 188
종료 모델 305
좌우선 유도 64
중복정의 162, 240
즉시 컴파일러 17
지역 영역 규칙 96
지연 평가 236, 358
직교성 11
집합 타입 160

ㅊ

참조 계수 기법 148
참조 타입 124, 152
참조 투명성 183, 357
참조 호출 232
참조 환경 114
추상 구문 트리 14, 175
추상 데이터 타입 256
추상 클래스 266

ㅋ

캡슐화 269
컴파일 언어 18
클래스 259
키워드 8

ㅌ

타입 90
타입 동등 163
타입 시스템 161
타입 일치성 161
템플릿 244
특수 다형성 170
특수 목적용 언어 46

ㅍ

파스 트리 14
파싱 14
판독자 기록자 문제 349
판별 공용체 145
페이지 기술 언어 47
포괄 기능 243
포괄 메소드 246
포괄 클래스 245, 247
포인터 의미론 190
포인터 타입 147
표기 의미론 9
표시 후 청소 기법 148
프렌드 함수 270
프로그래밍 언어 2
프로그램 2
프로세스 331
프로세스 통신 331
프로시저 224

ㅎ

하향식 파싱 70
할당 107
함수 221
함수 언어 45
해석 언어 18
행 우선 순서 139
허상 참조 148, 153, 154
허상 포인터 153, 154
현수 else 192
현수(懸垂) else 66
형식 매개변수 224
호출 스택 317
활성 레코드 111, 248
힙 동적 배열 141
힙 동적 변수 111

저자약력

권기태

서울대학교 계산통계학과 학사
서울대학교 계산통계학과 석사
서울대학교 계산통계학과 박사
University of Southern California, 전산학과 Post-Doc.
현재 강릉대학교 컴퓨터공학과 교수

정가 19,000원

프로그래밍 언어론

2010년 2월 16일 초판 인쇄
2010년 2월 26일 초판 발행
저 자 : 권 기 태
발행자 : 우 명 찬 · 송 준
발행처 : 홍릉과학출판사
주 소 : 서울시 강북구 인수동 455-60
142-885
등 록 : 1976년 10월 21일 제5-66호
전 화 : (02)999-2274 ~ 5, 996-8341, 903-7037
팩 스 : (02)905-6729
ISBN : 978-89-7283-835-7
e-mail: hongpub@hongpub.co.kr
http://www.hongpub.co.kr

저자와의 협의하에 인지생략